_____ 惠存

㈜成　　均　　館　　館　　　長　長
㈑韓國柔道院　　理事長
㈜大韓民國在鄕警友會　副會長
新羅宗親聯合會　副總裁
社團法人自由守護國民運動　運營委員長
在京星州郡鄕友會　名譽會長
容　鉉　開　發　會　長
韓美施設管理株式會社　會　長
한 주 영 농 법 인 　 會 　 長

서울特別市 麻浦區 桃花洞 288-1
(容鉉빌딩 本館 202號)

TEL : 02) 713-1110
FAX : 02) 703-6222
H.P : 010-5261-7006

㹠 金 在 鉉 贈

신라
왕조
실록

한국인물사연구원 편저

도 서 출 판
타오름

신라왕조실록 3

초판 1쇄 인쇄 | 2014년 8월 19일
초판 2쇄 인쇄 | 2014년 8월 19일
초판 3쇄 인쇄 | 2014년 9월 18일
초판 4쇄 인쇄 | 2015년 10월 2일
초판 5쇄 인쇄 | 2018년 9월 26일
초판 6쇄 인쇄 | 2020년 4월 6일
초판 7쇄 인쇄 | 2021년 10월 2일

지은이 | 이은식
펴낸이 | 한국인물사연구원

주간 | 지해영
편집 | 이장욱
인쇄 | (주)태신미디어

펴낸곳 | 도서출판 타오름
주소 | 서울 은평구 통일로 52길 3, 2층
전화 | 02) 383-4929
팩스 | 02) 356-6600
전자우편 | taoreum@naver.com
블로그 | http://blog.naver.com/taoreum

값 | 25,000원
ISBN 978-89-94125-36-7
ISBN 978-89-94125-33-6 (set)

「이 도서의 국립중앙도서관 출판예정도서목록(CIP)은 서지정보유통지원시스템 홈페이지(http://seoji.nl.go.kr)와
국가자료공동목록시스템(http://www.nl.go.kr/kolisnet)에서 이용하실 수 있습니다.(CIP제어번호: CIP2014022250)」

● 차례 |3권|

김재현 金在鉉
· (전) 성균관 관장
· (재) 한국유도원 이사장
· 신라종친연합회 부총재
· 자유수호국민운동 운영위원장
· 용현개발 회장

한 나라의 오늘을 제대로 알고 또 미래를 가늠하기 위해서는 다른 무엇보다도 그 나라의 역사를 살펴야 한다는 말이 있다. 그리고 그 역사를 살핌에 있어 가장 주의를 두어야 할 것은 역사의 연출자인 인물들이다.

사마천司馬遷이 사기史記를 편찬함에 있어 인물들의 전기인 열전列傳에 가장 많은 비중을 할애한 사실에서 보듯 역사란 사람들의 삶에 관한 기록을 중심하여 파생된 각종 문화文化 경제經濟 국방國防 예도禮度 등이 그 중요성을 살펴볼 가치를 느낀다.

이 강토에서는 세계 질서에 발맞춰 가면서 국방을 기본하여 경제성장經濟成長, 종교도입宗敎導入 민주정신民主精神을 포함해 수준 높은 기술로 철기, 토기土器, 석기石器, 문자文字, 기록記錄의 과업으로 그 후대인들이 보다 더 살기 좋은 나라를 세울 후예들을 위해 그 기초인 초석을 남기고 간 국가가 있다면 바로 고구려高句麗, 백제百濟, 신라新羅 등 삼국시대三國時代의 주역이었던 삼국이 아니겠는가.

그 삼국들은 각종 문화의 꽃을 피워가면서도 같은 언어를 구사하고 있는 민족民族의 혈통血統을 함께 하는 통일統一된 나라를 갈망渴望하고 있었다. 드디어 피의 쟁투로 얻은 것이 통일신라국이다.

이 지구상에서 최장수국最長壽國이라고 하는 신라 992년의 역사의 흔적을 살펴보면 붉은 피바람의 연속이었다고 기록하고 있다.

그 반면에 신라는 그 시작부터가 6촌의 연합聯合으로 이룩된 나라로 문물 생활 및 사회제도를 갖춘점으로 봐서 고대국가 치고는 나라다운 나라로 출발하여 발전했다고 보겠다.

오늘날 우리들이 누리고 있는것들중에는 신라에 그 뿌리를 둔 것이 많으며 또 이것은 백제와 고구려가 남긴 그것들과 융합하여 한반도에 펼쳐진 고대문화권 형성의 모체母體가 되었다고 볼 수 있는 역사 흔적과 사실을 가감없이 기록으로 남긴 <한국인물사연구원>원장 이은식님의 각고의 노력 끝에 완성된 천년의 공간을 담은 <신라왕조실록>책을 살펴보면 우리 先祖들은 당초 정립된 삼국이 화합과 융합의 슬기로 하나가 되었으며 남다른 독창력을 발휘하여 통일된 민족국가로 출범하여 고유성을 앞세워 찬란한 문화사文化史를 우리에게 넘겨주었으며 오늘날까지 성장할 수 있는 원동력의 한 바탕을 이룩했다고 하겠다.

그리고 우리는 그 저력을 오늘에 이어받아 남북분단南北分斷등 여러 가지 어려움을 슬기롭게 극복해야 한다는 것을 강조하고 있노라.

돌이켜 보건대 신라는 그 출발부터가 중의衆意를 모아 공론에 의하여 모든 것을 입안하고 합심하여 행동했으며 질서를 바로 세워 나라일을 처리하여 왔다는 것이다.

즉, 박혁거세 신라시조왕의 추대나 화백제도의 채택이라고 하는 대동화합이라던가 화랑도花郞道 정신精神에 입각한 호국정신護國精神의 함양 등이 이것을 말해주는 것으로 볼 수 있기 때문이다.

이와 같이 출발한 신라는 그 주도하主導下에 통일을 했지만 백제와 고구려의 문화와 인재등을 수렴포용하여 단일민족으로서의 우리 민족사를 연면連綿히 발전시켜 왔습니다.

이는 오늘에 사는 우리에게 무엇과도 바꿀 수 없는 교훈敎訓이 되는 것이라고 믿습니다.

이렇게 역사가 흘러가는 과정에서 시대적時代的으로 여러 문화文化가 융화

귀일歸化歸一 해가면서 문화유산文化遺産으로 남는것이고 이러는 속에서 국력國力도 배양培養되는 것이라고 본다.

즉, 신라新羅는 통일후統一後에도 외침 왜침에 대한 국방과 선린교의에 입각한 문화교류를 통하여 천년千年이란 긴 역사를 지켜올수가 있었다고 확신하는 바이다.

그리고 신라는 문화文化와 사회제도社會制度 또한 학술적學術的 종교적宗教的으로 그리고 각 분야를 막라해 특유한 문화유산을 많이 발전發展시켜놓았다.

이와 같이 신라 백제 및 고구려의 문화가 한반도 문화의 연원이며, 오늘을 사는 우리 후예들은 그 정신과 뜻을 이어받아 조상祖上들의 얼을 되살려 현대사회現代社會에 맞춰 발전시켜갈 것은 우리모두의 책무인듯하다. 지은이가 남긴 이 책을 다시 한번 보면서 그 노고에 경의敬意를 표합니다.

책의 내용은 매우 구체적이며 자세하게 그 시대 상황을 사실에 근거하여 엮은 역사의 이야기이다. 이 책은 오늘을 살아가는 우리 모두가 서로 화합 단결하여 우리 민족의 염원인 평화적 통일 과업을 완수하기 위하여 국가 발전의 촉진과 국민역량의 집결에 지속적인 노력努力을 경주하는데 많은 도움이 될 것이라 확신하면서 추천사에 임하노라.

이어령 李御寧
· 초대 문화부 장관
· 신문인/문학평론가
· 이화여자대학교 석좌교수
· 중앙일보 상임고문

나그네라는 말은 나간 이, 즉 밖으로 나간 사람이라는 뜻이다. 그러나 역사 기행이나 우리 고전 작품을 찾아가는 나그네는 밖이 아니라 안으로 들어오는 사람이다. 한마디로 우리 고전 작품을 다시 발견하고 그 배경이 되는 고장을 찾아가는 이은식 李垠植 님의 글은 한국인의 내면을 탐구하는 소중한 '안으로의 여행' 이라고 말할 수 있다.

내면이란 무엇인가. 인체를 보면 안다. 겉으로 보면 인체는 모두가 대칭형으로 되어 있다. 두 눈 두 귀가 그렇고 양손 양다리가 모두 짝을 이루어 좌우로 나뉘어 있다. 하나의 코와 입이라도 그 모양은 좌우 대칭으로 되어 있다.

그러나 내부로 들어가면 어떤가. 인체 해부도를 보아서 알 듯이 심장과 췌장은 왼쪽에 있고 간이나 맹장은 오른쪽에 있어 좌우가 다르다. 그리고 위의 생김새나 대장은 더더구나 그 모양이 외부와는 달라 모두가 비대칭적인 모양을 하고 있다.

이렇게 내면의 여행은 인체의 내부처럼 복잡하고 애매하다. 지도를 보면서 정해진 코스를 찾아가는 외부의 여행과는 딴판이다. 보이지 않는 곳은 내시경으로, 들리지 않는 박동은 청진기를 사용해야 한다. 그것이 바로 내면을 여행하는사람의 투시력이며 상상력이며 특수한 지식의 힘이다.

이은식 님의 <신라왕조실록>은 한국 전통문화의 맥을 짚어 보이지 않은 마음의 섬세한 구김살을 열어보는 투시력의 소산이다. 사전辭典 지식으로는 맛 볼 수 없는 현장성 그리고 그 배후를 꿰뚫는 정성과 분석력이 대단한 분이시다. 그의 원고를 보면 내가 누구이며 내가 어디에서 왔으며 내가 어디로 가야 할 것인가의 방향을 확실히 제시하고 있다.

이만열 李萬烈
· 직전 국사편찬위원회 위원장
· 독립 기념관 한국독립운동사 연구소장

　근래에 우리 주변에는 역사문화유적에 대한 일반인들의 관심이 고조되고 이에 따라 많은 종류의 역사 문화서, 기행문류, 답사 안내서들이 우후죽순처럼 출간되고 있다. 그리고 초등학생부터 대학생, 일반인들에 이르기까지 많은 역사 기행 동아리를 비롯하여 인터넷상에서는 역사 기행 관련 웹 사이트가 운영되고 있으며, 신문사나 박물관 등의 역사 관련 교양 강좌도 활발하게 이루어지고 있다. 이러한 현상은 일반인들의 역사적 식견과 의식을 높일 수 있을 뿐 아니라 역사의 대중화라는 측면에서도 상당히 긍정적인 역할을 하는 것으로 평가할 수 있다.

　전문 역사학자를 비롯하여 소설가, 언론인, 여행가들의 역사 기행문과 문화유산 답사 서적이 봇물 터지듯 출판되는 요즈음 향토 사학자이자 역사 기행가, 수필가인 이은식李垠植 님이 쓴 <신라왕조실록>은 얼핏 보면 평범한 또 하나의 역사 기행문 같지만 이 책은 단순한 기행문이 아니라 우리가 사는 땅과 그 땅에 살았던 인간의 흔적을 복원해내고 있다.

　이 책에서 우리는 많은 역사적 인물들을 만날 것이다. 당대를 풍미했던 정치가, 덕망을 자랑하던 선비, 천하를 주름잡던 장군, 개혁을 부르짖었던 혁신주의자, 노비를 부렸던 상전, 부림을 당했던 천민 등 우리 역사에서 굴곡 많은 삶을 살다간 사람들을 만날 수 있을 것이다. 그들을 만나고 그들이 살았던 땅의 실체를 느끼면서 우리는 역사가 단순한 과거가 아니라 현재요 미래라는 것을 느낄 수 있을 것이다.

　이 책은 풍요로운 오늘을 있게 한 선현들의 피나는 노력의 자취 를 재조명해 보고 역사적 인물들의 생전 삶의 기준을 교훈 삼아 더 좋은 앞날을 위한 길잡이가 되었으면 하는 마음을 새기면서 고인들의 유택과 유적지를 찾아다닌, 이은식 님의 각고의 산물이다.

수 년 동안 전국의 산하에 산재한 역사 현장을 직접 밟고 촬영하여 체험한 내용을 쉽고 재미있게 풀어쓴 이 책이야말로 읽는 이로 하여금 역사란 멀리 있는 게 아님을 느끼게 해 주며, 바로 내가 숨 쉬며 살아가는 내 고장에 대한 인식을 새롭게 일깨워준다.

산업화와 도시화로 훼손되고 사라지는 문화유산을 저자가 생업을 뒤로한 채 식음을 잊을 정도로 찾아다니며 쓴 이 책은 먼 후일 역사적인 인물에 대한 실체를 찾고자 하는 사람들에게 큰 도움이 될 것이다.

윤덕홍 尹德弘
·(전) 대구대학교 총장
·(전) 부총리 겸 교육인적자원부 장관
·(전) 한국학중앙연구원(옛 정신문화연구원) 원장

우리가 이 세상에 태어난 것은 우연이 아니다. 오늘의 내가 있기까지 아버지 어머니가, 아버지 어머니가 태어나기까지 다시 할아버지 할머니, 외할아버지 외할머니가 계셨다. 지난 세월 동안 무수히 많은 사람이 서로 얽혀 있었기 때문에 지금의 우리가 존재하는 것이다. 우리 모두는 연과 연이 얽혀 태어난 존귀한 생명인 셈이다. 자연의 이치요 하늘의 섭리가 아닌가. 숱한 나라를 다 놔두고 대한민국에, 그것도 과거가 아니고 미래도 아닌 오늘에 태어나서, 한국말을 사용하고 한국 문화를 몸에 익혀 산다는 것을 생각해 보라. 과거와 얽히고 설킨 것이 현재 우리들의 삶이기 때문에 이를 알고자 한다면 선조의 생활을 이해하지 않을 수 없다. 법고창신法古創新, 온고지신溫故知新은 이를 두고 하는 말이다.

그 동안 우리는 서양 사람들의 생각과 생활을 열심히 배우다 보니 우리의 것들을 등한시했다. 필자는 우연하게 일본의 마츠리를 구경한 일이 있다. 전통 의상을 차려입은 수 많은 군중이 간단한 북 장단에 단조로운 걸음으로 꼬리를 물고 이어가는 그 모습은 장관이었다. 간단한 스텝이기에 누구나 금방 배울 수 있으며 똑같은 전통 의상 차림이기에 동류의식을 느낄 것이다. 군무가 가능한 이유는 바로 이 간단성과 동질감에서 비롯하리라. 전통의상을 입고 자발적으로 참여하는 마츠리 행사는 구경하는 잔치가 아니라 함께 행하는 놀이이며 그들의 문화를 계승해 가는 일상생활이기도 하다. 그래서 일본은 일 년 내내 잔치가 이어지는나라이며, 그것을 통해 사회통합을 이루어 가고 있다.

잔치는 과거를 놀이로 현재화하고 그 현재의 놀이를 통해 미래를 열어가는 훌륭한 메커니즘인 셈이다. 이러한 잔치는 일본 고유의 전통을 소재로

한 문화 콘텐츠인 셈이다. 전통을 잘 보존하고 그 위에 서양의 것을 얹은 일본을 보노라면 그들의 힘이 법고창신에 있음을 알 수 있다.

이은식 님의 <신라왕조실록>은 일일이 현장을 답사하여 고증을 거친 작품으로 방대한 원고 속에 역시 방대한 역사 인물들이 등장하는 대작이다. 존경하는 인물의 90%를 외국인이 차지하는 이 세태에, 민족과 역사의 정체성이 빛을 잃어 가는 이 시대에, 가히 법고창신의 교과서가 될 만한 인물이 망라되고 있음은 무척 다행스러운 일이다. 우리 역사에 배울 점이 풍부한 사람이 이렇게 많았던가!

난국을 슬기롭게 극복한 정치인과 장군이 있는가 하면, 맑은 삶을 산 선비가 나오고, 보수와 개혁, 착취와 저항, 한 시대를 나름대로 처절하게 살아간 선조의 삶이 총망라되어 있다. 오늘의 우리에게 적용될 만한 삶의 모델들이 이은식 님의 작품 속에 제시되어 있는 것이다. 과거를 알고 오늘의 우리를 설명하며, 내일의 우리 삶을 설계 할 수 있는 역작이기에 많은 사람들의 일독을 권한다.

김원기
· 세계로 TV 대표
· (사) 서울사학회 부회장
· (사) 퇴계학진흥회 이사

　인류는 그들이 살았던 그 시대마다 역사와 문화를 남겼다. 세계 역사는 수천년동안 수많은 민족이 국가를 세우고 살아왔지만 자기 민족만의 문화를 창조하지못한 민족은 멸망하고 국가를 잃어버렸던 연유의 역사를 우리들에게 일깨워 주고있는 사항은 한 국가가 경영하는 과제 가운데 가장 우선되어야하겠다.

　역사기록은 그 시대를 살았던 사람들의 삶에 따라 빛나는 역사를 남기기도 하고 부끄러운 역사를 남기기도 했다. 지금 우리가 살고있는 이 시대를 어떻게 살아야 하는 문제를 역사라는 기록물에 의하여 그 방법과 답을 찾아야 한다고 보여진다.

　그렇게 하기 위해서는 우리의 역사를 바르게 알고 배워야 하겠다.

　한 국가를 놓고 살펴 볼 진데, 당면했던 과제와 난제는 무엇이 었느냐?하는 연구도 오늘을 살아가는 사람들의 과제일 것이다. 작금 교육기관이 관장하는 일선 학교 학생 및 일반 대다수가 그러하듯이 우리 선조님들의 삶의 흔적인 한국사를 소홀히 하면서도 부끄러운줄 모르고 살아가는 것이 작금의 실태이다.

　반면에 이웃나라들을 살펴보면 적극적일 정도로 역사학에 매달리고 있다. 그들이 그렇게 하는 이유로는 국가유지에 가장 핵심인 국경을 수호하고 경제를 세우고 문화를 보전하는것만이 미래를 보장할수있다는 확신을 오래 전부터 깨우치고 있었다는 점이다.

　이와 같은 일련의 사정을 우리들은 어떻게 이해하며 또한 대체할것인가를 논하여야 할 때라고 보여진다.

이러한 현실에서도 한가닥의 희망은 없지않다. 교육일선에서 노력하시던 전문가들이 절박한 사정에 뜻을 모아 묵묵히 그려놓은 역사의 이야기인 역사서이다라고 본다.

다행이도 금번 한국사만을 전문으로 밝혀오신 <한국인물사연구원>원장 이은식님이 그 기록과 흔적을 찾아 전국을 누비며 흘린땀의 값으로 신라왕조실록1.2.3.4권(약2천페이지) 분량의 책을 펴냈다. 이를 살펴본즉 이 땅에서 일어났던 삼국시대 고구려 백제 신라의 통일을 위한 각축전을 그리고 당시 군주와 위정자 백성들의 삶 등을 가감없는 문헌에 의하고 현장을 답사한끝에 세계에서 유일한 최장수국 신라 992년의 면면을 한쪽의 거울처럼 상세하게 기술하고 있는 것을 알게되었다.

앞으로 맞이해야할 기나긴 시대에는 우리들에게 주어진 시대적 사명이있다는 사실을 누가 아니라고 하지 못할 것이다

당장 눈앞에 놓인 남북한관계가 마치 천년전으로 돌아가 고구려와 신라의 시대를 반복하고 있는 실정이다. 그 당시에도 우여곡절 끝에 통일된 국가를 탄생시켰듯이 역사서를 통하여 그 방법을 해법으로 삼아 분단된 조국을 하나로 만드는 것과 강성했던 시대에 통치했던 민족의 고토古土를 회복하는 것이다. 이 시대적 사명을 완주하기 위하여 우리나라의 역사와 현실의 역사를 재조명 발굴하여 정립하고 후손들에게 전하여 배우고 할 일들은 우리 국민모두의 책무여야 한다는 생각을 강조하고싶다.

다음과 같이 <신라왕조실록>에 대하여 느낌을 남겨봅니다.

이은식 李垠植
·문학·철학박사
·한국인물사연구원 원장
·(사) 사육신현창회 이사장
·(재) 성균관 수석부관장
·서울시 지명위원
·(사) 서울문화사학회 부회장
·(사) 퇴계학진흥회 이사

우리 한민족이 슬기롭고 우수한 민족임을 세계만방에 과시할 수 있는 것은 우리의 선조 명현들께서 남겨 놓은 유사遺史가 입증하여 주기 때문이다.

특히 우리 땅 한반도에서는 지금으로부터 2072년 전부터 나라의 문을 열고 세계 제일의 장수국으로서의 지위를 누린 '신라'가 자리하고 있다. 신라는 992년간 56대의 왕들이 통치하였던 나라로서, 인류 역사상 신라와 같이 장수한 국가는 전무하다.

또한 신라는 같은 민족이면서도 갈등과 반목으로 목숨 건 투쟁을 하던 백제와 고구려를 차례로 평정하여 우리나라 역사상 처음으로 단일 민족국가를 이룩한 업적도 있다. 한민족의 영토를 축소시켰다는 비난 또한 두고두고 받아야 했지만, 작은 나라 신라가 강대한 고구려와 백제, 그리고 한반도를 넘보던 당唐과 끊임없이 침략하던 왜倭(일본)의 틈바구니에서 생존하기 위한 최후의 선택이었는지도 모른다.

나라 이름 '신라'는 역사서에 따라서 사로斯盧, 사라斯羅, 서나徐那, 서나벌徐那伐, 서야徐耶, 서야벌徐耶伐, 서라徐羅, 서라벌徐羅伐, 서벌徐伐 등 여러 가지로 표기되어 있는데 이는 새로운 나라, 동방의 나라 혹은 성스러운 장소라는 의미를 가진 수풀의 뜻으로도 해석된다.

503년(지증왕 4)에 이르러 그 중 한자의 아름다운 뜻을 가장 많이 가진 신라로 확정하였는데 ≪삼국사기三國史記≫ 찬자의 해석에 의하면 신라의 '신新'은 '덕업일신德業日新'에서 '라羅'는 '망라사방網羅四方'에서 각기 취한 것으로, 이는 각각 어진 업적을 날마다 새롭게 하고, 사방을 망라한다는 큰 뜻을 갖고 있다.

신라는 고구려, 백제와 함께 존치해 왔지만 그 삼국 중 가장 세력이 약한 나라이면서도 지략적인 방어를 해 민주적인 통치 방법을 바탕으로 각종 문화의 꽃을 만개시켰다. 지구상에는 수많은 국가가 세워졌다가 아무런 흔적도 남기지 못하고 사라진 예를 어렵지 않게 볼 수 있다. 그러나 처음 한반도 동쪽 변방에 자리 잡은 신라는 보잘 것 없는 약소국가였음에도 불구하고 크나큰 과업을 이룩하였고 또한 그 내용을 문자文字로 남겼다. 우리 후세인들은 그 기록을 거울삼아 현재를 발전시키는 것과 더불어, 선현들의 연원과 사적을 사실에 근거하여 기록을 보존함으로써 동족 간의 근원과 계통을 이해하는데 도움이 되기를 기대해 본다.

필자는 본문에서 자세히 각종 문헌에 근거한 내용을 역사라는 이름으로 정리해 간 과정을 돌이켜 보건데, 그 내용이 매우 복잡하고 난해했음을 실감하였다. 그러나 이러한 과정을 통해 얻은 것 또한 많았다. 그 단적인 예로, 그 시대의 삶의 사정은 현재 우리의 일상과 매우 흡사하다는 것을 알 수 있었다. 당시와 비교해 본다면 첨단의 혜택과 풍요한 생활환경을 빼고는 모두가 제자리에서 발걸음을 옮겨 놓지 못하였음을 평가하게 된다.

특히, 정치, 문화, 국방, 예술, 풍속, 도덕, 단합 등의 항목들은 이 땅을 지키며 살아가는 후예들이라면 반드시 한 번 면밀히 그 실태를 살핀 후 역사의 수레바퀴를 굴려야 할 것으로 보여진다.

피와 땀으로 지켜온 우리민족의 정신문화는 더 값진 유산遺産이 된다는 것을 확신하면서 이 책을 남긴다.

2014년 8월
북한산 자락 녹번 서실에서

성덕대왕신종

국보 제29호, 신라 경덕왕이 부왕인 성덕대왕의 명복을 빌기 위하여 금·동 12만근을 투입, 주조에 착수하였으나 완성을 보지 못하고 돌아가시자 아들 혜공왕이 부왕의 뜻을 이어 받아 771년(혜공왕 7)에 완성하였다.

구경口徑 2.27m, 높이 3.33m, 무게 72톤의 황동제黃銅製 동양 최대의 거종으로 이 종의 특색은 구주口周가 8개의 능선으로 둘리어져 있고 종의 상단上端에 용두상龍頭狀의 공기통空氣筒이 뚫려있어 종소리가 하늘 높이 치솟아 천리사방에 울려 퍼지는데 있다.

그리고 구대口臺와 연주문대連珠文帶에는 당초문唐草文을 둘렀고, 종 표면에는 비천상飛天像과 종의 내력이 새겨져 있는데, 그 체구가 이를 데 없이 우아풍미優雅豊美하며 그 음향이 청렬영묘하여 세계의 그 어느 종도 이를 따르지 못한다.

불국사

불국사 해탈교

　토함산 서남쪽에 자리잡은 불국사는 세련된 전통미의 조화를 보여주는 천년 신라문화의 정수로 대웅전, 무설전, 극락전, 비로전, 관음전과 화려하고 정밀하게 다듬어 조형예술의 극치를 보여주는 다보탑, 석가탑, 청운교, 백운교, 연화교, 칠보교가 있어 신라인의 섬세한 예술혼을 잘 보여주고 있다. <삼국사기>에 의하면 751년(경덕왕 10년)에 김대성金大城이 현세의 부모를 위해 창건했다고 하는데 신라의 건축기술과 함께 불교사상, 자연경관까지 어우러져 불국토의 이상향을 보는 듯하다. 1996년 12월 9일 유네스코 지정 세계문화유산으로 등록되었다.

여름의 불국사 전경

알고 넘어가기 - 유네스코(UNESCO)란?

유네스코(UNESCO)란 국제연합교육과학문화기구國際聯合敎育科學文化機構(United Nations Educational, Scientific and Cultural Organization)의 약자로 교육, 과학, 문화의 보급 및 교류를 통한 국가간의 협력증진을 목적으로 설립된 국제연합전문기구다. 설립연도는 1946년이고 주요활동으로는 대중교육과 문화보급, 지식의 유지·증대 및 전파, 세계 문화유산의 보호가 있다.

대한민국은 1950년에 가입했고, 1987년 제24회 총회에서 집행위원국에 선출된 바 있다. 또한 1995년에는 종묘·불국사·석굴암·팔만대장경이, 1997년에는 창덕궁과 수원화성이 세계문화유산으로 지정되었으며 2000년에는 강화군·화순군·고창군의 고인돌과 경주역사유적지구가 2001년에는 한국의 역사마을이 세계문화유산으로 지정되었다. 본부는 프랑스 파리에 있다.

불국사 다보탑

불국사 3층석탑

감은사지 3층석탑

안압지

통일신라시대 별궁 안에 있던 것으로, 그 안에는 임해전을 비롯한 여러 부속 건물과 정원이 있었으며, 674년(문무왕 14)에 궁 안에 못을 파고 산을 만들어 화초를 심고 진귀한 새와 기이한 짐승들을 길렀다고 전해진다.

임해전은 931년 경순왕이 고려 태조 왕건을 위하여 잔치를 베풀었다는 등의 기록이 남아 있는 것으로 보아, 군신들의 연회나 귀빈 접대 장소로 이용되었음을 알 수 있다. 못 이름은 원래 월지月池였는데 조선시대에 폐허가된 이곳에 기러기와 오리가 날아들어 안압지라고 부르게 되었으며, 1975년 준설을 겸한 발굴조사에서 신라 때 축조되었던 안압지의 모습을 거의 확인하였고, 임해전터에서 출토된 보상화 문전에 새겨진 기년명紀年銘으로 궁궐의 축조연대를 확인할 수 있었다. 임해전은 별궁에 속해 있던 건물이지만 그 비중이 매우 컸던 것으로 보이며, 안압지는 신라 원지苑池를 대표하는 유적이다.

14면 주사위를 던져라!

안압지에서 출토된 유물 가운데 '주령구'라는 목제품이 있다. (목제주령구) 14면으로 이루어진 주령구는 잔치 때 흥을 돋우는 놀이기구로 이것을 굴려 나타나는 면에 씌어진 내용에 따라 벌칙을 정했다. 벌칙으로는 '술 석 잔 한 번에 마시기', '술 마시다 크게 웃기', '스스로 노래 부르고 스스로 마시기' 등이 있다. 현재 진품은 없고 복원품이 남았다.

주령구

임해전지 및 안압지

이견대

골굴사

구황리 3층석탑

정혜사 13층석탑

노동동·노서동 고분군

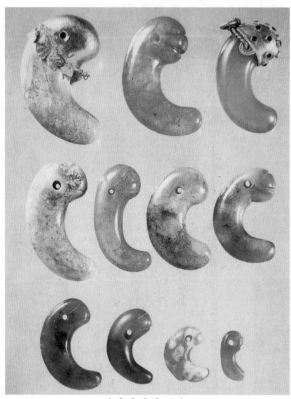

신라시대의 곡옥

금궤도

가야 금관

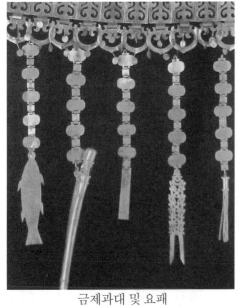

금제과대 및 요패

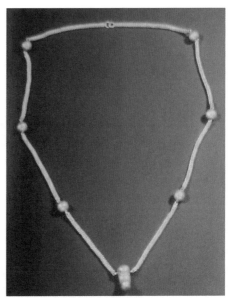

금제장식

토우장식 장경호

(좌) 유리제 병

(우) 용화리 3층석탑

능지탑

현2동 모전5층석탑

화천리 3층석탑

경주 남산 전경

원효대사

의상대사

문무왕릉

  죽은 뒤에도 용이 되어 나라를 지키겠다는 신라 제30대 문무왕(재위661~681)의 유언에 따라 만들어진 세계 유일의 해중릉海中陵이다.

  '대왕암'으로도 불리는 문무대왕릉은 백제와 고구려를 평정하고 당나라 세력을 몰아낸 후 삼국통일을 완성한 문무왕의 호국정신이 서려있는 곳이다.

  대왕암은 바닷가에서 약 200m 떨어진 곳에 있는 길이 약 20m의 바위섬으로 인공으로 사방에 수로를 만들고 그 가운데에 조그마한 수중 못을 만들어 길이 3.6m, 너비 2.9m, 두께 0.9m 크기의 화강암을 얹어놓아 위에서 보면 십자형의 수로를 이루고 있다.

만파식적의 전설

  문무왕의 아들이자 신라 제31대 신문왕이 아버지 문무왕을 위해 동해변에 감은사感恩寺를 지은 뒤, 문무왕이 죽어서 된 해룡海龍과 김유신이 죽어서 된 천신天神이 합심하여 용을 시켜서 보낸 대나무로 만들었다하며, 이 피리를 불면 적병이 물러가고 병이 나으며, 가뭄에는 비가 오고 장마 지면 날이 개며 바람이 멎고 물결이 가라앉았다고 한다. 왕은 이 피리를 만파식적萬波息笛이라 부르고 국보로 삼았다.

신문왕릉

효소왕릉

(좌) 설총
(우) 원효대사의 삿갓

성덕왕릉

성덕왕릉비의 귀부와 기단

성덕왕릉의 관검석인상

성덕왕릉의 술상

성덕왕릉의 호석과 받침석 및 난간석

경덕왕릉

경덕왕릉의 묘상

경덕왕릉의 유상

경양사

충렬묘

경주 금강산

지보사

쌍덕사

명주군왕릉

(좌) 자장율사

(우) 연천청제비

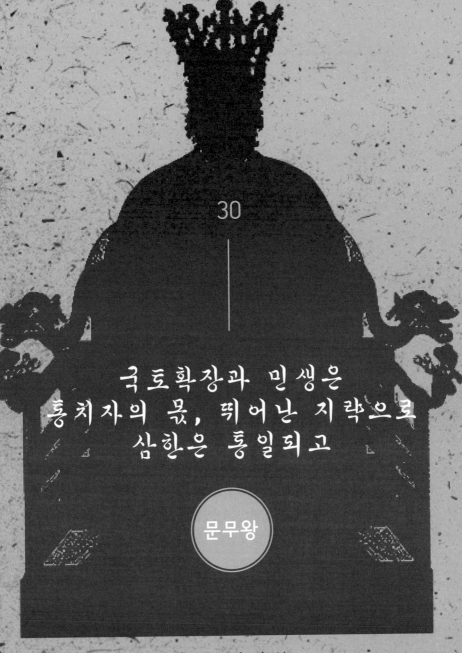

30

국토확장과 민생은
통치자의 몫, 뛰어난 지략으로
삼한은 통일되고

문무왕

新羅王朝實錄

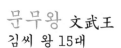

문무왕 文武王
김씨 왕 15대

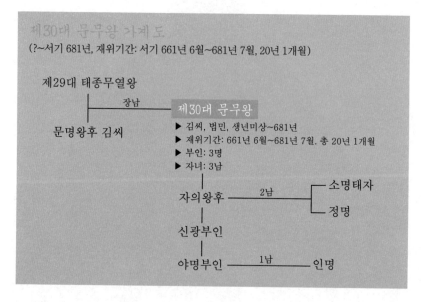

제30대 문무왕 가계도

(?~서기 681년, 재위기간: 서기 661년 6월~681년 7월, 20년 1개월)

제29대 태종무열왕 ——장남—— 제30대 문무왕

문명왕후 김씨

▶ 김씨, 법민, 생년미상~681년
▶ 재위기간: 661년 6월~681년 7월. 총 20년 1개월
▶ 부인: 3명
▶ 자녀: 3남

자의왕후 ——2남—— 소명태자 / 정명

신광부인

야명부인 ——1남—— 인명

?~681(문무왕 21). 신라 제30대 왕. 재위 661~681. 성은 김씨金氏, 이름은 법민法敏이다. 태종무열왕의 원자이다. 어머니는 소판蘇判 김서현金舒玄의 작은딸이자, 김유신金庾信의 누이인 문명왕후文明王后이다. 비妃는 자의왕후慈儀王后로 파진찬波珍湌 선품善品의 딸이다.

법민은 영특하고 총명하여 지략智略이 많았다. 진덕여왕 때 고구려와 백제의 압력에 대항하기 위해 당唐나라까지 가서 외교 활동을 하였다. 부왕 태종무열왕 때 파진찬으로서 병부령兵部令을 역임했으며 얼마 뒤 태자로 책봉되었다.

660년(태종무열왕 7) 태종무열왕과 당나라의 소정방蘇定方이 연합해 백제를 정벌할 때 법민도 종군해 큰 공을 세웠다. 661년 태종무열왕이 삼국을 미처

통일하지 못하고 죽자 법민이 왕위를 계승해 삼국통일의 과업을 완수하였다. 그러므로 문무왕이 재위한 21년 동안은 거의 백제 부흥군, 고구려 그리고 당나라와의 선생의 연속이었다.

문무왕은 즉위하던 해인 661년에 웅산성甕山城과 우술성雨述城에 웅거하던 백제 잔적殘賊을 공격해 항복을 받고 그 곳에 웅현성熊峴城을 축조하였다. 그리고 663년(문무왕 3) 백제의 거열성居列城·거물성居勿城·사평성沙平城·덕안성德安城의 백제 잔적을 정벌하였다.

이 때 각지에서 일어난 백제 부흥군의 중심인물은 백제의 옛 장군인 복신福信, 승려인 도침道琛이었다. 이들은 일본에 가 있던 왕자 부여 풍扶餘豊을 왕으로 추대하고 주류성周留城(지금의 한산韓山, 또는 부안扶安이라는 설이 있음)에 근거를 두고 웅진성熊津城을 공격해 신라와 당나라의 주둔군을 괴롭혔다.

이에 문무왕은 김유신 등 28명의 장군과 함께 당나라에서 파견되어 온 손인사孫仁師의 증원병과 연합해 부흥군의 본거지인 주류성을 비롯해 여러 성을 함락하였다. 이어서 지수신遲受信이 끝까지 항거하던 임존성任存城(지금의 대흥大興)마저 정복함으로써 백제 부흥 운동을 종식시켰다. 그리고 665년 백제 왕자였으며 당나라의 지원을 받던 웅진도독熊津都督 부여 융扶餘隆과 화맹和盟을 맺었다.

한편, 문무왕은 당나라와 연합해 고구려를 정벌하는 데에도 게을리 하지 않았다. 즉위하던 해 당나라가 소정방으로 하여금 고구려를 침공하게 하는 한편, 김유신을 비롯한 김인문金仁問·진주眞珠 등의 장군을 이끌고 당군의 고구려 공격에 호응하였다.

문무왕은 668년부터 본격적으로 고구려를 공격하였다. 당군이 신성新城(지금의 무순撫順)·부여성扶餘城 등 여러 성을 차례로 공격해 쳐부수고 압록강을 건너 평양성을 포위, 공격하자 문무왕도 6월 김유신·김인문·김흠순金欽純 등이 이끄는 신라군을 당나라 진영에 파견해 당군과 함께 평양성을 공격하였다. 이리하여 9월 보장왕寶臧王으로부터 항복을 받아냈다.

문무왕은 고구려 멸망에 공을 세운 여러 장사將士에게 논공행상을 하고, 11월 백제와 고구려의 평정을 선조 묘에 고하였다. 당나라는 고구려를 멸망시

킨 뒤, 점령지의 지배를 위해 평양의 안동도호부安東都護府를 중심으로 9도
독부, 42주, 100현을 두고 통치하였다. 그러나 이러한 행정적 조처는 고구
려 유민遺民의 항쟁으로 제대로 운영되지 못하였다.

고구려의 부흥 운동 중에서도 특히 수림성水臨城 사람으로 대형大兄인 검모
잠劍牟岑의 활동이 가장 두드러졌는데, 그는 보장왕의 서자인 안승安勝을 왕
으로 맞이해 부흥 운동을 전개하였다. 그러나 670년 안승은 검모잠을 죽인
다음 4,000호를 이끌고 신라로 망명하였다. 문무왕은 그를 금마저金馬渚(지
금의 익산益山)에 머무르게 하고, 고구려왕高句麗王(뒤의 보덕왕報德王)에 봉하였
다. 이로써 고구려의 부흥 운동도 점차 세력이 약화되어 좌절하고 말았다.

당나라는 백제와 고구려를 멸망시킨 뒤 삼국 전체를 자기의 영토로 삼으
려는 의도를 노골적으로 드러내었다. 이리하여 신라는 백제와 고구려의 옛
땅에 대한 지배권을 차지하기 위해 당나라와 새로운 전쟁을 치르지 않을
수 없었다. 문무왕이 옛 백제 땅인 금마저에 안승을 맞아들인 것도, 고구려
부흥 운동과 연결해 당나라 및 당나라와 결탁한 웅진도독 부여 융의 백제
군에 대항하려는 의도가 내포되어 있었다.

671년 죽지竹旨 등이 가림성加林城(지금의 임천林川)을 거쳐 석성石城(지금의 임
천林川 동쪽) 전투에서 당군 3,500명을 죽이는 큰 전과를 올렸다. 이 때 당나
라의 행군총관行軍摠管 설인귀薛仁貴가 신라를 나무라는 글을 보내 오자, 문
무왕은 이에 대해 신라의 행동이 정당함을 주장하는 글을 보냈다. 그리고
드디어 사비성泗沘城(지금의 부여扶餘)을 함락시키고 여기에 소부리주所夫里
州를 설치해 아찬阿湌 진왕眞王을 도독에 임명함으로써 백제 고지에 대한 지
배권을 장악하였다.

특히 신라가 백제의 고지를 완전히 점령한 뒤에 침략해 온 당군과의 전투
가 가장 치열하였다. 672년 이후 당나라는 백제와 고구려를 멸망시킬 때와
마찬가지로 대군을 동원해 침략해 옴으로써 신라는 한강에서부터 대동강
에 이르는 각지에서 당군과 여러 차례 싸우지 않으면 안 되었다.

당나라는 674년 유인궤劉仁軌를 계림도대총관鷄林道大摠管으로 삼아 침략해
옴과 동시에, 문무왕의 동생 김인문을 일방적으로 신라왕新羅王에 봉해 문

무왕에 대한 불신의 뜻을 보이기도 하였다.

신라의 당나라에 대한 항쟁은 675년에 절정에 이르렀다. 그 해에 설인귀는 당나라에 숙위하고 있던 풍훈風訓을 안내자로 삼아 쳐들어왔으나, 신라 장군 문훈文訓이 이를 격파해 1,400명을 죽이고 병선 40척, 전마 1,000필을 얻는 전과를 올렸다.

이어 이근행李謹行이 20만 명의 대군을 이끌고 침략해 왔는데, 신라군이 매초성買肖城(지금의 양주楊州)에서 크게 격파해 이들을 물리쳤다. 이 매초성의 승리는 북쪽 육로를 통한 당군의 침략을 저지하는 효과를 가져왔다.

한편, 676년 해로로 계속 남하하던 설인귀의 군대를 사찬沙湌 시득施得이 지벌포伎伐浦에서 격파함으로써 신라는 서해의 해상권을 장악하게 되었다. 이리하여 당나라는 676년 안동도호부를 평양으로부터 요동성遼東城(지금의 요양遼陽)으로 옮기게 되었다.

그 결과 신라는 많은 한계성을 지니는 것이기는 하지만, 대체로 대동강에서 원산만에 이르는 이남의 영토에 대한 지배권을 장악함으로써 한반도를 통일할 수 있었던 것이다. 문무왕은 이와 같이 삼국통일을 완수하는 과정에서도 국가 체제의 정비를 위해 적지 않은 노력을 기울였다. 이것은 증가한 중앙 관부官府의 업무와 확장된 영역의 통치를 위해 불가피한 조처였던 것이다.

우선 문무왕이 재위한 21년 동안 잡찬迊湌 문왕文王을 비롯한 문훈·진복眞福·지경智鏡·예원禮元·천광天光·춘장春長·천존 등 8명의 인물이 행정 책임자로서 집사부 중시中侍를 역임하였다. 문무왕은 이 중에서 특히 문왕·지경·예원 등 자기 형제들을 중시에 임명함으로써 왕권의 안정을 꾀하였다. 이러한 정치적 안정을 바탕으로 적극적인 통일 전쟁을 수행할 수 있었던 것이다.

그리고 671년과 672년에 병부兵部·창부倉部·예부禮部·사정부司正府 같은 중앙 관부의 말단 행정 담당자인 사史의 인원 수를 증가시켜 업무 처리를 원활하게 하였다. 지방 통치를 위해서는 673년 진흥왕 대에 이미 소경小京을 설치한 중원中原에 성을 축조했으며, 통일 후인 678년에 북원소경北原小京을, 680년에 금관소경金官小京을 두어 왕경王京의 편재에서 오는 불편함을 극복하고, 신문왕 대에 완성되는 5소경제小京制의 기틀을 마련하였다.

또한 삼국통일 후 신라 군사 조직의 기간은 신라 민과 피정복 민으로 구성된 중앙의 9서당誓幢과 지방의 9주에 설치된 10정停이었다. 9서당은 대체로 신문왕 대에 완성되는 것이지만, 9서당 중에서 백금서당白衿誓幢은 문무왕이 백제 지역을 온전히 점령한 다음 해인 672년에 백제 민으로 조직한 것이다. 또 같은 해에 장창당長槍幢을 두었는데 이것은 693년(효소왕 2)에 비금서당緋衿誓幢이 되었다. 이로써 9서당 편제의 기초는 이미 문무왕 대에 만들어졌던 것이다. 이와 같은 문무왕의 체제 정비 작업은 675년에 백사百司와 주군州郡의 동인銅印을 제작, 반포한 데서 잘 나타난다.

장지는 경상북도 경주시 감포甘浦 앞바다의 해중왕릉海中王陵인 대왕암大王巖이다. 시호는 문무文武이다.

661년(문무왕 원년) 6월에 당나라에 들어가서 숙위하는 왕의 아우인 김인문(태종무열왕의 둘째 아들)과 유돈儒敦 등이 돌아와서 문무왕에게 알리기를

"당나라 황제는 이미 소정방을 파견하여 수륙 35도병道兵을 거느리고 고구려를 정벌하게 하고, 드디어 대왕께서도 군사를 일으켜 당군과 서로 응하라 하니 비록 복상 중이나 당제의 칙명을 어기기는 어렵습니다."

하므로 왕은 김유신을 대장군으로 삼고 김인문, 진주, 흠돌欽突을 대당 장군으로 삼고 천존, 죽지, 천품을 귀당 총관으로 삼고 품일, 충상, 의복을 상주 총관으로 삼고 진흠, 중신, 자간을 하주 총관으로 삼고 군관軍官, 수세藪世, 고순高純을 남천주南川州(현 이천利川) 총관으로 삼고 술실述實, 달관達官, 문영文穎을 수약주首若州(현 춘천) 총관으로 삼고 문훈文訓, 진순眞純을 하서주河西州(현 강릉江陵) 총관으로 삼고 진복眞福을 서당 총관으로 삼고, 의광을 낭당 총관으로 삼고, 위지慰知를 계금罽衿 대감으로 삼았다.

드디어 8월에 문무왕이 모든 장병을 거느리고 시이곡정始飴谷停에 머무르는데 사자가 와서 알리기를

"백제의 잔적들이 옹산성甕山城(현 회덕)에 의거하여 싸우려 합니다."

하였다. 문무왕은 먼저 사자를 파견하여 이를 말로 타일러 보았으나 항복하지 않아, 9월 19일에 왕이 웅현정熊峴亭(현 공주)에 진주하여 모든 총관과 대감을 모아 놓고 친히 그들을 훈계하였다.

이어 9월 25일에 왕은 군사를 거느리고 진군하여 옹산성을 포위하고 공격하여 이틀 뒤에는 대책大冊을 태워버린 다음 수천 명을 참살하고 드디어는 항복을 받아 내었다. 이에 문무왕은 그 공을 논하여 각간, 이찬으로서 총관이 된 자에게는 칼을 하사하고 잡찬, 파진찬, 대아찬으로서 총관이 된 자에게는 창을 하사하고 그 아래 있는 사람에게는 각각 일 품씩을 올려 주었다. 이때 웅현성을 축조하였다.

한편 상주 총관 품일은 일모산군一牟山郡(현 청주) 대수大守 대당大幢과 사시산군沙尸山郡 대수 철천哲川 등으로 더불어 군사를 거느리고 우술성을 공격하여 1천 명을 참살하니, 백제의 달솔達率 조복助服과 은솔恩率 파가波伽는 그 무리와 도모하여 항복하였다.

이에 왕은 조복에게는 급찬 벼슬을 주어 고타야군古陀耶郡(현 안동) 대수로 삼고 파가에게도 급찬 벼슬을 주고 겸하여 논밭과 집, 의복을 하사하였다.

10월 29일에 당나라 황제의 사자가 이르렀다는 말을 전해들은 문무왕이 드디어 서울로 돌아오니 당나라의 사자는 조위를 겸하여 전왕인 태종무열왕에게 제사하고 비단 등 5백 단을 부의로 증정하였다. 한편 김유신 등은 군사를 쉬게 하며 다음 명령을 기다렸는데 함자도含資道(현 황해도) 총관 유덕민劉德敏이 도착하여 평양으로 군량을 수송하라는 당제의 명령을 전하였다.

662년(문무왕 2) 정월에는 당나라의 사신이 객관客館에 머물러 있었는데 이때 왕을 책봉하여 개부의동삼사 상주국낙랑군왕신라왕上柱國樂浪郡王新羅王으로 삼았다. 이때 이찬 문훈文訓을 중시로 삼았으며 문무왕은 김유신에게 명하여 김인문, 양도 등 9명의 장군과 더불어 수레 2천여 채에 쌀 4천 석과 조 2만2천여 석을 싣고 평양으로 가서 당군을 돕게 하였다.

1월 18일에 김유신은 풍수촌風樹村에 이르러 유숙하게 되었는데 얼어 미끄러운 데다가 길도 험하여 수레가 갈 수 없으므로 군량과 수레를 우마牛馬에 싣고 갔다. 닷새 뒤 칠중하七重河(임진강 하류)를 건너서 산양蒜壤에 이르렀는데 귀당제감 성천星川과 군사 술천述川 등이 이현梨峴에서 고구려 병사를 만나서 이를 격살하였다.

2월 1일에 김유신 일행은 장새獐塞(현 수안遂安)에 이르렀는데 여기는 평양에 도착하기 3만6천 보 전이었으므로, 먼저 보기감步騎監 열기裂起 등 15명을 당영唐營으로 파견하여 이를 알리게 하였다. 안타깝게도 이날 눈바람이 몹시 불어 추위에 사람과 말들이 많이 얼어 죽었다.

2월 6일, 양오楊隩에 이르러서 김유신은 아찬 양도와 대감 인선仁仙 등으로 하여금 당나라 진영에 군량을 보내니, 소정방은 크게 기뻐하며 은 5천7백분, 세마포細麻布 30필, 두발頭髮 30양, 우황牛黃 19양을 보내 주었다. 이렇게 소정방은 군량을 얻어 가지고는 싸움을 그만두고 돌아갔다. 김유신 등은 당나라 병사들이 돌아갔다는 말을 듣고 또한 군사를 돌려 과천을 건너오는데 고구려의 군사가 추격하므로 곧 군사를 돌려 대전하여 1만여 명을 참살하고 소형小兄 아달혜阿達兮 등을 사로잡고 병기구를 만으로 헤아릴 수 없게 노획하였다. 이에 문무왕은 전공을 논하는데 본피궁本彼宮의 재화와 전장田莊과 노복을 나누어서 김유신과 김인문 등에게 하사하였다.

또한 영묘사가 화재를 당하였다. 이때에 탐라국 주좌主佐 평도平徒 동음률冬音律(또는 동음진冬音津)이 내강하였는데 탐라는 무덕武德 이래로부터 백제에 신속臣屬하였던 까닭으로 좌평左平으로써 관호官號를 하였는데 이때 항복하여 속국으로 되었다.

3월에 왕은 죄수들을 대사하였으며 이미 백제를 평정하였으므로 유사들에게 명하여 큰 잔치를 베풀었다. 7월에는 이찬 김인문을 당나라에 파견하여 특산물을 바쳤다.

8월에 백제의 잔적들이 내사지성內斯只城에 집결하여 발악하므로 왕은 흠순 등 19명의 장군을 파견하여 이를 토평하게 하였는데, 대당 총관 진주와 남천주 총관 진흠이 거짓으로 병이라 칭하고 한가롭게 놀며 국사를 돌보지 않으므로 문무왕은 그들을 죽이고 아울러 그 일족을 멸하여 버렸다.

사찬 여동如冬은 그 어머니를 구타하였는데 하늘에서 우레와 비가 내리고 벼락이 떨어져 그를 죽이고 그의 몸 위에는 수악당須酲堂이란 세 글자가 쓰여 있었다. 이때 남천주에서 흰 까치를 왕에게 바쳤다.

663년(문무왕 3) 정월에는 긴 창고를 남산신성南山新城에 축조하였고 부산성富山城(현 부산釜山)을 쌓았다. 2월에는 흠순, 천존이 군사를 거느리고 백제 거열성居列城(현 진주晋州)을 공취하여 7백여 명을 참살하고 또 거물성居勿城을 공격하여 이를 항복 받고 또한 덕안성德安城(현 은진恩津)을 공격하여 1천7십 명을 참살하였다. 4월에는 당나라에서 우리나라를 계림대도독부鷄林大都督府로 하고 문무왕을 계림주鷄林州 대도독으로 삼는다 하였다.

5월에 영묘사의 문이 진동하였다. 이때 백제의 고장故將 복신福信과 부도浮圖 도침道琛은 옛 왕자 부여풍扶餘豊을 맞아 세우고는 유진留鎭 낭장 유인원이 있는 웅진성을 포위하고 공격하였다. 이에 당의 고종은 유인궤劉仁軌를 검교대방주자사檢校帶方州刺史로 하여 전도독前都督 왕문도王文度의 군사와 신라의 군사를 거느리고 백제의 병영으로 보냈는데, 유인궤는 각처에 옮겨 싸워 적진을 함락시켰으므로 향하는 곳마다 적이 쫓기게 되었다.

이에 복신 등은 유인원이 유진留鎭하는 웅진성의 포위를 풀고 임존성任存城(현 대흥大興)으로 물러서서 주둔하였다. 그러나 복신은 도침道琛을 죽이고 그 무리를 아우르고 배반하여 도망한 무리를 도로 불러 모으니 기세가 크게 확장되었다.

이때 유인궤는 유인원과 합세하여 무장을 풀어 군사를 휴양시키면서 본국에 증원군을 청하니, 당 고종은 우위위장군右威衛將軍에 손인사孫仁師를 파견하였다. 그는 군사 40만 명을 거느리고 덕물도에 이르러서 웅진부성熊津府城으로 향하는데 왕은 김유신 등 38명의 장군을(30명이라고도 함) 거느리고 당군과 합세하여 두릉豆陵(또는 두량豆良) 윤성尹城, 주류성周留城 등 모든 성을 공격하여 모두 함락시키니 부여풍은 몸을 빼어 도망하고 왕자 충승忠勝과 충지忠志 등은 그 무리를 거느리고 항복하였다. 그러나 홀로 지수신遲受信 만은 임존성에 머물러 항복하지 않아 10월 21일부터 이를 공격하였으나 이기

지 못하고, 11월 4일에 이르러 군사를 돌려 설리정舌利停(또는 후리정后利停)
에 이르러서 전공을 논하여 상을 내리었고, 죄수들을 대사하고, 의상을 지
어 유진하는 당군에게 보내 주었다.

664년(문무왕 4) 정월에 김유신이 퇴로退老를 청하였으나 왕은 이를 허락하
지 않고 궤장几杖을 하사하였다. 아찬 군관軍官을 한산주 도독으로 삼았다.
이때 문무왕은 부인들의 의복도 또한 중국의 의상으로 할 것을 분부하였
으며 2월에는 유사有司에게 명하여 제왕능원諸王陵園에 각각 백성 20호씩을
옮겨 지키게 하였다.

또한 각간 김인문과 이찬 천존이 당나라의 칙사勅使 유인원과 더불어 백제
의 부여 융扶餘隆과 웅진에서 동맹을 맺었다. 3월에 백제의 유민들이 사비
산성泗沘山城(부여)에 의거하여 모반하므로 웅진 도독이 군사를 내어 이를
격파하였다. 이때 지진이 일어났다.

왕은 성천星川, 구일丘日 등 28명을 웅진부성으로 파견하여 당의 음악을 배
우게 하였다. 7월에는 장군 김인문, 품일과 군관 김문영 등에게 명하여 일
선과 한산 두 주의 군사들 거느리고 웅진부성의 군사와 더불어 고구려의
돌사성을 치게 하여 이를 격멸시켰다. 8월 14일에 지진이 일어나서 민가가
헐어졌는데 남방이 더욱 심하였다. 이때 왕은 백성들이 마음대로 재화와
논밭을 절에 시주하는 것을 금지하였다.

665년(문무왕 5) 2월에 중시 문훈이 벼슬에서 물러나자 이찬 진복을 중시로
삼았다. 이찬 문왕이 죽자 왕자의 예로써 장사하였으며 이때 당 고종은 사
신을 파견하여 조위하고 겸하여 자의紫衣 한 벌과 요대腰帶 1조와 채능라彩
綾羅 1백 필과 생초生綃 2백 필을 보내왔으므로, 왕은 당나라의 사신에게 금
과 비단을 더욱 후하게 주어 보냈다.

8월에 왕은 칙사 유인원과 더불어 웅진 도독 부여융과 웅진 취리산就利山
(연미산鳶尾山)에서 화친을 맹약하였다. 그런데 처음에 백제는 부여장扶餘璋
(무왕武王)이 고구려와 더불어 화친하면서부터 번번이 강토를 침범하므로 신
라에서는 중국에 사신을 파견하여 구원을 청할 길이 끊이지 아니하였으며
소정방이 이미 백제를 평정하고 군사를 돌렸는데 백제의 남은 민중들이

또 반란을 일으키자 왕은 진수사鎭守使 유인원, 유인궤 등과 함께 수년 동안에 걸쳐 겨우 이를 평정하였다. 당 고종은 부여융에게 돌아가서 남은 무리들을 안정시키도록 분부하고 또 신라와 더불어 화친하라고 명령했다. 이에 흰 말을 잡아 화친을 맹약하는데 먼저 천지신명과 천곡川谷의 신에게 제사를 지내고 그 뒤에 서로 그 피를 입에 찍어 바름으로써 맹약하였다. 유인궤는 다음과 같은 맹약문을 지었다.

<지난날에 백제의 선왕은 역순逆順의 이치에 어두워서 주변국과 우호를 돈독히 하지 아니하며 친족과 화목하지 않고, 고구려와 결탁하고 왜국과 교통하여 다 함께 난폭하게도 신라를 침해하며 성읍을 약탈하여 대개 평안한 해가 없었다.
중국의 천자는 한 사람이라도 살 곳을 잃음을 민망히 여기고 죄 없는 백성을 불쌍하게 여기어서 번번이 사자를 파견하여 곧 화친할 것을 권하였다.
그러나 백제는 험한 지리와 중국과의 거리가 먼 것을 믿고 천경天經(중국)을 업신여기고 잘난 척 하였으므로, 황제가 노하여 군사를 내어 이를 정벌하게 되었는데, 깃발이 이르는 곳마다 한번 싸우면 곧 평정되었다.
심하게 말하면 궁궐을 없애버려 연못을 만들어 후예를 훈계하게 하며 그 근원을 막고 뿌리를 뽑아버림으로써 그의 영원한 교훈을 삼을 것이나 유순한 자를 감싸주고 배반하는 자를 벌하는 것은 전왕前王의 법이고, 망하는 것을 일으켜 주고 끊어지는 것을 이어주게 하는 것은 왕철往哲의 법이므로, 모든 일은 반드시 옛 일을 거울로 하여 모든 사기에 기록하여 전하게 하는 까닭으로, 전의 백제대사가정경百濟大司稼正卿 부여를 웅진 도독으로 삼아 그 제사를 받들게 학고 그 옛 땅을 보전하게 하니, 신라와 서로 의지하며 오래도록 우국友國이 되어 각각 지난날의 원한을 없애고 우호를 맺고 서로 화친하며 각각 조명詔命을 받들어 영원히 번병藩屛으로 복속할 것이다.
또한 사인우위위장군로성현공使人右威衛將軍魯城縣公 유인원을 파견하여 친히 권유에 힘쓰게 하여 이 뜻을 이루게 하는 것이다. 이를 약정함에는 혼인으로써 하고 이를 말함에는 맹세로써 하며 희생된 흰말의 피를 서로 입에 찍어 바름으로써 함께 시종始終을 돈독히 하여, 서로 재해를 나누고 환난을 구원하고 은의를 형제같이 하여 윤언綸言(천자의 말)을 잘 받들고 감히 이를 잊지 말며 맹약한 후에는 함께 의리를 잘 지키어 만약에 맹약을 배반하여 여러가지로 그 덕망을 버리고 군사를 일으켜서 변경을 침범하는 일이 있으면, 천지신명은 이를 밝게 살피어 온갖 재앙을 내려 그 자손을 기르지 못하게 하고 그 사직을 지키지 못하게 하고 제사조차 없어져서 그 남겨 놓은 것이 없도록 할 것이다.

그런 이유로 금서철권金書鐵券을 만들어서 종묘에 간직하게 하니, 자손만대에 감히 위반하는 일이 없도록 하라. 신神은 이 맹약을 듣고 이를 응감하고 이들에게 복되게 하여 달라.>

이 맹약을 마치자 희생한 자신의 말을 제단의 북쪽에 묻고 그 글을 신라의 종묘에 장치藏置하였다. 유인궤는 신라의 사자와 백제, 탐라, 사국사四國使를 거느리고 배를 타고 본국으로 돌아가서 태산泰山(산동성山東省 태현북泰縣北)에 회사會祠하였으며, 왕은 왕자 정명政明을 태자로 세우고 죄수들을 대사하였다. 겨울에 일선, 거열居列의 두 곳 주민으로 하여금 군자軍資를 하서주로 수송하게 하였다. 당시 견포絹布의 계량은 옛날에 10심尋으로써 1필로 하였는데, 길이 7보, 넓이 2척으로써 1필로 하였다. 2월에 경도京都에 지진이 일어났으며 4월에는 영묘사에 화재가 있어 죄수들을 대사하였다.

666년(문무왕 6)에는 천존天存의 아들 한림漢林 김유신의 아들 삼광三光이 모두 내마로서 당나라에 들어가서 숙위하는데 왕은 이미 백제를 평정 하였으므로 고구려를 격멸시키고자 하여 당에 군사를 요청하였다.

12월에 당나라는 이적李勣을 요동도행군대총관遼東道行軍大摠管으로 삼고 사열소상백司列少常伯 안육安陸과 학처준郝處俊을 부장으로 삼아 고구려를 치게 하였다. 이때 고구려의 귀신貴臣 연정토淵淨土가 12성, 763호, 3천543명을 거느리고 와서 항복하였으므로, 왕은 연정토 및 그 종관 24명에게 의복과 양식과 집을 주어 도성 및 주, 부에 살게 하였는데, 그 8개 성이 완전히 복속하였으므로 군사들을 파견하여 이를 진수하였다.

667년(문무왕 7) 7월에 왕은 큰 잔치를 3일 동안이나 베풀었다. 이때 당나라 황제는 칙령을 내려 지경智鏡과 개원愷元을 장군으로 삼아 요동 지역에 나가게 하였으므로, 문무왕은 곧 지경을 파진찬으로 삼고 개원을 대아찬으로 삼았으며, 또 당제는 칙령으로 대아찬 일원日原을 운휘雲麾 장군으로 삼았으므로 왕은 일원에게 명하여 궁정에서 칙령을 받도록 하고 대내마즙大奈麻汁 항세恒世를 당나라로 파견하여 조공하였다. 이때 당 고종은 유인원과 김인태金仁泰에게 명하여 비열도에 걸쳐 또 우리 군사를 징집하게 하고 다곡多谷과 해곡海谷의 두 도를 거쳐 평양으로 모이게 하였다.

8월에 왕은 대각간 김유신 등 30명의 장군을 거느리고 서울을 출발하여 9월에 한성정漢城停(현 광주廣州)에 이르러서 영공英公 이적李勣을 기다렸다. 10월 2일에 영공 이적이 평양성 2백 리 북쪽에 이르러서 이동혜촌주尓同兮村主 대내마 강심江深을 파견하여 거란의 기병 80여 명을 거느리고 아진함성阿珍含城을 지나 한성漢城에 이르러 글을 보내어 병기를 독촉하므로 문무왕은 이를 좇기로 하였다. 11월 11일에 문무왕의 군사가 장새獐塞에 이르렀으나 영공 이적이 군사를 돌이켜 돌아갔다는 말을 듣고 문무왕의 군사도 또한 돌아왔다. 이에 왕은 강심江深에게 급찬 벼슬을 주고 조[粟] 5백 석을 하사하였다. 12월에 중시 문훈이 죽었다.

12월이 되자 당나라의 유진 장군 유인원이 당제의 칙령을 전하였는데 고구려 정벌을 원조하라는 것과 아울러 왕에게 대장군의 정절旌節을 주었다.

668년(문무왕 8) 봄에 아마阿麻가 와서 항복하였다. 이때 왕은 원기元器를 연정토와 함께 당나라로 파견하였는데, 연정토는 당나라에 머물러 돌아오지 아니하고 원기만 돌아왔으며, 이후에는 당제의 칙령으로 여자를 바치는 것을 금하도록 하였다. 3월에는 파진찬 지경智鏡을 중시로 비열홀주를 설치하고 파진찬 용문龍文을 총관으로 임명하였다. 4월에 혜성이 천선성天船星에 나타났다.

6월 12일에 요동도안무부대사요동행군 부대총관 겸 웅진도안무대사 행군총관 우상 검교태자좌중호 상주국 낙성현개국남遼東道安撫副大使遼東行軍 副大摠管 兼 熊津道安撫大使 行軍總管 右相 檢校太子左中護 上柱國 樂城縣開國男 유인궤가 당제의 칙명을 받들고 숙위 사찬 김삼광金三光과 더불어 당항진黨項津에 도착하였으므로, 왕은 각간으로 하여금 나가서 대례大禮로써 맞게 하였다. 이때에 우상 유인궤는 약속을 마친 후에 천강泉岡으로 향하였다.

6월 21일에 왕은 대각간 김유신을 대당 대총관大幢大摠管으로 삼고, 각간 김인문, 흠순, 천존, 문충과 잡찬 진복과 파진찬 지경과 대아찬 양도, 개원, 흠돌을 대당 총관으로 삼고, 이찬 진순陳純(또는 진춘陳春), 죽지를 경정京停 총관으로 삼고, 이찬 품일과 잡찬 문훈과 대아찬 천품을 귀당 총관으로 삼고, 이찬 인태仁泰를 비열도 총관으로 삼고, 잡찬 군관과 대아찬 도유都儒와 아찬 용장을 한성주 행군行軍 총관으로 삼고, 잡찬 숭신崇信과 대아찬 문영과 아찬 복세福世를 비열성주 행군 총관으로 삼고, 파진찬 선광宣光과 아찬 장순長順, 순장純長을 하서주 행군 총관으로 삼고, 파진찬 의복宜福과 아찬 천광天光을 서당 총관으로 삼고, 아찬 일원日原, 흥원興元을 계금당罽衿幢 총관으로 삼았다.

다음날 웅진부성의 유인원은 귀간貴干 미힐未肹를 파견하여 고구려의 대곡, 한성 등 2군 12성이 항복하였음을 알려 왔으므로, 왕은 일길찬 진공眞功을 파견하여 하례하였다. 이때 김인문, 천존, 도유 등은 일선주 등 7군郡 및 한성주의 군사를 거느리고 당의 군영으로 들어갔다. 문무왕 또한 6월 27일, 서울을 출발하여 당의 군영으로 향하였으며 이틀 후에는 모든 도의 총관이 모두 출발하였다. 그런데 김유신에게는 풍병風病이 있었으므로 왕은 그를 서울에 머물러 있게 하였다. 그리고 김인문 등은 영공 이적을 만나서 영유산嬰留山(서경西京 북쪽 20리) 밑에 진군하고 있다가, 7월 16일에 왕은 한성주에 행차하여 모든 총관에게 나가서 당의 대군과 만나도록 분부하였다.

이때 김문영 등이 고구려 군사를 사천蛇川의 벌판에서 만나 대전하여 크게 격파하였으며, 9월 21일에 모든 군사들이 당의 대군과 합세하여 평양성을 포위하고 공격하니, 고구려의 마지막 왕인 제28대 보장왕寶藏王은 먼저 천남산泉男産(또는 연남산淵男産) 등을 파견하여 영공 이적에게 항복을 청하였다.

이에 영공 이적은 보장왕과 왕자 복남福男, 덕남德男과 대신 등 20만 명을 데리고 당나라로 돌아갔으며, 이때 각간 김인문과 대아찬 조주助州는 영공 이적을 따라가고 인태仁泰, 의복義福, 수세藪世, 천광天光, 흥원興元이 수행하였다.

그런데 처음에 당의 대군이 고구려를 평정할 때, 왕은 한성을 출발하여 평양으로 향하는 도중에 힐차양肹次壤에 이르렀는데, 당나라의 모든 장수들이 이미 돌아갔다 하므로 왕은 한성으로 돌아왔다.

22일에 왕은 김유신에게 태대각간, 김인문에게는 대각간, 그 밖에 이찬 장군 등은 1등 관명인 각간으로, 3등 관명인 소판 이하는 모두 벼슬을 일 급씩 올려 주고, 대당 소감 본득本得은 사천 싸움의 제1공으로, 한성주 소감 박경한朴京漢은 평양성 내의 군주 술탈을 죽인 제1공으로, 흑악령黑嶽令 선극宣極은 평양성 대문大門 싸움의 제1공으로 하여 모두 일길찬의 벼슬과 조 1천 석씩을 주고, 서당 당주 금둔산金遁山은 평양 군영 싸움의 제1공으로 하여 사찬 벼슬과 조 7백석을 주고, 남한산南漢山 군사 북거北渠는 평양성 북문 싸움의 제1공으로 술간 벼슬과 일속一粟 1천 석을 주고, 부양斧壤 군사 구기仇杞는 평양 남교南橋 싸움의 제1공으로 하여 술간 벼슬과 속粟 7백 석을 주고, 비열홀 가군사假軍師 세활世活은 평양소성平壤少城 싸움의 제1공으로 하여 고간 벼슬과 속粟 5백 석을 주고, 한산주 소감 김상경金相京은 사천 싸움에 전사한 제1공으로 하여 일길찬 벼슬을 추증하고 조租 1천 석을 주고, 아술牙述 사찬 구율求律은 사천 싸움에서 다리 밑으로 들어가 물을 건너 적과 싸워 크게 이겼으나 군령 없이 스스로 위험한 곳으로 들어갔으므로 비록 그 공은 제일이나 녹錄에 오르지 못하였다. 이에 구율이 분격하여 목을 매어 죽으려 하였으나, 곁에 사람이 있다가 이를 구하는 일이 발생하기도 하였다.

10월 25일에 왕은 수도로 돌아오는 길을 떠나서 욕돌역褥突驛에 행차하니 국원경國原京(현 충주)의 사신인 대아찬 용장이 사사로이 잔치를 베풀고 왕과 모든 시종들을 대접하고 음악을 연주하였으며, 내마 긴주緊周의 아들인 능안能晏은 나이가 16세로서 가야加耶의 춤을 추었는데 왕은 그의 용모가 단아함을 보고 앞에다 불러놓고 등을 어루만지며 금잔으로써 술을 권하고 폐백幣帛을 후하게 주었다.

11월 5일에는 사로잡은 고구려인 7천 명을 데리고 서울로 들어와서, 다음 날 문무 신료를 거느리고 선조 묘를 배알하여 아뢰기를

"삼가 선조의 뜻을 이어 받들고 당나라와 함께 의병을 일으켜 백제와 고구려에 죄를 묻고 그 원흉을 복죄하여 나라가 태평하게 안정되었음을 감히 이에 아뢰오니, 신께옵서는 이를 들어주시옵소서."

하였다.

11월 18일에 왕은 전사자에게 폐백을 내렸는데, 소감 이상은 10(2자 결)필을, 종자에게는 20필을 주었다. 12월에 영묘사에 화재가 있었다.

669년(문무왕 9) 정월에 신혜信惠 법사를 정관政官 대서성大書省으로 삼았는데, 이때 당나라의 승려 법안法安이 와서 당제의 명령을 전하고 자석磁石을 구하였다.

2월 21일에 문무왕은 군신을 모아놓고 분부하기를

"신라는 백제와 고구려에 접하여 북벌과 서침으로 잠시도 평안한 세월이 없었도다. 전사들은 뼈를 부숴 들판을 쌓고, 몸과 목을 내 놓았도다. 선왕은 백성들의 참해慘害를 불쌍하게 여겨 천승千乘의 귀중함도 잊고 바다를 건너 당나라에 들어가서 궁궐에 군사를 청한 것은 백제와 고구려를 평정하여 영원히 싸움을 없애고자 함이고, 쌓이고 쌓인 원한을 갚고 백성들의 잔명을 완전하게 함이었다. 이제 백제는 비록 평정하였으나 고구려는 격멸시키지 못하였는데, 내가 이를 평정할 유업을 이어받아 마침내 선왕의 뜻을 완성하였다. 이제 백제와 고구려의 적들은 이미 평정되어 사방이 안정되고 싸움터에서 공을 세운 자들에게는 이미 상을 내리고 전사한 유혼들에게는 명자冥資를 추증하였다. 다만 감옥 속에서는 아직도 읍고泣皐의 은총을 입지 못하고 가쇄枷鎖의 고충과 갱신의 혜택을 입지 못하였으므로, 이 일을 생각하여 침식寢食이 불안하니 국내의 죄수들을 대사함이 옳을 것이다. 총장總章 2년(669) 2월 21일 미명 이전에 오역죄五逆罪 이외의 죄를 범하여 지금 감금된 지

를 살펴보아 죄의 대소를 논할 것 없이 모두 내놓고, 그 전의 대사한 이후에도 죄를 범하여 관작을 빼앗긴 자들도 아울러 용서하여 옛날대로 복탈하여 주도록 하라. 또 도적질한 사람은 다만 그 몸만을 놓아주되 그만한 재물을 능히 돌려 변상할 수 없는 자는 징수할 한계에 두지 말고 그러한 백성으로서 집이 빈한하여 남의 곡식을 가진 자로서 곡식이 잘 여물지 않는 땅을 가진 자는 원금과 이자를 모두 다 갚지 않게 하되 만약 곡식이 잘 되는 곳에 사는 자로서 금년에 곡식을 잘 수확할 수 있으면 그 원금만 돌리게 하고 이자는 갚지 않도록 하는데(2자 결) 30일로 기한을 하라. 유사는 이 뜻을 받들어 곧 실행하라.”

하였다.

이해 5월에는 천정泉井, 비열홀, 각연各連 등 세 군에 기근이 심하게 들어 곡창을 풀어내어 백성들을 구제하였다. 이때 급찬 기진산祈珍山 등을 당나라로 파견하여 자석 두 상자를 바치고, 또 각간 흠순과 파진찬 양도를 당나라로 파견하여 사죄하였다. 겨울이 되자 당나라의 사신이 이르러 조서를 전하고 노사弩師인 사찬 구진천仇珍川을 데리고 돌아가서 당제의 명령으로 활을 만들게 하였는데, 쏘아 보니 화살이 30보 밖에 나가질 않았다. 이에 당제는 묻기를

“듣건대 그 나라에서 만든 활은 1천 보를 나간다고 하는데 지금은 겨우 30보 밖에 나가지 않으니 어찌된 일인가?”

하므로, 구진천은 대답하기를

“이는 자재가 좋지 못한 까닭입니다. 만약 본국에서 자재를 가져온다면 능히 이를 만들 수 있겠습니다.”

하자, 당제는 곧 활을 개조하도록 명하였다. 구진천은 곧 활을 만들어 바쳤는데, 이를 쏘아보니, 이번에는 60보 밖에 나가지 않았다. 당제가 또 그 연

고를 묻자 구진천은 대답하기를

"신도 또한 그 까닭을 알지 못하겠으나, 아마도 그 재목이 바다를 지나오는 동안 습기의 침윤을 받은 것이 아닌가 생각됩니다."

하였다. 이에 당제는 구진천이 고의로 만들지 않는 것으로 의심하여 중죄로서 다스리겠다고 협박하였으나, 끝까지 그 기능을 알리지 않았다.

이때 신라에서는 말 외양간 174소를 두게 하였는데 소 내의 말 거두는 곳 안에 22소, 궁정에 10소를 속하게 하고 태자각간太子角干 김유신에게 6소, 태각간 김인문 5소, 각간 7명에게 각 3소, 이찬 5명에게 각 2소, 소판 4명에게 각 2소, 파진찬 6명과 대아찬 12명에게 각 1소를 주고, 그 나머지 74소도 적당하게 이를 나누어 주었다.

670년(문무왕 10) 정월에 당 고종은 전년에 사죄사謝罪使로 가 있던 흠순의 환국을 허락하였다. 그러나 양도는 그대로 가두어 두었는데, 그는 마침내 옥에서 죽고 말았다. 사자의 신분이었던 이들이 당나라에 묶여 있었던 것은 문무왕이 미음대로 백제의 토지와 그 유민을 거두어드려 당제唐帝가 노했기 때문이었다.

3월에 이찬 설오유薛烏儒가 고구려의 태대형 고연무高延武와 함께 각각 정병 1만 명을 거느리고 압록강을 건너 옥골屋骨(3자 결)에 이르렀는데, 말갈병이 먼저 개돈양皆敦壤에서 기다리고 있었다. 4월 4일에 그들과 싸워 드디어 크게 승리하였는데, 참획한 적의 수가 헤아릴 수 없이 많았다. 그런데 당나라의 군사가 계속하여 쳐들어오므로, 아군은 백성白成으로 물러서서 적을 막았다.

6월에 고구려의 수임성 사람 대형大兄 모잠牟岑이 그 유민을 거두어 궁모성窮牟城으로부터 패하浿河의 남쪽 지방에 이르러 당나라의 관리官吏와 승려 법안法安을 죽이고 신라로 향하였다. 일행이 서해의 사야도史冶島에 이르렀을 때, 모잠은 고구려 대신 연정토淵淨土의 아들인 안승安勝을 보고 그를 한성으로 맞아들여 임금으로 받들어 모시고, 소형다식小兄多式 등을 문무왕에

게 파견하여 다음과 같이 애원하기를

"멸망한 국가를 일으키고 끊어진 세대를 잇는 것은 천하의 공의公義이므로, 오직 대국에 이를 바랄 따름입니다. 우리나라의 선왕(보장왕)은 왕도를 잃고 멸망하였거니와 지금 신 등은 본국의 귀족 안승을 맞아 임금으로 받들어 삼았음으로, 원컨대 번병藩屏이 되어서 영원히 충성을 다하겠나이다."

하자, 왕은 이들을 나라 서쪽에 있는 금마저에 거처하게 하였다.

이때 한기부漢祇部의 한 여자가 한번에 3남 1녀를 낳았는데 이를 알게 된 문무왕은 속곡粟穀 2백 석을 하사하여 살게 하였다.

7월에 왕은 백제의 남은 무리들이 반복할 것을 의심하여 대아찬 유돈을 웅진 도독부로 파견하여 화친할 것을 청하였으나, 이 뜻을 따르지 않고 사마예군司馬禰軍을 파견하여 기미를 엿보자 왕은 사마이군司馬禰軍을 머물러두게 하여 돌려보내지 아니하고는 곧 군사를 일으켜 백제를 토벌하였다. 이때 품일, 문충, 중신, 의관, 천관 등은 63개 성을 공취하고 그곳의 사람들을 내지로 옮겼으며 천존, 죽지 등은 7개 성을 공취하여 2천 명을 참살하고 군관, 문영 등은 12개 성을 공취하고 적병을 쳐서 7천 명을 참살하였으며 말과 병기구 등을 노획한 것 또한 매우 많았다.

개선한 문무왕은 중신, 의관, 달관, 흥원 등이 이 싸움에 (3자 결) 사영寺營으로 퇴각하였으므로 그 죄가 사형하는 것이 마땅하였으나 이를 용서하여 면직시키고, 창길우倉吉于 (4자 결) 일一에게 각각 급찬 벼슬을 제수하고 전조田租를 주었다. 이때 왕은 사찬 수미산須彌山을 파견하여 안승을 고구려의 왕으로 봉하고 책명하기를

<유함형維咸亨 원년(670년) 세차歲次 경오庚午 8월 1일 신축辛丑에 신라왕은 고구려 사자嗣子 안승을 책명한다.

공의 태조 중모왕中牟王은 덕을 북산에 쌓고 공을 남해에 세워 위풍을 청구靑丘에 떨치고 인자한 가르침을 현토玄菟에 덮어 자손이 서로 대를 이어

본지本支가 끊어지지 아니하고 천 리의 땅을 개척하며 8백 년이 가까웠는데, 남달男達, 남산男産 형제에 이르러서 화근이 소장蕭墻에 일어나고 불화가 골육 사이에 생겨나서 국가가 멸망하고 사직이 인멸되고 백성들은 혼란하여 마음을 의지할 곳이 없게 되었다.

공은 이러한 위난危難을 산야에 피하다가 외로운 몸을 인국鄰國에 던져 그 유리신고流離辛苦함은 진문공晉文公의 자취와 같고 망국亡國을 다시 일으키고자 함은 휘후徽候의 일과 같다. 여러 백성은 임금이 없어서는 안 되고 황천皇天은 반드시 돌보아 명함이 있는 것이다.

선왕(보장왕)의 정사正嗣는 오직 공이 있을 따름이니, 제사를 맡아볼 사람은 공이 아니고 누가 있겠는가. 삼가 사신 일길찬 수미산 등을 파견하여 공을 고구려의 왕으로 책명하는 것이니, 공은 마땅히 유민들을 모아 잘 어루만지고 옛 정의情誼를 불러일으켜 영원히 인국鄰國이 되어 형제와 같이 섬길 것이다. 경모敬慕하고 공경한다.>

하고, 겸하여 멥쌀 2천 석과 갑구마甲具馬 1필과 능라 5필과 견세포絹細布 10필과 무명 15칭稱을 보내니, 보덕왕(안승)은 이를 받았다.

12월에 토성이 달을 꿰었고 서울에 지진이 일어났다. 또한 같은 달, 중시 지경智鏡이 퇴관하였으며 왜국은 나라 이름을 일본日本이라 고쳤는데, 그들은 말하기를 '해뜨는 곳에 가까움으로 이렇게 이름 한다' 하였다. 이때 한성주 총관 수세藪世가 백제를 취하고 (6자 결) 그 나라로 가려다 발각되어, 문무왕은 대아찬 진주를 파견하여 그를 죽였다. 12 (3자 결) 분서소육賁書所六 (2자 결) 강사동이가僵事同異可.

671년(문무왕 11) 정월에 이찬 예원禮元을 시중으로 삼고, 군사를 일으켜 백제로 쳐들어가서 웅진 남쪽에서 싸웠다. 이 과정에서 당주 부과夫果가 전사하였으며, 또 말갈병이 설구성舌口城으로 쳐들어와서 성을 포위하였다가 이기지 못하고 물러가려 할 때 군사를 내어 이를 치고 3백여 명을 참살하였으며, 당나라 군사가 백제를 구하고자 내원한다는 말을 듣고 대아찬 진공眞公과 아찬 (4자 결)을 파견하여 군사를 내어 옹포甕浦를 수비하게 하였다.

이때 뱅어가 몰려들어 (10자 결) 왔는데, 길이가 한 치였다. 4월에 흥륜사의 남문에 벼락이 쳤다.

6월이 되자 장군 죽지 등을 파견하여 군사를 거느리고 백제 가림성加林城 (현 임천林川)으로 쳐들어가서 벼를 밟아 버리고, 드디어 당나라 군사와 석성石城(현 임천)에서 싸워 5천3백 명의 목을 자르고 백제의 장군 두 사람과 당의 과의果毅 여섯 사람을 사로잡았다.

7월 26일에 대당 총관 설인귀薛仁貴는 임윤법사琳潤法師로 하여금 왕에게 글을 전하여 말하기를 고구려와 백제를 이제 깨끗이 소탕하였으니 무리하고 헛된 전쟁을 전개하여 더 이상 백성들을 힘들게 하지 않는 것이 대사를 치르는 사람이 가져야 할 도리임을 전하고 '처음에 길하다가 마지막에 흉하게 되는 것을 한탄하며 본래에 같은 마음이 뒤에 달라지는 것을 원망합니다.' 라는 뜻을 덧붙였다. 이에 대하여 문무왕은 답서하기를

<선왕께서 정관貞觀 22년(648)에 입조하여 태종 문황제太宗文皇帝(이세민李世民)를 대면하고 은칙恩勅을 받았을 때 말하기를

"짐이 지금 고구려를 치는 것은 다른 까닭이 있는 것이 아니라 신라가 고구려와 백제 양국에게 씹혀 늘 그 침릉侵陵을 입게 되고 편안한 세월을 보지 못함을 불쌍하게 여기는데 있는 것이니 산천과 토지는 나의 탐내는 바가 아니고 옥백玉帛과 여자도 이는 나에게 있는 바이므로 내가 양국을 평정하면 평양 이남과 백제의 토지는 아울러 신라에게 주어서 영원히 편안하게 하려고 한다."

하며 계회計會를 만들고 군기軍期를 정하였다.

신라의 백성들은 이 은칙을 듣고 사람마다 축력畜力을 기르고 집집마다 쓸 때를 기다리고 있었는데, 대사를 마치지도 못한데 문제文帝가 먼저 돌아가시고 금상今上(고종)이 즉위하여 다시 먼저 은혜를 계속하자 번번이 자애로움을 입어 전날에 넘는 바가 있었으니 형제 자아子兒들은 회금타자懷金拖紫하며 그 영총榮寵의 지극함은 전고前古에 없었으므로 분신쇄골하여 사역

使役을 다하려 하고 간뇌도원肝腦塗原하여 은혜의 만분지일이라도 갚으려고 한 것이다.

현경顯慶 5년(660)에 이르러 성상聖上이 선지先志를 이룩하지 아니함을 유감으로 생각하고 전일의 유업을 이루고자 전선戰線을 갖추고 군사들에게 명하여 크게 선병船兵을 일으켰으므로 선왕은 연쇠역약年衰力弱하여 행군하기 어려웠으나 전은前恩을 생각하여 힘써 경계에 이르고 나를 시켜 군사를 거느리고 대군大軍을 응원하게 하여 동서로 서로 호응하고 수륙으로 구진俱進하여 선병(당군)이 겨우 강구江口에 들어올 제 육군(신라군)은 이미 대적大賊(백제군)을 격파하고 양군(신라, 당)이 함께 백제의 서울에 이르러서 일국을 평정하였다.

이에 선왕께서는 드디어 소대총관蘇大總管(소정방)과 함께 백제민을 거느리기 위하여 당병 1만을 머무르게 하고 신라도 또한 아우 인태仁泰를 파견하여 군사 7천 명을 거느리고 웅진에서 함께 지키도록 하였고 대군大軍이 귀환한 후에 적신賊臣 복신福信이 강서江西에서 일어나 그 여중餘衆을 모아가지고 부성府城을 포위하고 달려들어 먼저 외책外柵을 피하여 모든 군자軍資를 탈취한 다음 다시 부성을 공격하여 마침 거의 함몰될 지경에 이르렀으며 또한 부성 근방의 사처에 성을 쌓고 대항하므로 이 부성에서는 출입을 할 수 없게 되었다.

이때 내가 군사를 거느리고 나가서 포위를 풀고 동시에 사면의 적성을 모조리 격파하여 먼저 그 위험함을 구하고 다시 양식을 운반하여 드디어는 당병 1만 명을 호문虎吻의 위난危難에서 면하게 하고 굶주린 유진군留鎭軍으로 하여금 자식을 바꾸어 상식相食하는 일이 없도록 하였다.

현경顯慶 6년(661)에 이르러 복신福信의 도당徒黨들이 점점 많아져서 강동江東의 땅을 침략하여 빼앗으므로 웅진의 당병 1천 명이 나가서 적도들을 치다가 도리어 적에게 대패하여 1명도 돌아오지 못하였다. 이렇게 패한 뒤로는 청원병이 밤낮으로 끊이지 아니하였다.

이때 신라에서는 나쁜 병이 돌고 있었으므로 병마를 징발할 수 없었으나 괴로운 청을 어기기 어려우므로 드디어는 많은 군사를 내어 나가서 주류성을 포위하였는데, 적들은 군사가 적은 줄 알고 드디어는 곧 나와서 대항하므로 병마를 크게 잃고 아무런 이득도 없이 돌아오니 남방南方의 모든 성에서 일시에 배반하여 복신에게 붙으니 복신은 이김을 타서 다시 부성을 포위하였다. 이로 인하여 곧 웅진으로 왕래하는 길이 차단되었으므로 곧 건아健兒들을 모집하여 그 궁핍과 고난을 구하였다.

6월에 이르러 선왕께서 돌아가시어 겨우 장례를 마치고 아직 상복을 벗지 못하였으므로 가보지 못하였는데, 군사를 내어 북(고구려)으로 와 달라는 칙명이 있었고 함자도含資道 총관 유덕민 등이 칙명을 받들고 와서 신라로 하여금 평양으로 군량을 공급하여 달라고 하였다.

이때에 웅진에서 사자가 와서 부성의 고약함을 말하는데, 유 총관은 나와 함께 이곳을 평정하는 것을 의논하며 말하기를

"만약 먼저 평양으로 군량을 수송한다면 곧 웅진의 통로가 절단될 것이 두렵고, 웅진의 통로가 끊어진다면 유진留鎭하는 당병이 곧 적의 손아귀에 들어가리라."

하였다. 유 총관은 드디어 나와 서로 힘을 합하여 먼저 옹산성을 치고 옹산이 함락되자 곧 웅진에 성을 쌓고 웅진과의 통로를 개통하게 되었다.

12월에 이르러 웅진의 군량이 다하였다. 먼저 군량을 웅진으로 수송하려면 칙명을 어길까 염려되고, 만일 평양으로 수송하면 곧 웅진의 군량이 떨어질까 염려 되었다. 이런 까닭으로 노약자들로 하여금 웅진으로 군량을 수송하고 강건한 정병들로 하여금 평양으로 향하게 하였다. 그런데 웅진으로 군량을 수송할 때 노상에서 눈을 만나 인마人馬가 모두 얼어 죽어 1백 명 중 1명도 돌아오지 못하는 형편이었다.

용삭2년(662) 정월 유총관은 신라 양하도兩河道 총관 김유신 등과 함께 평양으로 군량을 수송하였다. 당시에 비가 달을 걸쳐 연이어 오고 풍설風雪이 가장 심하여 추위에 인마人馬가 얼어 죽고 군량도 잘 보낼 수 없는 형세였다.

그런데 이때에 평양의 대군이 귀환하려 하였으며, 신라의 병마도 양식이

다하여 또한 돌아오려 하였는데 군사들은 굶주림과 추위에 손발이 얼어 길가에서 죽어 넘어지는 자가 그 수를 헤아릴 수 없었다.

군사들이 호로하孤瀘河(임진강 하류)에 다다랐을 때에 고구려의 병마가 뒤를 쫓아와서 인상岸上에 포진하였는데 신라의 군사들은 피로한 지 오래였으나 적이 멀리 쫓아올까 염려하여 적이 아직 강을 건너오기 전에 먼저 건너서 적의 선봉과 잠깐 싸우자 적들이 와해되므로 겨우 강을 건너 돌아오게 되었다. 이때 군사들이 집에 이르러 한 달도 지나지 않았는데 웅진부성에서는 번번이 양식을 구하러 왔으므로 전후 보낸 곡식이 수 만여 석이었다.

남으로는 웅진으로 수송하고 북으로는 평양으로 공급하여 조그마한 신라가 두 곳으로 나누어 보내게 되니 사람의 힘은 극도로 피폐하고 우마들은 다 죽어버리고 정사는 때를 잃고 해마다 곡식은 잘 되지 못하였으며, 창고에 저장하였던 곡식은 모두 수송하여 버렸으므로 신라의 백성들은 초근목피로도 부족하였지만 웅진의 당병들은 양식의 여유가 있었고 또한 유진한 당병들은 집을 떠나 오래된 까닭으로 의복이 떨어져 모두 몸이 벌거벗게 되었으므로 신라에서는 백성들에게 옷을 거두어내어 때를 맞춰 공급하였고 도호都護 유인원은 원진遠鎭 고성孤城으로 사면이 모두 적이었으므로 항상 백제의 침해를 입어 늘 신라의 구원으로 어려움을 풀게 되었다.

1만 당병은 4년 동안 신라의 의식으로 살아났으니 유인원으로부터 병사들에 이르기까지 뼈는 비록 한지漢地에서 출생하였으나 혈육은 모두 신라의 기른 바라. 국가의 은혜는 비록 끝이 없다고 하나 신라의 충성도 또한 긍민矜憫한 것이다.

용삭 3년(663)에 이르러서 총관 손인사孫仁師가 군사를 거느리고 부성으로 내구來救하므로 신라에서도 병마를 반동하여 함께 정도에 올라 주류성에 이르렀는데, 이때에 왜국의 선병船兵이 와서 백제를 원조하는데, 왜선 1천 척이 백강白江에 머무르고 백제의 정기精騎들이 안상岸上에서 왜선을 수비하였다. 신라의 정기들은 당나라 군사의 선봉이 되어 먼저 안상의 백제군을 격파하니 주류성은 겁을 내어 드디어는 항복하였다.

남방이 이미 평정되자 군사를 돌려 북벌하려는데, 임존성 하나만은 완강하게도 항복하지 않으므로 양쪽의 군사들이 힘을 아울러 가지고 함께 임타성任打城을 공격하였으나, 적은 굳게 지켜 항거하므로 이를 공취하지 못하고 신라가 군사를 돌려 돌아오려고 하니 두대부杜大夫가 말하기를

"칙명에 의하면 평정된 뒤에는 함께 상맹相盟하라 하였으니 임존성이 비록 항복하지 않았지만 곧 함께 상맹하는 것이 옳다."

하므로 신라에서는

"칙명에 준하여 평정된 뒤에 상맹하려 하였다. 그러나 임존성이 아직 항복하지 않고 또한 백제에서는 간사함이 한이 없고 반복함이 무상하니 지금 비록 함께 모여 맹서한다 하더라도 뒤에 서제噬臍의 후환이 있을 것이다."

하고 상맹을 정지하도록 주청하였다.
인덕麟德 원년(664)에 다시 항복을 받으라는 칙명이 있고 맹약하지 않음을 책망하므로 곧 사람을 웅령熊嶺으로 파견하여 단을 쌓고 함께 맹약하고 이어 상맹한 곳으로 드디어 양계兩界로 하였다. 맹회한 일은 비록 원하는바 아니었으나 감히 칙명을 위반하지 않음이며 또한 취리산에 단을 쌓고 칙사 유인원을 대하여 삽혈歃血로써 맹약하고 산하山河로써 서약하였으며 계봉界封을 구획하여 영원히 경계를 정하고 백성을 살게 하여 각각 산업을 영위하게 하였다.
건봉乾封 2년(667)에 이르러 대총관 영국공英國公(이적李勣)이 요동을 정벌한다는 말을 듣고 내가 한성주로 나가 군사들을 파견하고 지경으로 모일 때 신라의 병마만이 홀로 쳐들어갈 수 없어서 먼저 사람을 3번 파견하고 배를 이어 보내어 대군을 엿보도록 하였는데, 사자가 돌아와서 알리기를 대군이 아직 평양에 이르지 않았다 하므로 우선 고구려의 칠중성을 쳐서 길을 열면서 대군이 이르기를 기다렸다. 칠중성을 함락시킬 때 영국공의 사인使人 강심江深이 와서 말하기를

하였다. 뒤이어 모이자는 말이 있으므로 내가 수곡성水谷城(현 신계新溪)에 이르렀는데 대군이 이미 돌아갔다고 듣고 신라의 병마도 곧 거두어 돌아왔다.

건봉 3년(668)에 대감 김보가金寶嘉를 파견하여 바닷길로 영국공의 처분을 살피게 하였는데, 신라의 군사를 평양으로 모으라는 말을 듣게 되었다.

5월에 유우상劉右相이 와서 신라의 병마를 내어 함께 평양으로 향할 때 나도 또한 한성주로 나가서 병마를 검열하였다. 이때 번番(거란)과 한漢(당)의 장군들이 모두 사수蛇水에 모였는데 남건男建이 군사를 내어 한번 결전을 하고자 하므로 신라의 병마는 홀로 선봉이 되어 먼저 적의 대진을 격파하니 평양성 군중은 예봉이 꺾이고 사기가 위축되었고, 뒤에 영국공이 신라의 날랜 기병 5백 명을 데리고 먼저 성문으로 들어가서 드디어는 평양성을 격파하고 승리하여 대공을 이룩하게 되었다. 이에 이르러 신라의 군사들이 말하기를

하였다. 신라의 군사들은 이 말을 듣고서 다시 두려움이 더하여졌다. 또 공을 세운 장병들의 이름이 조정으로 들어가고 경도京都에 이르렀으나 말하기를

하므로 모든 장병들이 그대로 돌아오게 되자 백성들까지 더욱 두려워하게

되었다.

또한 비열성은 본시 신라의 것으로서 고구려가 이를 공격하여 빼앗은 지 30여 년 만에 신라가 도로 이 성을 가지게 되었으므로 백성들을 이곳으로 옮겨 살게 하고 관부官府를 두어서 이를 지키게 하였는데, 또 이 성을 빼앗아 고구려로 돌려주었고 또한 신라가 백제를 평정하면서부터 고구려를 평정할 때에 이르기까지 진충 효력效力하여 국가에 잘못된 바 없는데 어찌되어 죄로서 다스리려 하니 왜 일조에 버림을 당하는지 알 수 없었다. 비록 이와 같은 원망이 있다 하더라도 늘 아무 반역하는 마음을 가짐이 없었다.

총장總章 원년(668)의 백제와의 맹회처盟會處에 관하여는 봉강封疆을 옮기고 계표를 바꾸어 전지田地를 침탈하고 우리의 노비를 빼앗고, 우리 백성을 유인하여 내지에 숨겨 두고 번번이 찾아내어도 끝내 이를 돌려보내지 아니하였다.

또한 소식을 통하여 들으면 국가에서는 선소船艘를 수리하여 밖으로 왜국을 정벌한다고 말하나 실은 신라를 공격하고자 하는 것이라 하여 백성들은 이 말을 듣고 놀라며 불안에 쌓였다.

또한 백제의 부녀를 신라 한성 도독 박도유朴都儒에게 시집보내게 하고 이와 동모하여 신라의 군기를 훔쳐 한 주州의 땅을 습격하려던 중 다행히 이 사실이 발각되어 곧 도유를 참형하였으므로 그 뜻을 이루지 못하고 말았던 것이다.

함형咸亨 원년(670) 6월에 고구려가 모반하여 당의 관리들을 모두 살해하므로 신라는 곧 군사를 내고자 하여 먼저 웅진에 이 사실을 알려 말하기를

"고구려가 지금 모반하여 이를 정벌하지 않을 수 없으니 피차가 같은 처지로서 사리는 함께 흉적을 토벌하여야 할 것이다. 군사를 일으키는 일은 반드시 평정하는 데 있어야 하겠으므로 요컨대 관리를 이곳으로 파견하여 함께 모여 상의하며 계책을 세우자."

고 하였다. 이에 백제의 사마예군司馬禰軍이 이곳으로 와서 드디어는 함께

의논하기를

"발병發兵한 후에는 피차 서로 의심할 염려가 있으니 쌍방의 관리를 서로 교질交質하자."

하므로 곧 김유돈金儒敦과 부성의 백제 주부 수미와 장귀長貴 등을 부성으로 파견하여 교질의 일을 상의하게 하였는데 백제는 비록 교질을 허락하였으나 성에서는 병마를 모으고 그 성 아래에 이르기만 하면서 공격하는 것이었다.

7월에 입조사入朝使 김홈순 등이 돌아와서 장차 경계선을 확정하는데 지도에 의하여 살펴보면 백제의 옛 땅을 모두 갈라 돌리게 하여 황하黃河가 아직 띠(대帶)와 같이 되지 않고 태산이 아직 숫돌과 같이 되지 않아 34년 동안 한 번 주고 한 번 빼앗게 되니 신라의 백성들은 모두 이 바람에 실망하여 말하기를

"신라와 백제는 누대의 깊은 원수였는데 이제 백제의 모양을 보면 따로 한 나라를 세우려는 꼴이니 1백 년 뒤에는 우리 자손들이 반드시 그들에게 먹힐 것이다. 신라는 이에 한 나라의 고을로 된 이상 양국으로 나눌 수 없으며 일가가 되어 오래도록 후환이 없도록 되기를 원한다."

하였다.

지난해 9월에 이 사실을 상세히 적어 사신을 파견하여 알리려 하였는데 바다에서 풍파를 만나 표류되어 중도에서 그냥 돌아오고 또 다시 사신을 파견하였으나 역시 뜻을 이루지 못하였고 뒤에는 풍파와 한기가 극심하므로 아직까지 이 사실을 알리지 못하였는데 백제는 거짓말을 꾸며 알리기를 '신라가 도리어 배반한다'고 하였다.

신라는 앞서 귀신貴臣의 뜻을 잃고 뒤에는 백제의 잠언箴言을 입어 진퇴의 허물을 보여 아직도 펴지 못하고 이러한 잠언이 날로 성청聖聽을 거스르니

둘도 없는 충심을 아직 한 번도 통하지 못하였다.

사인 임윤琳潤이 글을 가지고 이르렀으므로 이를 보고 총관이 풍파를 무릅쓰고 해외에 온 것을 알았다. 사리는 반드시 사자를 교외로 파견하여 영접하고 치육을 내어 보내어야 하겠으나 만리이성萬里異城에 있어서 아직 예를 이루지 못하고 때로 영접의 결함이 있으나 청컨대 괴이하게 생각하지 말라.

총관의 보낸 글을 읽으면 오로지 신라가 반역한 것처럼 말하였으나 이는 본심이 아니었으므로 도리어 놀랄 따름이며 스스로의 공로를 헤아리다가 꾸지람을 입을까 두려우며 입을 다물고 책망을 받는 것이 또한 불행한 운명에 빠지는 것이므로 지금 대략 억울함을 말하고 반역함이 없는 것을 적는다. 국가가 일개 사인을 보내어 그 원인을 묻지 아니하고 수만의 무리를 파견하여 나라를 전복하려 하며 노선艫船이 창해滄海에 차고 노축艫舳이 강구江口에 연하고 웅진에 이르러 신라를 치려하니 슬프다.

백제와 고구려를 평정하지 아니하였을 땐 손발과 같은 사역使役을 하였는데 야수와 같은 적을 멸망시킨 지금에는 도리어 그 침노하여 핍박함을 보게 되었다. 적잔賊殘인 백제는 도리어 웅치雍齒의 상을 받게 되고 당나라를 따른 신라는 이미 정공丁公의 주誅를 당하는가.

태양의 별이 비록 빛을 돌려주지 아니하나 규곽葵藿의 본심은 오히려 햇볕을 생각하는 것이다. 총관은 영웅의 수기秀氣를 품수稟受하고 장상將相의 고귀한 자질을 품고 칠덕七德을 겸비하고 풍류를 섭렵涉獵하였으니 천벌을 공행함에 있어 함부로 죄 아님을 죄로서 다스릴 것인가. 천병天兵이 나오기 전에 먼저 원인을 물어야 할 것이다.

보낸 글을 연유하여 감히 배반하지 아니한 사실을 말하는 것이니 청컨대 총관은 잘 생각하여 사실대로 상세히 올리도록 하라. 계림주대도독좌위 대장군 개부의삼사 상주국신라왕鷄林州大都督左衛大將軍開府儀三司上主國新羅王 김법민金法敏 아룀이다.>

하였다. 이때 소부리주所夫里州(부여)를 설치하고 아찬 진왕眞王으로 도독을 삼았다.

9월에 당장唐將 고간高侃 등이 번병蕃兵 4만 명을 이끌고 평양에 이르러서 심구深溝를 파고 고루高壘를 쌓고 대방帶方을 침범하였다. 10월 10일에는 당의 조선槽船 70여 척을 격파하고 낭장 겸 이대郞將鉗耳大 후候와 군사 1백여 명을 사로잡았는데 적들이 물에 빠져 죽는 자는 그 수를 헤아릴 수 없었다. 이 싸움에 급찬 당천當千의 공로는 으뜸이므로 사찬 벼슬을 주었다.

672년(문무왕 12) 정월에 왕은 장병을 파견하여 백제의 고성성古省城을 공격하여 승리하였고 2월에 백제의 가림성을 공격하였으나 이기지 못하였다. 7월에 당장 고간이 군사 1만 명을 거느리고 이근행이 군사 3만 명을 거느리고 일시에 평양에 이르러 8영을 만들고 유둔하는데 8월에 한시성韓始城, 마읍성馬邑城(평양 부근)을 공격하여 이기고 진군하여 백수성白水城(백천白川)에서 5백 보쯤 떨어진 곳에 병영을 만들었다. 아군은 고구려병과 더불어 적과 싸워 수천 명의 목을 자르니 고간 등이 도망하므로 이를 추격하여 석문石門(서흥瑞興)에서 싸웠으나 아군이 패하여 대아찬 효천曉川과 사찬 의문義文, 산세山世와 아찬 능신能申, 두선豆善과 일길찬 안나함安那含, 양신良臣 등이 전사하였다. 이때 한산주에 주장성晝長城(남한산성南漢山城)을 쌓았는데 주위가 4천360보였다.

9월에 혜성 일곱이 북방에 나타났다. 문무왕은 앞서 백제(웅진도독부)가 당에 호소하여 군사를 내어 우리를 치므로 사세가 급하여 신주申奏할 사이도 없이 군사를 내어 토벌하였다. 이 까닭으로 당나라에 죄를 지었으므로 급찬 원천原川과 내마 변산边山 및 사로잡힌 낭장 겸이대후鉗耳大候와 내주사마萊州司馬, 왕예王藝, 본열주장사本烈州長史 왕익王益, 웅주도독부사마熊州都督府司馬 예군禰軍, 증산사마曾山司馬 법총法聰 등 군사 170명을 보내고 글을 올려 사죄하였다.

<과인은 죄진 것을 말합니다. 지난날 우리 형세가 기울어지므로 위급하여 멀리 구원을 입어 멸망을 면할 수 있었음은 분신쇄골하여도 위로 홍은鴻恩을 갚지 못하지 못하고 쇄수회진碎首灰塵 하더라도 어찌 자애함을 우러러 갚을 수 있으리오. 그러나 원수인 백제가 우리의 변경으로 침박하여 천병

天兵을 이끌어 들여 우리를 치려하므로 파멸의 지경에서 스스로 삶을 구하고자 하였으나 잘못 흉역의 누명을 입고 드디어는 용서받기 어려움에 빠지게 되었는데 과인은 사의事意를 알지 못함을 염려하오.

먼저 형륙刑戮을 쫓으면 살아서는 역명逆命을 입게 되고 죽어서는 배은背恩의 귀신이 되겠으므로 삼가 사정을 적어 죽음을 무릅쓰고 이를 알리는 것이니 원컨대 신청神聽을 드리워 그 원인을 밝게 살피기를 바랍니다.

우리는 전대 이래로 조공을 끊지 않았는데 최근 백제 때문으로 하여 모든 직공職貢을 결하게 되고 드디어 성조聖朝에서는 군사를 내어 과인의 죄를 치니 죽어도 여형餘刑이 있어 남산南山의 대나무를 다하여도 과인의 죄를 능히 쓰기 부족하고 포사褒斜의 숲도 과인의 계구戒具를 만들기에 부족할 것이며 종묘와 사직을 헐어 연못을 만들고 과인의 몸을 죽여 찢어 버리더라도 이 사정을 듣고 판단하여 준다면 달게 형벌을 받겠습니다.

과인의 관과 상여가 곁에 있고 머리의 진흙이 아직 마르지 아니하여 피눈물로 조명朝命을 기다리며 형명刑命을 복청하나이다. 생각건대 황제 폐하는 밝기가 일월日月과 같고 용광容光과 덕망이 천지와 화합하고 동식물까지 모두 혜택을 입어 호생好生의 덕德은 멀리 곤충까지 미치며 그 인자함은 상영翔泳까지 원류爰流하니 만약 복사服捨의 용서를 내리고 요령腰領을 보전하는 은혜를 내리면 비록 죽는다 하더라도 오히려 산 것과 다름이 없겠나이다.

버리지 못할 바이오나 감히 소회를 말하여 복검伏劍의 뜻을 이기지 못하겠으므로 삼가 원천 등을 파견하여 글월을 올려 사죄하며 칙명을 복청하려 합니다. 과인은 돈수돈수頓首頓首 사죄하나이다.>

하고 겸하여 은 3만3천5백 분分과 동 3만3천 분과 침針 4백 매枚와 우황백牛黃百 20분分과 금 120분과 40변포弁布 6필匹과 30변승弁升 60필을 예물하였다. 이해에는 곡식이 귀하여 사람들이 기근에 빠졌다.

673년(문무왕 13) 정월에 큰 별이 황룡사와 궁성의 중간에 떨어졌다. 이때 강수强首를 사찬으로 삼고 세조歲租 2백 석을 주었다. 2월에는 서형산성을 증축하였으며, 6월에는 호랑이가 대궁정大宮庭으로 들어왔으므로 이를 잡아 죽였다.

7월 1일에는 김유신이 돌아갔으며, 이달에 아찬 대토大吐가 모반하여 당에 결탁한 사실이 발각되므로 죽이고 그 강자妻子들은 천인賤人으로 만들었다. 8월에 파진찬 천광天光을 중시로 삼고 사열산성沙熱山城 증축하였다. 9월에는 국원성國原城(고완장성古亂長城, 현 충주), 북형산성北兄山城, 소문성召文城(현 의성義城), 이산성耳山城(현 고령高靈), 수약주首若州의 주양성走壤城(일명 질암성迭巖城, 현 춘천), 달함군達含郡의 주잠성主岑城, 거열주居烈州의 만흥사산성萬興寺山城, 삽량주歃良州(현 양산梁山)의 골쟁현성骨爭現城을 축조하였다.

문무왕은 대아찬 철천徹川 등을 파견하여 병선 1백 척을 거느리고 서해를 지키게 하였다. 이때 당병이 말갈·거란병 등과 더불어 북변에 침입하여 무릇 아홉 번이나 싸웠는데 신라의 군사가 모두 승리하여 2천여 명의 머리를 잘랐고 당병은 호로瓠瀘, 왕봉王逢의 두 강에 빠져죽는 자를 가히 헤아릴 수 없을 정도였다.

그러나 겨울에 당병이 고구려의 우잠성牛岑城을 공취하였고 거란·말갈병은 대양성大楊城과 동자성童子城을 공취하였다. 이때 처음으로 외사정外司正을 설치하였는데 주州에는 2명, 군부郡에는 1명으로 하였는데, 이는 처음에 태종왕太宗王이 백제를 공멸하고 수비하는 군사를 파하였다가 이때에 이르러 다시 설치한 것이다.

674년(문무왕 14) 정월에는 당에 들어가서 숙위하던 대내마 덕복德福이 역술을 전학傳學하여 가지고 돌아와서 새로 역법을 개용改用하였다. 이때 왕은 고구려의 반중叛衆을 거두어들이고 또한 백제의 고지故地를 점거하여 사람을 보내어 이를 수비하게 하니 당 고종이 크게 노하여 조서로서 문무왕의 관작을 삭탈하였다.

왕제우효위원외대장군임해군공王弟右驍衛員外大將軍臨海郡公 인문仁問이 경사京師에 있었으므로 이를 세워 신라의 왕으로 삼아 귀국하게 하고 좌서자동중서문하삼품左庶子同中書門下三品 유인궤劉仁軌로서 계림도대총관鷄林道大總管으로 삼고 위위경衛尉卿 이필李弼과 우령군대장군右領軍大將軍 이근행李謹

行을 부관으로 삼고 군사를 일으켜 쳐들어왔다.

이후 몇 달간은 별다른 전쟁 없이 지나갔다. 2월에는 궁내에 연못을 파서 산을 만들고 온갖 화초를 심어서 진기한 금수를 길렀다. 7월에 대풍이 불어 황룡사의 불전佛殿이 손상됐다.

8월에는 서형산 밑에서 열병閱兵을 실시하였으며, 9월에는 의안義安 법사에게 명하여 대서성大書省을 삼고, 안승安勝을 봉하여 보덕왕報德王으로 삼았다.

670년(문무왕 10) 안승을 고구려 왕으로 봉하였는데, 지금 다시 봉한 것이다. 보덕이라는 말은 귀명歸命하였다는 뜻과 같은 말인지 혹은 지명인지는 확실하지 않다. 문무왕은 영묘사에 행차하여 그 전로前路에서 열병을 하였는데 아찬 설수진薛秀眞의 육진병법六陣兵法을 관람하였다.

675년(문무왕 15) 정월에 동銅으로써 백사百司 및 주군州郡의 인장印章을 주조하여 나누어 주었다. 2월에 부장 유인궤가 아군을 칠중성에서 파한 다음 군사를 이끌고 돌아갔는데 당제는 이근행李謹行으로써 안동진무대사安東鎭撫大使를 삼고 이로써 경략經略하게 하므로 문무왕은 곧 사신을 파견하여 공물을 드리고 또한 사죄하니 당제는 이를 용서하고 왕의 관작을 회복시키고 김인문을 중로中路에서 돌려 임해군공臨海郡公으로 개봉改封하였다. 그러나 백제의 땅을 많이 빼앗고 드디어는 고구려의 남경南境을 쳐서 주·군으로 하니 이 말을 들은 당병은 거란· 말갈병과 함께 침입하므로 문무왕은 구군九軍을 내어 이를 대기하게 하였다.

9월에 설인귀는 숙위학생 풍훈風訓의 부친 김진주金眞珠가 본국에서 복주된 것을 트집삼아 향도鄕導로 삼고 천성泉城으로 쳐들어오므로 신라의 장군 문훈文訓 등이 역전하여 이에 겨우 1천4백 명의 머리를 자르고 병선 4척을 얻으니 설인귀는 포위를 풀고 도망하여 말 1천 필을 얻었다. 같은 달 29일에 이근행은 군사 20만 명을 거느리고 매초성買肖城(양주楊州 창화昌化)에 주둔하였으나 아군은 이를 쳐서 퇴주시키고 전마 30만380필 등 많은 병기구를 얻었다. 또 당에 사신을 파견하여 특산물을 바쳤다. 이때 안북하安北河에 연하여 관성關城을 쌓고 또 철관성鐵關城을 쌓았다.

그런데 말갈병이 아달성阿達城으로 쳐들어와서 약탈하자 성주 소나素那는 적과 역전하다가 전사하였다. 당병이 거란·말갈병과 더불어 쳐들어 와서 칠중성을 포위하였으나 이기지 못하고 소수小守 유동儒冬이 전사하였다. 또 말갈병이 적목성赤木城(현 회양淮陽)을 포위하므로 이를 격멸시켰는데 현령 탈기脫起는 백성을 거느리고 이를 막다가 힘이 다하여 함께 전사하였다. 당병은 또 석현성石峴城을 포위하고 이를 빼앗는데 현령 선백仙伯은 실모悉毛 등과 역전하다가 전사하였다. 그러나 아군은 당병과 크고 작은 전투를 18회나 치르면서 모두 이겨 적 6천47명의 머리를 자르고 말 2백 필을 얻었다.

676년(문무왕 10) 2월에 고승 의상義相이 왕의 뜻을 받들어 부석사浮石寺를 창건하였다. 7월에 혜성이 북하北河 사이로 나타났는데 길이가 67보나 되었다. 7월에 당병이 도림성道臨城으로 침입하여 현령 거시지居尸知가 적을 막아 싸우다가 전사하였다. 이때 양궁壤宮을 지었다. 11월에 사찬 시득施得이 병선을 거느리고 설인귀와 소부리주의 기벌포에서 싸워 파하였는데 다시 진격하여 22회의 싸움 끝에 이를 이기고 4천여 명의 목을 잘랐다. 재상 진순陳純이 치사할 것을 원하였으나 이를 허락하지 않고 궤장을 하사하였다.

677년(문무왕 17) 2월에 왕은 강무전講武殿 남문南門에서 활쏘기를 관람하고 처음으로 좌사녹관左司祿館을 설치하였다. 이때 소부리주에서 흰매(응鷹)를 바쳤다.

678년(문무왕 18) 정월에 선부령船府令 한 사람을 두어 선즙사船楫事를 장무掌務케하고 좌우리방부경左右理方府卿을 각 한 사람씩 더 두었고 북원北原(현 원주) 소경小京을 설치하고 대아찬 오기吳起에게 이를 지키도록 하였다. 3월에 대아찬 춘장春長을 중시로 삼았다. 4월에 아찬 천훈天訓을 무진武珍(현 광주光州) 도독으로 삼았다. 5월에 북원에서 이조異鳥를 바쳤는데 날개에는 무늬가 있고 정강이에는 털이 있었다.

679년(문무왕 19) 정월에 중시 춘장이 병으로 인하여 면직하자 서불감 천존天存을 중시로 삼았다. 2월에 사자를 탐라국으로 파견하여 이를 경략經略하였다. 이때 궁궐을 중수하는데 지극히 장엄하고 화려하였다.

4월에 형혹성熒惑星이 우림성羽林星을 지키고 6월에는 태백성이 달에 들어가고 유성이 참대성參大星을 범하였고 8월에는 태백성이 또 달로 들어갔는데 각간 천존이 죽었다. 동궁東宮을 창건하고 처음으로 내외의 제문諸門에 액호를 정하였다. 이때 사천왕사四天王寺가 이룩되고 남산성南山城을 증축하였다.

680년(문무왕 20) 2월에 이찬 김군관金軍官을 상대등으로 삼았다. 3월에 김은기金銀器 및 잡채백단雜綵百段을 보덕왕 안승에게 주고 드디어는 왕매王妹로서 그의 아내를 삼고 교서를 내려 말하기를

<인륜의 근본은 부부의 도가 먼저 앞서고 왕화王化의 기본은 계사繼嗣가 주가 되는 것이다. 왕은 작소鵲巢의 자리가 비어 계명鷄鳴의 마음이 있을 것이니 오래 내보內輔의 의儀가 비거나 오래도록 기가起家의 업이 궐闕하여서는 아니될 것이다.

지금 양진良辰 길일에 순리로 구장구舊章을 좇아 나의 매녀妹女로서 항려伉儷를 삼으려고 하니 왕은 마땅히 심의心義를 돈독히 하여 종사를 받들고, 자손을 극성히 하여 영원한 반석을 풍부하게 하면 어찌 성하지 아니 하고 어찌 아름답지 아니하랴.>

하였다. 이에 5월 고구려왕사대장군高句麗王使大將軍 연무延武 등으로 하여 글을 올려 말하기를

<신 안승은 아뢰나이다. 대아찬 김관장金官長이 이르러 선교宣敎의 뜻을 받들고 아울러 교서를 내리시어 외생공外生公으로서 하읍내주下邑內主를 삼으라하시며, 인하여 4월 15일에 이곳에 이르렀사오니 희열과 쾌구快懼함이 마음속에 얽히어 어찌할 바를 알지 못하겠나이다.

생각하옵건대 제녀帝女를 규예嬀汭(순舜의 성姓)에 강가降嫁하시고 왕희王姬를 제齊로 시집보내게 하신 것은 본래 성덕聖德을 들어내어 범부의 재才를 가리지 아니 하심이었사오나, 신은 본시 범류凡類로서 행실과 행증行能이

보잘 것이 없사옵고 다행히 창운昌運을 만나 성화聖化를 입게 되고 매양 특수한 은택을 받아 그 은혜를 보답할 길이 없었사온데, 거듭 천총天寵을 베푸시어 이렇게 인친姻親을 강가降嫁하시고 드디어는 곧 번화繁華하게 경사를 표하여 화복한 덕을 이루고 길월吉月 영진令辰의 좋은 때에 폐관弊館으로 오게 하오니, 영원히 만나기 어려운 일을 일조에 얻게 되었습니다.

이 일은 처음부터 바랐던 바는 아니오나 기쁜 마음을 못 이겨 이 뜻을 표하나이다. 이는 오직 신의 부형이 성은이 내리심을 받았을 뿐만 아니라, 그 선조 이하에도 진실로 총애하심을 기뻐하는 바입니다.

신은 아직 교지를 받지 못하여 감히 곧 입조하지는 못하오나, 기쁨을 참지 못하여 삼가 대장군 태대형 연무를 파견하여 글월을 받들어 이를 아뢰나이다.>

하였다. 이때 가야군에 금관소경金官小京(현 김해)을 설치하였다.

681년(문무왕 21) 정월 1일에 종일토록 날이 어두워서 밤과 같았다. 사찬 무선武仙이 정병 3천 명을 거느리고 비열홀을 진수하였다. 이때 우사녹관右司祿館을 설치하였다.

5월에 지진이 있었고 유성이 참대성參大星을 범하였으며 6월에는 천구성天狗星 서남 곤방坤方에 떨어졌다. 문무왕은 경성京城을 새롭게 하려하나 부도浮屠 의상義湘의 만류로 왕은 곧 이 역사役事를 그만두었다.

681년 7월 1일에 왕이 서거함으로 문무라 시호하였는데 그 유언에 따라 동해구東海口의 대석상大石上에 장사하였다. 속전俗傳에는 왕이 용으로 화하였다 하여 그 돌을 가리켜 대왕석大王石이라 하였다.

왕은 유조遺詔에서 다음과 같이 일렀다.

<과인은 국운이 분분하고 전쟁하는 시대를 당하여 서정북토西征北討하여 강토를 정하고, 배반하는 무리들을 치고 손잡은 무리를 불러들여 원근의 땅을 평정하여, 위로는 종사의 유고遺顧를 위로하고 아래로는 부자의 원한을 갚았으며, 전쟁에 존망한 모든 사람들을 추상追賞하며 내외의 소작疏

爵을 골고루 주었고, 병기를 녹여 농기를 만들게 하고 백성들은 인수仁壽의 터전에 살도록 마련하였다.

또한 부세賦稅를 가볍게 하고 요역을 덜게 하여 집집마다 인구가 늘고 민생이 안정되고 국가에 우환이 없고 곡식이 창고에 산같이 쌓이고 주위는 무성한 터전을 이루었으니, 가히 유현幽顯에 부끄러움이 없고 사인士人들에게 저버릴 바 없다고 말할 것이다.

그런데 나는 풍상을 무릅쓰고 견디다가 드디어는 고질을 만들고 정치와 교화에 근심하여 더욱 병이 심해졌다. 운이 가고 이름이 남는 것은 고금이 한가지이므로 문득 대야大夜로 돌아간들 어떠한 유한이 있겠는가.

태자는 일찍 이휘離揮를 쌓으며 오래 동궁 자리에 있었으니, 위로는 모든 재신들의 뜻을 좇고 아래로는 뭇 관료에 이르기까지 송왕送往의 미를 어기지 말며 사거事居의 예를 궐闕하지 말라. 종묘의 주主는 잠깐 동안도 비어서는 아니 되는 것이니, 태자는 곧 구전柩前에서 왕위를 계승하여라.

또한 산곡山谷은 변천하고 인간 세대는 옮겨져 오왕吳王의 북산北山 무덤에 어찌 금부金鳧의 광채를 볼 수 있으며, 위왕魏王의 서릉西陵의 망望도 오직 동작銅雀의 이름만 듣게 되니, 옛날에 만기萬機를 다스리던 영주英主도 마침내 한 줌의 흙무덤을 이루어 초부樵夫와 목동牧童은 그 위에서 노래 부르고, 호토狐兔들은 그 곁에 구멍을 파고 있으니, 이는 한갓 자재資財만 낭비浪費하고 거짓말만 책에 남기며 공연히 사람들의 힘만 수고롭게 만드는 것이다.

이는 유혼幽魂을 오래도록 건지는 것이 아니므로 고요히 이를 생각하면 마음이 상하여 아픔이 그지없을 따름이니 이와 같은 류類는 나의 즐거워하는 바가 아니다.

내가 임종한 10일 뒤 곧 고문외정庫門外庭에서 서국西國의 의식에 의하여 불로서 소장燒葬하고 복예服禮의 경중은 본래부터의 상과가 있거니와 상예喪禮의 제도는 힘써 검약한 것을 좇으라. 변성边城과 진알鎭遏 및 주와 현의 과세는 그것이 필요치 않거든 마땅히 헤아려서 폐하도록 하고, 율령의 격식으로 불편한 것이 있으면 곧 편리하게 고치고 원근에 포고하여 이 뜻을 알게 하고 주사자主司者는 이를 시행하도록 하라.>

● 문무왕대의 사람들

임윤琳潤

신라의 중, 법사法師. 671년(문무왕 11) 7월 26일 당唐나라 장군將軍 설인귀薛仁貴가 신라왕新羅王에게 보내는 글월을 가지고 돌아왔다.

도융道融

신라新羅의 중. 문무왕文武王 때 고승高僧 의상義湘의 10제자 중의 한 사람이다.

견주堅周

668년(문무왕 8) 벼슬은 내마奈麻에 이르렀다.

풍훈風訓

신라新羅의 문장가文章家. 진주眞珠의 아들로 당唐나라에 가서 숙위宿衛, 학생으로 공부하다가 675년(문무왕 15) 아버지가 신라에서 죄를 짓고, 참형斬刑되자, 이를 트집 잡은 당나라가 설인귀薛仁貴에게 신라를 치게 할 때 향도관嚮導官으로서 종군從軍, 천성泉城(예성강구禮成江口)에 침입했으나 문훈文訓이 이끄는 신라군에 패했다. 양도良圖·수진守眞 등과 당나라에서 문명文名을 떨쳤다.

차득공車得公

신라新羅 문무왕文武王의 서제庶弟. 성姓은 김씨金氏. 일명 단오端午.

총재家宰에 임명되자 우선 국내를 두루 잠행潛行, 민정民情을 시찰하고 나서 취임하였다. 이때 무진주武珍州에 들러 주리州吏 안길安吉의 후대를 받았고, 뒤에 그를 무진주 상수리武珍州上守吏로 삼았다.

상수리란 그 때 지방 세력의 견제책으로 각 향리에서 한 사람씩 모여 볼모 겸 고문으로 중앙에 번상番上케 한 제도로서, 이것이 뒷날 기인其人제도로 변천했다.

진순眞純

신라新羅의 장군將軍. 661년(문무왕 1) 당나라 군사와 합세하여 고구려高句麗를 정벌征伐하고 그 후에 도독都督이 되었다.

양도良圖

?~670년(문무왕 10) 신라통일기의 장군將軍. 나당 연합군이 백제를 칠 때 김유신金庾信을 따라 출전하여 전공을 세우고, 대아찬大阿湌이 되었으며, 이찬伊湌 품일品日 등과 같이 백제의 잔병殘兵이 사비성泗沘城을 침범하는 것을 격파하였다. 이어 김인문金仁問 등 8명의 장군과 더불어 군량미 2천여 섬을 평양 부근에 운반하여 소정방蘇定方군에게 보급함으로써 고구려를 멸망시키고 신라가 3국을 통일하는데 큰 공을 세웠다. 그 후 파진찬波珍湌이 되어 각간角干 흠순欽純과 함께 사신으로 당나라에 건너갔다가 흠순은 돌아왔으나 양도는 당에 갇혀 있다가 옥에서 죽었다.

능인能仁

신라新羅. 중. 문무왕文武王 때의 의상義湘의 10대 제자 중의 한 사람으로, 670년(문무왕 10) 표훈表訓과 함께 금강산에 표훈사表訓寺를 지었다.

김장이金長耳

명장名將 김유신金庾信의 넷째 아들. 문무왕文武王 때 아찬阿湌에 이르렀다.

발간發干

문무왕文武王 때의 무장武將. 당간當干이라고도 한다. 급찬級湌 벼슬에 있었다. 671년(문무왕 11)에 백제의 요청으로 당나라가 군대를 이끌고 와서 대방帶方을 침범하자 왕명으로 발간 등이 출전하여 당나라의 배 70여 척을 격파하고 낭장郞將 겸이대후鉗耳大侯 등 백여 명을 사로잡았다. 전공戰功으로 사찬沙湌의 벼슬에 올랐다.

양원良圓

신라新羅 문무왕文武王 때의 중. 고승高僧인 의상義湘의 10제자 중에 한 사람으로서 화엄종華嚴宗을 널리 선포했다.

문천文泉

벼슬은 대감大監. 661년(문무왕 1) 사신使臣으로 당영唐營에 가서 소정방蘇定方을 만나고 돌아왔다.

오기吳起

678년(문무왕 18) 벼슬은 대아찬大阿湌으로 북원北原(지금의 원주原州)을 수비守備하였다.

두선 豆善

벼슬은 아찬阿湌으로 672년(문무왕 12) 7월 당나라 장군 고간高侃이 군사 1만 명을 거느리고 평양平壤을 공격하여 이기고 진군하여 백수성白水城(백천白川) 에 병영兵營을 만들었다. 아군은 고구려병과 더불어 싸워 수천 명을 참살하 니 고간高侃 등이 도망함으로 이를 추격하여 석문石門(서흥瑞興)에서 싸웠으 나 아군이 패하여 대아찬大阿湌 효천曉川, 사찬沙湌 의문義文 등 여러 장군과 함께 전사戰死했다.

천품 天品

생몰년 미상. 신라 문무왕 때의 장군. 661년(문무왕 1) 당나라는 고구려를 치 기 위하여 소정방蘇定方을 파견하고, 또 신라는 당의 요청에 의하여 같은 해 7월 17일 김유신金庾信을 대장군으로 한 군대를 출병할 때, 천존天存·죽지竹 旨 등과 더불어 귀당총관貴幢摠管에 임명되어 당군을 돕기 위하여 출전하였 다. 그러나 당군이 철수하자 신라군도 고구려 정복에 실패하고 철병하였다. 그 뒤 668년 6월 21일 대고구려전을 위한 나당연합군의 편성 때, 대아찬大 阿湌의 관등으로서 많은 장군들과 더불어 귀당총관으로 출전하였다. 고구 려의 수도 평양이 함락되고 보장왕이 투항하여 전쟁이 끝나자 당과 연합하 여 전투에 참가한 일부 신라의 지휘관들은 당군과 함께 당나라까지 갔으나, 천품은 바로 신라로 귀국하였다.

철천 哲川

생몰년 미상. 신라 문무왕 때의 지방관리. 사호산군태수沙戸山郡太守였다. 661년(문무왕 1) 9월 상주총관上州摠管 품일品日, 일모산군一牟山郡 태수 대당大 幢 등과 함께 군사를 이끌고 백제의 우술성雨述城을 쳐 백제인 1천명을 사살 하고, 달솔達率 조복助服과 은솔恩率 파가波伽 등의 무리로부터 항복받았다.

진흠眞欽

?~662(문무왕 2). 신라 삼국통일전쟁기의 장군. 관등이 이찬伊湌이었으므로 진골 출신인 듯하다. 661년(태종무열왕 8) 4월 19일 신라군이 백제군과 싸워 패퇴하자, 김순金純·천존天存·죽지竹旨 등과 함께 구원차 가시혜진加尸兮津으로 출전하였으나 본군이 회군하였으므로 돌아왔다.

이어서 661년(문무왕 1) 7월 17일 당나라가 소정방蘇定方을 시켜서 고구려를 치게 하자, 신라도 이에 호응하여 김유신金庾信을 대장군에 임명하여 출병하였는데, 이 때 하주총관下州摠管에 임명되어 출전하였다.

662년 8월 백제의 유민들이 다시 반란을 일으키자 흠순欽純 등 19명의 장군이 이를 진압할 때, 남천주총관南川州摠管으로 있으면서 병을 칭하여 국사國事에 충실하지 않은 사실이 탄로나 죽음을 당하였으며 그의 가족들도 처형되었다.

즙항세汁恒世

생몰년 미상. 신라 문무왕 때의 관인. 관등은 대나마大奈麻였다. 667년(문무왕 7) 7월 당나라 조공사朝貢使로 임명되어 입당하였다. 이때는 고구려 멸망 전년으로서 신라와 당나라 연합군이 고구려의 수도 평양성에 대한 대공격을 감행한 해이다. 이와 때를 같이 하여 신라가 당나라와의 유대를 더욱 공고히 하기 위하여 그가 당나라에 파견된 것이다.

장순長順

생몰년 미상. 신라 문무왕 때의 장군. 668년(문무왕 8) 아찬阿湌으로서 순장純長 및 파진찬波珍湌 선광宣光과 함께 하서주행군총관河西州行軍摠管에 임명되었다. 관직으로 보아 진골眞骨 신분으로 생각된다.

자의왕후慈儀王后

생몰년 미상. 신라 제30대 문무왕의 비. 일명 자의왕후慈義王后·자눌 왕후慈訥王后라고도 한다. 파진찬波珍飡 선품善品의 딸이다. 맏아들 정명政明은 뒤에 신문왕이 되었다.

인선仁仙

생몰년 미상. 신라 문무왕 때의 군관. 662년(문무왕 2) 정월 대감으로서 김유신金庾信이 이끄는 고구려 원정군에 참여하여, 그 해 2월 김유신의 명을 받아 아찬阿飡 양도良圖와 함께 군량을 당나라 진영에 호송하는 임무를 맡았다.

의안義安

생몰년 미상. 신라 문무왕 때의 고승. 아버지는 사간沙干 재량才良이며, 어머니는 남간부인南澗夫人으로 자장慈藏의 누이동생이다. 삼형제의 차남으로 형은 국교대덕國教大德, 동생은 명랑신인明朗神印이다. 674년(문무왕 14) 왕명으로 대서성大書省이 되어 정무에 참여하였다.

충상忠常

백제百濟·신라新羅의 신하. 벼슬은 대신大臣. 660년(의자왕 20) 좌평佐平으로 황산黃山 싸움에 출전했다가 신라군의 포로가 되어 귀순, 신라왕에 의해서 일길찬一吉飡이 되었다. 661년(문무왕 1) 아찬阿飡으로 부장副將이 되어 백제의 유민遺民을 토벌하고 상주 총관上州總管이 되었다.

조주助州

벼슬은 대아찬大阿湌. 668년(문무왕 8) 9월 21일에 모든 군사들은 당唐나라 대군大軍과 합세하여 평양성平壤城을 포위하고 공격하니 고구려高句麗 보장왕寶藏王은 항복하였다. 이때에 영공英公 이적李勣은 보장왕寶藏王과 왕자王子 복남福男과 대신大臣 등 20만명을 데리고 당唐나라로 돌아갈 때 그는 각간角干 김인문金仁問과 영공英公 이적李勣을 따라갔는데 인태仁泰 의복義福 수세藪世 천광天光 흥원興元 등이 수행하였다.

북거北渠

신라新羅의 장군. 남한산南漢山 군사軍師로 있다가 668년(문무왕 8) 고구려 공격 때 평양성平壤城 북쪽에서 고구려군을 대파大破, 1등의 전공戰功을 세워 술간述干 벼슬에 오르고 조[粟] 1천 섬의 상을 받았다.

지진산祇珍山

669년(문무왕 9) 벼슬은 급찬級湌. 당나라 중[僧] 법안法安이 와서 당나라의 명령을 전하고 자석磁石을 요구하였다. 이 때 그는 자석磁石 두 상자를 당나라에 보냈다.

혜통惠通

생몰년 미상. 신라의 승려. 해동 진언종眞言宗의 초조初祖이다. 경주 남산南山의 서쪽 은천銀川에서 태어났다고 하며, 젊어서 수달을 잡아먹고 뼈를 마당에 버렸더니, 그 뼈가 제 집으로 돌아가 새끼 다섯 마리를 품고 있는 것을 보고 크게 놀라 참회하고 출가하였다.

665년(문무왕 5) 당나라로 가서 인도의 고승 선무외善無畏에게 밀교密敎의

진의眞意를 배우고자 하였으나, 동쪽 오랑캐놈은 법을 받을 그릇이 되지 못한다고 하며 허락하지 않았다. 3년 동안 섬겼으나 끝내 허락하지 않자 머리에 불을 담은 화로를 이고 입실入室을 구하였다. 그 때 정수리가 터지고 우레 같은 소리가 났으며, 머리에 입은 상처가 임금 왕王자와 비슷하다고 하여 왕화상王和尙이라 하였다.

그 뒤 선무외의 비법을 전수하여 신통神通으로써 당나라 고종高宗의 딸인 공주의 병을 고쳤으며, 신라에 돌아온 다음에도 여러 이적異蹟을 나타내었다. 그로 말미암아 신라에는 밀교가 크게 융성하였는데, 천마산의 총지암總持庵, 무악산의 주석원呪錫院 등은 모두 그의 가르침을 따르는 밀교사원이었다. 귀국연대에 관해서는 여러 가지 의문이 있다. ≪삼국유사≫에 의하면 혜통이 귀국한 것이 665년이라고 하였다. 그러나 그가 가르침을 받았다는 선무외가 중국에 온 것은 719년(성덕왕 18)이기 때문에 연대에 많은 혼돈이 있다. 따라서 그 진위를 단정짓기에는 곤란한 점이 많다.

효천曉川

?~672(문무왕 12). 신라 문무왕 때의 장군. 관등은 대아찬大阿湌에 이르렀다. 나당전쟁 중이던 672년 당나라 고간高侃과 이근행李謹行이 각각 거느린 당군은 7월 평양에 주둔하더니 8월 한시성韓始城과 마읍성馬邑城을 공격하여 이기고, 이어 백수성白水城부근까지 진격하여 오매 신라군은 고구려 부흥군의 도움을 받아 당군 수천 명을 죽이는 큰 승리를 거두고 석문石門까지 추격하였다. 그러나 적에 대한 방심으로 기습을 받아 대패할 때, 사찬沙湌 의문義文·산세山世 등과 함께 전사하였다.

용문龍文

생몰년 미상. 신라 문무왕 때의 진골귀족. 668년(문무왕 8) 3월 새로 설치된 비열홀주比列忽州(지금의 안변)의 총관摠管으로 임명되었다. 당시의 관등은 제4위인 파진찬波珍湌이었다. 변경의 신설행정구역에 이처럼 고급관료를 임명하는 것은, 당시 신라가 총력전을 펼치던 고구려 공략에 비열홀주가 전략상의 요충지였기 때문으로 생각된다.

용장龍長

생몰년 미상. 신라 문무왕 때 진골귀족. 668년(문무왕 8) 6월 고구려 정벌시 아찬阿湌으로 있으면서, 잡찬迊湌 군관 및 대아찬大阿湌 도유都儒와 함께 한성주행군총관漢城州行軍摠管으로 참가하였다. 그 공으로 10월 22일에는 대아찬으로 승진하였으며, 10월 25일에는 국원경國原京(지금의 충주) 사신仕臣으로서 욕돌역褥突驛에 행차한 문무왕 일행을 위하여 연회를 베풀기도 하였다.

춘장春長

생몰년 미상. 신라 문무왕 때의 대신·장군. 신라가 백제와 고구려를 멸망시킨 뒤에 당나라와 신라 사이에 나당전쟁이 일어났는데, 672년(문무왕 12) 8월 당군이 말갈과 함께 쳐들어와 석문石門(지금의 황해도 서흥?)들에 진을 쳤다. 이 때, 장군으로서 의복義福과 함께 왕의 명을 받아 이를 방어하기 위하여 군대를 이끌고 나아가 대방帶方(지금의 황해도 평산?)에 진을 치고 전투를 치렀다. 678년 3월에 대아찬大阿湌의 관등으로 중시中侍에 임명되어 재직하다가, 679년 1월 병으로 면직되었다.

천광天光

생몰년 미상. 신라 문무왕 때의 대신·장수. 668년(문무왕 8) 6월 신라가 대군을 동원하여 고구려를 공격할 때, 아찬阿湌으로서 서당총관誓幢摠管에 임명되어 평양으로 진공하였다.

같은 해 9월 신라군이 당군과 더불어 평양성을 포위하여 고구려가 항복하자, 당나라 영공英公(이공李公)이 고구려 보장왕과 왕자·대신 등 20여만 명을 데리고 본국으로 돌아갈 때, 천광은 인태仁泰·의복義福 등과 당군을 수행하여 당나라로 갔다. 그 뒤 돌아와 673년 8월 파진찬波珍湌의 관등으로서 중시中侍에 임명되었다. 678년 3월까지 4년 7개월 동안 재임한 듯하다.

철천 徹川

생몰년 미상. 신라 문무왕 때의 무장. 관등은 대아찬大阿湌에 이르렀다. 신라와 당나라 연합군이 백제와 고구려를 패망시킨 뒤에도 당군은 평양에 주둔하면서 때때로 남침하여 신라를 괴롭히자, 신라는 당세력을 몰아내기 위한 전쟁을 벌였다. 이 과정에서 673년(문무왕 13) 9월 철천은 왕명을 받고 병선 100척을 거느리고 당 수군의 공격에 대비하여 서해를 진수鎭守하였다. 이로 말미암아 674년까지는 당군의 소규모 공격이 있었을 뿐 대규모 공세가 저지되어, 전쟁은 소강상태에 놓였다.

천훈 天訓

생몰년 미상. 신라 문무왕 때의 지방관. 신라가 백제를 멸망시킨 뒤 그 땅에 무진주武珍州를 설치하였는데, 678년(문무왕 18) 4월 아찬阿湌의 관등으로 무진주의 장관인 도독都督에 임명되었다.

천관 天官

생몰년 미상. 신라 문무왕 때의 장군. 신라와 당나라의 연합군이 백제를 멸망시킨 뒤, 당나라는 백제의 고토를 직할하기 위하여 웅진도독부熊津都督府를 중심으로 그 밑에 7주州 52현縣을 두어 직접 경영에 나섰다. 이에 신라는 당의 세력을 몰아내기 위하여 나당전쟁을 벌였다.

그러자 670년(문무왕 10) 당은 백제유민과 결탁하여 신라에 대한 반항을 전개하였다. 이 때 천관은 문무왕의 명을 받아서 품일品日·문충文忠·중신衆臣·의관義官 등 여러 장군과 함께 백제의 63개 성을 공격하여 빼앗고, 그 성에 있던 사람들을 신라의 내지로 옮겼다.

술실述實

생몰년 미상. 신라 문무왕 때의 군관. 661년(문무왕 1) 7월 17일에 신라는 당나라와 합세하여 고구려를 치기 위하여 군대를 출동하였다. 이때 술실은 달관達官·문영文穎과 함께 수약주총관首若州摠管에 임명되어, 8월에는 시이곡정始飴谷停에 이르러 머물렀다.

술천述川

생몰년 미상. 신라 문무왕 때의 무관. 662년(문무왕 2)에 김유신金庾信 등이 고구려 수도 평양성을 포위, 공격하는 당나라 군대에게 군량을 수송할 때, 군사軍師라는 직함을 가지고 이 작전에 참여하던 중 이현梨峴이라는 곳에서 고구려 군대와 싸워 승리를 거두었다.

시득施得

생몰년 미상. 신라의 문무왕 때의 재상. 관등은 사찬沙飡에 이르렀다. 문무왕은 삼국통일의 위업을 달성한 뒤 당나라 세력의 축출을 위하여 대당투쟁을 벌였다. 676년(문무왕 16) 11월에 그는 선병船兵을 이끌고 소부리주所夫里州(지금의 부여) 기벌포伎伐浦(지금의 장항)에서 당나라의 장군 설인귀薛仁貴와 대적하여 크고 작은 전투 22회에 걸쳐 일진일퇴를 거듭하면서 4,000여 명을 목 베어 당군을 격퇴하는 데 공헌하였다.

예원 禮元

생몰년 미상. 신라 문무왕 때의 재상. 671년(문무왕 11) 정월에 지경智鏡의 뒤를 이어 집사부중시執事部中侍가 되었다. 이때에 그의 관등은 이찬伊飡이었다. 당시는 신라가 백제의 옛 땅을 차지하고 고구려 부흥세력을 지원하여 당나라에 대항함으로써 삼국통일을 달성해 나가던 격동기였다. 예원은 이러한 격동기에 집사부의 장관인 중시로서 활동하였다. 그러나 그 구체적인 행적에 대해서는 전혀 알 수가 없다.

다만, 《삼국사기三國史記》 문무왕 13년(673)조에 의하면, 이해 8월에 파진찬波珍飡 천광天光이 중시로 임명되는 것으로 보아서, 예원은 그 직전에 중시를 그만둔 듯하다. 신라 중대에는 중시 임기가 대개 3년이고, 그 교체시기도 봄(1~3월)이었던 데 비해서, 예원은 2년 7개월 만에, 그것도 가을에 교체된 것으로 보아 673년 7월에 있었던 아찬阿飡 대토大吐의 모반사건에 대한 정치적 책임을 지고 물러난 것이 아닌가 한다. 한편, 예원을 문무왕의 여섯째 동생인 개원愷元과 같은 인물로 보는 설도 있다.

의문 義文

?~672년(문무왕 12). 신라 문무왕 때의 장수. 관등은 사찬沙飡이었다. 나당전쟁 진행 중인 672년 7월에 당나라 장수 고보高保와 이근행李謹行이 이끈 병사 4만 명이 평양에 와서 진을 치고, 머물다가 8월에 한시성韓始城과 마읍성馬邑城을 빼앗고 백수성白水城을 공격하려 하자 이를 막기 위하여 출전하였다. 신라군은 백수성 근처에서 당군과 싸워 크게 이기고, 추격전을 벌여 석문石門(지금의 황해도 서흥)에서 전투를 하였다. 그러나 신라군은 이 석문전투에서 크게 패하였고, 의문은 대아찬大阿飡 효천曉川 등과 함께 이 전투에서 전사하였다.

유동儒冬

?~675(문무왕 15). 신라 문무왕 때의 지방관. 관직은 소수少守였다. 신라는 백제와 고구려를 병합한 뒤, 당나라의 세력을 쫓아내기 위한 전쟁을 하였다. 675년 9월 29일 신라는 당나라 장수 이근행李謹行이 거느린 20만 대군을 매소성買肖城(지금의 양주)에서 격파시키고, 안북하安北河를 따라서 관성關城을 쌓고, 또 철관성鐵關城을 쌓았다. 당나라의 사주를 받은 말갈의 군대가 아달성阿達城을 공격해와 성주 소나素那가 전사하였다. 그리고 이들 당나라와 거란·말갈의 연합군이 칠중성七中城(지금의 적성)을 포위, 공격하였다. 이때 이 성의 지휘장군인 유동은 신라군을 독려하여 당군을 물리치고 승리했지만, 이 전투에서 전사하였다.

자간自簡

생몰년 미상. 신라 문무왕 때 활약한 백제의 유신遺臣 출신의 장군. 660년(태종무열왕 7) 11월 신라의 왕이 백제에 대한 공격을 마치고 전공을 논할 때 전사한 신라장군 및 기타 전공이 있는 사람에게 차등있게 관직을 내리고, 백제의 인원도 모두 그 재능을 헤아려 임용하였다. 이 때 백제에서 달솔達率이었던 자간은 좌평佐平 충상忠常·상영常永과 함께 일길찬一吉飡의 관등을 받고 총관摠管에 임명되었다.
그 뒤 661년(문무왕 1) 7월 충상과 자간은 나당연합군이 고구려를 치는 전투에 참가하였다. 즉, 김유신金庾信을 대장군으로 한 이 전투에서 충상은 상주총관上州摠管, 자간은 하주총관下州摠管으로서 참여하여 문무왕의 직접적인 영솔하에 고구려 공격에 나섰다.

한선 漢宣

생몰년 미상. 신라 문무왕 때의 관인. 관등은 급찬級飡, 관직은 아달성 태수阿達城太守였다. 675년(문무왕 15) 봄 백성들에게

"아무 날 삼[麻]을 심으러 다 함께 나가라."

라고 하였다. 그런데 말갈靺鞨의 첩자가 이를 알고 돌아가서 그 추장에게 고하였다. 그 날이 되어 백성이 모두 성을 나와서 밭에서 일을 하고 있을 때, 말갈이 몰래 군사를 이끌고 갑자기 성에 들어와 약탈하므로 성안의 노인과 어린이가 모두 낭패하여 어찌할 바를 몰랐다. 이때에 성주城主 소나素那가 분전하다가 죽었다.

탈기 脫起

?~675(문무왕 15). 신라 문무왕 때의 지방관. 관직은 현령縣令이었다. 신라가 삼국통일을 위하여 나당전쟁을 치르던 중, 675년에 거란과 말갈군을 동원한 당의 대규모공격을 받았을 때인 그 해 9월 말갈군이 적목성赤木城(지금의 회양군 난곡면 현리)을 에워싸고 침공해오자, 당시 현령으로서 백성들을 이끌고 대항하여 싸우다가 힘이 다하여 모두 함께 전사하였다.

진복 眞福

생몰년 미상. 신라 중대의 장군·대신. 진복眞服이라고도 표기되어 있다. 661년(문무왕 1) 6월에 중국 당나라 고종이 고구려를 치기 위하여 신라에 군대를 파견하여 도울 것을 청하였다. 신라가 7월 17일에 군대를 발동하였을 때, 서당총관誓幢摠管에 임명되어 출정하였다. 도중에 신라군의 진군을 가로막던 백제의 유민을 소탕한 공으로 9월 27일에 왕에게 상을 받았다.

그 뒤 고구려의 평양 근처에 와 있던 당나라 장수 소정방蘇定方이 식량이 떨어져 도움을 청하자, 12월 10일에 부장군副將軍으로서 인문仁問·양도良圖 등 9장군과 함께 군사를 거느리고 양곡을 싣고 가 662년 1월 23일 칠중하七重河에 이르러서 겨우 구근仇近 등 장사의 노력으로 전해주고 돌아와 왕에게 상을 받았다.

665년 2월에 이찬伊飡으로 중시中侍에 임명되어 668년 3월까지 3년 1개월간 재임하였다. 그리고 6월 21일에는 잡찬迊飡으로 대당총관大幢摠管에 임명되어 고구려 정벌에 참여하여 그 공으로 관등 1급을 더하였다. 681년(신문왕 1) 8월에 서불한舒弗邯의 관등으로 상대등上大等에 임명되어, 694년(효소왕 3)까지 약 12년 동안 재임한 듯하다. 관등과 관직으로 볼 때 진골출신이었던 것 같다.

실모悉毛

?~675(문무왕 15). 신라 문무왕 때의 지방관. 관직은 현령이었다. 신라와 당나라 사이의 전쟁이 한창 격화되고 있었던 675년에 당나라 군사가 석현성石峴城을 공격하여 왔다. 이 때 실모는 역시 현령인 선백仙伯과 함께 당나라 군사에 맞서 싸우다가 전사하였다.

덕복德福

생몰년 미상. 신라통일기의 외교관. 674년(문무왕 14) 당나라의 숙위宿衛로 있던 그가 당나라의 역술曆術을 익히고 돌아와 새 역법을 개정하게 하였다. 그가 숙위로 입당한 해는 불확실하지만, 666년의 김삼광金三光 입당 이전에는 파견한 사실이 없으므로 문무왕 6~14년 사이로 추측된다. 숙위는 중국 주변의 약소국가의 왕자로서 당정唐廷에 머무르면서 의장대나 질자質子의 뜻을 가지고 있으나, 신라의 그것은 다양한 직능을 가지고 있었다. 이것은 당나라의 정치적 권위를 높여주는 것은 사실이지만, 신라의 숙위는 사회변화에 따라 그 성격이 바뀌고 있었다. 통일 전의 숙위는 김문왕金文王·김인문金仁問·김삼광 등으로, 백제·고구려 정벌의 청병사請兵使나 정벌선봉장이었다. 덕복은 삼국통일 후 전제왕권이 본 궤도에 오른 중대中代의 인물로 김수충金守忠·김지렴金志廉 등과 더불어 문물교류의 외교사절로서 공헌이 컸다.

능안能晏

654(진덕여왕 8)~? 신라 문무왕 때 가야춤에 능하였던 소년. 아버지는 나마奈麻 긴주緊周이다. 668년(문무왕 8) 10월 25일에 왕이 고구려를 평정하고, 수도 경주로 돌아오는 길에 욕돌역褥突驛에 이르니, 국원경國原京(지금의 충주) 사신仕臣인 대아찬大阿湌 용장龍長이 사사로이 향연을 베풀어 왕과 모든 시종들을 대접하고 음악을 연주하였다. 이때 15세이던 능안이 가야의 춤을 추었는데, 왕이 능안의 용모와 의표가 단아함을 보고 불러서 금잔으로 술을 권하고, 폐백幣帛을 후히 주었다고 한다.

능신能申

?~672(문무왕 12). 신라 문무왕 때의 장군. 관등은 아찬阿湌이었다. 672년 7월에 당나라 장수 고간高侃이 군사 1만 명, 이근행李謹行이 3만 명을 거느리고 일시에 평양에 이르러 8영八營을 만들고 머물렀다. 8월에 한시성韓始城과 마읍성馬邑城을 공격한 다음 계속 진군하여 백수성白水城에서 500보 거리한 곳에 병영을 만들었다. 이 때 신라군은 고구려의 유민과 더불어 당나라 군대와 싸워 수천 명을 목을 벤 다음 도망가는 고간 등의 당나라 군사를 추격하여 석문石門(지금의 서흥지방)에서 싸웠으나 오히려 패하였다. 능신은 이 석문싸움에서 대아찬大阿湌 효천曉川, 사찬沙湌 의문義文·산세山世, 아찬 두선豆善, 일길찬一吉湌 안나함安那含·양신良臣 등과 같이 전사하였다.

김진주 金眞珠

?~662(문무왕 2). 신라통일기의 장군. 삼국통일기에 김유신金庾信을 도와 백제·고구려 정벌에 큰 업적을 남겼다.

639년(선덕여왕 8) 2월에 하슬라주何瑟羅州에 설치된 북원경北原京의 사신仕臣으로 임명되었는데, 당시 그의 관등은 사찬沙飡이었다. 그 뒤 659년(무열왕 6) 8월에 병부령兵部令이 되어, 곧이어 시작된 백제원정군을 지휘하였다. 즉, 660년 5월에 신라의 백제정벌군은 김유신을 최고지휘관으로 하여 그와 김천존金天存이 이를 보좌하였던 것이다.

원정군은 그해 6월에 남천정南川停(지금의 이천)에 이르렀고, 7월에 황산黃山에서 계백階伯이 이끄는 백제군을 격파하여 사비성泗沘城(지금의 부여)을 함락시켰다. 백제 멸망 뒤 661년(문무왕 1) 7월에 편성된 고구려정벌군에 김인문金仁問·김흠돌金欽突과 함께 대당장군大幢將軍으로 출정하였다.

662년 8월에 백제유민이 내사지성內斯只城에서 반란을 일으키자 흠순欽純 등 19명의 장군이 이를 토벌하였는데, 이때 대당장군이던 그는 남천주총관南川州摠管 진흠眞欽과 함께 병을 사칭하여 출병하지 않았으므로 국사國事를 게을리 하였다는 죄목으로 일족이 죽임을 당하였다. 이 사건의 뒤에는 문무왕의 왕권강화를 위한 어떤 정치적인 이유가 있었을 것으로 짐작된다. 나당전쟁이 한창이던 675년 9월에 당나라에서 숙위학생宿衛學生으로 공부하던 아들 풍훈風訓이 당군의 향도嚮導가 되어 신라를 쳐들어온 일이 있다.

대도 大吐

?~673(문무왕 13). 신라통일기의 반란자. 관등은 아찬阿飡이었다. 당시 신라는 김유신金庾信의 죽음으로 민심은 극도로 혼란하였으며, 또한 당나라가 대군을 이끌고 신라를 침공한다는 소문이 떠돌았다. 673년(문무왕 13) 모반謀叛하여 당나라와 내통하려다 발각되어 죽음을 당하고 처자들은 천인賤人으로 되었다.

당천當千

생몰년 미상. 신라의 무장. 671년(문무왕 11) 신라가 삼국을 통일하고 한반도 내에서 당나라의 세력을 축출하기 위하여 당군과 싸울 때, 당천은 당나라의 운송선 70여척을 습격하는 전투에 참가하였다. 이 전투에서 신라는 당나라의 낭장郎將 겸이대후鉗耳大侯와 사졸 100여명을 사로잡았으며, 그 밖의 적병들도 대부분 익사시키는 큰 전과를 올렸다. 이 전투에서 당천은 전공이 제일 컸으므로 급찬級飡에서 사찬沙飡의 관위를 받았다.

무선武仙

생몰년 미상. 신라 문무왕 때의 무장. 관등은 사찬沙飡에 이르렀다. 681년(문무왕 21) 사찬으로 정병精兵 3,000명을 이끌고 비열홀比列忽(지금의 함경남도 안변)을 지켰다.

명랑明朗

생몰년 미상. 신라 문무왕 때의 고승高僧. 자는 국육國育. 신라 신인종神印宗의 중흥조이다. 사간沙干 재량才良의 아들이며, 왕족 출신으로 자장율사慈藏律師의 외조카이기도 하다.

632년(선덕여왕 1) 당나라로 건너가서 진언밀교眞言密敎의 비법을 배우고 3년 만에 귀국하였다. 귀국하는 길에 해룡海龍의 청으로 용궁에 들어가 비법을 전하였으며, 용왕으로부터 황금 1,000냥을 시주받고 귀국하여 그의 집을 헐고 절을 창건하였다. 용왕이 시주한 황금으로 탑상塔像을 장식했더니 그 광채가 매우 찬란했으므로 금광사金光寺라 하였다고 한다.

삼국통일 뒤에는 사천왕사四天王寺를 창건하였다. 삼국통일 뒤, 당나라와 신라 사이에는 새로운 전운이 일고 있었다. 당나라의 설방薛邦은 고구려의 옛 땅에 남아 있던 당나라 군사들을 강제로 철수시킨 신라에 보복하기위해

50만 대군을 일으켜 신라 침공을 계획하였다. 의상義湘으로부터 이 소식을 전해들은 신라 조정에서는 명랑에게 그 비책秘策을 물었다. 그는

"낭산狼山 남쪽 신유림神遊林에 사천왕사를 창건하고 도량道場을 개설하라."

고 하였다. 그러나 당나라 군사가 국경에 다다랐다는 급보를 들은 명랑은 곧 풀로 오방신장五方神將을 만들어서 자신이 우두머리가 되어 유가명승瑜伽名僧 12인과 함께 문두루비법文豆婁秘法을 썼다. 그러자 당나라 전함은 신라와 교전하기도 전에 사나운 풍랑으로 침몰되었다. 그 뒤에도 당군이 침략하였으나 역시 같은 방법으로 격퇴시켰다.

그가 썼다는 문두루비법은 ≪금광명경金光明經≫의 가르침을 따른 독특한 비밀주법秘密呪法이었을 것으로 추정되고 있다. 명랑은 그 뒤 진언종眞言宗의 별파인 신인종의 중흥 조사가 되었다. 신인종은 명랑 이후에도 호국護國·호법護法과 결부되어 교세를 떨쳤다. 타력신앙他力信仰 중심이면서도 일반 백성들에게 강한 호소력을 지닌 불교 종파 가운데 하나였으며, 경주의 원원사遠願寺, 개성 현성사現聖寺, 천마산 총지암總持庵, 모악산 주석원呪錫院 등이 신인종의 종찰이었다. 그의 뒤를 이은 고승으로는 안혜安惠·낭융朗融·광학廣學·대연大緣 등 4대덕四大德이 있다.

선광宣光

생몰년 미상. 신라 문무왕 때의 장수. 신라의 삼국통일전쟁에 종군하여 활약했으며, 관등은 파진찬波珍湌에까지 올랐다. 특히, 그는 668년(문무왕 8) 6월 21일에 아찬阿湌 장순長順·순장純長과 더불어 하서주행군총관河西州行軍摠管에 임명되어 고구려 원정에 출정하였다.

산세 山世

?~672(문무왕 12). 신라 문무왕 때의 무장. 관등은 사찬沙湌에 이르렀다.
나당전쟁羅唐戰爭이 격화되어 가던 672년 7월 당나라 장수 고간高侃은 병사 1만 명을, 이근행李謹行은 병사 3만 명을 각기 거느리고 일시에 평양平壤에 이르러 여덟 군데에 진영을 짓고 머무르다가, 8월에 한시성韓始城과 마읍성馬邑城을 쳐서 이기고 그대로 군사를 몰아 백수성白水城 가까이에 진영을 쳤다. 이때 신라군은 고구려군과 더불어 당나라군을 맞아 싸워 수천 명을 죽였다. 계속하여 퇴각하는 당나라군을 공격하여 석문石門에 이르러 싸웠으나 패하고 말았다. 여기서 산세는 대아찬大阿湌 효천曉川, 사찬 의문義文, 아찬阿湌 능신能申·두선豆善, 일길찬一吉湌 안나함安那含·양신良臣 등과 더불어 전사하였다.

변산 邊山

생몰년 미상. 신라 문무왕 때 중국 당나라에 파견된 외교관. 관등은 나마奈麻였다. 신라가 당나라와 연합하여 백제·고구려를 차례로 정복하고 삼국통일을 완수해 가는 시기에, 신라는 한반도를 공략하려는 당나라와 충돌하게 되었다. 이 때 신라는 고구려 부흥세력을 지원하여 당나라에 무력으로 대항하는 한편 외교사절을 파견하여 당나라의 공세를 완화하려는 양면책을 사용하였다.

672년(문무왕 12) 9월 문무왕은 외교책의 일환으로 당나라에 외교사절을 파견하였는바, 변산은 급찬級湌 원천原川과 함께 파견되었다. 이때 신라가 당나라에 대항하여 싸울 수밖에 없는 부득이한 사정과 이를 사죄하는 것을 요지로 하는 글을 휴대하였으며, 따로 신라가 억류하고 있던 당나라의 왕예王藝와 왕익王益, 백제의 사마예군司馬禰軍과 사마법총司馬法聰, 군사 170인 및 각종 공물貢物을 당나라에 보내주었다.

안나함安那含

?~672(문무왕 12). 신라 문무왕 때의 군관. 일길찬一吉湌으로서 672년 대당항쟁에 참여하였다가, 8월 석문石門싸움에서 죽었다.

안승安勝

생몰년 미상. 고구려 왕족. 보덕국왕報德國王·안순安舜이라고도 한다. 기록에 따라 연정토淵淨土의 아들, 또는 보장왕의 서자, 혹은 외손자라고도 전한다. 고구려 멸망 후 서해의 사야도史冶島에 피신하여 있었는데, 670년 고구려 부흥운동을 일으킨 검모잠劍牟岑에 의하여 추대되어 한성漢城(지금의 황해도 재령 부근)에서 왕으로 즉위하였다. 소형小兄 다식多式을 신라에 보내어 구원을 요청하여 문무왕은 그를 고구려왕으로 봉하였다.

이어 당군의 압박을 받게 되자, 이에 대처하는 방안을 둘러싸고 검모잠과 대립하게 되어 그를 죽인 뒤 무리를 이끌고 신라로 투항하였다. 신라는 안승 집단을 금마저金馬渚(지금의 익산)에 안치하였다. 674년(문무왕 14) 보덕국왕에 봉해졌으며 680년에는 문무왕의 질녀를 아내로 맞이하게 되었다. 683년 경주로 초청되어 소판蘇判의 관등과 김씨金氏 성을 부여받고, 수도에 거주하게 되었다. 그의 근거지인 보덕국과 격리된 채 신라 중앙귀족이 되었다. 보덕국은 684년 그 주민이 반란을 기도하다가 진압되어 소멸하였다.

엄장嚴莊

생몰년 미상. 신라 문무왕 때의 승려. 남악南岳에 암자를 짓고 농사를 지으면서 살았다. 그는 광덕廣德과 절친한 벗으로서 함께 극락왕생을 서원誓願하고 수행하였다.

광덕이 먼저 왕생하자 광덕의 처와 함께 살면서 관계를 맺으려고 하다가 그녀로부터 광덕이 서방정토에 왕생하게 된 경위를 듣고 크게 부끄러워하였다. 이에 엄장은 원효대사를 찾아가서 쟁관법錚觀法을 배우고 한 마음으로 관觀을 닦아 서방왕생하였다.

원기元器

생몰년 미상. 신라 문무왕 때 당나라에 파견되었던 사신. 668년(문무왕 8)에 이보다 먼저인 666년에 고구려의 성읍 12개와 인민 763호戶 3,500명을 거느리고 신라에 내투來投한 연개소문淵蓋蘇文의 아우 연정토淵淨土와 함께 당나라에 사신으로 갔다. 임무를 마치고 연정토는 당나라에 남아 머물고 돌아오지 않고 원기만이 신라로 돌아왔다. 이 때 원기는 당나라 고종으로부터 앞으로 조공에 미녀를 바치는 것을 금한다는 칙명을 받아 왔다.

원천原川

생몰년 미상. 신라 문무왕 때 당나라에 파견된 사신. 문무왕이 당나라 군대를 한반도에서 소탕하는 통일전쟁 중에 백제의 옛 땅을 지키던 당나라 군대를 신라군이 격파한 사실을 해명하는 임무를 띠고 당나라에 사신으로 갔다. 신라는 무력으로 당나라 군대를 싸워서 격퇴, 소탕하면서, 한편 외교상으로는 당나라에 번방藩邦의 신사지례臣事之禮를 다하는 양면정책을 시행하였다.

672년(문무왕 12)에 신라는 만부득이 백제의 잔당과 당군을 격퇴하지 않을 수 없었던 사연을 간곡히 개진하고 사죄하는 표문表文을 가지고 외교사절을 당나라에 파견하였다. 정사에 급찬級湌 원천, 부사에 내마奈麻 변산邊山이 포로로 잡은 병선낭장兵船郎將 겸이대후鉗耳大侯와 내주사마萊州司馬 왕예王藝, 본열주장사本烈州長史 왕익王益, 웅천도독熊川都督 사마칭군司馬稱軍, 증산사마曾山司馬 법총法聰 및 군사 170명을 데리고 은 3만 3500푼, 구리 3만 3000푼, 바늘 400개, 우황牛黃 120푼, 금 20푼, 40승포升布 6필, 30승포 60필을 공물로 가지고 갔다.

열기 裂起

생몰년 미상. 신라 문무왕 때의 장수. 관등은 사찬沙湌을 지냈다. 백제를 멸망시킨 나당연합군이 고구려를 정벌하려 할 때, 당의 소정방蘇定方이 고구려의 서울 평양성平壤城을 포위하였으나 군량이 떨어져 위태로운 지경에 빠지게 되자, 신라의 문무왕文武王은 김유신을 시켜 쌀 4,000석과 벼[租] 2만 2,250석을 당군에 보급하도록 하였다.

당의 힘을 빌려 고구려와 항쟁하는 신라로서는 당군의 위기는 곧 자신의 위기와 같은 것이었다. 군량을 실은 신라 군사는 온갖 지세의 험난함을 무릅쓰고 장새獐塞(지금의 황해도 수안)에 이르렀으나, 혹심한 추위로 군사와 말이 많이 얼어 죽고 피로하여 고구려군의 습격을 받기 쉬워 더 전진할 수가 없었다. 이러한 가운데에서 하루빨리 소정방에게 군량을 가져왔음을 알려야 하였다.

그 때 보기감步騎監 보행輔行으로 있던 열기가 이 임무를 맡게 되었다. 그는 군사軍師 구근仇近 등 15명과 함께 적지를 가로질러 이틀 만에 소정방에게 이르러 사명을 전하고 그 회신을 받아 다시 이틀 만에 군진으로 돌아왔다. 김유신은 그 용맹을 가상히 여겨, 급찬級湌의 벼슬을 주었다. 떠나기에 앞서 문무왕은 김유신에게 국경을 넘은 뒤에 상벌을 스스로 결정할 수 있는 권한을 주었던 것이다.

김유신은 서울로 돌아온 뒤에 다시 왕에게 주청하여 열기에게 한 등급 위인 사찬을 주도록 하여 그의 공로를 높이 드러냈다. 열기는 김유신이 죽은 뒤에도 정권을 잡은 김유신의 아들 삼광三光의 후원으로 삼년산군三年山郡(지금의 보은)의 태수太守를 지냈다.

설수진 薛秀眞

생몰년 미상. 신라 문무왕 때의 군사전략가. 육두품六頭品출신일 것으로 짐작되며, 관등은 아찬阿湌에까지 올랐다. 그는 진법陣法을 연구하여 특히 당나라의 이정李靖이 제갈량諸葛亮의 8진법에 의거하여 만든 6진병법六陣兵法 (일명 육화진법六花陣法이라고도 함)에 조예가 깊었는데, 이는 대진大陣이 소진小 陣을 싸고, 대영大營이 소영小營을 싸며 곡절曲折 상대하는 진법이었다. 674 년(문무왕 14) 9월에 국왕은 영묘사靈廟寺 앞에 행차하여 열병식을 거행하고 그의 6진병법을 관람한 일이 있다.

설오유薛烏儒

 생몰년 미상. 신라 문무왕 때의 장군. 관등은 사찬沙湌. 668년에 고구려가 멸망된 뒤 신라는 그 부흥군을 도와 당나라의 세력을 한반도에서 몰아내 려 하였다.

 670년(문무왕 10) 3월 당시 사찬이었던 그는 고구려의 태대형太大兄 벼슬을 역임한 고연무高延武와 더불어 각각 날쌘 병사 1만을 이끌고 압록강을 건너 서 옥골屋骨에 이르렀다. 이때 이근행李謹行이 이끄는 말갈 병사가 먼저 개 돈양皆敦壤에 와서 신라군과 대적할 준비를 하고 있었다. 그리하여 그해 4 월 4일에 설오유와 고연무가 지휘하는 신라군대는 이 말갈군대와 싸워 크 게 승리하였다.

 그러나 곧이어 고간高侃이 이끄는 당나라의 군대가 말갈군대를 돕기 위하 여 전선으로 출동하게 되자 신라군은 할 수 없이 백성白城으로 후퇴, 이를 근거로 하여 당·말갈의 연합군에 계속 대항하였다.

 설오유의 이 압록강 방면 진격의 역사적 의의는 매우 큰 것으로서, 이 사건 이 있은 직후에 검모잠劍牟岑에 의한 고구려 부흥운동이 일어나게 되었다.

 그런데 일부의 논자는 설오유의 군대가 압록강을 건너 요동遼東 방면으로 진격한 사실에 대하여 이를 부인하고 있다. 즉 옥골 및 개돈양은 평양 방면 의 땅이라 하며, 당나라 군대와 싸움을 벌인 백성도 대동강 이남, 아마도 재 령載寧의 동북, 재령강이 흐르고 있는 평야 가운데 있는 백수성白水城일 것 으로 추측하고 있으나 믿기 어렵다.

세활世活

생몰년 미상. 신라 문무왕 때의 용맹한 군인. 관등은 고간高干(지방사람에게 준 관등)으로서 중앙의 급벌찬에 상당함에 이르렀다. 그는 비열홀比列忽(지금의 안변安邊 지방) 출신의 촌주村主로서, 신라의 삼국통일전쟁 때에는 지방군의 한 지휘자인 가군사假軍師로서 활동하였다.

특히, 그는 고구려원정에 참가하여 668년(문무왕 8) 9월에 신라와 당나라의 연합군이 고구려의 수도인 평양성을 포위하여 공격할 때 평양성 소성전투少城戰鬪에서 큰 공을 세웠다. 그리하여 고구려를 정복한 직후인 이해 10월 22일에 단행된 논공행상 때에 그는 소성전투의 제1공로자로 인정되어 고간의 관등과 조粟 500석을 문무왕으로부터 특별히 받았다.

성천星川

생몰년 미상. 신라 문무왕 때의 장군. 고구려 원정군으로 고구려에 침공하여 싸우고 있는 당나라 소정방蘇定方군에 군량미를 보급하기 위한 동계작전에 참가하여 공훈을 세웠다.

662년(문무왕 2) 정월 신라와 당나라의 연합군으로 고구려를 정벌할 때 문무왕은 당군의 요청에 응하여 김유신金庾信·김인문金仁問·양도良圖 등 9장군에 명하여 혹한 속에 쌀 4,000섬, 조租 2만2000섬을 수레 2,000량輛에 싣고 평양으로 출발하였다. 이때 성천星川은 귀당제감貴幢弟監으로 출전하였다.

이 방대한 규모의 치중대輜重隊가 1월 18일 풍수촌風樹村에 도착하여 숙영宿營하는데 엄동설한에 얼음은 미끄럽고 길은 험하여 수레가 갈 수 없으므로 소와 말에 싣고 갔다. 1월 23일에 칠중하七重河(지금의 임진강)를 건너 산양蒜壤에 이르러 그는 군사軍師 술천述川과 더불어 이현梨峴에서 고구려군을 격파하고 진로를 개척하여 2월 6일에 무사히 당의 진영으로 수송하는 데 공훈을 세웠다.

순경順璟

생몰년 미상. 신라 문무왕 때의 고승. 유식학唯識學의 대가大家이다. 낭군浪郡 출신. 가계家系 등은 전하지 않는다. 중국에 가지는 않았으나 신라에서 현장玄奘의 진유식량眞唯識量을 기초로 하여 결정상위부정량決定相違不定量의 이론을 정립하였다.

그리하여 건봉연간乾封年間(666~667) 당나라로 가는 입공사신入貢使臣의 편에 자신이 세운 결정상위부정량을 써서 현장에게 보냈다. 그러나 그때 이미 현장이 입적入寂한 지 2년 뒤였으므로 현장에게 보일 수 없었다. 다만 현장의 수제자인 규기窺基가 그것을 보고 매우 감탄하였다고 한다.

그의 저술 중에는 중국에 전해진 것이 많다. 국내에서 공부하였으면서도 이름을 중국에까지 크게 떨쳤던 법상학法相學의 대덕大德이었다. 그의 소종所宗은 법상대승요의교法相大乘了義敎였다고 한다. 그는 또 ≪화엄경≫에 있는 '시종발심편성불始從發心便成佛'에 대하여 비방을 하고 믿지 않다가 생신生身으로 지옥에 떨어졌다는 전설이 있다.

저서로는 ≪법화경요간法華經料簡≫ 1권과 ≪대비바사심론초大毘婆沙心論抄≫ 10권, ≪성유식론요간成唯識論料簡≫ 1권, ≪인명입정리론초因明入正理論抄≫ 1권 등이 있으나 현존하지 않는다.

순장純長

생몰년 미상. 신라 문무왕 때의 군관軍官. 관등은 아찬阿湌에 이르렀다. 668년(문무왕 8) 6월에 신라군은 고구려정벌을 위하여 38총관總管에게 군사를 주어 당군唐軍과 신라군이 고구려의 수도 평양에서 모이기로 하였다. 이때 그는 파진찬波珍湌 선광宣光, 아찬 장순長順과 함께 하서주행군총관河西州行軍總管이 되어 고구려를 정벌하였다.

소나素那

?~675(문무왕 15). 신라 문무왕 때의 장수. 일명 '금천金川'이라고도 한다. 백성군白城郡 사산蛇山(지금의 직산稷山) 출신. 침나沈那의 아들이다.

백제가 망한 뒤 한주漢州 도독都督 유공儒公의 청으로 문무왕은 소나를 북쪽 변경의 아달성阿達城에 머물며 변경을 방어하도록 하였다. 백제에 이어 고구려가 망하자 당나라는 한반도 전체를 복속시키려는 욕망으로 군사를 내어 신라를 침공하는 한편, 말갈족 등 변방민족을 충동하여 자주 신라의 변경을 침입하게 하였다. 이러한 정세 속에서 소나는 변경방비의 임무를 띠고 아달성에 머무르게 되었다.

675년(문무왕 15)에 마침 아달성의 태수 한선漢宣이 성의 백성들로 하여금 성 밖의 밭에 나가 베[마麻]씨를 뿌리도록 한 일이 있었는데, 이를 탐지한 말갈족들은 백성들이 모두 밭에 나가 성을 비운 사이에 갑자기 성을 습격하여 노략질하였다.

이때 소나가 분격하여 적에게 돌진하니 적은 감히 다가오지 못하고 다만 활을 쏘므로 소나도 활을 쏘며 하루 종일 싸웠다. 이 사이 소나의 몸은 화살이 꽂혀 마치 고슴도치같이 되어 마침내 쓰러져 죽었다. 그는 평소에

"장부는 마땅히 전쟁터에서 죽어야 하며 자리에 누워 가족들의 손길 속에서 죽을 수 없다."

고 하였다. 그의 죽음을 전하여 들은 왕은 눈물을 흘리며 충절에 탄복하고 잡찬迊湌의 벼슬을 추증하였다.

승신崇信

생몰년 미상. 신라 문무왕 때의 군관. 관등은 잡찬迊湌. 668년(문무왕 8) 6월에 문무왕은 38총관摠管에게 군사를 주어 당병唐兵과 평양에 모여 고구려를

치고자 하였다. 숭신은 대아찬 문영文穎, 아찬 복세福世 등과 함께 비열성주
행군총관卑列城州行軍摠管이 되어 고구려를 공략하였다.

무상無相

680(문무왕 20)~756(경덕왕 15). 신라의 승려. 호는 송계松溪. 성은 김씨金氏.
≪송고승전宋高僧傳≫에서는 신라 국왕의 셋째 아들이라고 하였으나, 부왕
의 이름은 전하지 않고 있다.

성덕왕 때 군남사郡南寺에서 승려가 되었으며, 728년(성덕왕 27) 당나라로
건너갔다. 당나라 서울에 도착하자 현종玄宗은 그를 선정사禪定寺에 머물도
록 하였다. 그러나 번잡한 서울을 피하여 옛 촉나라 땅인 자중資中으로 가
서 지선智詵 밑에서 선禪을 배웠다.

그 뒤 40년 동안 마을에 발을 들여놓지 않고 수도한 이승異僧 처적處寂을
찾아가 선과 두타행頭陀行을 익혔는데, 처적은 그에게 무상이라는 이름을
지어 주고 측천무후로부터 하사받은 마납구조의磨納九條衣를 물려주었다.

그는 한번 좌선을 시작하면 5일 동안 계속하였다. 눈이 오는 추운 겨울에
도 바위에 앉아 수도하였고, 밤중에도 자리를 이탈하거나 잠을 자지 않았
다. 언제인가 두 마리의 맹수가 다가오자 개울물로 몸을 씻은 뒤 옷을 벗고
맹수 앞에 누워 잡아먹기를 기다렸으나, 맹수는 머리에서부터 발끝까지 냄
새만 맡은 뒤 그냥 가 버렸다고 한다. 그 뒤 가까운 도성으로 옮겨 낮에는
무덤가에서, 밤에는 나무 밑에 앉아 고행정진하였는데, 그를 존경한 많은
사람들이 묘원 한쪽에 정사精舍를 지어 주고 머물게 하였다.

명성이 높아지자 당나라 황실에서 청하려 하였고, 이를 시기한 현령 양
익楊翌은 그의 도력을 시기하여 20여 명의 무뢰한을 시켜 잡아오도록 하였
다. 그러나 갑자기 현령의 청 안으로 모래와 자갈, 큰 돌들을 동반한 바람이
몰아치면서 장막 등이 뒤집혔다. 양익이 뉘우치고 사죄하자 바람이 멈추었
는데, 이때부터 양익은 그를 도와 정중사淨衆寺·대자사大慈寺·보리사菩提寺·
영국사寧國寺 등을 짓도록 주선하였다.

그 뒤 무상은 정중사에 머물면서 많은 일화를 남겼다. 그 절에는 나무를 하는 일꾼이 있었는데, 하루는

"손이 찾아올 것이 분명하니 옆에 있겠다."

고 하였다. 무상은 본국 신라로부터 자객이 와서 죽이려 한다는 것을 알고 좌선하고 있었는데, 그날 밤 천장에서 큰 물체가 떨어지더니 자객이 일꾼의 칼에 맞고 죽었다. 일꾼은 죽은 자객의 시체를 산문 밖 구덩이에 묻은 뒤 어디론지 사라졌다.

또한, 무상은 절 앞마당의 큰 떡갈나무를 가리키면서 제자들에게 멀지 않아 이 나무와 탑이 변을 당할 것이라는 예언을 하였다. 그의 말대로 841년 무종이 폐불廢佛을 단행했는데 절은 무사했으나 나무와 탑은 쓰러졌다고 한다.

그리고 무상은 절 앞에 있는 2개의 연못을 가리켜 왼쪽의 것은 국이요, 오른쪽의 것은 밥이라고 하였다. 시주가 들어오지 않는 날에 이 연못물을 푸게 하면 반드시 누군가가 먹을 것을 가져왔다고 한다.

그는 정중사에서 77세로 죽었다. 그가 죽은 뒤 무종은 폐불을 단행했는데, 그 때 정중사의 대종大鐘을 강 건너 대자사로 옮겼고, 선종 때는 다시 정중사로 옮겨 왔다. 이를 옮기기 위해서는 이틀이 걸려야 하는데, 막상 일을 시작하니 순식간에 이전할 수 있었다. 종을 옮기는 일을 주관했던 승려가 무상의 사리탑舍利塔을 참배하러 갔더니 그 탑에 많은 땀이 배어 있었다. 사람들은 백 년 전에 죽은 무상이 도와서 종을 쉽게 운반하게 된 것임을 깨닫고 더욱 존경하였다.

후인들은 이 사리탑을 동해대사탑東海大師塔이라고 불렀다. 그는 28년을 중국에 머물면서 도력을 떨쳤다. 그는 28년을 중국에 머무르면서 도력을 떨쳤으며, 우리나라 승려 중 최초로 중국에서 선을 배워 중국인을 교화한 고승이다.

진순 眞純

?~667(문무왕 7). 신라 문무왕 때의 대신. 성은 김씨金氏로 진골 출신이다. 신라는 당나라의 군사적 원조에 힘입어 백제를 멸한 데 이어 고구려 원정 길에 올랐다.

661년(문무왕 1) 7월 17일 당나라 소정방蘇定方이 대군을 이끌고 수륙으로 출동하니 신라도 대원정군을 출동하였는데, 그는 하서주총관河西州摠管에 임명되어 출정하였다.

그해 8월 문무왕이 제장을 이끌고 출정함에 옹산성甕山城(지금의 대전광역시 대덕)에 웅거한 백제 유민이 길을 막고 방해하였다. 이에 신라군은 이 성을 공격하여 함락하였는데 그에게 그 전역의 공으로 검劍을 하사하였다.

662년 1월 이찬伊飡으로서 집사성 중시에 임명되어 665년 2월에 치사致仕하였다.

문훈 文訓

생몰년 미상. 신라 문무왕 때의 장군. 신라는 668년(문무왕 8) 나당연합군을 편성하여 고구려를 원정하였는데, 그는 잡찬迊飡으로서 귀당총관貴幢摠管에 임명되어 출전, 많은 전과를 올렸다. 백제·고구려를 멸망시킨 뒤 신라는 삼국통일을 완수하기 위하여 당나라와의 전쟁을 수행해야 했다.

675년 당나라는 숙위학생宿衛學生 김풍훈金風訓의 아버지 진주眞珠가 복주伏誅된 것을 구실로 침략하였다. 당나라 장군 설인귀薛仁貴가 김풍훈을 향도로 하여 천성泉城으로 쳐들어옴에 따라 문훈은 이와 대적하여 1,400여명을 살해하고 군함 40척과 기마 1,000여필을 노획하는 전과를 올렸다.

그해 9월 29일 매소성買肖城(지금의 양주)에 주둔한 당나라 이근행李謹行의 20만 대군을 공격하여 전마 3만 380필과 수많은 병기구를 노획하는 대승을 거두어 대당통일전쟁에서 결정적인 승리를 하였다.

박경한 朴京漢

생몰년 미상. 신라 문무왕 때의 군관. 668년(문무왕 8) 신라가 당나라와 연합하여 고구려를 정벌할 때 한산주소감漢山州少監의 직책으로 종군하여 평양성전투에서 군주軍主인 술탈述脫을 죽이는 등의 공로를 세웠다. 같은 해 10월 22일 고구려 멸망의 논공행상을 하는 과정에서 대당소감大幢少監 본득本得, 흑악령黑嶽令 선극宣極과 함께 평양성싸움의 제일급 공로자로 인정되어 일길찬一吉湌의 관등과 함께 조租 1,000석石을 받았다.

박도유 朴都儒

?~671(문무왕 11). 신라 문무왕 때의 장군. 668년(문무왕 8) 한성주도독漢城州都督으로 백제잔민토벌과 고구려정벌에 참여하였으나, 그 뒤 모반을 일으켜 죽음을 당하였다.

668년 6월 고구려원정군의 선봉장으로 선발되어 대당총관大幢摠管 김인문金仁問·천존天存 휘하에서, 군관軍官·용장龍長 등과 같이 한성주행군총관漢城州行軍摠管이 되어 출정하여 9월에 평양성을 함락하는 데 큰 공을 세웠다.

그 뒤 백제잔민이 웅진熊津(지금의 공주)에서 부흥운동을 일으킬 때, 백제의 부녀자를 그에게 출가시켜 그와 공모한 일이 있었다. 즉, 백제잔적들이 여인계를 써서 신라의 병기兵器를 도취하고 관아를 습격하려는 음모를 꾀한 것이다. 그러나 이 사건은 사전에 발각되어 그는 참형되었고 백제잔민의 반란은 진압되었다.

복세 福世

생몰년 미상. 신라 문무왕 때의 군관. 관등은 아찬阿湌. 문무왕이 668년(문무왕 8) 6월에 대당대총관大幢大摠管 김유신金庾信 등 38인의 총관과 군사 20만을 거느리고 당나라의 군사와 함께 평양에 모였을 때, 복세는 숭신崇信·문영

文穎과 함께 비열주총관卑列州摠管으로 출전하였다. 이 때 신라와 당나라의
연합군은 9월에 이르러 평양성을 함락시킴으로써 고구려를 멸망시키게 되
었다.

본득本得

생몰년 미상. 신라 문무왕 때의 장군. 신라가 백제를 멸망시키고 고구려와
의 마지막 항쟁을 위하여 668년(문무왕 8)에 고구려군과 사천전투蛇川戰鬪를
하게 되었는데 이 싸움에서 신라가 이김으로써 고구려를 멸하는 데 크게
기여하였다. 대당소감大幢少監이었던 그는 이 전투에서 그 전공을 제1위로
인정받아 일길찬一吉飡의 관위와 조租 1,000석을 받았다.

부과夫果

?~671(문무왕 11). 신라 문무왕 때의 군관. 사량부沙梁部출신. 나마奈麻 취
복驟福의 맏아들이다. 671년 문무왕이 군사를 내어 백제와 웅진熊津(지금의
공주)에서 싸우게 되었을 때 당주幢主로서 출전하여 분전하다가 죽었다. 싸
움이 끝난 뒤 공을 논할 때에 일등공신이 되었다. 아우 취도驟徒와 핍실逼
實이 모두 싸움터에서 전사하였으므로 왕은 3형제 모두 의용으로 죽은 것
을 상고하여 이들에게 사찬沙飡의 관등을 주었다.

석강수昔强首

생몰년 미상. 신라통일기의 유학자·문장가. 초명은 우두牛頭. 중원소경中原
小京(지금의 충주)의 사량沙梁 출신. 육두품六頭品으로 보이는 내마奈麻 석체昔
諦의 아들이다. 재물에 뜻을 두지 않아 가난하게 지내자 태종무열왕은 유
사有司에 명하여 해마다 신성新城의 창고에 있는 조 100석을 하사하였다.
신라가 삼국을 통일한 뒤에 문무왕이 논공행상을 할 때 그는 외교문서로

삼국을 통일에 큰 공을 세웠다고 하여 사찬沙飡의 관등과 세조 200석을 증봉增俸받았다.

그가 죽자 왕은 후하게 장사를 지내주었고 많은 물품을 하사하였다. 그러나 집안사람들은 이를 모두 불사佛事에 보내주었다.

또한 그의 아내가 생활이 곤란해 향리로 돌아가려고 하자, 대신이 듣고 왕에게 청하여 조 100석을 주게 하였으나 받지 않고 향리로 돌아가 버렸다.

그가 당시에 유행했던 불교를 세외교라 하여 버리고, 사회적으로 그 힘이 미약한 유학에 뜻을 둔 것은 개인의 착상이라기보다는 진골 중심의 골품 제사회에서 육두품 이하의 귀족으로 편입된 그의 가족적인 분위기에서 커 간 것이며, 또 크게는 대가야가 멸망하면서 가야의 귀족들을 사민정책徙民政策에 의하여 강제로 이주시킨 중원경의 문화적 분위기에서 영향받은 것이 아닌가 한다.

그리고 그가 공부한 학과목은 ≪효경孝經≫·≪곡례曲禮≫·≪이아爾雅≫·≪문선文選≫으로, 주로 유교적인 실천도덕과 아울러 문자와 문학에 관한 것에 비중을 두었다. 이리하여 유학자로서보다 문장가로서 유명하게 되었다.

그는 신라사회의 육두품 이하의 신분으로 유학·문장학을 가지고 진출한 지식층이며, 또 신흥의 유교관료적 성격을 가졌던 사람으로서 현존하는 기록상 최초의 본격적인 유교적 문인으로 사회사적·사상사적 의의가 크다.

김의복金義福

생몰년 미상. 신라 문무왕 때의 장군. 고구려와 백제가 멸망한 뒤 당나라가 그 영토를 장악하고자 하므로 신라는 672년(문무왕 12) 고구려의 유민을 적극적으로 받아들이고 백제의 옛 땅을 영유하는 등 적극적으로 대항하려는 반응을 보였다. 이에 당나라의 고종高宗은 신라정벌군을 파견하여 지금의 황해도일대로 비정되는 석문石門의 들에 진영을 구축하였다.

이 때 그는 춘장春長과 함께 출정하여 대방帶方의 들에 진을 치고 당나라 군대와 싸웠는데, 백수성白水城 싸움에서는 3,000여 급을 베는 큰 공을 세웠으나, 석문의 싸움에서는 휘하부대의 이탈로 말미암아 대패하고 말았다.

김흠金欽

생몰년 미상. 신라 삼국통일 전쟁기의 장군. 백제가 멸망하고 나서 그 유민들은 복신福信과 승려인 도침道琛을 중심으로 백제의 부흥운동을 전개하였는데, 그 세력이 날로 강성해졌다.

661년(문무왕 1) 당나라의 유인궤劉仁軌는 1천명의 병사로 백제를 공략하였으나 패하고, 남은 병사의 수가 적어 유인원劉仁願의 군대와 연합하고 아울러 신라에서도 군사를 내어줄 것을 청하였다. 이때 신라에서는 김흠이 장수로 파견되어 유인궤 등을 돕게 되었다.

김흠은 군사를 이끌고 고사古泗를 거쳐 주류성周留城을 포위하였다. 그러나 복신이 그 구원병의 수가 적은 것을 알고 먼저 공격하여 신라군이 패하였다. 김흠은 갈령葛嶺으로 되돌아왔으며, 신라의 구원병은 다시 나가지 못하였고, 여러 장수들은 복신에게 항복하였다.

낭지朗智

생몰년 미상. 신라의 신승神僧. 삽량주歃良州 아곡현阿曲縣(지금의 양산梁山) 영취산靈鷲山에 있으면서 이름을 드러내지 않고 숨어 살았다. 항상 법화경法華經을 강하였으며 신통력이 있었다.

661년경 ≪추동기錐洞記≫를 지은 지통智通이 보현보살普賢菩薩의 계시를 받고 출가하자 제자로 삼았다. 원효元曉도 반고사磻高寺에 있으면서 가르침을 받고 ≪초장관문初章觀文≫과 ≪안신사심론安身事心論≫을 저술하였다.

일찍이 구름을 타고 중국 청량산淸凉山에 가서 강설을 듣고 잠깐 동안에 돌아오곤 하였다 하며, 최소한 135세 이상을 살았다고 한다.

머물던 암자를 혁목암赫木庵이라 하는데 옛날 가섭불迦葉佛 때의 절터였다. 또한 그곳에는 서천축西天竺과 더불어 유일하게 자라는 혁목이 자라는 곳으로서, 혁목이 자라는 산에 주하는 보살은 법운지보살法雲地菩薩이라고 한 ≪화엄경≫의 설에 따라 십지보살十地菩薩로 존경받았다.

원성왕 때 연회緣會가 영취산에 와서 살면서 그의 전기를 지었다 하나 현존하지 않는다.

선극宣極

생몰년 미상. 신라 문무왕 때 활약한 군인. 관등은 일길찬一吉湌에 이르렀다. 그는 고구려 원정에 참여하여 668년(문무왕 8) 9월에 신라와 당나라의 연합군이 고구려의 수도인 평양성을 포위, 공격할 때 당시 흑악령黑嶽令으로서 평양성 대문전투大門戰鬪에서 큰 공을 세웠다. 그리하여 고구려를 정복한 직후인 그해 10월 22일에 단행된 논공행상 때에 대문전투의 제1공로자로서 일길찬의 관등과 벼[租]1,000석을 받았다.

달관疸官

생몰년 미상. 신라 문무왕 때의 장군. 661년(문무왕 1) 당나라에서 숙위宿衛하던 김인문金仁問과 유돈儒敦이 돌아와, 이미 출병한 소정방蘇定方의 수륙군과 연합해 고구려 정벌군을 일으키기를 전하였다.

그리하여 문무왕은 7월 17일 김유신金庾信을 대장군, 김인문 등을 대당장군大幢將軍, 천존天存 등을 귀당총관貴幢摠管 등으로 하는 대군을 일으켰다.

그 때 달관은 술실述實·문영文穎과 함께 수약주총관首若州摠管이 되어 출정하였다. 그러나 백제의 부흥군의 공격으로 먼저 이들을 토벌하는 작전을 전개해, 문무왕의 지휘 아래 9월 25일 옹산성甕山城을 포위한 뒤 공격을 감행하였다. 그리고 9월 27일 대책大柵을 불태워버리고 수천 명을 죽이고 항복을 받았다.

문무왕은 이 공로를 치하해 각간角干·이찬伊湌으로 총관이 된 자에게는 칼을 하사하고, 잡찬迊湌·파진찬波珍湌·대아찬大阿湌으로 총관이 된 자에게는 창을 하사함에 달관에게는 창을 하사하였다.

그 뒤 670년 백제의 부흥군이 다시 신라를 엿보자 7월에 달관은 장군 품일品日·문충文忠·중신衆臣·천관天官 등과 함께 출전해 75성을 공취하고 9,000명을 죽이고 백제유민을 내지內地로 옮겼다.

그러나 문무왕은 개선 후 중신·의관義官·원흥元興과 함께 달관이 전투 중 후퇴하였다 하여 사형에 처하려 하였으나 용서받아 면직에 그쳤다.

박문준朴文俊

생몰년 미상. 신라 문무왕 때의 문장가. 문장이 뛰어나 당시 대당 외교에 크게 공을 세웠다.

신라는 당과 연합해 백제와 고구려를 멸망시킨 뒤 삼국통일을 눈앞에 두었으나, 당나라는 백제와 고구려의 옛 땅 뿐만 아니라 신라까지도 지배하려 하였다. 당시 당나라에 유학하고 있던 승 의상義湘이 당나라의 이러한 의도를 알아차리고 급히 귀국해 당나라의 내침을 보고하였다.

문무왕은 군신을 불러 모아 그 대책 마련에 부심하였다. 이 때 각간角干 김천존金天尊이 법사 명랑明朗이 비법을 알고 있다 하며 추천하였다. 명랑이 낭산狼山 남쪽에 신유림神遊林이 있는데 그곳에 사천왕사四天王寺를 지으면 당나라군을 격퇴할 수 있을 것이라 해 절을 창건하였다.

당나라의 내침이 있자 명랑이 유가승瑜伽僧 12명을 거느리고 문두루비법文豆婁秘法을 짓자 파도가 일어나 당나라의 병선이 침몰하였다. 671년(문무왕 11)에 다시 당나라가 침략했으나 역시 실패로 끝났다.

박문준은 당시 한림랑翰林郎으로서 김인문金仁問을 따라 외교 사절로 당나라에 가 있다가 김인문과 함께 투옥되었다. 당나라 고종高宗은 박문준을 불러 신라에는 외적을 물리칠 수 있는 무슨 비법이 있는지를 물었다.

이 때 그는 당나라에 온 지 10여 년이 되어 본국의 일을 알지 못하지만, 당나라의 은혜를 입어 삼국을 통합했으므로 그에 보답하고자 천왕사天王寺를 창건해 황제의 만수萬壽를 빌고 있다는 소식을 전해 듣고 있을 뿐이라고 대답하였다. 이에 당나라 고종은 기뻐하면서 예부시랑禮部侍郎 악붕구樂鵬 龜를 신라에 파견해 그 절을 조사하게 하였다. 문무왕은 이 소식을 듣고 사천왕사의 남쪽에 새로이 절을 짓고 사신에게 뇌물을 주어 속였다. 사신이 돌아가 박문준의 말이 사실인 것처럼 보고하였다.

문무왕은 이때를 이용해 문장가 강수强首로 하여금 김인문의 일행을 석방하게 하는 표문表文을 지어 올리게 하니 당나라 고종이 그에 따랐다 한다.

거시지居尸知

?~676(문무왕 16). 신라 문무왕 때 도림현道臨縣의 현령. 신라와 당나라 연합군이 고구려를 멸망시킨 뒤, 당나라는 우리의 영토 전부를 차지하려고 하였다. 그러한 가운데 676년 당나라 병사가 도림성을 공격해왔을 때 현령으로서 싸우다가 죽었다.

강심江深

생몰년 미상. 신라 문무왕 때 삼국통일전쟁에서 활약한 이동혜尒同兮(지금의 선산善山 부근)지방의 촌주.

667년(문무왕 7) 8월 문무왕이 직접 김유신金庾信 등 30여 명의 장군들을 통솔하고 당나라와 연합하여 고구려를 공격하기 위해 한성정漢城停(지금의 광주廣州)에 이르러 당나라 이적李勣이 평양성에 도착하기를 기다렸다.

이적이 11월 2일 평양성 북방 200리 지점에 당도하여 강심을 사자로 삼아 거란契丹의 기병 80여 명을 데리고 문무왕에게 가게 하였다. 아진함성阿珍舍城(강원도 안협安峽)을 지나 한성에 도착하여 문무왕에게 병기를 독촉하는 이적의 편지를 전달하였다.

이때 문무왕은 당나라 군대가 평양성에 도착하기를 기다리면서 고구려의 군사에 의해 막혀 있는 도로를 개통하기 위하여 칠중성七重城(경기도 적성積城)을 공격하고 있었다.

문무왕은 11월 11일 급히 군사를 돌려 평양성으로 향하였던 중 장새獐塞(황해도 수안遂安)에 이르렀을 때, 영공이 군대를 돌려 귀국하였다는 소식을 듣고 되돌아왔다. 이에 그 공로가 인정되어 대나마大奈麻에서 급찬級飡으로 승진하고, 속粟 200석을 포상 받았다.

김동엄 金東嚴

생몰년 미상. 신라의 관리. 사탁부沙喙部 출신. 관등은 급찬級飡. 그에 관한 기록은 ≪일본서기≫에만 실려 있다.

668년(문무왕 8)에 급찬으로서 일본에 사신으로 파견되었는데, 일본은 그를 통해 김유신金庾信에게 배 한 척, 문무왕에게 비단 50필, 면 500근, 위韋 100매를 보내고, 사신으로 간 김동엄 등에게도 차등 있게 물건을 주었다. 그리고 일본의 국사와 함께 귀국하였다고 한다.

그해는 신라와 당나라의 연합군이 고구려를 멸망시키고 삼국통일을 이룩한 해로 오랫동안 서로 적대관계에 있어서 사신의 내왕이 없었는데, 이때 비로소 김동엄을 보내어 조물調物을 보냈다고 한다. 그 동안 일본에서는 대마도對馬島·북구주北九州 등에 산성과 수성水城을 쌓고 신라의 침공을 두려워하고 있었으므로 김동엄 등을 소홀히 하지 않은 것 같다.

김둔산 金遁山

생몰년 미상. 신라의 장군. 668년(문무왕 8) 신라와 당나라 연합군이 고구려를 공격할 때, 서당당주誓幢幢主로서 평양성전투에서 큰 공을 세웠다.

싸움이 끝난 뒤 전공을 세운 사람에게 상을 내릴 때 사찬沙飡을 제수받고, 조租 700석을 하사받았다.

김문왕金文王

?~665(문무왕 5). 신라 시대의 왕족. 일명 김문왕金文汪이라고도 한다. 태종무열왕의 아들이며, 문무왕의 동생이다. 친당외교에 일익을 담당하였는데, 648년(진덕여왕 2)에 입당入唐하여 좌무위장군左武衛將軍에 제수되었다.

655년(태종무열왕 2)에 이찬伊飡이 되었으며, 658년에는 중시에 임명되었다. 661년에는 잡찬迊飡으로 있으면서 대당장군大幢將軍 품일品日을 도와 백제 부흥군과 사비성泗沘城 부근에서 싸웠으나 패전하였다.

김상경金相京

?~668(문무왕 8). 신라의 무장. 668년 한산주소감漢山州少監으로 김유신金庾信 휘하에서 고구려 원정에 출전했다. 신라와 당나라의 연합군이 고구려에 대한 총공격을 개시했을 때, 신라군은 사천원蛇川原에서 고구려군을 크게 격파하여 승리를 거두었으나 그는 전사했다.

고구려를 멸망시킨 그해 10월 고구려 원정의 유공자에 대한 논공행상이 행하여질 때 사천원전투의 제일공훈자로 인정되어 일길찬一吉飡의 관등을 추증받았고, 조租 1,000석을 받았다.

김수미산金須彌山

생몰년 미상. 신라 문무왕 때의 귀족. 670년(문무왕 10) 사찬沙飡의 관등으로서 왕명을 받들어 안승安勝을 고구려왕에 책봉하였다.

같은해 6월 고구려 수림성水臨城 대형大兄 검모잠劍牟岑이 고구려 유민을 모아 당나라의 관리를 죽인 뒤 보장왕의 서자 안승을 맞아 임금으로 삼고, 소형小兄 다식多式 등을 신라로 파견하여 번병藩屛이 되어 영세永世에 충성을 다할 것을 호소하매, 8월에 문무왕의 명으로 가서 고구려 선왕先王의 정사正嗣 안승을 고구려왕으로 책봉하였다.

그리고 유민을 무집撫集하고 구서舊緒를 계흥繼興하고 길이 인국隣國이 되어 형제와 같이 섬길 것을 명하고, 쌀 2,000석石, 갑구마甲具馬 1필, 능綾 5필, 견세포絹細布 각 10필, 면綿 15칭稱을 내려주었다.

특히, 그의 관등은 ≪삼국사기≫에서 '사찬 수미산을 보내어 안승을 봉하여 고구려왕으로 삼았다.'라고 하면서, 그 책명문冊命文에서는 '일길찬一吉飡 김수미산 등을 보내어 공으로 고구려 왕으로 삼는다.'라고 하여 다르게 되어 있다.

김양도金良圖

?~670(문무왕 10). 신라 통일기의 장군·문장가. 김유신金庾信·김인문金仁問 등을 도와 백제·고구려 및 그 잔민을 토벌하는 데 큰 공을 세웠다.

660년(무열왕 7) 5월 나당 연합군 출정시에 신라 측 총사령관인 김유신의 부장으로 품일品日·흠춘欽春과 함께 참전하여, 계백階伯의 백제군을 격파하고 사비성泗沘城(지금의 부여) 함락에 큰 공을 세워 대아찬大阿飡이 되었다.

661년 2월 백제 잔민들이 사비성을 공격했을 때, 그는 대당장군大幢將軍 이찬伊飡품일을 도와 문왕文王·충상忠常과 함께 그들을 진압하게 되었다. 그러나 백제 부흥군의 습격을 받아 신라군이 대패하자 그 책임을 지고 물러난 듯하다.

그 뒤 복직하여 그 해 12월에 재편성된 고구려 정벌군의 요직을 맡았다. 김유신을 도와 고립 상태에 빠진 당나라군에게 군량미를 공급해 주었다. 평양성 가까이 진격했던 그의 신라 선봉대가 당나라군의 철수로 갑자기 귀환하게 되었는데, 이 때 그는 해상으로 선봉대를 철수시킨 바 있다.

662년(문무왕 2) 초에 재차 고구려 원정군이 편성되자 김유신을 도와 쌀 4,000석과 벼 22,000여 석이나 되는 군량미를 당나라군에게 공급해 주었으며, 퇴각 시 고구려군을 격파해 1만여 명을 살해하였다.

668년 6월 고구려 정벌의 칙지勅旨를 가지고 온 유인궤劉仁軌와 김삼광金三光을 맞은 신라는 대대적인 원정군을 편성했는데, 그는 김인문·흠순欽純·천존天存·문충文忠·진복眞福·지경智鏡·개원愷元·흠돌欽突·죽지竹旨·품일 등과 함께 일선一善 등 7군과 한성주漢城州의 병마를 이끌고 북진을 개시하였다. 신라 군은 이적李勣의 당나라군과 합세해 평양성을 함락시켰다.

669년 5월에 파진찬波珍湌이 된 그는 각간角干 흠순과 함께 사신으로 당나라에 갔다. 이것은 신라가 백제와 고구려 잔민을 조종, 흡수하면서 노골적인 대당 항쟁을 추진한 데 대한 당나라의 질책을 해명하려는 사절이었다. 당나라는 670년에 흠순을 돌려보내는 한편 그 만은 계속 억류시켜 그곳에서 옥사하게 하였다.

그는 또 ≪삼국사기≫ 강수열전强首列傳 끝에 나타난 신라의 대표적 문장가 6명 속에 이름이 들어 있다. 그러나 그의 시문이나 문장에 대해서는 전혀 알려져 있지 않다.

김원정 金元貞

생몰년 미상. 신라 문무왕 때의 대신. 유신庾信의 셋째아들이다. 해간海干(파진찬波珍湌)의 관등으로 서원술성西原述城의 축성책임자를 지냈다. 이때 고구려정벌 때 공이 많았던 구근仇近이 일에 태만하다 하여 그를 벌주었는데 이 일을 평생토록 뉘우쳤다고 한다.

경흥 憬興

생몰연대 미상. 삼국통일 전후 신라의 고승. 성은 수씨水氏. 웅천주熊川州 사람이다. 18세 때 출가하여 삼장三藏에 통달하고 이름을 신라 전역에 떨쳤다. 681년 문무왕이 임종 직전에 국사로 모실 것을 유언하였으므로, 신문왕은 즉위하자 곧 국로國老로 봉하였다. 그에게는 이적異蹟이 여러 번 있었다.

삼랑사三郎寺에서 병을 얻어 한 달 동안 고통을 받고 있을 때, 한 여승이 찾아와 법사의 병이 우로憂勞의 소치이니 약으로 치료할 수는 없고 희락대소하면 치유된다고 하면서 열한 가지 모습의 가면을 만들어 기이한 춤을 추었다. 그는 춤사위의 괴이한 모습을 보고 웃다가 병이 감쪽같이 치유되었다. 이 때의 여승은 관세음보살의 화신이었다고 한다.

또, 법사가 말을 타고 왕궁에 들어가려고 했을 때 모습이 남루한 승려가 석장錫杖 끝에 삼태기를 짊어지고 와서 하마대下馬臺 위에서 쉬고 있었다. 그 삼태기 속에는 썩은 냄새가 나는 마른고기가 들어 있으므로, 시자가

"스님의 몸으로서 어찌하여 탁한 물건을 가지고 있소?"

하고 질책하였더니, 그 승려는 태연하게

"산 고기를 두 가랑이 사이에 끼고 다니는 것과 시장의 말린 고기를 등에 지고 다니는 것은 어느 것이 더한 것인가?"

하고는 떠나 버렸다. 이에 경흥은 자신이 말타고 다님을 훈계한 것이라고 깨닫고 다시는 말을 타고 다니지 않았다고 하며, 그 때의 승려는 문수보살의 화신이었다고 한다.

그의 행적은 현본玄本이 찬술한 삼랑사비三郞寺碑에 자세히 기록되어 있으나 지금은 비가 전해지지 않고 있다.

저서로는 현존하는 《무량수경연의술문찬無量壽經連義述文贊》 3권, 《삼미륵경소三彌勒經疏》 1권, 《금광명최승왕경약찬金光明最勝王經略贊》 5권과, 현재 전하지 않는 《법화경소法華經疏》 16권, 《열반경소涅槃經疏》 14권, 《열반경술찬涅槃經述贊》 14권, 《열반경요간涅槃經料間》 1권, 《금강반야경요간金剛般若經料間》 3권, 《무량수경소無量壽經疏》 3권, 《관무량수경소觀無量壽經疏》 2권, 《아미타경약기阿彌陀經略記》 1권, 《대집경소大集經疏》 5권, 《약사경소藥師經疏》 1권, 《관정경소灌頂經疏》 2권, 《미륵경소彌勒經疏》 3권, 《미륵경술찬彌勒經述贊》 3권, 《미륵경축의술문》 4권, 《무구칭경소無垢稱經疏》 6권, 《금광명경약의金光明經略意》 1권, 《금광명경술찬》 7권, 《최승왕경소》 10권, 《해심밀경소解深密經疏》 5권, 《십이문다

라니경소十二門陀羅尼經疏≫ 1권, ≪사분율갈마기四分律羯磨記≫ 1권, ≪사분율십비니요四分律拾毘尼要≫ 3권, ≪구사론초俱舍論鈔≫ 3권, ≪유가론소瑜伽論疏≫ 10권, ≪유가론초≫ 36권, ≪유가석론기≫ 36권, ≪성유식기成唯識記≫ 2권, ≪성유식론편량≫ 2권, ≪유식추요기唯識樞要記≫ 2권, ≪현유식기顯唯識記≫ 2권, ≪현양론소顯揚論疏≫ 8권, ≪현양론술찬顯揚論述贊≫ 10권, ≪인명론의초因明論義鈔≫ 1권, ≪대승기신론문답≫ 1권, ≪법원의림기法苑義林記≫ 4권, ≪법경론法鏡論≫ 1권, ≪미륵성불경고적彌勒成佛經古蹟≫ 3권(일실) 등이 있다. 그는 신라 3대 저술가 중 1인으로서, 신라불교를 체계화하는 데 심혈을 기울인 고승이다.

고순高純

생몰년 미상. 신라 문무왕 때의 총관摠管. 661년(문무왕 1) 6월 당나라에서 숙위하던 왕의 아우 김인문金仁問과 유돈儒敦 등이 돌아와 왕에게 말하기를

"당나라가 이미 소정방蘇定方을 파견하여 수륙양병水陸兩兵을 거느리고 고구려를 정벌하게 하였으니 신라도 군사를 일으켜 당나라 군대와 함께 고구려를 치자."

고 하였다. 이에 김유신金庾信을 대장군으로, 김인문·진주眞珠·흠돌欽突을 대당장군大幢將軍으로, 천존天存·죽지竹旨·천품天品을 귀당총관貴幢摠管으로, 품일品日·충상忠常·의복義服은 상주총관上州摠管으로, 진흠眞欽·중신衆臣·자간自簡을 하주총관下州摠管으로 삼고, 고순·수세藪世 등은 남천주총관南川州摠管이 되어 옹산성甕山城을 포위 공격하고, 대책大柵을 태운 다음 수천명을 참살하고 항복을 받는 공을 세워 왕으로부터 상을 받았다.

광덕廣德

생몰년 미상. 신라 문무왕 때의 승려. 엄장嚴莊과 더불어 왕생극락을 이루

었다는 영험설화의 주인공이다.

《삼국유사》에 의하면 광덕은 엄장과 벗하여 미타정토彌陀淨土를 간구하였다. 그는 분황사 서쪽에서 아내와 함께 살았으나 동침하지 않고 평생을 단신정좌端身正坐하여 아미타불을 외었으며, 엄장보다 먼저 왕생극락의 원을 이루었다. 엄장이 부인과 함께 광덕을 장사지내고 그 부인과 관계를 맺으려 하자, 이때 광덕의 부인이 남편의 수도자세를 들려주었다. 날마다 십육관十六觀을 행하여 아미타불을 염했을 뿐, 난잡한 행동이 없었다고 하는 말을 듣고 엄장은 몹시 부끄러워하였다. 엄장은 원효元曉에게서 쟁관법錚觀法을 배운 뒤 이를 실천하여 서방으로 승천하였다고 한다.

광덕과 엄장의 왕생설화는 신라 아미타 신행信行을 이해하는 데 있어 가장 대표적인 설화일 뿐 아니라, 아미타신앙과 관계된 최초의 기록이기도 하다. 이때 엄장이 행한 쟁관법은 징 등으로 요란한 소리를 냄으로써, 오히려 마음속의 산란함을 극복하려는 수행방법으로 추정된다.

구근仇近

생몰년 미상. 신라 문무왕 때의 무장武將. 661년(문무왕 1)에 당나라 고종高宗이 소정방蘇定方을 보내어 고구려를 공격할 때 문무왕에게 군량을 평양으로 보내줄 것을 요청했다.

662년 1월 문무왕은 김유신金庾信에게 명하여 군량을 수송하도록 하였으나, 눈바람이 심하고 고구려군의 저항이 격심하여 더 나아갈 수가 없었다. 이에 보기감步騎監 열기裂起와 군사軍師 구근 등 15명의 장사壯士가 이러한 사실을 당나라의 병영에 전달하고 돌아왔다. 김유신은 그들의 용기를 가상히 여겨서 열기와 구근을 '천하의 용사'라 하고 문무왕에게 청하여 사찬沙飡의 관등을 주도록 했다.

그는 뒷날 원정공元貞公(김유신의 셋째아들)을 따라 서원술성西原述城을 쌓았는데, 원정공이 남의 말을 듣고 그가 일을 태만히 한다고 하여 곤장을 때렸다. 그러자 그가 말하기를

"내가 일찍이 열기와 함께 생명을 예측할 수 없는 위험한 곳에 들어가서도 대각 간大角干 김유신의 명을 욕되게 하지 않았으며, 대각간은 나를 무능하다고 하지 않고 국사國士로 대우하였다. 그런데 지금 뜬말만 듣고 나를 죄주니 평생에 욕됨이 이 것보다 큼이 없다."

고 하였다. 원정공이 이 말을 듣고 종신토록 부끄러워하고 뉘우쳤다고 한다.

구기 仇杞

생몰년 미상. 신라 문무왕 때의 무장. 부양현斧壤縣(지금의 강원도 평강군) 사람으로 668년(문무왕 8) 신라가 고구려를 공멸할 때 전공을 세웠다. 668년 9월에 신라와 당나라의 연합군이 평양성을 공격하여 고구려를 멸망시켰다. 당나라 군사는 고구려의 보장왕과 왕자 복남福男·덕남德男과 대신 등 20여만 명을 포로로 하여 돌아가고 신라군도 뒤이어 철수하였다.

그해 10월 신라에서는 김유신金庾信에게는 태대각간太大角干의 벼슬을 내리고 김인문金仁問에게는 대각간大角干의 관등을 주는 등 고구려 공멸전에 참가한 사람에 대한 대대적인 논공행상이 있었다. 그 때 군사軍師인 구기는 평양 남교전투南橋戰鬪에서 제1등 공로자였기 때문에 외위外位의 제2관등인 술간述干에 제수되고 벼 700석을 받았다.

구진 求津

생몰년 미상. 신라의 무장. 아술현牙述縣(지금의 충청남도 아산) 출신. 668년(문무왕 8)에 신라는 당나라 군사와 함께 고구려의 평양성을 공격하였다. 이때 사찬沙湌으로서 종군하여 사천蛇川싸움에서 다리 밑으로 들어가 물을 건너 적을 크게 무찔렀다.

그 뒤 고구려를 멸망시킨 다음 유공자들에게 상을 내리게 되었는데, 군령을 위반하고 자기 스스로 위험한 곳에 들어갔다고 하여 그 전투에서의 공은 인정하나 논공의 대상에서 제외되어 자살을 기도하기도 하였다.

구진천 仇珍川

생몰년 미상. 신라 문무왕 때의 이름난 노사 弩師. 관등은 사찬 沙湌에 이르렀다. 쇠뇌를 만들어 쏘면 천보 千步 밖의 것을 맞힐 수 있었다. 이 소문을 들은 당나라의 고종은 669년(문무왕 9)겨울에 사신을 보내어 구진천을 데려다가 그 만드는 법을 배우고자 하였다.

신라와 동맹하여 백제와 고구려를 멸망시킨 당나라는 한반도를 온통 지배하려는 야심을 나타내고 있었다. 이에 대하여 신라는 고구려의 유민들에 의한 고구려부흥운동을 돕거나 백제점령지의 당나라 군사들을 몰아내는 등 당나라의 침략의도에 맞서 항거하였다.

이와 같은 상황에서 당나라는 신라가 가지고 있는 유력한 무기인 목노 木弩에 주목하게 되어 그 제작자인 구진천을 데려갔다. 그러나 구진천은 여러 가지를 빙자하여 그 비법을 가르쳐주지 않았으며, 당나라의 고종이 무거운 죄를 지우겠다고 위협하였으나, 끝내 그 비법을 드러내지 않았다.

김관장 金官長

생몰년 미상. 신라시대의 관리. 680년(문무왕 20) 고구려 안승 安勝을 보덕왕 報德王으로 봉하여 금마저 金馬諸(지금의 전라북도 익산)에 살게 하고 왕의 누이를 안승의 비 妃로 삼게 하면서 교서를 내렸는데, 김관장은 대아찬 大阿湌으로서 이 교서를 가지고 갔다. 또, 687년(신문왕 7)에 일선주 一善州를 폐하고 사벌주 沙伐州를 둘 때 총관 摠管으로 임명되었다.

김유신 金庾信

595(진평왕 17)～673(문무왕 13). 신라의 삼국통일에 중심적인 구실을 한 장군·대신 大臣. 증조부는 532년(법흥왕 19) 신라에 투항한 금관가야의 구해왕이며, 할아버지는 무력 武力, 아버지는 서현 舒玄이다. 신라에서 금관가야 왕족의 후예들은 신라 왕족의 김씨 金氏와 구별하여 신김씨 新金氏라 칭하기도 하였다. 어머니는 만명부인 萬明夫人이다. 어머니의 증조부는 지증왕, 할아버지는 진흥왕의 아버지인 입종갈문왕 立宗葛文王, 아버지는 숙흘종 肅訖宗이다. 숙흘종은 만명을 감금하면서까지 서현과의 혼인을 반대한 바 있다. 그것은 신라에 투항한 가야 왕족이 당시에 비록 진골 귀족 眞骨貴族으로 편입되어 있기는 했지만, 왕족 출신과 통혼할 만한 대귀족은 되지 못했던 때문으로 보인다.

그가 세운 큰 전공으로 전하는 것은 629년 34세 때부터 나타난다. 당시 신라군은 고구려 낭비성 娘臂城을 공격했는데, 1차 접전에서 패배하여 전의를 잃고 있었다. 이 전투에 그는 중당당주 中幢幢主로 출전하여 단신으로 적진에 돌입하여 유린함으로써 신라군의 사기를 북돋워 크게 승리하는 데 공을 세웠다.

백제의 침공을 막기 위하여 김춘추는 642년(선덕여왕 11), 종전에 적대관계에 있기도 했던 고구려로 가기에 앞서, 교섭 과정에서 일어날 위험에 대해 김춘추는 그와 상의하고, 서로 목숨을 건 맹세를 했다. 그들은 당시 신라 조정에서 아직 최고 서열에는 들지 못했지만, 보수적인 신라 귀족 사회에서 큰 변화를 일으키게 될 그들의 정치적 결속이 이미 여기에서도 뚜렷하게 나타난다.

이 무렵의 주 州는 지방 행정 단위로서보다는 군사 작전 구역으로서의 성격이 강하였고, 주에 파견된 군주도 지방 주둔군 사령관으로서의 성격이 컸다. 642년 김춘추가 고구려를 향해 떠날 때 김유신은 압량주 押梁州(지금의 경상북도 경산)의 군주가 되었는데, 이때부터 신라에서 중요한 군사 직책을 맡게 되었다. 그리고 그 뒤의 활약이 뚜렷하게 나타난다.

644년에는 소판 蘇判이 되었고, 그 해 9월 상장군으로 백제 원정군의 최고

지휘관이 되어 전략상 요충인 가혜성加兮城·성열성省熱城·동화성同火城 등 7개 성을 점령하였다.

이듬 해 정월에는 원정에서 돌아오자마자 백제가 매리포성買利浦城에 침입하였다는 급보를 받고, 가족도 만나지 않은 채 다시 출전하여 승리하였다.

그 해 3월에도 귀환하기 전에 또 백제의 침입으로 출동하였는데, 이때의 유명한 일화가 전한다. 당시 전열을 정비하여 즉시 떠나게 되자, 문밖에 나와 기다리는 가족들을 돌아보지도 않고 지나쳐 50보쯤을 가서야 말을 멈춘 뒤, 집에서 물을 가져오게 하여 마셨다. 그리고

"우리 집 물이 아직도 예전 같은 맛이 있다."

고 말하고 출발하였다. 이에 군사들이 모두 이르기를,

"대장군도 이러하거늘 우리들이 어찌 가족과 떨어짐을 한스럽게 여기겠는가."

하고는 분발하여 나아가니, 백제군이 그 기세만을 보고도 퇴각하였다고 한다.

또한 647년에는 귀족 내부의 반란 진압에 중요한 구실을 하였다. 특히, 그 반란의 결과는 그 뒤 신라 정계의 변화에 중요한 계기가 되었다. 반란 세력의 우두머리는 당시 귀족회의의 장인 상대등 비담毗曇이었다. 그들은

"여왕은 정치를 잘 할 수 없다."

고 주장하며 명활성明活城을 거점으로 월성月城의 왕족 세력을 공격하였다. 반란군과 대치한 지 8일 만에 선덕여왕이 죽는가 하면, 흉조라고 믿어지던 유성流星의 추락이 월성 쪽에 있어, 왕실 측의 사기는 위축된 반면, 반란군의 사기는 충천해 있었다. 이 때 이치로서 새로 등극한 진덕여왕과 귀족들을 설득하는 한편, 종교적인 제전과 계략으로 왕실 쪽 군중의 사기를 북돋

워 반란군과의 결전에서 승리하였다. 반란이 진압된 뒤 상대등이 된 알천閼川도 신라의 전통적 귀족이었다. 반란의 진압에서 전통적인 귀족들의 힘도 컸음은 분명하다. 그러나 그 과정에서 김유신은 가야계 출신이면서도 신라 중앙 정부의 운명을 결정하는 데 큰 구실을 했고, 또 그로 인하여 그의 영향력도 커질 수 있었다.

≪삼국사기≫에는 비담의 반란 후 진덕여왕 대에 세 차례의 대규모 전투가 기록되어 있는데, 그 전투들의 최고지휘관을 맡았다. 진덕여왕 1년(647)과 2년의 전투에서는 압량주군주로서 그 일대의 전투를 지휘했으나, 진덕여왕 3년의 전투 당시에는 백제의 대대적인 침입을 막기 위하여 중앙군으로 편성된 군단을 지휘하였다.

당시 백제의 지휘관급 100명과 군졸 8,900여 명을 죽이거나 사로잡고 전투용 말 1만 필을 노획했다는 전과를 고려할 때, 신라 쪽에서도 주력부대를 투입한 대규모 방어군단을 편성했음을 알 수 있다. 지휘관 편성을 놓고 보아도 대장군에 김유신, 그 아래 장군들에 진춘陳春·죽지竹旨·천존天存 등이 임명되었는데, 이들은 당대의 명장들이자 정치적으로도 큰 비중을 가지는 인물들이었다.

654년에는 신라군대 통수부의 중심적 위치에 서서 새 왕의 추대에 중요한 구실을 한 것으로 보인다. 진덕여왕이 죽자 당시 귀족회의에서는 상대등이던 알천을 왕으로 추대하였다. 그러나 다음 왕에 즉위한 것은 김춘추, 곧 태종무열왕이다.

귀족회의의 추대를 뒤엎고 태종이 즉위하기까지의 과정에 대해, 신라본기에서는 왕에 추대된 알천이 군이 사양하고 대신 김춘추를 추천하여, 김춘추가 세 번 사양한 다음 부득이 즉위했다고 설명하고 있다.

그러나 귀족회의의 결정이 번복된 과정이 실제로 그처럼 평화적이고 순탄했다 해도, 그 이면에는 당시 김춘추를 지지하는 세력이 존재했음을 생각하지 않을 수 없으며, 그는 그 중요한 지지세력의 하나였던 것으로 보인다.

태종무열왕의 즉위 후 그의 정치적 위상은 더욱 높아졌다. 신라본기에는 태종무열왕의 즉위 다음 해의 관등이 대각간大角干으로도 나타난다.

그 해 10월에는 태종무열왕의 셋째 딸 지소와 혼인하였다. 이는 태종과의 결속이 더욱 긴밀해짐의 반영인 동시에, 종전과는 달리 가야계 출신으로서의 제약을 벗어나 왕실과도 통혼하게 되었음을 보여 준다.

660년 정월에는 귀족회의의 수뇌인 상대등이 되어, 삼국통일 전쟁 과정에서 신라를 이끄는 중추적 구실을 하게 되었다. 그 해에 신라군을 이끌고 당나라 군대와 함께 백제를 멸하였다. 태종무열왕을 뒤이어 문무왕이 즉위한 뒤에도 그의 정치적 비중은 약화되지 않았다.

661년(문무왕 1) 6월에는 고구려를 원정하였다. 이 원정에서는 고구려 평양성을 공격하다가 군량이 떨어져 곤경에 처한 당나라 군대를 지원하려고 고구려 중심부까지 왕복하는 결사적인 수송작전을 하고, 당나라 군대가 퇴각하자 이듬 해 정월 고구려군의 매복과 추격을 물리치고 돌아왔다.

663년에는 백제 부흥을 꾀하는 백제 유민과 그들을 지원하는 왜倭의 연합세력을 격파하였고, 664년에도 백제 유민이 사비성에서 봉기하자 은밀한 계책을 일러 주어 평정하게 하였다.

신라와 당나라 연합군이 고구려를 멸망시킨 668년 신라군의 총사령관 격인 대총관大摠管이 되었다. 그러나 늙고 쇠약하여 병으로 원정에 참가하지는 못하고 왕경王京에 남아 원정을 떠난 왕을 대신하여 신라 국내의 통치를 담당하였다. 문무왕과의 생구관계甥舅關係였을 뿐만 아니라, 고구려 원정군의 수뇌인 김인문과 김흠순도 생질과 아우였던 만큼 그는 국가의 원로로서 고문과 지도적 구실을 하여 신라 진영의 단결과 전략 수립에 기여했던 것으로 보인다.

고구려를 평정한 직후에는 다시 한 등급을 높인 '태대서발한太大舒發翰'이 제수되고, 여러 가지 특전을 부여한 포상이 있었다. 그 뒤 자신이 직접 일선에서 정치나 군사적 일을 수행하지는 않았던 것 같다. 그러나 신라 지배층의 원로로서의 자문역은 계속된 것으로 보이며, 고구려 멸망 후 본격화된 당나라와의 투쟁에서도 지도적인 구실을 한 것으로 보인다.

672년 석문石門벌판의 전투에서 신라군이 당나라에 참패했을 때 문무왕이 그에게 자문을 구했음이 나타난다.

그는 일찍부터 당나라의 대국주의 야욕을 간파하고 그에 대비하고 있었다. 660년에는 그가 백제군의 결사대를 격파하느라 당나라군과의 합류 지점에 늦게 도착하자, 당나라의 소정방蘇定方은 이를 빌미로 신라 장군의 참수斬首를 명하여 신라군의 통수권을 장악하자, 그는 단호히 먼저 당나라군과 결전하겠노라며 맞서 소정방의 기도를 꺾은 바 있다.

또한 백제가 정복된 해에는 소정방이 그와 김인문에게 백제지역을 분봉分封해 주겠다고 유혹함으로써 신라 지배층의 분열을 획책하며 신라를 침공할 기회를 노리기도 하였다. 그러나 그 같은 유혹을 거절하여 신라 지배층의 결속을 굳힘으로써 당나라의 계략을 무산시키는 한편, 고구려가 엄존하는 상황에서 정면대결을 피해 신라군을 백제유민군으로 위장하여 당나라군의 행동에 군사적인 대처를 하였다. 당시 소정방은 신라는 상하가 굳게 결속되어 작지만 쉽게 정복할 수 없다고 본국에 보고하였다 한다.

그 뒤에도 당나라는 665년에 그를 봉상정경 평양군 개국공 식읍 2,000호奉常正卿平壤郡開國公食邑二千戶로 봉하는 등 유혹의 손길을 뻗쳤다. 국제관계 속에서 당나라가 신라에 대해 노리고 있는 것을 파악하고 대처함으로써 당나라의 침략 야욕을 분쇄할 수 있었다. 그 이면에는 스스로를 엄격히 단속하며, 신라 다중多衆의 결속과 사기를 북돋우려는 한결같은 노력이 계속되고 있었다.

연속되는 출정에서 가족들이 기다리는 집 앞을 돌아보지도 않고 지나친다던가, 아들인 원술이 당나라군과의 전투에서 패배하고 도망해 오자 왕에게 참수형에 처하라고 건의하고 끝까지 용서하지 않은 일 등은 스스로를 엄격히 단속하며 신라 다중의 사기를 북돋우려 노력한 것의 단면들이다.

그가 죽자 왕은 성대한 의장을 갖추어 금산원金山原(지금의 경주시 송화산 기슭으로 추측됨)에 장사지내게 하고, 비를 세워 공적을 기록하게 했다 한다. 뒤에 흥덕왕(삼국유사에는 경명왕 때라 함)은 그를 흥무대왕興武大王으로 추봉하였다.

● 문무왕 시대의 세계동향

▶ 동양
중국 당나라의 고종 시대였다. 고종은 백제를 멸망시킨 후 고구려를
지속적으로 공격하고 668년에 고구려를 무너뜨렸으며, 이후 고구려
땅은 물론이고 백제 땅까지 장악하려 했으나, 신라의 반발에 밀려 뜻
을 이루지 못했다.
이때 일본은 국호를 왜에서 일본으로 고쳤고, 티베트에서는 문자가
창제되었다.

▶ 서양
사라센에서는 내분이 일어나 제4대 칼리프 알리가 피살, 시리아 총독
무아위야가 칼리프가 되었다. 이후로 우마이야 왕조가 건립되어 칼리프
는 세습되었다.
이 시기에 동로마에서는 칼리니쿠스가 화약을 발명, 프랑크에서는 에브
로인이 왕위 분쟁을 진압, 그러나 681년에 프랑크의 피핀 2세가 에브로
인을 살해한다. 이때 동구에서는 불가리아 왕국이 건국되었다.

● 천관사터

더 큰 앞날을 위해 애마의 목을 자르고

경주역 서쪽 우체국 앞에서 남쪽으로 가는 버스를 타고 2.5km 쯤 가면 남천南川내에 걸친 문천교汶川橋가 나온다. 다리를 건너 한 정거장 더 가서 박씨 시조사당인 숭덕전崇德殿(오릉 옆) 하마비下馬碑 앞에서 내린다. 승용차로 가려면 오릉 앞 주차장에 차를 세워두고 200m 가량을 걸으면 된다.

길 동쪽 '탑리마을' 가운데로 난 길을 따라 100m 쯤 가면 들판으로 길이 계속되는데 200m를 더 가면 논둑에 탑돌이 몇 개 박혀있고 안내판이 서 있다.

경주시 교동校洞에 속하는 이곳이 천관사天官寺터라고 전해오는 곳으로 사적 제340호로 지정되어 있다.

천관사는 신라의 김유신金庾信이 세운 절이었다.

청년시절 유신은 천관天官이라는 주막 아가씨를 사랑한 적이 있었다. 하루는 유신의 어머니 만명부인萬明夫人이 아들을 불러 앉혀놓고 따졌다.

"들으니, 네가 요즘 천관이라는 술집여자에게 빠져 마땅히 해야 할 공부를 소홀히 한다는데 그게 사실이냐?"

"예, 그렇심더"

"그래? 남자가 여자를 좋아하는 것은 인지상정이지만 너는 나라를 위한 큰 기둥이 되어야 하고, 가야김씨 집안의 대들보 역할을 해야 할 처지인데, 한 여자에게 마음과 시간을 빼앗겨서야 되겠느냐?"

한참을 생각한 유신이

"어머니! 앞으로는 천관을 만나지 않겠심더"

하고 다짐했다.

그 후로는 천관의 집에 얼씬거리지 않던 유신이 하루는 피곤한 몸으로 말 안장에 앉아 조는 사이에 말이 천관이네 집으로 뚜벅뚜벅 걸어갔다.

행여나 오시는가 학수고대하던 차에 귀에 익은 말발굽 소리가 들리는지라, 버선발로 뛰어나온 천관이 반갑게 맞이하자, 잠에서 깬 김유신은 말없이 말에서 내려 보검을 빼어들고 단칼에 애마의 목을 내리치고는 피 묻은 칼자루를 칼집에 넣으며 뒤도 돌아보지 않고 가버렸다.

너무나 갑작스럽게 당한 일이라 가슴이 미어지도록 서러웠지만 곰곰이 생각해본 천관은 유신의 깊은 뜻을 알 것 같아 조용히 마음을 가라앉히고는 머리를 깎고 비구니가 되었다. 그리하여 나라의 기둥이 될 유신의 큰 뜻이 성취되도록 부처님께 빌고 또 빌었다.

세월은 흘러 피비린내 나는 싸움은 끝나고 나라가 평화로워졌을 때, 산전수전 다 겪은 김유신은 희끗한 머리에 이마엔 주름이 잡힌 모습이 되어있었다. 그는 조용히 지난날을 되돌아보다 불현 듯이 천관이 생각났다.

수소문을 하여보니 그녀는 자기를 위해 중이 되었다가 지금은 이미 이 세상 사람이 아니라는 것이었다. 지그시 감았던 눈을 뜬 유신은 천관이 살았던 옛집을 찾아가 집을 헐고 천관을 위해 절을 지었으니, 그 절이 바로 천관사天官寺였다.

● 삼랑사터

두 다리 사이에 끼고 다녀서야

오랫동안 경주시민이 바라던 도로의 확장·연장사업 가운데 하나가 화랑로 끄트머리 확장과 서천 강변도로 연장이었다.

다시 말해 경주역에서 서천에 맞닿는 부근, 경주청소년회의소 회관 앞의 길이 동쪽과 같은 너비로 넓혀지는 것이다. 그곳에는 이름자 '오르막' 또는 '올기장소'(오리의 경주 토박이말은 '올기'이고 기르던 곳을 줄여서 '장소'라 불렀다)라고 하는 다세대주택이 있는데 이 건물은 일제 강점기 오리를 기르던 오리 막 사였으나, 후에 개조하여 방 한 칸, 부엌 한 칸씩을 만들어 살림집으로 꾸며 살기 시작하면서 오늘에 이른 것이다.

바야흐로 이 건물을 헐어내고 서천 제방 둑까지 넓히는 것과 서천 상류에서 내려오는 대보둑을 따라 하류로 내려가면서 동국대학교로 들어가는 경대교까지의 강변도로를 길이 1,320m, 너비 24m로 만드는 것이다. 교통의 편의로 봐서 마땅히 이뤄져야 하는 공사지만 이 기회에 알고 넘어가야 할 점이 있다.

화랑도의 서천 강변도로가 T자로 만나는 삼거리 지점 북동쪽 50m쯤에 높이 3.6m되는 돌기둥 둘이 마주보고 서있는데, 신라시대의 유명한 절 삼랑사三郞寺터의 당간지주幢竿支柱(보물 제127호)이다.

'당간'이란 절에서 불교의식을 행할 때 불佛·보살菩薩의 공덕을 기리거나 마귀를 물리칠 목적으로 달았던 당幢이라는 깃발의 깃대를 말하며 이 당간을 세운 돌기둥을 '당간지주'라 한다.

이 지주는 5m 가량 서로 떨어져 있던 것을 1977년에 지금과 같이 가까이 붙여 세웠다.

생김새는 위쪽 바깥은 비스듬하게 곡선을 이루다가 약간 들어가게 만들었으며 아래 위 3분의 1쯤은 약간 들어가게 하여 끈으로 당간을 묶었던 것으로 추정된다.

삼랑사는 597년(진평왕 19) 창건된 서라벌의 큰 절 가운데 하나였으며, 역대 왕의 행차가 잦았던 절이었고 유명한 경흥국사憬興國師가 계시던 절이다.

경흥국사와 삼랑사에 얽힌 이야기가 ≪삼국유사≫에 전하고 있다.

신라 30대 문무왕이 장차 세상을 떠나려할 즈음(681년), 태자 정명政明에게 유언하기를

"경흥법사는 덕이 높아 국사가 될 만한 분이니 받들어 모시어라"

하였으므로 신문왕이 즉위하고는 그를 국사로 삼아 삼랑사에 계시게 하면서 자주 모셔 아버님 대하듯이 스님의 말씀과 법어를 듣고 나랏일을 하는데 힘썼다.

하루는 경흥국사가 왕궁으로 들어가려 하였으므로, 따르는 사람이 먼저 동쪽대문 밖에서 준비를 하는데 말이며 안장이 매우 훌륭하였다.

당시에는 신분에 따라 맞갖춤 꾸미개의 등급이 있었는데, 왕이 국사에게 최대의 예우를 하였으므로 금동으로 꾸민 안장에다가 행엽 등의 꾸미개가 화려하기 그지없었다. 또한 신발이며 가사·의관 등도 버젓하였으니 국사의 행차는 대단한 구경거리가 되기도 하였지만 그 위엄에 눌리어 사람들이 모두 길을 피하였다.

그런데 누더기 옷을 입고 꾀죄죄한 몰골의 중 한 사람이 지팡이를 짚고 등에는 광주리를 메고, 문 앞에서 말에 오르내릴 때 발돋움으로 쓰는 노둣돌인 하마대下馬臺 위에 앉아 못마땅한 얼굴로 이쪽을 바라보고 있는 것이 아닌가. 광주리 속에는 마른 고기가 들어 있었고...

따르는 자가 꾸짖기를

"중 옷을 입고 있는 주제에 어째서 더러운 물건인 고기를 졌느냐?"

하니 꾀죄죄한 중이 말하기를

"두 다리 사이에 산[生] 고기를 끼고 다니는 것에 비하면 등에다가 마른 고기를 지고 다니는 것이 낫지요."

하고 말을 마치자 일어나 가버렸다. 경흥국사가 막 대문을 나서면서 이 말을 듣고는 뜨끔하여 사람을 시켜 그의 뒤를 따라가게 하니, 남산 문수사文殊寺 절 문 밖에 광주리를 던져버리고 사라졌다. 다가가서 보니 짚고 있던 지팡이는 문수보살상文殊菩薩像 앞에 있고 광주리 안을 들여다보니 마른 고기는 바로 소나무 껍질이었다.
 심부름 갔던 사람이 와서 그대로 말씀드리니 국사가 이 말을 듣고 감탄하며 말하기를

"보살님이 오셔서 나에게 충고를 하심이로다. 두 다리 사이에 산 고기를 끼고 다닌다는 것은 내가 말 같은 짐승을 타고 다닌다는 것을 경계하여 이르는 말씀이다."

하고는 화려한 의복을 벗어버리고 검소한 옷을 입으며, 음식도 일반인이 말하는 맛있는 것은 피하고, 이후로는 죽을 때까지 말을 타지 않았다고 한다.

 경흥스님의 덕행과 그가 남긴 행적 등은 현본玄本 스님이 지은 <삼랑사 비문>에 자세히 적혀 있다고 하였는데, 지금은 삼랑사터라고 전해오는 곳에 당간지주만 남았다.
 또 이곳은 조선시대에는 군영軍營이 있던 곳으로, 김태중 신라문화 동인회장은 '민가들이 들어서서 군영의 흔적은 보이지 않으나, 다만 옛날우물 1기와 고목이 있어 군영의 옛 터임을 짐작하게 한다'(≪경주문화≫ 창간호, 경주문화원, 1995년)고 했다.

● 안압지

신라 때의 이름은 달못이었다

안압지雁鴨池라는 이름은 조선 성종 때(1481년) 편찬된 ≪동국여지승람≫에 처음 나온다.

'문무왕이 궁 안에 못을 파고 돌을 쌓아 산을 만들어 무산 12봉을 상징하였는데 꽃나무를 심고 짐승을 길렀다. 그 서쪽에는 임해전이 있었으나 지금은 주춧돌과 섬돌만이 밭고랑 사이에 남아 있다.'고 하였다.

≪동경잡기≫에도 이와 같은 내용이 거의 그대로 실려 있다.

단종 때 생육신의 한 사람인 매월당 김시습은 경주에서 다년간 살며 많은 글을 남겼다. 그가 읊은 시 '安夏池舊址'에

> 못을 파 바다 삼으니, 고기 헤엄치고 우렁 기네.
> 물을 대는 용 모가지, 뿜어대는 모양새 우뚝도 하네.
> 이 모든 풍광이, 신라의 망국을 부른 일인데
> 이 봄에사 논물 대어, 나락논 적시네!

라고 했다.

이런 기록으로 봐서 신라가 망한 뒤 오랜 세월 동안 허물어지고 무너진 못에 물풀이 자라고 기러기[안雁], 오리[압鴨] 등의 철새들이 날아와 노닐었을 것이다. 이런 광경을 보고 조선시대 시인 묵객들이 압지鴨池 또는 안압지雁鴨池라 한 것이 뒤에 이 못의 이름으로 굳어졌을 것으로 보인다.

674년(문무왕 14) 2월, 궁 안에 못을 파고 산을 만들어 화초를 심고 진귀한 새와 기이한 짐승을 길렀다.

679년(문무왕 19) 8월, 동궁東宮을 짓고 궁궐 안팎 여러 문의 이름을 지었다.

769년(혜공왕 5) 3월, 신하들을 임해전에 모아 잔치를 베풀었다.

804년(애장왕 5) 7월, 임해전을 중수하고 새로 동궁 만수방을 지었다.

822년(헌덕왕 14) 1월, 동생 수종을 부군副君(태자)으로 삼고 월지궁月池宮으로 들였다.

881년(헌강왕 7) 3월, 군신들을 임해전에 모아 잔치를 열고 주연이 한창일 때 왕이 거문고를 타고 좌우의 신하들은 노래를 부르며 지극히 즐겁게 놀고 마치었다.

931년(경순왕 5) 2월, 고려 태조를 임해전에 모셔 잔치를 베풀었다.

그럼 임해전을 비롯한 여러 궁전이 즐비하던 안압지의 신라시대 이름은 무엇일까?

여러 학자들(경주박물관회 김원주 회장, 발굴 당시 국립경주박물관 한병삼 관장, 유물담당 고경희 학예연구관, 동아대 교수 이난영 박사)이 면밀히 사료史料를 분석하고 안압지 발굴에서 나온 유물들을 검토한 결과 '월지月池(달못)'로 추정했다.

그 근거로는 첫째, 앞서의 ≪삼국사기≫내용을 보면 헌덕왕이 태자를 월지궁에 거처하게 하였는데 이는 월지궁이 곧 태자궁이라는 것이며, 이 궁은 674년에 연못을 판 후 679∼680년에 세운 월지 바로 서편에 있는 동궁이라고 볼 수 있기 때문이다.

둘째, ≪삼국사기≫에서 월지와 동궁에 관련된 직관職官으로 동궁관東宮官, 동궁아東宮衙, 세택洗宅(비서실), 승방전僧房典, 월지전月池典, 월지악전月池嶽典(월지의 조경과 관리를 담당했던 부서로 추정됨), 용왕전龍王典(용왕에 대한 제사 등을 담당하는 부서) 등이 기록되어 있어 동궁 옆의 연못이 월지였음을 알 수 있다.

셋째, 이러한 역사적 기록과 더불어 이를 뒷받침할 수 있는 유물들이 1975년 발굴 때 이 못 안에서 출토되었다. 곧 '세택洗宅'이라고 쓰여진 목간木簡, 용왕전에서 사용했다고 짐작되는 토기들이 그것인데, 접시의 안이나 바닥에 '용왕신심龍王辛審', '신심용왕辛審龍王'이라고 음각되었거나 먹으로 쓰여 있다. 이 밖에 승방전과 관련되었을 것으로 여겨지는 많은 불구류佛具類와 불상들, 월지악전에서 조경에 사용했다고 추정되는 도끼와 낫 등의 철제도구들이 있다.(고경희, ≪안압지≫, 대원사)

월지月池는 월성月城과 관계있는 못이다.

지금의 반월성半月城이라는 명칭도 신라시대에는 없던 이름이다. 그때는 신월성新月城('신월'은 초승달을 뜻함)이었다. 통일이 되면서 궁궐도 넓어야 되고 관아도 더 많이 필요하게 되니까 건물도 많이 세우고 못도 파서 임해전, 동궁 등과 부속건물도 세웠을 것이다. 이런 까닭으로 월성 옆의 못을 월지라 하였으니, 월성은 안압지를 포함한 넓은 터를 표현한 것이고 우리말로는 '달궁' 또는 '달못'이 된다.

1975년부터 2년간 발굴한 것을 토대로 1980년에는 복원 정화공사를 하였다. 연못 서쪽 축대 위에 세워졌던 5곳의 건물터 가운데 3곳은 추정 복원하였다.

6월 초 기준으로 모심기가 끝난 논에 둘러싸인 안압지 부근을 동쪽에서 찍은 항공사진(석기삼 신라문화동인회원 촬영, 1995년)을 보면, 월성이 왼쪽(남쪽)에 있고 그 북서쪽에 계림이 보이고, 앞쪽에 안압지(월지)가 있는데 못의 정서正西인 월성의 북쪽에 첨성대가 서 있다. 안압지 북쪽으로는 일제시대에 부설된 철로가 있고, 남쪽으로는 국도 7호선이 있다.

연못 북쪽으로 흘러나가는 물은 천주도랑을 따라 계림 옆으로 흘러 월성 서쪽에서 남천으로 빠져 들어간다.

《삼국유사》'사금갑射琴匣(거문고 집을 쏘라)' 이야기에 나오는 천주사天柱寺는 폐허되어 자취없지만 그 이름은 이제 한낱 도랑 이름으로 남아 있음을 아는가.

안압지를 떠올리다 보면 중년 이즈막의 경주 사람들은 누구나 한 번쯤 동심에 젖게 된다. 그러면서도 정작은 누구를 막론하고 안압지·임해전터에 들어갈 때마다 입장료를 냈는데, 1996년 1월 1일부터 경주시민은 무료로 입장하도록 시市 조례를 고친다니 여간 반가운 일이 아니다.

덧붙여서 시 당국에 건의할 것은, 지금처럼 물이 고여만 있어 보는 이의 마음을 안타깝게 할 것이 아니라, 안압지의 물을 옛날처럼 흘러 들어오고 빠져 나가도록 하여 살아 움직이는 못을 만들었으면 하는 생각을 적어 본다.

20여 년 전의 안압지雁鴨池는 여느 못과 다름없는 모습이었다.

겨울에는 얼음이 얼고 여름에는 개구리밥(부평초)이나 마름, 갈대가 자라고 그 위에는 잠자리가 날아다니는 그런 못이었다. 겨울에 얼음 어는 것은 마찬가지이지만 요즘은 어찌된 일인지 얇게 언다.

그때 겨울날의 안압지는 젊음의 집결지였다. 아이들은 앉은뱅이 썰매를 송곳으로 얼음을 밀어가며 타고, 간혹 솜씨 서투른 아이는 엉덩방아를 찧기도 했다. 서울서 학교를 다니던 대학생들은 겨울방학 때, 보리쌀 몇 가마 값이나 됨직한 고급스런 스테이트를 타면서 멋있게 섬 주위를 돌기도 했지만, 어언 세월이 바뀌어 이제는 그저 보고 즐기는 안압지일 뿐이지 얼음을 지치거나 헤엄치며 함께하던 그런 안압지는 아니다.

여름이면 아이들은 못가에 옷 벗어 놓고 벌거벗고 멱을 감고, 어른들은 대나무 낚시대를 드리우고 밀짚모자를 덮어쓰고 물풀 걷어낸 사이에 던져진 '찌'를 응시하곤 했다.

내가 중학교 다닐 때다.

시원한 못가에는 여름철 더위를 식히려 나온 사람이 많았다. 그런데 아저씨 몇이서 재미있는 내기가 붙었다.

못 서쪽에서 헤엄쳐 건너 동쪽에 있는 정자 있는 데까지 간단다. 거리로 치면 웬만한 아이들도 건너갈 만한 거리다. 그러나 못에는 마름이 자라 물 위에만 떠있는 게 아니고, 바닥에 뿌리 박은 줄기가 물속에 얼기설기 엉켜있는 것을 아는 우리 동네 아이들은 대단한 호기심으로 안압지 횡단의 결과를 지켜 보았다.

팬티만 입은(갑자기 못 가에 와서 내기가 벌어졌으니 수영복이 있을 턱이 없다) 용감한 아저씨가 못둑에서 물풀이 걷힌 물로 첨벙 뛰어 들더니 한 팔을 번쩍 들어 앞으로 내뻗어 물을 잡아 당기는 소위 '칼헤엄'이라는 자유형으로 잠시만에 3분의 1쯤 헤엄쳐 갔다.

여기까지는 우리의 흥미를 끄는 부분이 아니었고, 그 다음부터다. 물속 마름줄기를 어떻게 헤쳐 나가느냐가 흥밋거리였다. 첨성대 꼭대기 긴 난간돌 위에서 물구나무서는 용감한 해병아저씨를 보아 온 나는 눈에 물풀을 헤치는 아저씨는 다른 면으로 용감해 보였다.

한참 물풀을 헤치던 아저씨는 잠시 물 속으로 들어갔다가 나오더니 더욱 힘차게 물풀을 헤치는 것이었다. 나는 두 눈의 초점을 모아 아저씨의 모습을 뚫어지게 바라보았다.

휘젓는 팔에 힘이 더해지는 것 같더니 두 번째 물 속으로 들어갔다. 그러더니 소용돌이 치던 주위의 물풀이 차츰 제자리를 찾아들었다. 이럴 때 헤엄 선수는 물속으로 자맥질해 저쪽에서 나오기도 하더라 싶어 물품이 끝나는 동편 정자쪽 물가를 바라보았다.

1분 2분 시간이 흘렀지만, 이제나 싶어 바라보는 눈에는 아무것도 보이지 않아 '야! 그 아저씨, 물 속에 오래 있네! 해병대 출신인가?' 속으로 생각하는데, 숨을 죽이고 바라보던 옆 친구,

"야! 아저씨 물 속에 오래 있제?"

하니 다른 친구,

"물에 빠진 거 아이가?"

하면서 호들갑을 떨었다.

그러면서 계속 바라보았지만 아무 기척이 없자, 같이 내기하던 아저씨들이 허둥대기 시작했다. 서로 옥신각신 하며

"그 친구, 큰소리 치더니만 물에서 안 나오네"

하더니 파출소에 신고하러 간다는 걸 보고 우리는 집으로 와버렸다.

이튿날 머구리라는 잠수부가 죽은 시체를 건져 냈는데 손에는 마름 줄기를 한 웅큼 쥐고 있더라나?

그후로는 '말밤'(마름의 경주말로 아이들이 그 씨를 먹었음)이라면 겁나는 물풀이

되어 버렸다.

어느 해는 늦겨울 얼음이 녹아가며 고무얼음이 되어 얼음판이 약간 울렁
거릴 때 '머플러를 목에 휘날리며 허리를 굽히고 내달리던 외지外地 소년이
얼음 숨구멍에 빠져들어가 나오지 못했다 하더라.' 는 소문도 돌았다. 그래
서 수군거리기를 '안압지에는 물귀신이 있어 1년에 하나씩 사람을 끌어 들
인다더라.' 하기도 했다.

그러던 안압지를 1974년 당시 경주종합개발계획의 한 부분으로, 안압지
못에 메꾸어진 흙을 걷어내는 준설작업浚渫作業을 하고 못둘레 건물터를 정
비하는 정화사업이 시작되었다.

그러나 뜻밖에 못 안에서, 아무도 상상하지 못했던 신라시대의 유물들이
무더기로 출토되어 이 준설작업을 즉시 중단하고 1975년 3월 25일부터
1977년 5월 6일까지 2년에 걸쳐서 경주고적발굴조사단에서 연못 안과 주
변 건물터를 발굴하였다.

발굴 당시 안압지 동편에는 반도半島처럼 못쪽으로 튀어나온 곳에, 1920년
대에 경주 유림儒林들에 의해 세워졌던 누각 모양의 정자(정면 5칸, 측면 2칸)
가 있었는데 발굴을 해보니 이곳에는 본래 건물이 없었던 것으로 밝혀져
철거시켰다.

헐어낸 정자건물은 황성공원 동쪽, 김유신 장군 동상이 세워져 있는 독
산獨山 서쪽에다가 옮겨 활쏘는 궁도인弓道人들의 활터 본부로 삼았다. 이 정
자를 호림정虎林亭이라 이름짓고 편액의 글씨는 당시 경주시 궁도협회 회장
이었던 석총石叢 이상구李相龜 선생이 썼다.

이 정자는 못가에 있을 때는 누각 같아서 여름에는 그지없이 시원해 노인
들의 소일消日 장소가 되었고, 멀리서 무전여행 온 학생들의 야숙野宿 장소
가 되기도 했다.

난간에 걸터앉아 멀리 남산을 바라보던 모습은, 사진으로 남겨두기에 충분
한 경주 여행기념의 한 장면이었다.

과연 신라시대에는 안압지를 뭐라고 불렀을까?

● 삼국통일의 과업과 현란하던 당시 상황

삼국일통三國一統
나 · 당 연합군, 백제와 고구려를 멸하다

 660년 나·당 연합군에 의해 백제의 사비성이 힘없이 함락되고, 연개소문이 죽고난 후 내분에 시달려온 고구려 역시 668년 연합군에 항복함으로써 삼국이 하나로 통합됐다.
 통일을 달성한 신라는 기쁨에 들떠있는 분위기이나 신라마저 차지하려는 당나라와의 대결이 표면화될 전망이어서 이에 대한 철저한 대비책이 요망된다.
 한편 고구려가 멸망하기는 하였으나 요동 및 만주 지역에는 항복하지 않은 여러 성들이 남아 있어 백제 멸망 후와 마찬가지로 고구려 유민들의 저항운동이 전개될 전망이다.

백제 멸망
수도 사비성 열흘 못 돼 함락
의자왕 '성충 말 들을 것을' 때 늦은 후회

 김유신이 이끄는 5만의 신라군은 이천을 거쳐 황산벌에서 백제의 5천 결사대를 물리치고 사비성으로 향했고, 소정방이 이끄는 당나라 군대 13만은 금강 기벌포에서 백제군의 별다른 저항 없이 상륙에 성공, 사비성을 향해 파죽지세로 진격했다.
 사비성에 집결한 양국군대는 7월 12일 수도 사비성을 공격했다. 나·당 연합군이 백제군을 대패시키며 성을 육박하자 의자왕은

"성충의 말을 듣지 않고 이에 이른 것을 후회한다"

고 말하며 태자 효와 함께 웅진성으로 피신했다.

사비성 안에서는 의자왕의 둘째 아들 '태'가 남아서 항전했으나 의자왕의 셋째 아들 부여융과 태자 효의 아들 문사가 성 밖으로 투항하고, 마침내 소정방의 군사가 성 위에 뛰어올라 당의 깃발을 세우자 7월 18일 태도 항복하고 말았다. 불과 열흘도 버티지 못하고 수도가 함락된 것이다.

이에 웅진성에 도망했던 의자왕도 태자효와 돌아와 여러 성과 함께 항복하니 백제는 시조로부터 31왕 678년 만에 망하고 말았다. 백제의 호수는 78만이었고 영토는 5부 37군 200성으로 편성되어 있었다.

고구려 멸망
연개소문 사후, 전황 고구려에 급속히 불리해져

백제 멸망 직후 당은 고구려에 대해 즉각적인 공격을 시작했으나, 백제 원정 때보다 훨씬 많은 병력을 동원하고도 전쟁에 승리하지 못했다. 그러나 666년 연개소문 사후 구심력을 상실한 고구려는 분열을 거듭, 당나라와 신라의 적극적인 공세 앞에 결국 무너지고 말았다.

666년에는 고구려는 국토의 심장 평양성까지 쳐들어온 당나라 군대를 막아내는데 성공했지만 666년 이후 요동의 성이 차례차례 함락되고 당나라 원정군과 이에 합세한 신라군에 의해 한 달여 동안 포위되어 있던 평양성마저 668년 9월 21일 함락되고 말았다.

패배를 인정한 보장왕은 막리지 남산으로 하여금 수령 98명을 거느리고 백기를 가지고 가서 이적에게 항복케 하였는데, 막내 남건은 보장왕의 항복 결정에 따르지 않고 성에 남아 항전을 계속했다. 그러나 남산의 휘하에서 군사를 담당하고 있던 승려 도선 역시 당나라 장수 이적과 내통하고 사후 안전을 보장받은 후 성문을 열어주었다. 성문이 열리자 밀어닥친 당군은 성벽 위에 당의 기를 세우고 성에 불을 지르니 평양은 어이없이 무너지고 만 것이다. 이때 남건은 자결하려고 했으나 적에게 붙잡히고 말았다.

당나라는 백제를 멸망시키고 난 다음과 마찬가지로 왕을 비롯한 대신들과 백성들을 당나라로 데려갔다. 고구려 점령지에는 도독부를 설치하고 평양에는 도독부를 총괄하는 기구인 안동도호부를 설치, 고구려 뿐만 아니라 한반도 전체를 지배하겠다는 의사를 분명히 하고 있어 이에 대한 신라의 대응이 주목되고 있다.

백제 멸망 이후 당의 고구려 공격 일지

661.4. 당나라 소정방, 육군과 수군으로 나누어 고구려 공격

661.8. 소정방이 이끄는 수군, 대동강을 거슬러 평양성 포위 공격

662.1. 연개소문이 이끄는 고구려군, 사수전투에서 효태가 이끄는 당군과 싸워 당군을 전멸시킴. 이 싸움에서 당의 장수 효태 및 그 아들 13명이 모두 전사.

662.2. 소정방, 평양성 포위를 풀고 퇴각

666. 연개소문 사망. 고구려 분열. 형제간의 권력 다툼 끝에 남생 당에 투항

666.12. 연개소문 동생 연정토, 신라에 투항.

666.12. 당 이적, 고구려 공격

667.9. 당 이적李勣, 요동의 요새지, '신성'함락. 16성 점령

668.1. 당, 유인궤 군대 증파

668.2. 당 이적, 서북요새 부여성 함락. 40여성 항복

668.9. 당 평양성 포위 공격.

668.9. 평양성 함락.

신라여, 결사항전의 자세로 당과의 전쟁에 임하라
정복민 차별 없애 민족의 총력을 모아야

648년 나·당 연합군이 결성됐을 때, 두 나라는 백제와 고구려를 멸하고 난 후 대동강을 사이에 두고 한반도를 분할 점령키로 약속했다. 668년 고구려가 멸망된 지금 20년 전의 약속이 실천되어야 할 역사적 시점에 와 있다.

그 동안 신라는 연합군의 일원으로서 역할을 충분히 했다고 본다. 신라는 660년 백제를 멸망시키고 백제 부흥군을 토벌하는데 큰 공헌을 했다. 고구려 정벌에서도 마찬가지이다. 당이 작전의 주도권을 쥐고 있었다고는 하나 661년 고구려를 단독 정복하였던 소정방이 군량 부족으로 위기에 처했을 때 신라는 위험을 무릅쓰고 군량을 보급해준 바 있으며, 평양성 함락 전투에서도 신라는 총병력을 투입하여 전쟁 승리에 큰 기여를 했다. 따라서 신라는 백제 고구려가 모두 멸망된 지금 약속대로 대동강 이남 영토를 차지할 권리를 가지고 있는 것이다.

그러나 여·제 양국이 역사 속으로 사라져버린 지금 당이 신라와의 약속을 이행하리라고 믿는 사람은 아무도 없다. 백제를 점령한 후, 당은 그 곳에 도독부를 설치하여 자신의 점령지처럼 권력을 행사했다. 한 술 더 떠 당은 신라에도 도독부를 설치했으며, 신라의 세력이 커지자 포로로 잡아간 백제 왕자 부여융을 웅진 도독으로 파견, 신라를 견제하기조차 했다.

우리는 양국 간의 약속은 무산되었다고 본다. 당은 한반도를 송두리째 차지하려는 목적에서 고구려를 공격했으며 그것이 여의치 못하자 신라와 손을 잡았을 뿐 한반도 지배 야욕에는 한 치의 변화도 없는 것이다. 이제 신라는 백제, 고구려를 멸망시키는데 당을 실컷 도와주고 나서 홀로 당과 맞서야 하는 상태에 놓여 있다. 누가 말했듯 삭풍이 몰아치는 광야에 홀로 서 있는 듯 한 형국에 다름 아니다.

이제 신라는 당나라와의 전쟁을 준비해야 한다. 동맹은 이미 실종되어 버렸고 지금 남아 있는 것은 한반도 전체를 송두리째 차지하려는 당나라의 탐욕스러운 야욕과 그 앞에 위태롭게 놓여 있는 신라 존망의 위기이다. 신라가 당나라와의 전쟁에서 승리하지 못한다면 백제, 고구려의 뒤를 이어 역사 속으로 사라져야 할 기로에 서 있는 것이다.

신라는 당과의 전쟁에 모든 수단과 방법을 총동원해야 한다. 고구려·백제 유민을 대당 전쟁에 동원하기 위해 그들에게 승리자로서 군림할 것이 아니라, 차별을 줄이고 양국인과 신라인의 동족 의식을 한층 발전시키는 조치를 취하기를, 전쟁 포상에서 신분차별이나 지역차별을 철폐하여 피지배층의 적극적인 전쟁 참여 의지를 고양시키기를, 고리대 등으로 어려움에 처해 있는 민중의 삶을 개선시켜 그들의 사기를 북돋워주기를 강력히 요구하는 바이다. 그래야만 신라는 전쟁에서 승리할 수 있다.

백제, 멸망 이후 활발한 부흥운동 전개
주류성과 임존성을 근거지로 사비성 공격하기도
고구려 지원, 일본 참전 등 위세 떨쳐… 지배층 분열로 결국 실패

663년 말 백제 멸망 이후 주류성과 임존성을 근거지로 왕족 복신, 승려 도침, 왕자 부여 풍, 그리고 임존성의 흑치상지, 지수신 등에 의해 전개되던 백제 부흥운동은 한때 사비성을 공격하여 당과 신라를 위기에 빠뜨리기도 하고, 고구려의 지원과 일본의 참전 속에 멸망한 백제를 다시 일으켜 세우는 듯 위세를 떨치기도 했다.

그러나 지배층의 분열로 부흥운동의 본거지 주류성이 함락되고, 부흥군의 최후 거점인 임존성도 함락됨에 따라 결국 실패로 끝나고 말았다.

당, 본국에 지원요청

부흥운동은 애초에 왕족 복신과 승려 도침이 주류성을 근거로 군사를 모아 왜국에 가 있던 왕자 부여풍을 왕으로 받들고 왕조의 부흥을 선언, 서북부의 많은 성들의 호응을 받았다. 서북부의 많은 성들의 호응을 받았다. 복신은 군사를 정돈, 661년 3월 사비성을 포위 공격했고 당군은 이에 맞서 본국에 구원을 요청하는 한편 신라에서는 왕이 친히 군사를 거느리고 참전했다.

싸움이 불리해지자 복신의 백제 부흥군은 임존성으로 후퇴, 흑치상지군과 합세했는데, 흑치상지는 임존성에서 봉기, 소정방의 군대와 싸워 승리해 북부 2백여성이 합세하고 그 휘하에 3만의 군대를 거느리고 있는 막강한 세력이었다. 이 당시 백제부흥군의 전력은 고구려의 지원으로 더욱 강화돼

661년 11월 1일 신라의 칠중성을 공격했고 662년 5월에는 술천성을 공격하기도 했다.

흑치상지군軍, 휘하에 3만 거느려

부흥운동이 실패로 끝난 것은 663년 들어와 부흥군 지도층 사이에서 내분이 발생했기 때문이다.

복신이 도침을 죽이고 풍마저 제거하려 하다가 오히려 풍에게 살해당했다. 이때 당군과 신라군은 부흥군의 본거지 주류성에 대한 대대적인 공격을 개시했다.

이 싸움에는 일본의 수군까지 참전, 백제부흥군을 도왔지만 유인궤의 수군에 의해 왜의 병선 4백여 척이 불타는 등 참패하고 말았다. 이로써 전세가 불리해지자 풍왕은 고구려로 망명했고, 곧이어 주류성이 함락됐으며 중심을 상실한 나머지 부흥세력들도 항복하고 말았다. 그 후 고립 상태에 놓여 있던 부흥군의 최후 보루 임존성도 마침내 함락됨에 따라 백제부흥운동은 막을 내리게 됐다.

백제 부흥군 장수 지수신에게 물어본다

– 어떻게 멸망당할 때 보다 더 강하고 끈질기게 저항할 수 있는 힘이 나올 수 있었는가.

백제의 멸망은 중앙의 귀족들의 분열과 의자왕의 방탕으로 구심력이 상실되어 국력이 한데 모아지지 못한 상태에서 적의 공격을 받아 중앙정부가 무너진 것이다. 부흥운동이 전개될 수 있는 힘은 곳곳에 남아 있었다.

– 신라가 백제를 무너뜨리기 위해 당을 끌어들였는데 이 일에 대해 어떻게 생각하는가.

우리는 신라와의 싸움에서 패한 것이 아니라 당에 패배한 것이다.

그 점은 전쟁이 끝난 후 백제에 대한 지배권을 누가 행사하고 있는지를 보았을 때 분명해진다. 당은 백제 지역을 자신의 행정구역에 따라 편제했고, 백제인을 포로로 잡아간 것도 신라가 아닌 당나라였다.

신라는 백제를 정복하고도 그 어떤 것도 얻지 못했다. 신라는 큰 실수를 한 것이다. 당이 고구려를 정벌한 후 다음 먹이는 신라가 될 것이다.

당, 신라 문무왕에게 웅진도독 부여융과 화친 서약 강요
당의 한반도 지배 야심 노골화, '이이제이' 수법으로 신라 성장 억제

664년 8월 신라는 당 칙사 유인원, 부여융과 더불어 웅진 취리산에서 화친을 서약했다. 백마를 희생하여 맹서를 약속했는데, 먼저 땅귀신[祇神]과 강과 계곡의 산에 제사하고 맹서문을 읽고 난 다음 백마의 피를 나누어 마시는 순서로 진행됐다. 희생으로 삼은 백마는 제단 북쪽에 파묻고 그 글월은 신라 종묘에 보장했다. 맹서문은 유인궤가 작성했다.

이번 화친서약은 백제 부흥운동 진압에 성공하자 당이 문무왕에게 원하지 않았던 화친을 부여융과 맺도록 강요, 신라로 하여금 당이 주도하는 외교질서를 받아들여 당의 지배를 받는 나라로 삼으려는 의도를 노골화시킨 것으로 해석할 수 있다. 현재 당은 동북아 지역을 지배하기 위해 고구려를 멸망시키는 동시에 신라의 성장 또한 억제시켜야 하는 과제를 안고 있다.

백제 멸망 직후부터 독자적으로 고구려 원정을 감행한 바 있는 당나라는 신라의 성장을 억제하기 위해 백제를 이용하여 신라를 견제하는 이른바 '이이제이' 수법을 활용하고 있는 것으로 보인다.

신라와 웅진도독간의 화친서약 내용

…당나라는 부여융을 웅진도독으로 삼아 그 선조의 제사를 받들게 하고 옛 땅을 보전케 하니, 신라와 서로 의존하여 길이 우방이 되어 각기 오래된 감정을 풀고 호의를 맺고 서로 화친할지어다. 또한 각각 당나라 황제의 소명

을 받들어 길이 번속할지어다.

이를 위해 유인궤를 보내어 친히 권유하니 그대들은 서로 혼인을 약하고 맹서를 지어 희생을 죽여 그 피를 마시고 한결같이 돈목하여 재변을 나누고 환난을 구하고 형제와 같이 사이좋게 지낼지며 정성껏 황제의 말을 받들어 헛되이 돌리지 말고, 맹약 후에는 함께 절의를 지킬 것이며 만일 맹약을 어기어 군사를 일으키어 변경을 침범하는 일이 있으면, 그때에는 신명이 내려다보고 백가지 내리어 그 자손을 기르지 못하게 하고, 그 사직을 지키지 못하게 하고 제사가 끊어지게 할지니라.

그러므로 이에 금서철곤金書鐵卷을 만들어 종묘에 보관해두니 자손들은 만대토록 위범치 말라. 신이여 듣고 흠향歆饗하고 복 주소서···

당, 신라에 도독부 설치 문제
'자주국가에 도독부 설치가 웬말이냐' 신라측 크게 반발

663년 백제 부흥군을 격퇴하기 위한 전쟁이 한창인 시기인 4월, 당은 신라에 계림대도독부를 설치하고 문무왕을 계림대도독에 임명했다. 이에 대해 신라의 한 고위층은 '당이 점령지를 지배하기 위해 설치하는 행정관사인 도독부를 엄연히 국왕이 존재하고 있는 자주국인 신라에까지 설치하는 것은 신라를 자신의 지배하에 두겠다는 야욕'이라며 분개했다.

거대국가 고구려 멸망의 원인은 무엇인가
사회 경제적 발전 수용해내지 못해

빈부격차 악화시킨 조세제도
귀족층 관직 독점이 고구려 멸망의 근본 원인

고구려의 멸망 원인에 대해 많은 사람들이 지배층의 분열을 1차적으로 지적하고 있다. 연개소문 사후 권력 다툼에서 패배한 남생이 당나라에 항복하여 당군의 길잡이가 되고, 연개소문의 아우 연정토는 신라에 투항하는 등 지배층의 내분은 극에 달했다. 하지만 좀 더 세밀히 들여다보면 고구려의 멸망은 사회경제 측면에서 이미 예견됐다고 할 수 있다.

필연적인 고구려의 멸망

고구려 초중반에는 일반민들간의 경제력의 차이가 크지 않았지만 그 후 농업의 발전이나 군공 혹은 관리로의 취임에 의해 일반민들간의 경제력의 차이는 한층 심화됐다. 지배층의 재산은 전쟁의 승리나 국가로부터 받은 녹, 그리고 대규모 농업 경영에 의해 더욱 많아졌으며 반대로 조세 납부에 어려움을 호소하는 가난한 백성들도 늘어난 것이다.

	인두세	호세
상등호	조5석, 포5필	조1석
중등호	조5석, 포5필	7두
하등호	조5석, 포5필	5두

백성들 간의 경제력 차이가 눈에 띄게 나타나자 고구려에서는 조세제도에 이러한 변화를 반영해야 한다는 사회적 압력이 커져갔다. 이에 따라 600년을 즈음하여 집집마다의 재산의 크기에 따라 세금을 매기는 '3등호제'가 마련되어 고구려의 모든 가호는 남성 호주를 기준으로 조 5석과 포 5필을 인두세로 내고 여기에 재산의 정도에 따라 상등호는 조 1석, 중등호는 7두, 하등호는 5두 씩의 조를 추가로 내게 됐다. 그런데 이러한 3등호제는 재산의 차이를 제대로 반영해내지 못하는 문제점을 안고 있었다. 조세에서 호세의 비중이 높고 인두세가 작아야 가난한 백성들의 조세 부담이 줄어들고 부자들이 세금을 많이 납부하게 될 텐데, 호세의 양이 인두세에 비해 상대적으로 너무나 작아 기와집에 살고 있는 상등호나 다 쓰러져가는 초가집에 살고 있는 하등호나 차별성이 없는 것이다.

가난한 백성들, 세금·전쟁 이중고

고구려의 세금제도는 재산의 차이를 제대로 반영하지 못하여 부자들에게 유리할 뿐 가난한 백성들의 삶은 잦은 전쟁 속에서 더욱 몰락해간 것이다.
한편 관리 선발 제도에 있어서도 고구려는 조세제도와 마찬가지로 사회의 발전상을 제대로 수용해내지 못했다. 고구려는 유학을 가르쳐 국가의 관리 후보를 양성하려는 목적에서 4세기 후반 태학을 설립(372)했으나 그 후 300년이 지나도록 관리 선발이나 등용에 보다 합리적이고 효용성 있는 방식을 마련하지 않았다.

지배층과 귀족의 이익만을 고집

5부 귀족들이 혈통에 따른 특권에 의하여 문무의 모든 관직을 장악했으며, 각지에서 성장하고 있는 계층들은 관리선발을 위한 합리적인 제도가 마련되지 않음으로 인해 자신의 능력을 제대로 인정받지 못해 당연히 고구려 지배층에 대해 적지 않은 불만을 품을 수밖에 없었던 것이다.
결국 고구려 사회는 꾸준한 사회경제적인 발전에도 불구하고 일반민의 경제력의 차이를 반영하는 조세제도나 새롭게 성장하는 계층을 관리로 수용하는 선발제도를 갖추지 못하고 지배층과 귀족의 이익만을 고집함으로써 결국에는 체제 자체가 와해되고 만 것이다.

669.2.21. 문무왕 교서 발표
대사면 단행, 농민의 부채 탕감

지난날 신라가 고구려, 백제 양국과 절교하여 북으로 고구려를 정벌하고 서로 백제를 공격하느라 잠시도 편안할 때가 없었던 때, 전사들의 해골은 들판에 쌓여 있고 그들의 몸과 머리는 이 곳 저 곳에 나누어져 있다.
선왕 무열왕이 백성의 피해를 민망히 여기어 신라의 귀중한 몸임에도 불구하고 중국에 가서 병력을 황제에 청하였던 것은 본래 두 나라를 평정하여 길이 싸움을 없애고, 여러 대에 걸친 깊은 원수를 갚고 백성의 생명을 보존하려 함이었다.

그 때 백제는 평정되었으되 고구려는 아직 멸치 못한 채로 있었는데, 내가 선왕의 유업을 이어 받아 선왕이 이루지 못한 일을 마치었다. 지금 려제가 평정되고 사방이 안정하였기에, 전쟁에서 공을 세운 자에게는 이미 다 상을 주었고 전사한 혼령에게는 사자死者의 이바지로서 추증하였다.

그러나 저 감옥 속에는 아직 은혜를 입지 못하고 고통 받는 자가 있다. 이를 생각할 때 잠자리가 편하지 못하고 음식이 넘어가지 않으니, 국내 죄인들의 죄를 용서하여 다음과 같이 벌을 면제하는 바이다.

금일 이전에 임금, 아버지, 어머니, 할아버지, 할머니를 죽이거나 살인죄 이하를 범한 자는 죄의 대소를 막론하고 모두 놓아준다. 죄를 범하여 관직을 빼앗긴 자는 모두 원직에 복구시킨다. 도적 죄인은 단지 그 몸만을 석방하되 훔친 물건을 변상할 재산이 도무지 없는 자는 물리지 아니한다.

또한 고리대로 인한 농민의 부채를 다음과 같이 탕감하는 바이다.

가세가 빈한하여 남의 곡식을 취하여 먹은 자로 농사수입이 부실한 곳에 있는 자는 원금과 이자를 갚지 아니하여도 좋고, 만일 수입이 많은 곳에 있는 자는 금년 추수 때에 단지 그 원곡만을 갚고 이자를 물지 말도록 한다.

이달 30일을 기한으로 담당 관청은 이상 왕의 명령을 받들어 행하라.

문무왕의 부채탕감 조치의 의미
농민 생활 안정으로 왕권 강화 목적
귀족층 고리대 수찰 봉쇄, 농민들 생활에 숨통

문무왕의 부채탕감 조치는 많은 사람들에게 충격적인 조치로 받아들여지고 있다. 대체적으로 각층의 반응을 살펴볼 때, 귀족들은 불만스러운 눈치이며 이와 반대로 그 동안 전시 체제에서 시달린 백성들은 적극적으로 환영하고 있다. 이점은 이번 조치의 핵심인 '부채탕감'을 살펴볼 때 그러하다.

그 동안 귀족들은 전시체제하에서 몰락하고 있는 농민들의 열악한 처지를 이용하여 고리대를 통해 막대한 이득을 챙겨왔는데, 이번 문무왕의 조치로 고리대를 이용한 이윤 획득에 심각한 타격을 입었기 때문이다.

전쟁 중 고리대 수탈 더 심해져

전쟁 기간 동안 고리대에 의한 수탈은 더욱 심화된 것으로 분석된다. 그것은 전쟁이 농민의 몰락을 가속시켜 고리대를 빌려 쓸 수밖에 없는 상황으로 대다수 농민을 몰고 갔기 때문이다. 그 동안 전쟁에서 자신의 사병을 거느리고 적극적으로 참여하는 진골 귀족들은 승리로 얻어지는 전리품을 통해 번영할 수 있었다. 이들은 전쟁 참여 공로로 왕실로부터 토지와 노비를 지급받아 자신의 경제적 기반을 넓혀나갈 수 있었다.

전쟁 동원된 농민들 농사 못 지었다

그러나 하급 병사로 전쟁에 동원되어 병역을 담당하거나 축성이나 전쟁 물자를 수송하는데 징발되어 역역力役을 짊어져야 하는 농민은 기약 없는 전쟁으로 인해 자신의 생업인 농사를 제대로 지을 수 없었기에 그 피해는 이만저만이 아니었다. 이와 같이 귀족의 경제력이 강화되고 농민의 몰락을 촉진시키는 전시 상황은 신라사회에서 고리대가 활개칠 수 있는 좋은 조건이 되었던 것이다.

그런데 이번 조치로 귀족들의 대토지 확대 속에서 자신의 땅을 잃게 되고 고리대로 연명하면서 서서히 몰락의 길을 걸어야 했던 농민들은 조금이나마 숨통이 트일 수 있게 된 것이다.

그러나 이번 조치가 고질적인 고리대에 의한 수탈을 바로잡을 수 있을지는 의문이다. 신라사회는 여전히 고리대를 통한 농민 수탈이 저질러질 수밖에 없는 구조를 가지고 있는데, 이번 발표가 이와 같은 신라사회의 체질을 개혁하는 조치로 평가될 수는 없기 때문이다. 따라서 정부의 이번 부채탕감 조치가 농민의 생활을 안정시키는데 어느 정도 기여하리라는 것은 사실이나, 고리대가 발생할 수밖에 없는 사회구조가 그대로 온존하고 있는 상태이므로 농민의 삶을 개선하는 근본적인 조처라고 말할 수는 없다.

농민생활 개선 근본조치로는 미흡

한편 이번 조치는 문무왕의 왕권 강화 의도와도 적지 않은 관련을 가지고 있는 것으로 분석된다. 전쟁 이후 많은 백성들의 몰락과 귀족의 경제력 확대는 왕권을 본격적으로 강화하려는 문무왕에게 있어 좌시할 수 없는 문제였다. 따라서 문무왕은 농민생활의 안정을 통해 국가의 경제 기반을 강화하고 귀족의 경제력 비대화에 제동을 걸고 왕권을 강화하기 위해 부채탕감 조치를 단행한 것이다. 이번 조치로 고리대를 통해 막대한 이득을 챙겨온 귀족들이 불만을 갖는 것은 당연한 현상으로 보여진다.

661년 태종무열왕, 김춘추 사망

604년 이찬 용춘과 진평왕의 딸 천명부인 사이에서 출생. 김유신과 함께 선덕, 진덕의 두 여왕을 보필하여 647년 상대등 비담의 난을 진압하는 등 전제왕권 강화에 기여했으며, 642년 대야성 함락 이후 위기에 처한 신라를 구하기 위해 여러 차례 당나라에 내왕하면서 외교적·군사적 도움을 받아 삼국통일의 기초작업을 진행. 654년 진덕여왕이 후사 없이 죽자 김유신의 도움으로 진골 출신으로 왕위에 오름. 660년 나·당 연합군을 결성, 왕자 법민, 김유신 등에게 5만의 병력을 주어 백제를 공격 멸망시킴.

김춘추 사망 후 신라는 그의 죽음을 애도하면서 '당의 세력을 교묘히 이용하여 통일의 기반을 이룩한 불세출의 영웅 잠들다'라고 논평. 그러나 고구려 측은 당의 앞잡이가 되어 삼한을 당나라의 노예로 만들려는 인물 김춘추 죽다'라고 게재, 두 나라 사이의 불편한 관계를 다시 한 번 확인.

666년 연개소문 사망

 출생 연대 미상. 15세 때 아버지의 직책을 이어 대가 및 대대로가 됨. 631년 천리장성 공사에 착수, 당의 침입에 대비. 당에 대해 강경한 입장을 취하였던 그는 영류왕 및 온건 귀족들이 자신을 제거하려 하자 선수를 쳐서 이들을 제거(642년)하고 보장왕을 옹립한 후 태막리지로 독재 단행. 645년 당나라 군대의 공격을 막아내는데 성공했으며, 백제 멸망 이후 당의 고구려에 대한 대대적인 공격 또한 막아냄.

 연개소문 사망 이후에도 벌어진 신라, 고구려의 성명전은 김춘추 때와 마찬가지로 전개됐다. 고구려는 '독립 자주의 정신과 대외 경쟁의 담략을 지닌 삼국의 제1인자 운명하다'라고 그의 죽음에 대해 논평했으나, 신라 측은 '덕망이 없고 오만하고 무단적인 인물. 독재적인 폭압정치와 사치로 인해 백성이 고통을 겪어야 했고, 그에 따라 계급간의 반목과 단결심의 해이를 가져오게 됐으며, 타협과 융통성이 없는 무모한 대외 정책으로 국가적 몰락의 원인이 된 인물. 분쟁의 씨앗을 남긴 채 유명을 달리하다'라고 비난조의 논평을 달았다.

백제, 건국 679년 만에 멸망

 기원전 18년 고구려 유이민 세력에 의해 건국, 마한 지역을 통합하고 한 때 고구려를 압도했던 나라, 선진적인 정치제도와 문물을 자랑했던 나라, 중국의 문화를 적극적으로 수용하고 이를 자기 것으로 소화하여 문화가 화려하게 꽃피었던 나라, 새롭게 창조한 문화를 이웃 나라인 신라 및 일본에 전해 준 나라, 최근까지도 신라를 군사적으로 크게 위협했던 나라 백제가 나·당 연합군에 의해 멸망. 이때는 660년, 백제 건국 후 678년이 되는 해.

사람 변한 의자왕, 성충의 충고 외면

사비성 함락 당시 일본으로 망명해 목숨을 건진 백제 지배층 00씨는 656년 의자왕이 충신 성충의 말을 들었더라면 신라가 감히 백제를 멸망시키지 못했을 것이라며 못내 아쉬워하기도. 그는 655년 이후 왕이 달라지기 시작했다고 회상했는데 젊은 시절 훌륭한 군주였던 의자왕이 궁인과 더불어 황음, 방탕하여 술 마시기를 그치지 아니하자, 당시 좌평이었던 성충은 656년 왕의 잘못을 간언, 이로 인해 왕의 노여움을 사 유배를 떠나게 되었다는 것. 유배지에서 좌평 성충은 죽음에 임박하여 '신이 항상 시세의 변천을 살펴보건데 반드시 전쟁이 있을 것입니다. 무릇 병사를 쓰는 데는 반드시 그 지리를 살펴 택할 것이니, 만일 다른 나라의 군사가 쳐들어오면 육로에서는 탄현을 넘지 못하게 하고 수군을 기벌포 연안에 들어오지 못하게 하소서'라고 상소. 물론 그의 상소는 수용되지 못 했다.

흥수의 탁견 외면당해, 신라군 백제의 마지노선 뚫어

백제가 회생할 수 있는 기회는 660년 또 한 차례 있었다고. 나·당 연합군의 원정 소식을 듣고 어느 쪽을 먼저 공격해야 할지 결정을 못 내리던 의자왕은 이때 죄를 얻어 고마미지현(장흥)에 유배되어 있던 흥수에게 비책을 물었는데 흥수는

"당병은 수가 많고 군율이 엄하고 더구나 신라와 공모하여 전후 상응의 세를 이루고 있으니, 만일 평원광야에서 대전하면 승패를 알 수 없을 것이다. 백강과 탄현은 아군의 중요한 길목이다. 한 병사가 단창을 가지고서 능히 만인을 당할 수 있는 곳이니 마땅히 용사를 가려서 거기에 가 지키게 하여 당병으로 하여금 백강을 들어오지 못하게 하고, 신라인으로 하여금 탄현을 넘지 못하게 하라. 그리고 대왕은 성문을 닫고 굳게 지키고 있다가, 적의 군량이 다하고 사졸이 피로함을 기다려서 이를 분격한다면 반드시 적병을 깨뜨릴 것이다"

라고 대답.

그러나 대신들은 이를 믿지 않고 말하기를

"흥수는 오랫동안 유배 중에 있어 임금을 원망하고 나라를 사랑하지 않을 것이니 그 말을 믿을 수가 없다. 당군이 백강에 들어서게 해서 물결 때문에 배를 정렬할 수 없게 하고, 신라군은 탄현에 올라 좁은 길에서 말을 정렬할 수 없게 한 다음, 이때를 당하여 군사를 놓아 치면, 마치 조롱 속 닭을 죽이고 그물에 걸린 물고기를 잡는 것과 같다"

고 주장.

그러는 사이에 이미 당군과 신라군은 기벌포에 상륙하고 탄현을 넘어 백제의 마지막 방어선마저 뚫리고 말았다.

소정방, 신라 장수 매수 기도

- 백제 멸망이 임박하자 성안의 많은 궁녀들은 살아서 욕을 당하느니 죽느니만 못하다며 낙화암에서 백마강에 뛰어들어 스스로 목숨을 끊음.
- 전후 처리를 담당한 소정방은 의자왕 및 태자 효, 왕자 태·융·연 및 대신, 장수 88명과 백성 12,870명을 당나라 수도 장안으로 보냄. 이때 장안에 끌려간 의자왕은 그곳에서 쓸쓸히 병사함. 한편 당은 백제지역에 5개의 도독부를 설치.
- 소정방은 신라의 김유신 등 유력 장수를 매수하기 위해 점령한 백제 땅을 식읍으로 주겠다고 제의했으나 김유신 등은 이를 단호히 거절, 백제를 멸망시키고 신라마저 자신의 지배하에 두기 위해 취했던 이번 당의 신라 지배층 분열기도는 신라 장군들의 강건한 기상 앞에 일단 무산된 셈.
- 백제 지역에서 저항운동이 벌어지고 있으나 소정방은 이를 크게 염려하지 않고 유인원에게 군사 1만을 주어 사비성을 지키게 하고 8월 26일 귀국. 그러나 백제의 저항운동은 그가 떠난 후 더욱 거세게 전개.

고구려, 연개소문 사후 귀족 내분으로 멸망

- 고구려 멸망 원인은 연개소문 사후 재연된 귀족들의 내분 때문. 이 내분은 연개소문 집안을 중심으로 하여 여러 귀족들이 자신의 이해관계에 따라 분열되면서 발생한 것. 이 싸움에서 패배한 남생은 당에 투항. 이번 전쟁에서 당군의 길잡이 노릇을 했으며, 연개소문의 동생 연정토도 666년 12월 성읍 12개, 인민 763호를 거느리고 신라에 투항. 하나로 단결되어도 국운이 왔다 갔다 하는 판에 콩가루 집안 꼴을 하고 있으니 전쟁에 지는게 당연.

- 고구려가 이 지경에 이른 원인은 연개소문에 있다는 게 전문가들의 견해. 정치적으로 독재권을 행사하면서 자신의 집권기 동안 민중의 삶을 돌보지 않아, 그가 죽고 난 이후 민심의 이반 속에 권력 투쟁이 극에 달할 것은 불을 보듯 뻔한 일. 심은 대로 거둔다고 연개소문이 뿌려 놓은 망국의 씨앗이 고구려 멸망을 가져온 것.

당나라 앞잡이 남산과 도선

당나라는 당에 협조한 고구려 지배층에게 벼슬을 내려줌. 그리하여 당나라 원정 군의 앞잡이 노릇을 한 남생을 비롯하여 항복했던 남산 및 승려 도선은 나라는 망하였으나 개인적인 부귀 영화를 누리게 됨. 한편 끝까지 항전하였던 남건에게는 유배형이 내려짐.

이제 평화의 시대는 오는가
신라, 치열했던 9년간의 나 · 당 전쟁에서 승리

이제 한반도에 평화는 오는가. 신라가 당나라와 한반도의 운명을 걸고 벌였던 격전에서 결국 승리하고 한반도 통일의 대업을 이루어냈다.
비록 신라의 통일이 대동강 이남선을 확보하는데 그쳐 과거 고구려의 영토 대부분을 상실한 채 이루어진 것이지만, 한반도에 역사상 최초의 통일국가가 탄생되었다는 점에서 높이 평가되고 있다. 이민족이 완전히 축출된 하나의 국가 아래 단일민족을 형성하게 된 지금 모든 사람들은 그동안 힘들었던 전쟁이 이젠 다시없기를, 이젠 안정된 생활을 할 수 있게 되기를 간절히 염원하고 있다.

고구려 · 백제 유민 포섭

어제의 동지가 오늘의 적으로 맞섰던 신라와 당나라. 당나라는 백제 멸망 이후 백제 점령지에 웅진도독부를 설치해 백제에 대한 지배권을 행사했으며, 고구려를 멸망시킨 후에는 한 술 더 떠 한반도의 도독부를 모두 관할하는 행정기구인 '안동 도호부'를 평양에 설치했다.

이에 맞서 신라는 우선 당나라의 지원을 받아 부흥의 움직임을 보이고 있는 백제 지역을 공격, 671년 백제의 중심지 부여를 점령하고 그곳에 소부리주를 설치해 백제에 대한 지배권을 확립했다.

신라의 백제 장악 이후 한반도를 차지하려는 당나라와 대동강 이남선을 확보하려는 신라는 정면으로 충돌, 결국 양국의 관계는 전면적인 군사대결로 치달았다.

이 과정에서 신라는 고구려의 부흥운동을 적극 지원하였으며, 백제 세력도 최대한 끌어들여, 삼국 간에 '우리는 한 편'이라는 동질감이 형성됐다.

백제지역에서 당군과 충돌

671년 들어와 백제를 공격한 신라군은 백제 지역에 지배권을 지속시키려는 당군과 충돌하게 된다. 671년 6월 신라군은 석성 전투에서 당군과 처음으로 싸워 적군 53,000명을 살상하는 대승을 거두었다.

신라가 당의 지배질서에 반기를 들자 당나라 설인귀는 신라의 행동을 나무라며 백제의 옛 땅을 돌려줄 것을 요구했다. 그는 신라에 대해 '이런 식으로 나오면 가만히 안 두겠다'는 일종의 협박문을 보냈다.

그러나 문무왕은 신라의 행동이 정당함을 주장하는 글을 보냄으로써 '어디 할테면 해보라'는 식의 강경한 자세를 취하면서 일전을 불사하겠다는 선전포고로 반박한 것이다. 동시에 문무왕은 부여에 소부리주를 설치하고 도독을 파견하여 백제에 대한 지배권을 확립했다.

매초성, 기벌포에서 마지막 전투

상황이 이렇게 되자 당은 신라에 대해 본격적인 공격을 퍼붓게 되고 두 나라 사이에는 치열한 공방전이 전개됐다. 마침내 675년 나·당 전쟁의 분수령이 되는 전투가 매초성 일대에서 일어났다. 이 전투에서 신라는 매초성에 주둔하고 있던 이근행의 당군 20만 대군을 공격하여 수만의 적을 죽이고 전마 30,380필을 획득하는 대승을 거두었다.

이후 신라군은 당군과의 크고 작은 전투 18회를 치러 모두 이겨 적군 6,047명의 목을 베고 전마 2천필을 획득하는 전과를 올리면서 육전을 마무리 지었다. 물론 이 싸움에서 신라 측의 인명피해도 적지 않은 것으로 파악되고 있다. 아달성의 성주 소나, 칠중성의 소수 유동, 적목성의 현령 탈기脫起, 석현성의 현령 선백仙伯 등이 전사했다.

다음해 676년 기벌포에서 설인귀가 이끄는 당나라 수군을 신라 장수 시득이 22번의 난전 끝에 격파함으로써 한반도 남부에서 당의 세력을 완전히 축출하는데 성공했다.

희망찬 평화의 시대를 향해 떠오르는 태양

해가 솟는다
창과 칼
병사들의 함성
그리고 피와 죽음으로 뒤덮였던
이 산하 위에
눈부신 햇살 받으며
오랜 침묵에서
평화가 깨어나고 있다.
장구한 세월
후손들에게 길이 물려줄
간절한 염원으로
새 시대의 도래를
노래하노라

삼국통일의 의의와 과제
고구려 영토 완전회복과 백성 위무 시급

660년 당나라와 연합하여 백제를 멸망시키고 그 후 전개된 당나라의 고구려 정벌 전쟁을 지원하면서 한편으로 당과의 대결을 준비해온 신라는 668년 고구려 멸망 이후 당과 본격적인 전쟁을 벌였다. 676년 마침내 신라는 당나라의 세력을 대동강 이북으로 몰아냄으로써 백제의 전국토 및 백성이 신라에 포함되고 고구려의 일부 국토와 백성도 아우르는 삼국통일을 이룩했다.

삼국 중 가장 국력이 약하고 후진적인 나라였던 신라가 삼국을 통일할 수 있었던 요인을 설명하는 것은 그리 어려운 일이 아니다. 6세기 이래 신라는 정치체제를 정비했으며, 경제적으로 고구려·백제에 못지않은 농업 생산력을 갖추는 등 발전을 거듭해왔다.

 또한 삼국 전쟁 막바지에 고구려나 백제가 귀족층의 분열로 정치가 혼란스럽고 피지배층에 대한 과중한 수탈로 백성들이 아래로부터 무너지고 있었는데 반하여 신라의 지배층은 강건한 기상을 유지하면서 피지배층의 적극적인 전쟁 참여를 유도하는 정책을 실시했으며 대외관계도 자신에게 유리하게 전개하여 통일을 달성할 수 있었다.

 그러나 통일의 의의에 대해서는 논란의 여지가 있다. 신라인들은 신라의 삼국통일로 한반도에 하나의 통일정부가 세워지고 그 정부 아래 하나로 뭉칠 수 있게 됐다고 통일의 의의를 설명하고 있다. 또한 문화의 바탕도 단일한 것으로 정리되어 민족문화의 기반이 확립되었다고 말한다. 통일과정에서 보여준 신라인의 강건한 기상을 치하하는 바이며 또한 위에서 언급한 통일의 의의도 부정할 수는 없다.

 그러나 신라의 지배층은 자신의 통일이 고구려 지역 대부분을 상실한 영토면에서 불완전한 통일이라는 일각의 비판에 귀 기울여야 할 것이다. 만일 신라가 앞으로 고구려가 가지고 있었던 영토를 회복하지 못하고 그 지역을 중국이나 그 밖의 다른 민족에게 내주고 만다면, 우리의 후손들은 신라의 삼국통일에 대해 부정적인 평가를 서슴지 않고 내릴 것임을 명심해야 할 것이다.

 신라의 지배층이 명심해야 할 과제가 또 하나 있다. 백제·고구려 유민에 대한 처리 문제이다. 당나라와 싸우는 과정에서 신라·백제·고구려인이 연합함으로써 세 나라간의 동류의식이 보다 농도 짙은 동족의식으로 발전할 수 있었다. 그러나 신라인과 백제·고구려 유민 사이에는 이질감이나 차별의식이 존재하고 있으며 이는 하나의 통일 국가로서의 기반을 다지는데 부정적인 작용을 할 수 있다. 따라서 신라는 넓은 포용력으로 백제·고구려 유민을 수용하여 이들에게 정복지 백성이 아닌 새로운 사회의 한 구성원이라는 인식을 심어주어야겠다.

 마지막으로 신라 지배층은 오랜 전쟁으로 가장 지쳐 있는 사람은 다름 아닌 백성들이라는 사실을 잊어서는 안 되겠다. 전쟁에 시달린 백성들에게 안정된 삶의 기반을 마련해주어야 통일국가의 기반을 튼튼히 할 수 있다는 것을 명심하기 바란다.

신라가 나·당 전쟁에서 승리할 수 있었던 요인
전공에 따른 포상에 신분적 차별 없애
고구려·백제 유민 통합에 성공

작은 나라 신라가 강대국 당과의 대결에서 승리를 거둘 수 있었던 요인은 무엇인가? 신라의 승리는 우선 당과의 전쟁에 보다 많은 병사를 보다 적극적으로 참여시킬 수 있었던 획기적인 정책에 힘입은 바 크다고 할 수 있다.

신라 정부는 하층민과 지방민이 적극적이고 자발적으로 전쟁에 참여하는 것을 유도하기 위해 공적에 따라 상을 내려주는데 있어 신분적 차별이나 지역적 차별을 최대한 철폐했다. 따라서 하층민이나 지방민이라 할지라도 전쟁에서 공을 세우면 상도 받고 관등도 높일 수 있기에 이들은 보다 적극적으로 전쟁에 가담하게 된 것이다.

또한 빈민들의 부채를 탕감해주어 병사의 대다수를 차지하는 이들의 사기를 북돋워준 것 역시 같은 효과를 발휘한 것으로 보인다.

한편 수도 경주에 거주하고 있는 사람들에게만 주었던 중앙의 관등을 지방민과 고구려·백제의 일부 지배층에 부여하여 지방민의 차별의식을 없애고 고구려·백제 유민을 신라 내부로 포용하여 이들을 나당 전쟁에 참여시킬 수 있었던 점도 또 하나의 요인으로 지적할 수 있다.

삼국통일을 맞는 각층의 입장
통일이라는 선물, 새로운 문제의 시작

오랜 전쟁이 끝나자 한반도의 백성들은 그 무엇보다도 목숨이 오고가는 싸움터에서 벗어날 수 있다는데 감격하고 있다.

그 동안 삼국은 대략 3백 년간 전쟁을 치른 셈인데, 평생을 전쟁에 시달린 사람도 적지 않다. 통일을 맞는 각계각층의 생각을 들어보았다.

농민들, 고리대 갚을 길 막막

평생 동안 전쟁과 노역에 동원되어 이제는 허리를 제대로 펴지 못할 정도라는 삽량주의 가실씨는

"이제 더 이상 전쟁으로 부모 형제를 잃는 슬픔을 겪지 않을 것이다. 또한 성을 쌓는 고된 노역에 동원되는 일도 줄어들게 됐으니 정말 기쁘다"

라며 평화가 찾아온데 대한 반가움을 감추지 못했다.
그러나 백성들은 기쁨에 들뜰 수 만은 없는 실정이다. 오랜 전쟁을 치르면서 이들 백성의 상당수가 경제적으로 매우 큰 어려움에 처해 있기 때문이다. 모량리의 한 농민은

"전쟁 동안 이곳저곳 전선으로 끌려 다니고 성을 쌓는 등의 노역에 동원되다 보니 농사는 완전히 망쳤다. 산 입에 거미줄을 칠 수 없어 할 수 없이 귀족에게 고리대를 빌렸는데 갚을 길이 막막한 실정"

이라며 울음섞인 한숨을 내쉬었다.

집권층, 통일 후 정책마련 부심

집권층의 반응은 사뭇 다르다. 국왕을 비롯한 신라 집권층은 당나라 군대를 물리치고 삼국통일을 자신의 손으로 이룬 것에 감격하면서도, 보다 넓어진 영토와 백성을 다스리기 위해 이전과는 다른 정치제도나 사회제도가 마련되어야 할 것이라며 통일 후의 정책 마련에 고심하고 있다.

진골, 왕권강화로 세력약화 우려

 한편 진골 귀족들은 전쟁 종식 이후 국왕의 권한이 갈수록 강해지고 있는데 불안감을 금치 못하고 있다.
 이름을 밝히지 않은 한 진골은

"즉위 이후 문무왕은 왕권을 강화하기 위한 조치를 취해왔으나 통일 이전에는 우리 귀족들의 도움이 필요했기에 어느 정도 자제하는 듯한 모습도 보여 왔다. 그러나 이제 통일을 이루었으니 왕은 정치체제 정비를 통해 본격적으로 중앙집권을 강화할 것이다"

라고 예상하면서 자신의 지위 약화를 우려했다.

육두품, 전문관료로 정계 진출 기대

 반면 6두품 세력은 신라의 중앙 집권력 강화에 많은 기대를 걸고 있는 것으로 나타났다.
 경주의 6두품 출신 최운경씨는

"진골 귀족의 권한이 강력하면 우리들의 정치기반은 약해질 수밖에 없다. 그러나 국왕의 권한이 강화되면 사정은 달라진다. 강화된 집권력을 행사할 손발이 필요하게 되어 그 역할을 전문적인 행정관료에게 맡겨야 하고 그러려면 유교에 기초한 정치운영을 주장하는 6두품들을 기용할 수밖에 없는 것이다."

라고 말했다.
 이처럼 통일전쟁의 종결은 오랜만에 '평화'라는 선물을 신라에 안겨주었지만, 각 계층에게 각각 다른 의미로 다가오고 있는 것이 현실이다.

김유신 사망(637년 7월 1일)
삼국통일의 일등공신이자 신라 최고의 명장
673년 7월 1일

김유신은 막강한 군사력을 바탕으로 김춘추와 정치적으로 결합, 진덕여왕 사후 후계자 선출시 김춘추를 왕위에 앉힘으로써 무열왕계를 연 장본인. 진흥왕 시절 백제 성왕을 전사시키고 신라 영토 확장에 큰 공을 세운 장군 '김무력'의 직계 손자인 그의 집안은 가야 출신으로 신라에 귀화하여 진골로 편입, 정통 진골이 아니라는 이유로 정치적으로 소외되기도 했다.

그의 장례식에는 수많은 인파가 줄을 이어 살아생전 그의 지위와 명성을 다시 한 번 확인할 수 있었다. 특히 그는 신라의 운명이 걸린 당나라와의 일전을 앞둔 시점에서 사망, 신라인의 슬픔은 더욱 컸다.

한편 전쟁에 패배하고 살아남았다는 이유로 김유신으로부터 버림받은 아들 원술랑은 아버지의 장례식에 참석하려 했으나 아버지의 유지를 받든 어머니의 반대로 끝내 참석하지 못했다.

신라, 백제 유민에게 신라 관등 주기로
피정복민 통합과 민심 수습 위한 조치

673년 신라 정부는 백제 유민에게 구 백제 관등의 고하에 따라 차등 있게 신라의 관등을 부여한다고 발표했다.

백제 멸망 이후 피정복민을 효율적으로 다스리고 민심을 수습하기 위해서는 유민에 대한 일정한 대우가 있어야 한다는 여론이 높아지자 이번 조치가 마련된 것으로 보인다. 백제 유민에 대한 신라 관등 지금은 백제 멸망 이후에도 부분적으로 이루어져왔는데, 671년 신라가 당군을 축출하고 백제 영토를 명실공히 확보하게 됨으로써 백제 유민에 대한 광범위하고 체계적인 포섭조치가 취해진 것으로 볼 수 있다.

이번 조치로 백제인 중에서 관계가 7등급 장덕 이상인 자는 신라의 관계를 지급받을 수 있으나, 그 이하인 자는 신라의 관등 체계에 편입될 수 있는 자격이 부여되지 않는다. 이에 따라 백제의 상당수 지배층들은 신라의 지배신분에 편입되지 못하고 탈락될 것으로 예상된다. 한편 백제 지배층은 신라의 신분제인 골품제 편제에 있어 최고 5두품 신분으로 편제될 것으로 보인다.

백제관계		신라관계			
관계	관계명	관계	중앙관계명	지방관계	지방관계명
2	달솔	10	대내마	4	귀간
3	은솔	11	나 마	5	선간
4	덕솔	12	대 사	6	상간
5	한솔	13	사 지	7	간
6	낙솔	14	길 사	8	일벌
7	장덕	15	대 오	9	일척

신라의 백제유민 관등 수여 기준표

고구려 왕족 안승, 고구려 왕에 봉함
옛 백제 지역 익산에 살도록, 일종의 '이이제이' 정책

670년 8월 1일 신라 정부는 안승을 고구려 왕으로 삼고 금마저(익산)에 살게 했다.
문무왕은 책봉서에서

"강성했던 고구려가 남건·남산 형제에 이르러 파멸되고 종묘와 사직이 없어지고 백성들이 마음 붙일 곳이 없을 새, 그대는 위기를 피하다가 인접 국가로 외로이 몸을 던져오니 그 고통을 무엇에 비교할 수 있겠는가"

라고 안승을 위로했다. 또한 문무왕은

"무릇 백성은 임금이 없어서는 아니되고, 하늘은 반드시 사람을 돌보아 명함이 있는

것. 보장왕의 정통 후계자로 오직 공이 있을 뿐이고 제사를 맡을 이도 공이 아니고 누구이랴. 공을 고구려 왕으로 삼으니, 공은 마땅히 유민을 위로하고 과거의 명맥을 이어나가 흥하여서 길이 이웃나라가 되어 형제와 같이 밀접히 할지어다"

라고 당부했다.

이번 조치는 신라가 당과의 전쟁에서 승리하기 위해 당과 싸우고 있는 고구려 유민을 적극적으로 지원하고 있는 맥락에서 이해될 수 있다.

한편 안승을 봉한 지역이 '백제' 익산이라는 점에 대하여 신라의 '이이제이以夷制夷' 전술이라는 분석도 있다. 백제와 고구려를 멸망시킨 신라는 점령지 백제 지역을 지배하기 위한 방법의 일환으로 '고구려 왕'을 내세운 것이다.

문무왕, 전제 왕권 강화 위한 개혁 착수
6두품 등용 행정력 장악에 박차, '진골 몰아내기'

문무왕은 삼국통일 이후 전제왕권을 강화시키기 위한 개혁을 전개하고 있다. 현재 왕권 강화는 진골 귀족의 군사력 약화와 관료체제 강화라는 두 가지 방향으로 나누어 진행되고 있다.

국왕, 군사권 장악 · 관료제 강화

국왕이 가장 먼저 손을 댄 것은 왕권에 실제적 위협이 되고 있는 진골 귀족의 군사권을 박탈하는 것이다. 이를 위해 문무왕은 진골 귀족이 군사적인 실권을 장악하고 있는 군사기구인 '6정'을 대신한 새로운 군사제도를 만들고 있다고 국왕의 한 측근은 전한다.

이와 함께 문무왕은 관료체제 강화에 심혈을 기울이고 있다. 문무왕은 법전을 정비하고 행정관서를 정비한 후 행정관료를 대폭 확충하고 있는데 여기에 필요한 관료를 6두품 이하 층에서 충원하고 있다. 이는 진골을 대신하는 새로운 정치세력을 형성하려는 의도로 풀이될 수 있다. 이에 따라 진골 귀족들의 회의 기구인 '화백회의'의 기능은 더욱 약해지고 있으며 동시에 화백회의의 장인 상대등의 세력도 힘을 잃고 있다.

　이와 같은 문무왕의 개혁에 대해 진골 귀족 내에서도 심상치 않은 반발의 조짐이 일고 있다. 문무왕의 왕권강화에 대하여 불만이 있는 기군관, 흥원, 진공 등의 진골 귀족들이 태자비의 아버지인 '김흠돌'을 중심으로 결집하고 있는 것이다.

　김흠돌의 한 측근은

"문무왕의 아버지인 김춘추는 화백회의에서 여러 귀족들에 의해 왕으로 선출된 알천공을 김유신의 도움으로 몰아내고 왕위에 오른 인물이다. 그때부터 화백 회의는 힘을 잃어갔다"

며 문무왕이 집권하면서 이러한 경향은 더욱 심화되고 있다고 지적했다.

　또한 그는

"이미 전쟁을 치르면서 많은 진골들이 도태되어갔다. 이러한 상황에서 우리라고 가만히 앉아서 당할 수만은 없지 않은가"

라고 항변하고 있다.

　전제왕권을 강화하려는 국왕과 자신의 기득권을 수호하려는 진골 사이의 대립이 예상외로 심각함을 알 수 있는 대목이다.

통계로 본 삼국의 전쟁

표1) 삼국의 교전 상대방과 전쟁횟수

상대	신라	고구려	백제
말갈	13	1	26
옥저		2	
선비		1	
부여		4	
한		12	
낙랑	4	3	6
왕망		1	
현도		3	
연		15	
위		4	1
숙신		1	
거란		3	
대방		1	
돌궐		1	
수		5	
당	17	23	1
가야	7		
왜	34		
마한			2
우산	1		
신라		28	70
고구려	28		36
백제	70	36	
합계	174	143	142

표2) 시기별 전쟁 회수

시기	기원전1세기	1세기	2세기	3세기	4세기	5세기	6세기	7세기
전쟁회수	6	52	37	51	54	60	50	150

표3) 7세기 전쟁 회수

	신라	백제	고구려	말갈	거란	수	당	왜
신 라	x	35	13	5			17	1
백 제	35	x	1				1	
고구려	13	1	x		1	4	23	

연 26개국 460여회의 전쟁, 2년에 한번 꼴 '전쟁의 시대'

삼국시대에는 연 26개국과 460여회의 전쟁이 있었다.(표1 참조) 대략 2년에
한번 꼴로 전쟁이 발발했다. 삼국은 전 시대를 통하여 전쟁이 비슷하게 계
속됐으나, 삼국간의 항쟁이 가장 치열하였던 7세기는 '전쟁의 시대'라고 얘
기할 수 있을 정도로 많은 전쟁이 발생했다.(표2, 3 참조) 1년에 2번 이상 전
쟁이 전개되었다.

시간이 흐르면서 전쟁의 방식도 많이 달라졌다. 초기의 전쟁은 지배층이
중심이 된 기병 중심의 싸움이었다. 그러나 시간이 흐르면서 전쟁이 더욱
치열해지자 전쟁은 총력전의 성격을 강하게 띠었으며 각국은 보다 많은 병
력을 전쟁터에 동원하였으며 그 결과 한꺼번에 수만의 병력이 동원되는 것
이 예사였다. 전투 역시 치열하여 상대 병력을 하나라도 더 살해하려는 대
규모 살상전이 전개되어 그 양상은 매우 참혹하였다.

고구려

연 20개국과 145회의 전쟁 기록을 갖고 있다. 평균 4.9년에 한 번씩 전쟁을
치룬 셈이다. 고구려는 3세기까지 주로 중국이나 북방민족과의 투쟁으로
일관하였다. 이러한 사실은 고구려가 북방민족과의 항쟁 속에서 성장하였
다는 의미로 해석할 수 있겠다. 4세기에 이르러 고구려는 북방의 연과 남쪽
의 백제와 충돌하면서 국가적 위기에 처하기도 하였다. 그러나 5세기 들어
와 중국 동북부를 석권하고 백제에 수도를 함락시켰으며 신라를 자신의 지
배하에 두는 등 중국동북부 및 한반도의 패자로 군림하였다.

6세기 말 수의 등장은 동아시아 세력 판도를 바꾸었다. 고구려는 수와의 대결에서 요동의 확보라는 과제에 봉창하게 된다. 요동은 그곳이 철 생산과 같은 이유만이 아니라, 동아시아의 관문으로 동북아시아의 세력 판도에 결정적인 역할을 하기 때문이다.

백제

건국초 북으로는 말갈과 남으로는 신라와의 충돌 속에서 국가적 성장을 꾀하였다.

4세기에 들어와 백제는 고구려의 평양성을 공격하였으며 중국 및 일본으로 활발한 대외적 진출을 전개하는 등 전성기를 구가하였다. 그러나 5세기 고구려의 공세에 밀려 수도를 공주로 옮기는 비운을 겪기도 하였다. 동성왕, 무령왕을 거치면서 중흥의 기틀을 마련하고 성왕 시기에는 한강 유역을 되찾기도 하였으나 신라에 배반당하고 보복전에서 국왕이 전사하는 패배를 맛보며 국력이 쇠퇴하였다. 7세기 의자왕 때 신라를 압도하기도 하였으나 정치적 혼란과 지배층의 향락으로 멸망하고 말았다.

신라

7세기까지 173회의 전쟁 기록을 가지고 있다. 1~3세기까지는 백제와의 전쟁이었고, 3~5세기는 왜와의 싸움이었다. 사실 신라는 성장이 가장 늦은 나라였다.

삼국이 정립하는 4세기경 신라는 고구려의 영향력 아래에 놓여있었고 5세기 중엽 이후에야 백제와의 나제 동맹을 이용하면서 독자적인 세력을 쌓아나갔다. 그리고 6세기 들어와 고구려나 백제에 대해 공세를 취할 수 있을 정도로 성장하였다.

그 후 신라는 수·당과의 대외관계를 유리하게 이용하면서 삼국을 통일할 수 있었다.

삼국의 무기

활과 화살

 삼국의 활은 거의 모두가 만궁이며 단궁, 직궁에 비해 만궁은 퍽 어려운 기술을 요하는 복합궁이며 활의 성능이 비상하게 높은 것. 만궁을 이용하게 된 것은 말 타고 활쏘기를 많이 했던 것과 관계가 깊음. 고구려의 경우 소의 갈비뼈로 활을 만들었는데 길이는 80cm 정도, 활채는 다섯 개의 절로 구분돼 있고 활고자는 모두 휘어 있는 모습.
 화살은 활촉, 화살대, 깃으로 구성. 화살의 길이는 60~70cm 정도. 화살대는 고구려의 경우 싸리로 만들었으며 가야 지방은 침대를 썼다. 깃은 주로 새날개의 털을 이용.
 활촉은 넓적촉, 뾰족촉, 변형 두 나래촉 등이 있다. 방어무장이 견고한 적에는 관통력이 센 뾰족촉을 썼으며, 그렇지 않은 적에게는 단번에 큰 상처를 입힐 수 있는 도끼날형촉 등 넓적촉을 사용. 소리 활촉은 신호용, 위협용, 또 지휘관의 지시용에 사용.

쇠뇌(=석궁)

 나무 틀과 굽은 만궁으로 되어 있음. 나무틀에는 화살을 놓고 날려 보낼 수 있도록 곧은 홈을 팠으며, 그 한쪽에는 쇠로 만든 발사 장치를, 다른 쪽에는 아주 센 굽은 활인 만궁을 나무틀과 직각으로 고정시킴. 활에 비해 표준이 더 정확하고 날아가는 힘이 더욱 강함.

찌르는 무기

 창이 가장 대표적. 창끝의 형태는 뾰족, 삼지, 이지 등 매우 다양. 창자루의 길이는 신라의 경우 3m에 이르며, 창자루 뒤 끝을 보호하기 위하여 쇠로 만든 창 고달이를 끼웠다. 한편 '끌창'이라고 하여 창끝이 뾰족하지 않고 끌날처럼 넓적하게 생긴 것도 있다.

걸어당기는 무기

– 가지극: 몸의 한쪽에는 자루를 끼울 수 있는 동형의 주머니를 만들고, 장방형의 다른 쪽에는 가지가 양쪽으로 삐죽삐죽 나오게 만들어 걸어 당기는 무기.
 중무장한 적의 기병과의 전투 때 말에 탄 무사를 말에서 끌어내리는데 사용. 신라 및 가야 지역에서 사용된 이 무기는 날카로운 갈고리 같이 생긴 가지로 기병을 걸어서 끌어당기는 대기병용 무기.

베는 무기와 치는 무기

– 쌍날검: 날이 칼 몸의 양쪽에 있는 것. '검'이라고 부르기도 한다.
– 외날칼: 한 쪽만 날이 있는 칼로서 칼 몸이 뒤로 휜 것이 많다. 찌르는 것보다 베는 데 주로 사용되었음. 칼자루 뒤 끝에 만든 고리는 본래 거기에 기다란 천을 매서 손목에 감고 전투 시에 실수하여 칼을 놓아도 그것이 떨어지지 않도록 하기 위하여 만든 것.
– 도끼: 육박전에 이용.

공성 무기

– 포차: 바퀴를 달아 끌고 다니는 투석기. 661년 고구려의 장군 뇌음신이 신라의 북한산성을 공격할 때 사용.
– 포노와 노포: 성에 고정시키고 수성전에 쓴 투석기로 마름쇠로 만든 가시 덩굴 비슷한 것. 성 밖에 설치하거나 던져 군대나 말의 접근을 차단하는 장치. 661년 북한산성을 공격한 고구려군에 맞서 신라군이 사용.

갑옷

– 단갑: 보병이 주로 착용. 가야의 단갑이 좋은 예. 이것은 높이 46cm, 어깨 너비 31.5cm, 어깨, 가슴, 허리 등 주로 상반신만 가리게 마련된 철판제 갑옷. 삼각형과 장방형의 철판을 여러 단 이어 쇠못으로 붙여서 만들었는데, 뒷면이 높고 넓어서 어깨까지 덮게 되어 있고 앞면은 조금 낮고, 한 쪽은 착용하기 편리하게 열었다 닫았다 하게 되어 있다.

– 찰갑: 작은 쇠찰갑을 수많이 연결하여 만든 것으로 기병이 주로 착용. 찰갑은 조각을 꿰어 만든 것으로 전체가 몸에 잘 맞을 수 있고, 각종 전투 동작을 자유로이 할 수 있었으며, 또한 금속제이므로 자기 몸을 보호하는데 효력이 뛰어났다.

위아래 갑옷을 갖추어 입는 사람은 기병이었다. 반면 갑옷 저고리만 입은 자는 예외 없이 보병들이었다. 보병들은 시종 걸어 다녀야 하므로, 갑옷 바지는 거치적거려서 불편하였다. 그러므로 그들은 갑옷 바지 대신에 정강이 대기를 꼈다.

● 가야의 문화유산

화려하지는 않으나 소박하면서 세련된

가야의 문화는 근본적으로 신라와 거의 비슷하다. 이는 두 나라가 차지했던 지역들이 선사 시대 이래 같은 문화 영역에 속해 있었기 때문이다. 더욱이 신라와 가야의 모체인 진한과 변한의 지배족들은 북쪽으로부터 거의 같은 시기에 비슷한 길을 밟아내려온 같은 문화종족이어서 문화적 동질성은 더욱 분명하다.

가야고분은 기본적으로 원삼국 시대의 여러 무덤 형식을 계승하고 있다. 가야고분에는 널무덤(토광묘), 독무덤(옹관묘), 돌널무덤(석관묘), 돌덧널무덤

(석곽묘), 돌방무덤(석실분)이 있다.

널무덤은 지하에 구덩이를 파고 그 안에 주검을 넣는 무덤형식으로 낙동강 하류에 많다. 이 매장방식은 청동기 말기에 처음 등장했다. 독무덤은 독(항아리)을 사용한 것이며, 돌널무덤은 판석을 네모지게 조립해 만들고 그 안에 주검을 넣는 방식이다. 돌덧널무덤은 두꺼운 깬돌은 쌓아 네모진 돌덧널을 만들고 다시 그 안에 주검을 넣은 목관이나 석관을 배치한 양식이다. 이 무덤들은 돌덧널을 만들어 위로부터 주검을 놓은 구덩식[竪穴式]과 세 벽과 천정을 먼저 쌓은 뒤 터진 한쪽 벽으로 주검을 놓고 그 벽을 막는 앞트기식[橫穴式]으로 구분되는데, 두 형식 중 구덩식이 먼저 만들어진 것으로 보인다. 돌방무덤은 가야 말기에 백제무덤의 영향을 받아 만들어진 것으로 널방[玄室]과 널길(연도)을 가진 것이 특색이다. 이 무덤들은 대체로 돌널무덤 – 돌덧널무덤 – 돌방무덤 순으로 변천했다.

가야의 토기는 신라와 마찬가지로 회청색의 단단한 토기와 적갈색의 무른 토기가 있으며 그 종류에도 항아리, 목항아리, 단지, 그릇받침, 잔, 시루, 굽다리 접시 등 신라지역에서 흔히 볼 수 있는 것들이다. 그러나 가야토기는 신라의 것에 비해 보다 날렵하고 세련된 모습이며 신라지역에서는 흔히 볼 수 없는 동물, 집, 신발, 배, 수레, 등, 잔 등의 상형토기象形土器와 용도를 알 수 없는 이형토기異形土器들이 많아 특색을 나타내고 있다.

관은 신라의 것이 대부분 순금제의 맞가지솟은장식[出字形式立飾]인데 비해 가야의 것은 대부분 금동제로 관테위에 풀꽃형[草花形] 또는 나무형[樹枝形]의 솟은장식을 달고 있다. 또한 신라의 관에서는 양옆으로 화려한 드리개를 늘어뜨려 장식하고 있으나 가야의 것에는 장식이 거의가 은제로 달개장식도 생략되어 있어 소박한 맛을 느끼게 한다.

그 밖의 장신구로는 목걸이, 귀걸이, 팔찌, 반지 등이 있는데 신라의 목걸이가 금, 옥, 유리, 수정들의 풍부한 재료를 이용해 화려하게 만든 반면에 가야의 목걸이는 유리나 옥을 사용해 만든 간단한 것이 대부분이다. 귀걸이도 신라에서는 굵은 고리와 가는 고리 귀걸이가 호화스럽게 만들어진 반면 가야의 것은 가는 귀걸이만을 만들어 풍만함과 화려함에서 뒤진다고 보일 수도 있다. 그러나 가야의 귀걸이는 고리 밑의 중간 장식과 드리개장식에 단순하면서도 뛰어난 세련미가 갖추어져 있다.

가야의 문화는 신라처럼 화려하지는 않지만 소박하면서도 세련미가 뛰어나게 발휘되고 있다. 그러나 재질면에서 신라 쪽보다 뒤떨어지는 것은 신라가 귀족국가를 형성, 권력과 부의 집중이 가능했던 반면에, 가야는 그렇지 못했던 정치적 상황에 의한 것으로 풀이된다.

● 삼국의 문화유산

삼국은 훌륭한 문화 예술품을 만들어낼 줄 아는 뛰어난 문화적 소양을 지니고 있었다. 삼국민의 문화적 소양은 불교의 영향 아래 삼국 시대에는 불상이나 탑 같은 불교 미술품에 잘 나타나 있다. 삼국의 불교 미술품은 불교가 중국을 통해 삼국에 유입되었기에 처음에는 중국의 양식을 모방했으나 점차 이를 주체적으로 수용하면서 독자적인 미의식을 보여주는 예술품을 만들었다.

독자적인 미의식을 구축할 수 있었던 것은 삼국이 자신의 역사적 경험과 자연환경에서 비롯되는 독특한 예술 세계를 가지고 있었기에 가능했다. 광활한 대륙을 말 달리던 고구려는 정열적이고 힘이 넘쳤으며, 한반도 곡창지대에 자리한 백제는 주위의 나지막한 구릉을 닮아 우아하고 부드러웠다. 신라는 토우에서 보이듯 소박한 맛을 오래도록 간직하면서 고구려나 백제의 영향을 받아 세련된 맛을 더해갔다.

삼국의 와당문화

우리나라에서 기와집을 짓기 시작한 것은 확실치는 않지만 한나라의 무제가 위만조선을 멸망시키고 한사군을 설치한 기원전 2, 1세기경이라고 할 수 있는데, 이때를 전후하여 한반도의 북반부에 목조기와집의 새로운 건축 기술이 등장한 것으로 보인다.

기와는 지붕에 씌워 눈과 빗물의 침수를 차단하고 지붕 재목의 부식을 방지함과 동시에 건물의 경관과 치장을 위하여 사용된다.

기와 중 가장 기본적으로 많은 수량을 차지하고 있는 것은 기왓등과 기왓골을 형성하여 눈과 빗물에 대한 누수를 방지하기 위한 수키와[圓瓦, 夫瓦], 암키와[平瓦, 女瓦]이다. 대부분 그 표면을 선이나 격자무늬, 꽃무늬 등으로 장식했다.

그러나 간혹 절 이름, 제작기호, 제작연대, 사용처 등이 새겨져 있기도 하다. 막새[瓦當]는 지붕의 추녀 끝에 사용되는 대표적인 기와로 수키와 끝에 원형의 드림새가 부착된 수막새와 암키와 끝에 장방형의 드림새를 부착한 암막새로 구분된다.

이러한 일반형의 기와 이외에 용마루의 양쪽 끝에 높게 장식된 치미, 각마루 끝에 귀신을 물리친다는 의미로 사용되는 귀면기와, 그리고 각 마루를 쌓아 올리는 적재, 서까래의 부식을 방지하고 이의 치장을 위한 거까라기와 등이 있다.

삼국의 불상

고구려

웃음을 머금은 얼굴이다. 담담하고 신비로운 아름다움을 전해주는 미소이다. 이러한 '고졸한 미소'의 본고장은 고구려에 불교를 전해준 중국의 북위시대 불교 미술이다. 그런데 연가 7년명 여래 입상의 미소는 북위식 불상 양식을 짙게 간직하고 있으면서도 비례의 아름다움이나 입체 조각의 솜씨에서 고구려 냄새가 분명하게 풍기고 있으며 미소 또한 고구려의 것으로 바뀌고 있다.

이러한 고구려식 불상들은 초기의 백제 불상의 발달에 바탕이 되었으며 한걸음 더 나아가서 신라 불상 조각의 성립에 밑거름이 되어주었다.

백제

 유백색의 흰 곱돌로 단정하게 조각된 좌상으로 감았는지 떴는지 분간할 수 없는 도톰한 눈매, 그리고 풍만하면서도 차분한 얼굴에 번져나는 가냘픈 미소 등 담소한 아름다움이 신비스러운 매혹을 우리에게 일깨워준다.

신라

 미륵보살반가사유상이 지닌 아름다움의 특색은 사색하는 부처님으로서의 깊고 맑은 정신적인 아름다움이 인체 사실의 원숙한 조각솜씨와 오묘한 혜화를 이루어주는데 있다.
 이러한 불상 양식의 유래는 원래 석가여래가 출가하기 전 아직도 왕자였던 시대의 모습을 연상한 것으로 인생의 번뇌 속에 깊은 사색에 잠겨 있는 젊은 석가의 자태를 표현한 것이다.

신라의 토우

 신라는 삼국 중 발전이 가장 느렸다. 고구려나 백제가 중국의 문화를 빠르게 수용하여 세련된 미의식을 자랑할 때, 한반도 구석에 위치한 신라는 여전히 흙을 주무르며 토우와 같은 소박한 예술품을 만들어내고 있었다.
 점토를 떡 주무르듯 빚어 만든 소박한 신라 시대 토우들은 서투른 표현을 보이는 것 같지만, 자세히 보면 신라 토우들은 표현할 것은 모두 다 이루어 놓은 듯 싶을 만큼 실감나는 매력을 느끼게 한다. 토우는 신라인의 조형미의 원동력과 재질을 담고 있다.

석탑

 처음에는 중국의 탑을 흉내내어 목탑이나 벽돌탑 등이 만들어졌다. 그러나 점차 한반도에 풍부한 소재인 화강암에 주목하여 화강암의 질감이 자연스럽게 표현될 수 있는 형태를 모색하면서 '석탑'이라고 하는 독특한 양식이 만들어지는 시대였다.

– 익사미륵사지 석탑: 7세기 전반 백제 무왕 때 미륵사를 지으면서 같이 만들어 세운 것으로 석탑이지만 형식은 목탑의 형식을 본 뜬 것으로 우리나라 탑 양식이 목탑에서 석탑으로 넘어가는 과정을 보여주는 귀중한 탑이다.

– 정림사지 석탑: 탑의 높이는 약 8m로 목탑의 형식을 일부 간직한 석탑이다. 목탑에서 미륵사 탑의 단계를 거쳐 정림사 탑의 형태로 탑의 모양이 변화하는 것을 보면서 한반도의 독특한 탑인 '석탑' 양식이 만들어짐을 알 수 있다.

 신라의 분황사 석탑도 익산 미륵사지 석탑처럼 과도기적인 성격을 보여주는 것이라고 하겠다. 중국에서는 흙을 구워서 만든 벽돌로 탑을 제작했는데, 이러한 형식을 본따서 돌을 벽돌모양으로 다듬어 쌓은 벽돌탑을 모방한 석탑이다.

● 부석사라는 이름의 유래

큰 돌 떠오르게 한 선묘의 사랑

부석사는 그 이름이 매우 특이하다. 부석浮石이라는 말은 '돌이 뜬다'는 의미인데 부석사의 한 승려는 이 절의 명칭이 공사 당시 일어났던 비화와 관련이 있음을 밝혔다.

"의상대사가 부석사를 창건할 때 나쁜 무리들이 나타나 공사를 방해했다. 이때 공사장 주변의 큰 돌들이 갑자기 하늘로 둥둥 떠올랐다. 악당들은 이 모습을 보고 놀라 도망쳤다"

며 이 사건에서 부석사라는 명칭이 유래했다고 말했다.
이 승려는 또 돌을 띄워 악당들을 쫓아낸 것이 바로 의상대사를 사모하던 '선묘'라고 말했다.

"의상대사가 당나라에 유학을 갔을 때 '선묘'라는 아름다운 여인이 의상에게 반해 자신과 살자고 유혹했다고 한다. 그러나 의상은 수도에만 정진했으며 결국 선묘도 의상대사의 독실한 구도 자세에 반하여 마음속으로 흠모하게 됐다. 의상이 고국에 돌아가려 할 때 이 여인이 귀국길을 돌보겠다고 하며 거친 바다에 몸을 던져 용이 되어 의상이 무사히 신라에 돌아올 수 있도록 도왔다고 한다. 부석사 건축 당시 악당을 쫓은 것도 바로 선묘이다."

● 의상대사와 화엄사상

활동연표

625년: 진골가문에서 출생

19세 때: 경주 황복사에 출가. 당 유학을 위해 원효와 함께 요동으로 갔다가 정탐꾼으로 몰려 고구려 순라군에게 잡히는 바람에 일단 귀국.

661년(문무왕 1): 귀국하는 당나라 사신의 배를 타고 중국으로 돌아가 화엄종 제2대 교조지엄 아래서 8년간 화엄을 공부.

671년: 귀국

676년: 부석사를 세우기까지 전국의 산천을 편력하며 화엄사상을 펼 터전을 마련. 현재 화엄사상 유포를 위해 사찰 건립과 제자 양성에 주력.

 – 주요저서: 화엄일승법계도, 백화도량발원문, 일승발원문 등

각 현상이 서로서로가 원인이 되어 밀접한 융합을 이룬다는 것이 화엄사상의 핵심

– 얼마 전 문무왕이 하사한 토지와 노비를 거절한 이유는 무엇인가

불도의 법은 지위의 높고 낮음을 평등히 보고, 신분의 귀하고 천함을 없이하여 한가지로 한다. 특히 <열반경>에는 8가지 부정한 재물에 관하여 나와 있다. 어찌 내가 토지와 노비를 소유할 수 있겠는가?

– 경주의 성곽 건설을 반대해서 결국 공사를 중지시켰다는 이야기가 화제가 되고 있다.

왕의 안목이 밝다면 비록 풀언덕 땅에 금을 그어서 성이라 하여도 백성이 감히 넘기지 못하고 재앙을 씻어 복이 될 것이지만, 안목이 밝지 못하다면 아무리 큰 성이 있다하더라도 재해를 면하지 못할 것이다.

– 화엄사상을 간단히 설명해달라.

언뜻 보아 모든 사물은 제각기 한계를 지니면서 대립하고 있는 것처럼 보이지만, 사실은 항상 평등 속에서 차별을 보이고 차별 속에서 평등을 보이고 있는 것이다. 각 현상이 서로서로가 원인이 되어 밀접한 융합을 이룬다는 것이 화엄사상의 핵심이다.

– 항간에는 화엄사상이 전제왕권을 뒷받침하는 기능을 담당하고 있다는 비판이 떠돌고 있는데 여기에 대해서는 어떻게 생각하는가.

화엄사상 자체에 전체와 부분, 또는 부분과 부분이 서로 일체화된다는 이론이 있는 것은 사실이다. 삼국통일 이후 국가 간의 대립이 사라진 자리를 계층 간의 대립, 혹은 국왕과 귀족 간의 대립이 채우면서 새로운 '조화'의 이론이 요구된 것 같다. 대립을 지양하고 마음의 통일을 이야기하는 화엄사상이 '국왕 중심의 통일'로 받아들여진 측면이 있는 것은 인정한다.

– 귀국 후 저술활동과 후진양성을 통해 보다 창의적인 화엄사상을 확립한 것으로 알고 있다. 구체적으로 스승인 지엄이나 동문수학한 법장의 화엄사상과 다른 점은 무엇인가.

지엄은 현상인 사事의 차별성만을 인식했지만 나는 본질인 이理에도 차별적인 면이 있다고 생각한다. 법장이 비교적 지혜를 강조하고 있는데 반해 나는 수행을 강조하는 편이다.

넓디 넓은 화엄의 세계
화엄경, 우주질서를 미적으로 표현한 경전이면서 통일국가의 상징

화엄사상의 철학적 구조는 법계연기法界緣起이다. 우주의 모든 사물은 어느 하나라도 홀로 있거나 일어나는 일이 없다. 모두가 끝 없는 시간과 공간 속에서 서로의 원인이 되며, 대립을 초월하여 하나로 융합하고 있다는 것이 화엄에서 가르치는 무진연기無盡緣起의 사상이다.

또 하나는 하나의 위치를 지키고 다多는 다의 면목을 유지하는 가운데 하나와 다가 서로 포섭하고 융합한다는 것이다. 모든 것이 홀로 고립된 것이 아니라 하나로도 되고 십으로도 되고 일체로도 된다는 것이다.

이에 근거하여 화엄에서 가르치는 '일즉일체一卽一切, 일체즉일一切卽一, 일즉십一卽十, 십즉일十卽一'의 논리가 전개된다. 화엄경에서 말하는 '연화장세계蓮花藏世界'는 현상계와 본체, 또는 현상과 현상이 서로 대립하는 모습을 그대로 지니면서도 서로 융합하여 끝없이 전개하는 생명체라고 할 수 있다.

이 연화장의 세계에서는 항상 화엄경의 중심불인 비로자나불이 대광명을 비추어 모든 조화를 꾀하고 있다. 화엄경은 우주의 질서를 미적으로 표현한 경전이지만, 그것은 동시에 통일국가의 상징이기도 하다. 화엄의 가르침은 서로 대립하고 항쟁을 거듭하는 국가와 사회를 정화하고, 사람들의 대립도 지양시킴으로써 마음을 통일하게 하는 교설이다.

따라서 중국이나 우리나라와 같은 전제왕권국가에서는 율령정치체제를 정신적으로 뒷받침하는 큰 구실을 담당하고 있다. 통일 이후 화엄사상에 대한 이해는 매우 창의적이어서 중국을 앞지르고 있다는 평가까지 받고 있다. 방대한 화엄사상을 일목요연하게 체계화시키는 작업은 주로 원효와 의상이 떠맡고 있다.

의상은 화엄학을 대성시킨 인물로 원효와는 달리 하나의 조직을 갖추고 체계화된 방법으로 화엄사상을 널리 선양하고 있다. 그는 ≪법계도≫에서 화엄의 최고 경지인 '해인삼매海印三昧'를 물결 없는 넓은 바다에 비유했다. 천상과 지상의 만물뿐 아니라 수중의 것이 바다에 모두 비치듯이, 부처의 삼매 속에 한량없는 세계가 남김없이 비치고 있는 것이라고 풀이한다.

의상의 문하에는 3천여 명의 학승이 있는데 그 가운데 10명의 제자인 표훈, 신림, 지통, 오진, 진정 등은 그의 화엄사상을 전수해 후세에 의상의 학덕을 선양할 촉망받는 인재로 꼽히고 있다.

● 해외 소식

'한 손에는 칼, 한손에는 코란'
이슬람 제국, 북 아프리카 지역까지 정복

한 손에는 칼, 또 한 손에는 코란을 들고 전개되고 있는 이슬람 제국의 정복활동이 북아프리카 지역에까지 확대되고 있다.

마호메트가 죽은 뒤, 이슬람 교도들은 정치, 군사, 종교의 대권을 쥔 칼리프를 선출하였다. 칼리프는 아랍 인을 단결시킨 다음, '성전'을 통한 이교도 정복에 나서 비잔틴 제국·시리아·팔레스타인·이집트를 빼앗고, 페르시아를 쳐 이란을 손에 넣어 이슬람 제국을 세운 바 있다.

이슬람 교도의 다섯가지 교리

첫째, 알라신만을 섬길 것
둘째, 매일 같은 시간에 다섯 번 기도 암송
셋째, 가난한 사람을 위해 자선할 것
넷째, 매년 라마단이 돌아오면 해가 떠있는 동안 식음을 전폐할 것
다섯째, 평생에 한번은 '메카'를 순례할 것

왜국, 국호 '일본'으로

왜국이 국호를 '일본日本'으로 고쳤다. 왜국 특파원의 보고에 따르면 이들은 일본이라는 국명을 선택한 이유에 대해 '우리나라가 해 나오는 곳에 가까운 까닭으로 그와 같이 이름을 지은 것'이라고 밝혔다고 한다. 실제 일본은 지리적으로 가장 동쪽에 있기에 해가 가장 먼저 뜨는 나라이다.

31

통일왕국의 성세
속에서도
그늘진 곳은 있었다

신문왕

新羅王朝實錄

신문왕 神文王
김씨 왕 16대

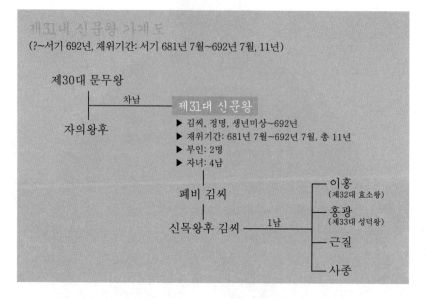

제31대 신문왕 가계도

(?~서기 692년, 재위기간: 서기 681년 7월~692년 7월, 11년)

제30대 문무왕 ── 차남 ── **제31대 신문왕**

자의왕후

- ▶ 김씨, 정명, 생년미상~692년
- ▶ 재위기간: 681년 7월~692년 7월. 총 11년
- ▶ 부인: 2명
- ▶ 자녀: 4남

폐비 김씨

신목왕후 김씨 ── 1남 ──
- 이홍 (제32대 효소왕)
- 홍광 (제33대 성덕왕)
- 근질
- 사종

?~692(신문왕 12). 신라 제31대 왕. 재위 681~692. 자는 일초日招. 성은 김씨金氏, 이름은 정명政明 혹은 명지明之, 문무왕의 장자이며 664년(문무왕 4)에 태자로 책봉되었다.

어머니는 자의왕후慈儀王后이고 왕비는 김씨로 소판蘇判 흠돌欽突의 딸이다. 왕이 태자일 때 비로 맞아들였으나 아들을 못 낳은 데다 아버지의 반란에 연좌되어 왕궁에서 쫓겨났다. 683년(신문왕 3)에 다시 일길찬一吉湌 김흠운金欽運의 딸을 왕비로 삼았다.

신문왕대는 태종 무열왕대부터 시작된 신라의 중대왕실의 전제왕권이 확고하게 자리잡힌 시기이다. 왕이 즉위하던 해, 왕의 장인인 김흠돌을 비롯한 파진찬波珍湌 흥원興元, 대아찬大阿湌 진공眞功 등이 모반을 일으켰으나 모두 평정되었다. 김흠돌의 반란은 왕권전제화의 계기를 만들어 주었던 것으로서 반란의 원인은 상세히 알 수 없으나 신문왕의 비인 그의 딸이 아들을 낳지 못한 사실과 모반사건 바로 전에 진복眞福이 상대등上大等에 임명된 사실에 관련지어 생각해 볼 수 있을 것이다.

이 사건에는 많은 귀족이 참여하고 있었는데 신문왕은 주동자 뿐만 아니라 말단 가담자까지도 철저하게 숙청을 가하였다. 더구나 문무왕 때 상대등이던 이찬伊湌 군관軍官도 반란 모의사실을 알고도 고발하지 않았다는 죄목으로 주살되었다. 반란사건에 대한 불고지죄不告知罪로 군관과 같이 막중한 지위의 귀족을 숙청하기에는 너무나 미약한 이유로 보인다.

그러나 신문왕이 상대등으로 대표되는 귀족세력을 철저하게 탄압하가 위해 과감한 정치적 숙청을 단행함으로써 전제왕권의 확립을 꾀하였다. 이러한 신문왕의 의지는 두 차례에 걸쳐 전국에 반포된 교서敎書에 잘 반영되어 있다.

682년에 동해에서 얻었다는 만파식적萬波息笛도 위의 모반사건과 무관하지 않다. 만파식적에는 김흠돌의 반란과 같은 일체의 정치적 불안을 진정시키려는 왕실의 소망이 담겨 있었던 것이다. 이것은 전제왕권하의 신라의 평화를 상징하여 주는 것이었다.

같은 해에 유교적 정치이념에 입각한 인재교육과 양성을 목적으로 국학國學을 설립하고 여기에 경卿 1명을 두었다. 이것은 진덕여왕대에 이미 국학에 소속된 대사大舍라는 관직을 설치함으로써 국학설립을 위한 준비가 착수되었던 것인데 신문왕대에 와서 비로소 완성을 보게 되었다.

한편 불교에도 관심을 두어 685년에는 봉성사奉聖寺와 망덕사望德寺를 준공하기도 하였다. 신문왕대에는 신라가 삼국을 통일한 뒤에 늘어난 중앙관서의 업무와 영역이 확대된 지방통치를 위한 제도정비도 이루어졌다.

우선 중앙관부에서는 682년에 위화부령位和府令 2명을 두어 인재등용에 관한 업무를 관장했다. 또 공장부감工匠府監과 채전감彩典監 각각 1명을 두었으며 686년에는 예작부경例作府卿 2명을 두었다.

그리고 687년에는 음성서장音聲署長을 경卿으로 올리고 688년에는 선부경

船府卿 1명을 더 두어 늘어난 중앙관부의 업무를 처리하게 하였다. 특히 685년에는 각 관부에 행정실무를 담당하는 사지舍知가 설치됨으로써 문무왕대에 설치된 말단행정 담당자인 사史와 함께 영令·경卿·대사大舍·사지舍知·사史의 5단계 관직제도가 완성되었다.

지방 통치제도의 경우 689년에 왕경王京을 지금의 대구인 달구벌達丘伐로 옮기려다 뜻을 이루지 못하였다. 그러나 왕경의 편재에서 오는 불편함을 극복해 위하여 685년에 서원소경西原小京(지금의 청주)과 남원소경南原小京(지금의 남원)을 설치하고 진흥왕대에 설치된 국원소경國原小京을 중원소경中原小京(지금의 충주)으로 고침으로써 5소경제를 정비하였다.

또한 신라가 영토를 확장하는 과정에서 수시로 설치해 온 군정적軍政的 성격의 주州도 685년에 완산주完山州(지금의 전주)와 청주菁州(지금의 진주)를 설치함으로써 삼국통일 후 영토의 효과적 지배를 위한 9주제州制를 비로소 완성하였는데, 686년과 689년에는 관리의 녹봉으로 지급하던 녹읍祿邑을 폐지하고 해마다 세조歲租를 차등 있게 지급해 관리의 경제적 기반을 마련해 주었다. 이것은 녹읍을 통한 관리들의 경제력 확대를 억제시킴으로써 전제왕권을 보다 강화할 수 있는 효과를 가져왔다.

이와 같은 중앙 및 지방제도의 체계적 정비를 통해 전제왕권 중심의 통치질서를 완비한 신문왕은 687년에 직계조상인 태조대왕太祖大王·진지대왕眞智大王·문흥대왕文興大王·태종대왕太宗大王·문무대왕文武大王의 신령에게 제사를 지냄으로써 중대왕실의 정통성을 수립하는 5묘제廟制를 확립하였는데, 이것은 중국제후의 5묘제를 본뜬 것이다.

692년에는 당나라로부터 무열왕의 묘호廟號인 태종太宗이 당나라의 태종에 저촉된다는 외교적 간섭이 있었으나, 이를 잘 해결하기도 하였다.

능은 경상북도 경주시 배반동 낭산의 동남에 있다. 시호는 신문神文이다.

681년(신문왕 원년)에 왕위를 계승한 신문왕에게 당 고종은 사신을 파견하여 신라의 왕으로 책위하고 선왕이 당나라로부터 받은 관작을 그대로 승습하게 하였다.

8월에 서불감 진복을 상대등으로 삼았다. 같은 달 장인인 소판 김흠돌과 파진찬 흥원, 대아찬 진공 등이 모역하므로 이를 죽이고 며칠 뒤인 13일에 보덕왕이 사신으로 소형수小兄首 덕개德皆를 파견하여 역적을 토평한 것을 치하하였다. 3일 뒤에 국민에게 하교하기를

<공이 있는 사람에게 상을 내리는 것은 왕성往聖의 좋은 규범이고, 죄가 있는 사람을 주형誅刑하는 것은 선왕의 영전令典이다.

과인이 미약한 몸과 얕은 덕을 가지고 숭고한 기업을 사수하여 식찬食餐을 폐망하고 일찍 일어나고 늦게 잠들면서도 뭇 고굉股肱의 신하들로 더불어 국가를 평안하게 하려고 하는데, 어찌 상복喪服 중에 난이 서울에 일어날 것을 헤아릴 수 있었겠는가.

적괴 흠돌과 흥은, 진공 등은 그 지위가 재능才能로 오른 것도 아니고 그 직위는 실은 왕은王恩으로 올라간 것임에도, 능히 시종을 삼가 부귀를 보전하지 못하고 불인불의不仁不義로서 복위福威를 만들고 관료를 모만侮慢하며 상하를 기릉欺凌하여 날로 무염無厭의 뜻을 나타내고, 그 폭학한 마음을 들어내어 흉사한 사람을 불러 거두고, 근수近竪들과 교결交結하여 화禍가 내외로 통하고 악한 무리들이 서로 도와 기일을 정한 후 난동하려 하였다.

과인은 위로는 전지의 도움을 입고 아래로는 종묘의 영조靈助를 받아 흠돌 등의 악이 쌓이고 죄의가 발각되었으니, 이는 곳 인신人神이 함께 버린 것으로 다시 용납하지 못할 것이니, 정의를 범하고 미풍을 상함이 이보다 심한 것이 없는 것이다.

그럼으로써 병중兵衆을 모아 효경梟獍과 같은 나쁜 놈들을 제하려 하니, 혹은 산곡으로 도망하여 숨고 혹은 궐정闕庭에 항복하였다. 그러나 그 여당들을 찾아 이미 토멸하여 3, 4일 동안에 죄수들은 탕진되었다.

이 일은 마지못할 따름이었으나 사인士人들은 경동驚動하여서 근심스럽고 부끄러운 마음을 어찌 조석으로 잊을 수 있겠는가. 이제는 이미 요망한 무리가 숙청되어 원근遠近에 근심이 없어졌으니, 소집하였던 병마는 빨리 놓아 돌려보내게 하고 사방에 포고하여 이 뜻을 알게 하라.>

하였다. 28일에 이찬 군관軍官을 주誅하고 교서를 내려 말하기를

<윗사람을 섬기는 규범은 충성을 다하는 것을 근본으로 하고, 관직에 있음에는 의리를 둘도 없는 근본으로 하는데, 병부령이찬군관兵部令伊湌軍官은 반서班序의 인연으로 드디어는 윗자리에 올랐는데, 감히 십유보궐拾遺補闕하여 조정의 소절素節을 다하지 못하고 목숨을 저버리고 몸을 잊어가면서 단성丹誠을 사직에 표하지 못하고 적신賊臣 흠돌 등과 더불어 교섭하여 그들의 역모 사실을 알았으나 일찍 이 사실을 알리지 아니하였으니, 이는 우국憂國하는 마음이 없었고 또한 순공徇公의 뜻이 끊어졌으니 어찌 재보宰輔의 중직에 있어 함부로 국가의 헌장을 혼탁하게 만들 것이랴.
마땅히 중기衆棄의 죄인과 한가지로 후진을 징계하여야 할 것이므로, 군관軍官 및 적자嫡子 1명을 자진하게 하고 이를 원근에 포고하여 알게 하라.>

하였다. 10월에 시위감侍衛監을 파하고 장군 6명을 두었다.
682년(신문왕 2) 정월에 왕은 친히 내을신궁에 제사하고, 죄수들을 대사하였으며, 4월에는 위화부령位和府令 2명을 두어 선거選擧의 사무를 맡아보게 하였다. 5월에 태백성이 달을 범하였다.
6월에는 국학을 설립하여 경卿 1명을 두고 또 정장부감正匠府監 1명과 채전감彩典監 1명을 두었다. 즉위한 지 3년째 되는 683년 2월에는 순화順和로써 중시를 삼고 일길찬 김흠운金欽運의 소녀를 맞아 부인을 삼기로 하고, 먼저 이찬 문영文穎과 파진찬 삼광三光을 파견하여 기일을 정하여 대아찬 지상智常을 통해 납채納采를 보냈는데, 폐백이 15차車이고 쌀, 술, 기름, 꿀, 장, 포, 육장이 135차이며 조곡이 150차였다. 5월에 평지에 눈이 1척尺이나 쌓였다.
5월과 7월에는 이찬 문영과 개원을 그 집으로 파견하여 부인으로 책위하고, 그날 묘시卯時(오전 5시)에 파진찬 대상大常과 손문孫文, 아찬 좌야坐耶와 길숙吉叔 등을 파견하여 각 처낭妻娘 및 급량부와 사량부 두 부의 부녀 30명씩으로 하여금 맞아왔다. 부인은 수레를 타고 좌우로는 시종, 관인官人 및

낭구娘嫗 등으로 아주 성황이었고 왕궁의 북문에 이르러 수레에서 내려 궁내로 들어왔다.

10월에 보덕왕 안승을 소판으로 삼고 김씨金氏의 성을 주어 경도京都에 머무르게 하고 갑제甲第와 양전良田을 하사하였다. 이때 혜성이 오차五車에 나타났다.

674년(신문왕 4) 10월에 저녁 어두울 무렵부터 새벽에 이르기까지 유성이 종횡하였다.

674년(신문왕 4) 11월에 안승의 족자族子인 장군 대문大文(또는 실복悉伏)이 금마저에 있으면서 모반하는 사실이 발각되어 죽었는데, 남은 일당들은 대문이 죽는 것을 보고 관리를 죽이며 고을에 웅거하여 반역하였다. 신문왕은 장병들에게 명하여 이를 토벌하게 하였는데, 서로 싸우다가 당주幢主 핍실逼實은 전사하였다. 성이 함락되자 그 고을 사람들은 남쪽의 주와 군으로 옮기고 그 땅을 금마군金馬郡이라 하였다.

685년(신문왕 5) 봄에는 다시 완산주를 설치하고 용원龍元으로써 총관을 삼고 거열주를 나누어서 청주菁州(현 진주)를 설치하여 비로소 아홉 주를 정비하게 되었으며, 대아찬 복세福世를 총관을 삼았다. 3월에는 서원 소경을 설치하고 아찬 원태元泰를 사신仕臣을 삼고, 남원 소경을 설치하여 모든 주와 군의 민호民戶를 옮겨 나누어 살게 하였다. 이때 봉성사奉聖寺가 이룩되고 4월에는 망덕사望德寺가 이룩되었다.

686년(신문왕 6) 정월에 이찬 대장大莊을 중시를 삼고 예작부경例作府卿 2명을 두었다. 2월에는 석산石山(석성石城), 마산馬山(현 한산韓山), 고산孤山(현 예산禮山), 사평沙平(현 홍성洪城)의 네 현을 설치하고 사비주泗沘州를 (부여) 군郡으로 하고 웅천군熊川郡을 주州로 하고 발라주發羅州를 군으로 하고 무진군武珍郡(현 광주光州)을 주로 하였다. 이때 사신을 당나라로 파견하여 《예기禮記》와 아울러 《문장文章》을 청하니, 측천무후는 유사에게 명하여 길흉요례吉凶要禮를 서사書寫하고 아울러 문관사림文館詞林에서 사섭규계詞涉規誡를 따라 50권을 내주었다.

687년(신문왕 7) 2월에는 원자가 탄생하였다. 이날은 음침하고 큰 천둥과

번개가 있었다. 3월에 일선주를 파기하고 다시 사벌주를 설치하고 파진찬 관장官長을 총관으로 삼았으며 4월에는 음성서장音聲署長을 고쳐 경卿으로 삼고 대신大臣을 조묘祖廟로 파견하여 제사를 드리며 말하기를

"왕모王某는 계수재배稽首再拜하며 삼가 태조 대왕, 진지 대왕, 문흥 대왕, 태종 대왕, 문무 대왕의 영령에게 말씀 사뢰나이다.

모某는 허박虛薄한 몸으로 숭고한 기업을 사수嗣守하기에 자나 깨나 근심하며 근면하느라고 편안히 지낼 겨를이 없사옵고, 종묘의 보호 지지와 천지의 복록을 받들고 의지하여 사변이 안정하고 백성들이 화목하며 다른 성의 내빈들이 보물을 실어다 바치며 형백刑白하고 흔송訢訟이 없어지며 지금에 이르렀사오나, 요즘은 법도가 상실한 때 왕위에 임하여 의義가 괴위乖違고 천감天鑒이 보여 괴이한 성상들이 나타나고 화숙火宿(태양)이 몰휘沒輝하여 전전율률戰戰慄慄함은 마치 깊은 골짜기에 떨어진 것과 같습니다.

이에 삼가 관모官某를 파견하여 넉넉지 못한 제물을 받들어 여재如在의 영령英靈을 공경하오니, 미성微誠을 밝게 살피시어 사시四時의 기후를 순조롭게 하시고 오사五事의 징조가 허물이 없도록 하시고 화가禾稼 등 곡식이 풍성하게 하시고, 모든 질병이 없어지게 하시고, 의식이 풍족하고 예의가 갖추어져서 내외가 청밀淸謐하고 도적이 소망消亡하여 후손들을 유족裕足하게 하시고 영원히 다복하게 하옵소서."

하였다. 5월이 되자 신문왕은 문무 관료들에게 전지田地를 하사하였으며 가을에는 사벌주와 삽량주의 두 주에 성을 쌓았다.

688년(신문왕 8) 정월에 중시 대장大莊이 죽었으므로 이찬 원사元師를 중시로 삼았고, 2월에는 반부경般府卿 1명을 더하였다.

이듬해에는 내외의 관록읍官祿邑을 파하도록 하교하고 해마다 조곡을 주기로 하되, 항식恒式에 의하기로 하였다. 윤 9월 26일에 왕은 장산성으로 행차하고, 서원경西原京의 성을 쌓았다. 또한 장차 달구벌達句伐(현 대구)로 도읍을 옮기려고 하였으나 실행치 못했다.

689년(신문왕 10) 2월에 중시 원사가 병으로 인하여 면직되었으므로 아찬 선원仙元을 중시로 삼았다. 10월에는 전야산군轉也山郡(남해南海)을 설치하였다.

690년(신문왕 11) 3월 1일이 되자 신문왕은 왕자 이홍理洪을 태자로 삼고 13일에는 죄수를 대사하였다. 이때 사화주沙火州(또는 사벌주, 현 상주)에서 백작白雀을 헌납하였으며 남원성南原城을 쌓았다.

691년(신문왕 12) 봄에 대밭이 말라버렸다. 당의 중종中宗이 사신을 파견하여 말하기를

"우리 태종문황제太宗文皇帝는 신공성덕神功聖德이 천고에 초출超出하였으므로 돌아가던 날에 대종大宗이라고 묘호를 정하였는데, 그대의 나라 선왕 김춘추도 이와 같은 호를 정하였으니, 이는 몰래 남의 호를 따 붙인 것이니 급히 개칭하여야 할 것이다."

하였다. 이에 신문왕은 군신과 더불어 이를 상의한 후 대답하기를

"소국의 선왕 춘추의 시호는 우연히 성조聖祖의 묘호와 서로 범한 것입니다. 칙령으로 이를 고치라 하나 감히 이 명을 좇을 수 없겠습니다.

그러나 생각건대 선왕 춘추는 현덕이 있고 항차 생전에 양신良臣 김유신과 더불어 한마음으로 정사를 다스려 삼한을 통일하였으니, 그 공업功業은 실로 크고 많다고 하지 않을 수 없고, 돌아가실 때에 일국의 신민들은 슬픔과 사모하는 마음을 이기지 못하였습니다.

추존의 호가 성조의 호를 서로 범한 것을 깨닫지 못하였는데, 이제 교칙을 들으니 공구恐懼함을 이기지 못하겠으나 사신을 명하여 궐정闕庭에 보내 복망伏望하며 이로써 알리오니, 이 뜻을 헤아리시오."

하였더니, 그 뒤에는 별다른 칙서가 없었다. 7월에 왕이 돌아가시므로 신문이라 시호하고 낭산 동쪽에 장사하였다.

● 신문왕대의 사람들

용원龍元

생몰년 미상. 신라 신문왕 때의 지방관. 685년(신문왕 5) 봄에 지금의 창녕 지방에 설치되었다가 폐지된 완산주完山州를 전주 지방으로 옮겨 다시 설치할 때, 그 주의 총관摠管으로 임명되었다.

진공眞功

?~681(신문왕 1). 신라 신문왕 때의 반란자. 668년(문무왕 8) 신라와 당나라가 연합하여 고구려를 정벌할 때인 6월 22일에 웅진부성熊津府城의 유진장留鎭將 유인원劉仁願이 귀간貴干 미힐未肹을 보내어 고구려의 대곡성大谷城(지금의 황해도 평산)·한성漢城(지금의 황해도 재령) 등 2군郡 12성城을 항복받았다고 보고하자, 일길찬一吉湌의 관등으로 파견되어 하례를 하였다.

그러나 백제와 고구려를 멸망시킨 뒤, 당나라는 신라마저 집어삼키려 하여 신라는 당나라와 맞서 싸웠는데, 671년 정월 당병이 백제를 도우려 한다는 소식을 듣고 대아찬大阿湌의 관등으로 군사를 이끌고 옹포甕浦를 지켰다.

그 뒤 681년(신문왕 1) 8월 18일에 신문왕비의 아버지 김흠돌金欽突이 왕비가 폐출 당하자 반란을 일으켰는데, 파진찬波珍湌 흥원興元과 함께 이에 동조하였다가 죽임을 당하였다.

좌야坐耶

생몰년 미상. 신라 신문왕 때의 관리. 관등은 아찬阿湌에 이르렀다. 신문왕의 처음 왕비는 김흠돌金欽突의 딸이었으나, 681년(신문왕 1) 8월 김흠돌이 모반하다가 죽음을 당하자 왕비도 죄를 입고 궁에서 쫓겨났다.

그리하여 신문왕은 683년 2월 일길찬一吉湌 김흠운金欽運의 딸을 비로 삼고

자 5월 7일에 먼저 이찬伊湌 문영文頴과 개원愷元을 김흠운의 집으로 보내 부인을 책봉하였다. 같은 날 묘시卯時에 좌야·대상大常·손문孫文·길숙吉叔 등이 왕명을 받고 각기 처랑妻娘과 급량부及梁部·사량부沙梁部의 부인 각 30인을 데리고 부인을 궁 안으로 맞이해왔다.

지상智常

생몰년 미상. 신라 신문왕 때의 관리. 신문왕의 첫째 비는 소판蘇判 김흠돌金欽突의 딸이었는데, 681년(신문왕 1) 8월 8일에 김흠돌이 모반하다가 죽음을 당하자 왕비도 죄를 입고 궁에서 쫓겨났다. 그리하여 683년 2월에 신문왕이 일길찬一吉湌 김흠운金欽運의 딸을 비로 삼기로 하였을 때, 지상은 왕명을 받고 납채를 맡아서 폐백 열다섯 수레, 쌀, 술, 기름, 꿀, 간장, 된장, 포, 식혜 135수레, 벼 150수레를 김흠운 집에 납채하였다.

정화貞和(또는 貞花)

신라新羅 신문왕神文王의 어머니. 912년에 정화태후貞和太后로 추봉追封되었다.

김근질金釿質

신라新羅 신문왕자神文王子. 726년(성덕왕 25) 왕王의 동생同生으로써 당唐나라로 건너가 예물을 전하니 당나라에서는 낭장郎將의 벼슬을 제수했다.

신문왕비 김씨神文王妃金氏

생몰년 미상. 신라 신문왕의 첫째 왕비. 성은 김씨, 이름은 미상이며, 소판蘇判 흠돌欽突의 딸이다. 신문왕이 태자일 때(665~680) 비妃로 맞아들였으나, 오래도록 아들이 없었다.

그 뒤 681년(신문왕 1) 8월에 아버지 김흠돌이 파진찬波珍飡 흥원興元 및 대아찬大阿飡 진공眞功 등과 함께 모반하다가 주살된 사건이 일어났는데 이때 김씨도 연좌되어 궁에서 축출되었다.

한편, 김씨는 자식이 있었으며, 그가 나중에 신라 제33대왕이 된 성덕왕이라는 주장도 제기되고 있다.

대문大文

?~684(신문왕 4). 보덕국왕 안승安勝의 아들. 실복悉伏이라고도 한다.

신라 조정에서는 안승을 보덕국왕으로 책봉하고 나서 얼마 뒤인 683년(신문왕 3) 안승을 금마저金馬渚(지금의 전라북도 익산시)에서 경주로 불러들여 소판의 관등과 김씨 성을 내리고, 저택과 토지까지 주어 돌려보내지 않았다.

이러한 사실을 안 대문은 684년 11월 금마저에 웅거하여 난을 일으켰다.

그러나 곧 신라 토벌군에 의하여 체포되어 죽음을 당하였고, 남은 무리들이 신라관리들을 죽이고 보덕성에 웅거하여 항거를 계속하였으나 신라군에 의하여 평정되었다.

신라는 대문의 난을 평정한 뒤 금마저의 고구려 유민들을 남쪽 주군州郡으로 옮기고, 금마저를 강등하여 금마군金馬軍으로 하였다.

대장大莊

?~688(신문왕 8). 신라의 왕족. 관등은 이찬伊飡. 686년 정월에 중시中侍가 되었으나 2년 뒤 죽었으며, 후임으로 원사元師가 중시가 되었다.

가계에 대해서는 태종무열왕의 둘째아들인 김인문金仁問의 후손으로 보는 설과, 셋째아들인 문왕文王의 아들로 문왕—대장—사인思仁—유정惟正—주원周元으로 이어지는 계통으로 보는 설이 있다.

선품善品

 생몰년 미상. 신라의 왕족. 벼슬은 파진찬波珍飡, 일명 海干에까지 올랐는데, 그의 딸이 뒤에 문무왕이 된 김법민金法敏에게 시집가서 자의왕후慈儀王后가 되어 신문왕神文王을 낳았다.

 그런데 ≪삼국유사≫ 후백제 견훤조에 인용되어 있는 ≪이제가기李磾家記≫에 의하면, 그는 진흥왕의 셋째아들인 구륜공仇輪公의 아들로 되어 있다. 그리고 그의 아들인 각간角干 작진酌珍이 왕교파리王咬巴里를 맞아 견훤의 아버지 아자개阿慈介를 낳았다고 하나, 이는 사실로 생각되지는 않는다.

손문孫文

 생몰년 미상. 신라 신문왕 때의 귀족. 683년(신문왕 3) 5월 왕이 김흠운金欽運의 소녀少女를 맞아 부인夫人을 삼을 때 손문은 파진찬波珍飡으로서 파진찬 대상大常과 아찬阿飡 좌야坐耶 및 길숙吉叔 등과 함께 부인을 맞이하는 일을 맡았다.

박숙청朴夙淸

 생몰년 미상. 신라 신문왕 때의 관리. 관등은 파진찬波珍飡. 그는 682년(신문왕 2)에 국왕에게

"동해바다 가운데 조그마한 산이 있는데 물에 떠서 감은사感恩寺를 향하여 파도를 따라 왕래한다."

고 보고하였다. 신문왕이 그것을 이상스럽게 생각하여 일관日官 김춘질金春質에게 명하여 점을 치게 하였는데, 그 곳에 가면 반드시 대보大寶를 얻을 수 있을 것이라는 점괘가 나왔다. 이에 국왕이 직접 동해로 행차하여 그 산

을 보고 조사하게 하여 대나무를 하나 얻었는데, 이 대나무는 낮에는 둘이 되고 밤에는 합하여 하나가 되었다. 그런데 용이 나타나 이 대나무로 피리[笛]를 만들면 천하가 화평할 것이라고 일러주었다. 이에 피리를 만들어 만파식적萬波息笛이라 명명하고 천존고天尊庫에 보관하였다. 과연 피리를 부니 적병이 물러가고 병이 치유되며, 가뭄에는 비가 오고 또한 비가 오면 맑아지고 풍파가 평온하여지므로 국보로 삼았다.

효소왕 때에는 이를 다시 만만파파식적萬萬波波息笛이라 하였는데, 신라의 태평성대를 상징하는 것으로 보인다.

솔거率居

생몰년 미상. 통일신라시대의 화가. 출생·활동시기·족계族系 등은 잘 알려져 있지 않으나, 그가 뛰어난 화가였음을 전하는 기록과 일화를 남기고 있다.

농가출신으로 어릴 때부터 그림에 뛰어났다고 하며, 그의 활약시기에 대해서는 논란이 있으나 그가 그렸다는 단속사斷俗寺·황룡사黃龍寺의 완공시기와, 백률사柏栗寺의 중수기 가운데 신문왕 때 당唐나라 사람 승요僧瑤가 신라에 와서 솔거로 개명하였고, 물物·생生·영靈에 극진하여 많은 사람들이 신봉하였으며, 왕도 조서詔書를 내려 솔거로 명하였다는 기록으로 보아 고신라시대보다는 통일신라시대에 활동하였던 화가일 가능성이 짙다.

그가 그린 것으로 기록에 전해오는 작품 가운데 대표적인 것은 황룡사의 <노송도老松圖>이며, 이 벽화는 노송을 실감나게 잘 그려 새들이 착각하고 날아들다가 벽에 부딪혔다고 한다.

이 밖에 불교회화로 분황사芬皇寺의 <관음보살도觀音菩薩圖>와 진주 단속사의 <유마상維磨像>·<단군초상檀君肖像>·<진흥왕대렵도팔폭眞興王大獵圖八幅>을 그렸다고 한다. 그리고 관음보살 삼상三像을 조각하였다는 기록도 전하고 있다.

황룡사 <노송도>는 소나무의 그림이 생동감 넘치는 사실적인 채색화였을 것이다. 이 일화는 당시에 사실적인 묘사 중심의 회화가 발달하였음을 입증해주는 사례이며, 또 이는 당대의 불교 조각의 사실적 묘사수법의 발전에서도 확인된다.

핍실逼實

?~684(신문왕 4). 신라 신문왕 때의 장수. 성씨는 미상. 경주 사량부沙梁部 출신. 나마奈麻 취복聚福의 셋째 아들이다. 핍실의 두 형인 부과夫果와 취도聚徒는 앞서 나라를 위하여 싸우다가 죽었다.

고구려가 망한 뒤 그 왕족인 안승安勝과 고구려 유민들의 일부를 금마저金馬渚(지금의 익산益山)로 옮겨 거주시켰는데, 684년에 안승의 족자族子 대문大文, 혹은 悉伏과 고구려 유민들이 반란을 일으키자 신문왕은 군사를 일으켜 핍실을 귀당제감貴幢弟監으로 삼아 토벌하도록 하였다.

그는 떠날 때에 아내에게

"우리 두 형은 이미 국사國事에 그 이름이 썩지 않고 전한다. 내가 비록 불초하지만 어찌 죽음을 두려워하여 구차히 살 것인가. 오늘 그대와 살아서 헤어지지만 끝내는 죽어 이별하게 될 것이니 잘 살면서 슬퍼하지 말라."

고 하면서 자신도 죽기를 각오하고 출전하였다. 그는 적진을 대하자 홀로 나가 분전하여 고구려군 수십 명을 죽이고는 전사하였다. 이를 전해들은 신문왕은 이들 형제의 용맹에 탄복하여 이들에게 모두 사찬沙湌의 벼슬을 추증하였다.

신충信忠

생몰년 미상. 신라 신문왕의 등창설화에 나오는 노비. 신문왕이 등창이 나서 혜통惠通에게 보아주기를 청하니 혜통이 와서 주문을 외워 그것을 낫게

하였다. 이에 혜통이 말하기를

"폐하가 전생에 재상의 몸이 되어 장인藏人 신충을 잘못 판결하여 노비가 되게 하였으므로, 신충이 원한을 품고 환생할 때마다 보복하니 지금 이 등창도 신충의 재앙입니다. 마땅히 신충을 위하여 절을 세우고 명복을 빌어 원한을 풀게 하소서."

라고 진언하였다. 신문왕은 죽은 신충의 혼을 달래기 위하여 곧 절을 세우고 그 이름을 신충봉성사信忠奉聖寺라 하였다. 본래 신충은 관리가 되었을 것인데 억울하게 죄를 입어 노비로 떨어졌다.

한편 신충봉성사의 사실이 ≪진표전眞表傳≫에 실려 있다는 것을 근거로 신충봉성사는 경덕왕이 자기를 원망할지도 모르는 신충을 위하여 지어준 절로 추론되기도 한다. 이렇게 되면 신충은 경덕왕 때의 인물이 된다.

원사元師

생몰년 미상. 신라 신문왕 때의 대신. 688년(신문왕 8) 1월 중시 대장大莊이 죽자, 후임으로 이찬伊湌인 그가 임명되었다. 그리하여 신문왕의 왕권강화 정치에 핵심인물로 활약하였다.

즉, 같은 해 2월 선부船府에 장관 경卿 1인을 더 두어 2인으로 하였고, 이듬해 1월 녹읍을 폐지하고 녹봉제를 실시하였다. 또, 달구벌達句伐(지금의 대구)로 천도하려고 계획하였다. 690년 2월 병으로 2년 1개월 만에 중시직을 물러나자, 아찬阿湌 선원仙元이 그의 후임이 되었다.

흥원典元

?~681(신문왕 1). 신라 신문왕 때의 모반자. 관등은 파진찬波珍湌에 이르렀다. 681년 정월 8일 소판蘇判 김흠돌金欽突, 대아찬大阿湌 진공眞功 등과 더불어 모반하다가 죽음을 당하였다.

관지 觀智

생몰년 미상. 신라 신문왕 때의 승려. 689년(신문왕 9) 조위사吊慰使와 함께 일본으로 가 금동불상 등을 기증하였다.

≪일본서기≫에 의하면 지통왕持統王 3년 3월에 '신라에서 급찬級湌 김도나金道那 등을 보내어 영진인왕瀛眞人王(천무왕天武王)의 상喪을 조문하고, 아울러 학문승 명관明觀·관지 등을 보내었으며 별도로 금동아미타상·금동관세음보살상·대세지보살상 각 일구一軀와 채백금릉綵帛錦綾을 보냈다.'고 하였는데, 이것은 신라 신문왕 9년의 일이다.

그러나 ≪삼국사기≫나 ≪삼국유사≫에는 기록이 없다. 이들은 이해 6월에 구주九州의 태재부太宰府로부터 일본에서 보내는 예물을 받아가지고 7월에 신라로 돌아왔다.

저술로 전해지고 있는 것으로는 ≪열반경요간涅槃經料簡≫과 ≪아비달마식신족론소阿毘達磨識身足論疏≫ 등이 있다.

길숙 吉叔

생몰년 미상. 신라 신문왕 때의 관리. 관등은 아찬阿湌이었다. 신문왕이 납비納妃할 때, 비를 궁내로 모셔오는 임무를 수행하였다.

즉, 신문왕은 683년(신문왕 3)에 김흠운金欽運의 딸인 신목왕후를 받아들였는데, 먼저 왕의 작은아버지인 이찬伊湌 문영文穎과 개원愷元을 흠운의 집으로 파견하여 부인으로 책위冊爲하였다.

같은 날 묘시卯時에 길숙을 파진찬波珍湌 대상大常·손문孫文, 아찬 좌야坐耶와 더불어 파견하였고, 각 처랑妻娘 및 양부梁部·사량부沙梁部의 부녀자 30인씩으로 하여금 부인을 궁내로 맞아들이게 하였다.

김도나金道那

생몰년 미상. 신라 신문왕 때 일본에 파견된 사신. ≪일본서기≫에 의하면 689년(신문왕 9) 4월에 '신라가 김도나 등을 보내어 영진인왕嬴眞人王의 죽음을 조문하고, 아울러 학문승學問僧 명총明聰과 관지觀知 등을 보내어 별도로 금동아미타상·금동관세음보살상·대세지보살상 각 1구와 채백금릉綵帛錦綾을 바쳤다.'고 한다.

그리고 같은 해 5월 22일에 일본조정에서는 '신라의 봉칙사자奉勅使者는 원래 소판蘇判의 관위官位에 있는 사람을 보내도록 되어 있는데 지난번 텐지왕天智王의 조상사吊喪使로는 일길찬一吉飡 김살유金薩儒 등을 보내더니 이번에는 급찬級飡으로 조위사를 삼으니 이는 전례에 어긋난다.

마땅히 진상한 예물과 별도로 보낸 불상과 채백금릉 등을 모두 돌려보낼 것이나 차마 그렇게 할 수 없으니 돌아가거든 그대 임금에게 앞으로는 전례를 지키도록 하라고 아뢰어라.'고 부탁하였다.

6월 20일에는 일본왕이 쓰쿠시대재筑紫大率에게 명하여 신라 학승에게는 면綿 각 140근을 선물하고 23일에는 송별연을 베풀고 선물을 각기 차등 있게 주었다.

김영윤金令胤

?~684년(신문왕 4). 신라 신문왕 때의 무관. 김유신의 동생인 흠춘欽春의 손자이며, 반굴盤屈의 아들이다. 금마저金馬渚(지금의 부산釜山)에 안치된 고구려 유민들이 684년 신라에 항거해 봉기하자, 이를 평정하기 위한 전투에 황금서당黃衿誓幢의 보기감步騎監으로 임명되어 출전하였다.

고구려 유민들이 진영을 갖추고 신라군에 대항하고 있음을 보고, 신라 군중에서는 궁지에 몰린 적을 쫓지 말아야 한다는 것을 내세워, 물러나 적이 피로해진 뒤에 공격하자는 의견이 있었다. 이에 함께 출전한 다른 장수들은 잠시 물러났으나, 홀로 그 의견에 반대하고 군인은 전투에 임해 용맹해야 하며 진격만이 있을 뿐 후퇴가 있을 수 없다 하여, 휘하의 부대만으로 분투하다 전사하였다.

신라의 왕경王京 사량부沙梁部 사람이며, 그의 선조는 금관가야 왕족으로 532년(법흥왕 19) 신라에 투항해 와서 진골로 편입되었다. 또 고조부인 무력武力 때부터 대대로 무공을 세워 크게 이름을 떨치고 있었다. 무력은 백제의 성왕을 전사시키고 백제의 대군을 전멸시켜 대승리를 거둔 554년(진흥왕 15) 전투에서 당대의 명장으로 이름을 떨쳤던 인물이다.

증조부 서현舒玄도 진평왕 때 대장군으로 활약하였다. 할아버지 흠춘은 그의 형 유신과 함께 삼국통일 전쟁에서 중심적인 역할을 한 인물로, 문무왕은 김유신·김흠춘·김인문 세 사람을 나라의 보배라고까지 말하였다. 이같이 그의 집안은 무인으로서의 정신을 목숨보다 중히 여기는 가통家統을 지니고 있었다.

아버지 반굴은 660년(무열왕 7)에 백제 장군 계백의 군대와 전투할 때, 목숨을 바쳐 충성을 다하라는 자신의 아버지 흠춘의 명을 받고 즉시 적진으로 돌격해 장렬하게 전사함으로써 신라군의 투지를 북돋우고 산화한 인물이다.

당숙堂叔이자 김유신의 아들인 원술元述이 당나라 군대와의 전투에서 패배하고도 살아 돌아왔을 때, 김유신은 왕에게

"원술이 왕명을 욕되게 했을 뿐만 아니라, 또한 가훈을 저버렸으므로 참형斬刑에 처해야겠습니다."

라고 했으나, 문무왕이

"원술은 비장裨將인데 혼자에게만 무거운 벌을 내려서는 안 된다."

고 용서해 주었다. 그러나 김유신은 원술을 끝내 용서하지 않았고, 원술의 어머니도 김유신이 죽고 나서까지

"원술은 이미 선친에게 아들 노릇을 하지 못했으니 내가 어찌 그의 어머니가 되겠느냐?"

하며 그를 만나 보지도 않았다. 김영윤은 이러한 가통 속에서 자라 명예와 절개를 자부심으로 삼았다고 한다.
 684년 그가 전투에 출전할 때 사람들에게

"내가 이번의 출정에서 종족과 붕우들로 하여금 오명을 듣지 않게 하겠다."

라고 말했다 한다. 이 말은 가통에 따른 그의 단호한 결심을 보여 주는 것이며, 또한 가통과 명예를 중시하는 당시 신라 귀족들의 기개를 보여 주는 것이기도 하다.
 그가 장렬히 전사하자, 그 소식을 들은 신문왕은 '그 아버지에 그 아들'이라며 반굴과 영윤 부자의 의열義烈을 칭송했다 한다.

김원태 金元泰

 생몰년 미상. 신라 중대의 대신. 성덕왕의 전비前妃인 성정왕후成貞王后(혹은 엄정왕후嚴貞王后)의 아버지이다.
 685년(신문왕 5) 아찬阿飡으로 서원소경西原小京(현 청주)의 사신仕臣이 되고, 704년(성덕왕 3) 승부령乘府令 소판蘇判으로서, 딸을 왕비로 들여보냈다. ≪삼국유사≫에는 아간阿干 원대元大의 딸로서 배소왕후陪昭王后라 기록되어 있으나, 이 원대는 원태와 같은 인물로 생각된다. 그런데 성정왕후는 716년(성덕왕 15)에 출궁出宮당하는데, 이는 귀족간의 분쟁에서 김원태 일족이 패배하였기 때문에 일어난 것으로 보기도 한다.
 한편, 원태와 원대를 703년(성덕왕 2) 7월에서 705년 1월까지 중시中侍를 지냈던 원문元文과 같은 인물로 보는 견해도 있다. 그러나 원문은 704년에 죽었으므로 성정왕후의 출궁이유에 대한 설명이 잘 맞지 않게 된다.

김흠돌 金欽突

?~681(신문왕 1). 신라통일기의 장군. 가계는 알려지지 않았으나, 딸이 신문왕 비가 된 것을 보면 왕과 가까운 혈족이었을 것이다. 김유신金庾信·김인문金仁問을 도와 고구려 정벌에 큰 공을 세운 대표적인 장군이다.

661년(문무왕 1) 7월 고구려 원정군 편성에 김인문·김진주金眞珠와 같이 대당장군大幢將軍으로 참여해, 김유신을 도와 시이곡정始飴谷停까지 진격하였다. 그러나 이때는 백제 잔민의 반란 진압이 급선무였고, 또한 군량미 보급이 주 임무여서 중도에서 회군하였다.

668년 6월에는 대아찬大阿飡으로서 김인문·김흠순金欽純·천존天存·문충文忠·진복眞福·지경智鏡·양도良圖·개원愷元 등과 함께 대당총관大幢摠管이 되어 전국의 총관과 병마를 동원해 고구려 정벌을 떠났다.

그 해 9월 평양성을 함락했으며, 출정의 공으로 파진찬波珍飡이 되었다. 곧이어 소판蘇判으로 승진했으나, 그 뒤의 기록은 없다.

신문왕비가 된 딸은 오랫동안 아들을 낳지 못하였다.

681년(신문왕 1) 8월에 파진찬 흥원興元, 대아찬 진공眞功 등과 모반을 꾀하다 주살되었다. 곧이어 그 딸도 폐출되었으며, 신문왕은 김흠운金欽運의 딸을 새 왕비로 맞아들였다.

모반 죄목은 구체적으로 나타나 있지 않고, 다만 김군관金軍官과 어떤 관계가 있다는 신문왕의 교서 내용뿐이다. 즉, 왕의 장인으로서 역모를 했으며, 이를 고발하지 않았다고 병부령인 김군관이 처형된 것을 보면 상당히 큰 사건이었던 것은 확실하다.

무엇보다도 신문왕의 전제 왕권 확립이나 제도 정비 및 율령 정치 구현의 한 과정에서 발생한 사건인 것만은 틀림이 없을 것이다. 특히 여기에서 주목되는 것은 불휼국사不恤國事나 수명망구授命忘軀 등 7세기 이후 더욱 강화된 유교 정치 이념의 확립과 투철한 국가관이라는 사실이다.

● 신문왕 시대의 세계동향

▶ 동양

682년 4월 왕방익王方翼, 돌궐을 평정

　　　7월 설인귀薛仁貴 돌궐 가한可汗 골독록의 입구를 쳐부숨

683년 12월 중국 고종 죽음. 일본, 동전을 사용

683년 12월 중국 고종 죽음. 일본 동전을 사용

684년 2월 태후太后 중종中宗을 폐함

　　　10월 일본 오오쯔大津 황자를 사사賜死

688년 8월 태후太后 당唐의 종실宗室을 많이 죽임

690년 9월 무씨武氏 국호를 주周로 고침

691년 7월 주나라 적인걸 등을 귀양 보냄

　　　7월 일본 노비제도를 정함

▶ 서양

687년 7월 프랑크 왕국의 궁제宮帝 피핀 1세 왕국의 전권을 쥠

● 수렛재

신문왕의 어가는 어떻게 토함산을 넘었을까

우리 일행은 경주를 출발해서 토함산을 넘어 감은사대왕암에 이르는 옛길을 더듬어 보고자 출발한 신라문화동인회 회원으로서, 신라 때에 왕이 수레를 타고 다녔을 그 길을 따라 장항에서 차를 내려 기림사로 가고 있었다.

절이 가까워지자 아름드리 떡갈나무와 굴참나무가 빽빽이 하늘을 가리운다.

기림사는 신라 선덕여왕 때에 창건된 크고 오래된 절로서 역사를 말하여 주듯 기와에는 푸르스름한 이끼가 기어 있고, 몇 아름이나 됨직한 커다란 보리수나무는 경내에 버티고 서서 짙은 그늘을 드리우고 있었다.

감로수를 한 쪽박 퍼마시고 절의 뒷길을 따라 용추(용연龍淵이라고 한다)로 향했다.

겨우내 허물어진 것을 푸나무를 깔고 다듬은 길 양편 벼랑에는 고색 창연한 돌축대가 군데군데 옛 모습을 하고 남아 있었다. 냇물 소리가 갑자기 크게 들리는가 싶더니 모퉁이를 돌자 대여섯 길은 됨직한 폭포가 턱 앞을 막는다.

"아! 용연이구나!"

"저 아래 있는 못이 용추구먼!"

"그럼, 저기가 바로 신문왕께서 점심을 드셨다는 곳일 게구."

"태자 이공이 서라벌에서 단숨에 말을 몰아 달려 왔다는 곳이 여기구나!"

저마다 한 마디씩 탄성을 질렀다. 폭포 밑 자갈밭에 메고온 짐들을 벗어놓고 세수를 하니, 그 시원함이란 이루 말할 수 없을 정도였다.

여기서 이해를 돕기 위해 먼저 '만파식적'에 대한 이야기를 해야겠다.

682년(신문왕 2) 5月 초하루(양력 6월 11일) 왕은 대궐 뜰 아래 앉아 여러 가지 생각에 골똘하고 있었다.

위대하신 아버님 문무대왕이 세상을 뜨시자 유언에 따라 동해 바위섬에 장사를 지내고, 부왕께서 계획하신 절(왜구의 침입을 막기 위해 동해 바닷가에 세우시려 던 절-감은사)을 완성하고 호국의 사찰로 삼았다.

그러나 자신을 보좌하던 장인 소판 김흠돌 등이 반란을 일으켰으므로, 그들의 진압하고 왕비마저 죄인의 딸이라 하여 대궐에서 내보낸 뒤, 마음이 심란하여 오만가지 생각이 머리 속을 오락가락하고 있던 중이었다.

이때 수중릉 부근에서 바다를 감시하는 임무를 띄고 나가 있던 박숙청이란 해관(해안 파수병 책임자)이 달려와 아뢰었다.

"지금 동해에 작은 섬 하나가 물에 떠서 감은사를 향해 오고 있습니다."

신문왕은 이 말을 듣고 의아해하며 일관(나라 일을 점치는 사람) 김춘질을 불러 물었다. 김춘질은 다음과 같이 답했다.

"대왕님의 아버님께서는 지금 용이 되시어 이 나라 강토를 지키시옵고, 김유신 장군께서는 하늘의 신이 되어 나라를 보살펴주고 계십니다. 두 성인의 뜻을 같이 하여 나라를 지킬 큰 보물을 내리려 함이니, 이 길로 바닷가로 향차하히면 반드시 값으로 헤아릴 수 없는 귀한 것을 얻을 것입니다."

왕은 기뻐하며 그 달 7일(양력 6월 17일) 수레를 타고 관해동 고개를 넘어 이견대로 행차하여 그 산을 바라보고, 사람을 시켜 살펴보게 하니 산모양은 거북머리 같고 그 위에 대나무 한 그루가 있는데 낮에는 둘이다가 밤에는 하나로 합치더라고 아뢰었다.

왕은 감은사에서 주무셨다. 다음날 한낮(양력 6월 18일 12시)에 대나무가 하나로 합하더니 천지가 진동하고 비바람이 몰아치고 어두컴컴하기를 7일이나 계속되었다. 5월 16일(양력 6월 26일)이 되어서야 고요해지므로 직접 왕이

이 섬에 오르니, 기다리고 있던 용이 검은빛 나는 옥으로 만든 띠를 왕께 바쳤다. 왕은 옥띠를 받으며

"이 산의 대나무는 갈라지기도 하고 합쳐지기도 하는데, 그 까닭이 무엇입니까?"
"그것은 대왕님께 소리로써 천하를 다스릴 좋은 징조이옵니다. 마치 한 손으로 치면 소리가 나지 않고, 두 손을 마주치면 소리가 나는 것과 같은 이치지요, 저 대나무를 베어다가 피리를 만들어 불면 반드시 온 나라 안이 평화로워질 것입니다.
대왕님의 아버지와 김유신 장군께서는 두 마음을 합쳐 저로 하여금 이 보물을 전하라 시킨 것이올시다."

신문왕이 놀랍고도 기뻐서 용에게 감사의 표시를 하고 대나무를 베어 배에 오르자, 섬은 온데 간데 없이 사라지고 말았다.

왕이 일행이 감은사에서 주무시고 이튿날(양력 27일) 서라벌 궁궐을 가다가, 기림사 서쪽 시냇가에 이르러 수레를 멈추게 하고 점심을 먹으면서 나무 그늘이나 바위에 앉아 쉬고 있으려니, 궁궐을 지키고 있던 태자 이공理恭(뒷날의 효소왕)이 이 기쁜 소식을 듣고 달려와 아버님께 절하고 보물을 보여줄 것을 청했다.

태자가 자세히 보니, 진짜 용의 비늘로 되어 있으므로 옥띠의 띠판 하나를 떼어 물에 던지니 시냇물이 물보라를 일으키며 큰 용 한 마리가 하늘로 올라가는 것이 아닌가!

그 때문에 땅이 패어져 못이 되었으니, 앞에서 말한 용연이 바로 이런 내력이 얽혀 생긴 못이고 만파식적으로 불리는 옥적玉笛은 현재 국립경주박물관에 보관되어 있다.

신문왕이 어느 길로 해서 오갔었는지는 잘 알려져 오고 있지 않지만, 그렇기 때문에 우리들이 실지 답사를 통하여 익히고 알려야 할 더 많은 이유가 있다고 생각한다.

세월이 벌써 1,300년이나 지났으니 그 길을 찾기 위해서는 어느 정도 규모의 길이었나가 가장 먼저 생각해야 할 문제였다.

왕이 수레를 타고 다녔고, 거기다가 며칠씩 감은사에서 머물렀다면 많은 신하들과 군사들, 짐을 옮기는 사람들과 뒤따르는 장비가 무척 많았으리라는 점이다. 그러자면 자연히 서라벌에서 대왕암까지 평탄하고 가까운 길이 있었으리라는 것을 쉽게 짐작할 수 있다.

삼국통일을 할 당시 신라는 먼 전쟁터까지 양식과 무기를 운반하기 위해 숱한 길을 닦았다. 그러한 토목기술을 문무대왕의 영혼을 동해에 모시는 길을 내는데 동원했으리라는 추측은 누구나 쉽사리 할 것이다.

현재 경주에서 대왕암으로 가는 길은 5개소가 있으니

① 경주→ 불국사 아래 진티→ 동산재→ 장항→ 대왕암

(이 길은 기림사 서쪽과는 다른 방향이고 더구나 진티에서 잿마루는 가팔라서 수렛길이 될 수 없다.)

② 지금의 경주→ 감포도로

(추령재를 넘는데 경주에서 추원까지는 수렛길이 되나 재를 넘으려면 수레를 버리고 소 말이나 노새 등을 이용할 수밖에 없다. 게다가 지금 도로는 1920년대 일제에 의해 신작로로 닦은 길임)

③ 경주→ 시북거리(황룡분교 옆)→ 황룡골→ 참나무징이→ 한티버덩→ 서낭고개→ 기림사→ 대왕암

(한티 버덩에서 서낭고개가 가파르다)

④ 경주→ 시북거리→ 황룡골→ 참나무징이→ 갈밭미기→ 기림사→ 대왕암

(고개 넘어 기림사 가는 길이 험해서 수레 다니지 못함)

⑤ 경주→ 추원→ 모차골→ 서낭당 고개→ 세수방→ 불령재→ 용연→ 기림사 대왕암

(길이 평탄하고 수레가 다닐 수 있으며 자연스레 용추에 다다를 수 있다.)

위의 5개의 코스 중 유일하게 마차가 달릴 수 있는 길은 오직 한 군데 뿐이다.

용추에서 10여 분 걸으니 세 갈래 길이 나왔다.

오른쪽으로 가면 성황재 너머 영일군 오천으로 가는 길이므로 왼쪽으로 꺾어 들자, 길은 양쪽으로 홈이 패여져 있었고 이름모를 잡초가 무성하게 자라고 있었다.

참꽃나무가 자부룩한 사이로 다시 20분을 더 가자 야트막한 고개에 다다랐다.

고개마루에는 '불령재'라고 한자로 씌어진 이정표가 잔뜩 이끼를 머금고 서있었다. 조선시대 때까지만 해도 이 길은 꽤 빈번한 왕래가 있었음을 말해준다고 할까.

지금은 많이 메꾸어졌지만 산모퉁이를 잘라 깎아내고 높낮이를 고루기 위해 수많은 일손이 스쳐간 자국이 여실한 이 길...

고개 마루에 잠시 쉬며 땀을 식히고 세수방洗手坊(방坊이란 말은 당나라 땅에 신라인들이 모여 살던 곳을 신라방新羅坊이라 한데서 그 말이 유래를 더듬을 수 있다)에 도착하니 한티버덩 개울물이 맑기만 하다.

그 옛날 임금님을 모시고 가던 일행이 세수를 하고 피곤한 몸을 쉬어 간 인연으로 고마운 개울물에 '세수방'이라는 이름을 붙여주었을까.

다시 비탈을 깎아 비스듬히 닦여진 길을 따라 서낭당 고개마루에 올라보니 야부내 골짜기가 잡힐 듯 내려다 보이고, 멀리 동해바다가 가물거린다. 여기가 바로 관해동 잿마루다. 저 골짜기의 빗물이 모여 대종천으로 흘러가고, 대왕암 푸른 파도는 또 말없이 그들을 손짓해 부르리라.

참으로 역사는 수레바퀴와 같이 굴러가는구나!

서낭당 고개마루에서 모차골로 빠지는 길은 평지와 다름없었다.

그러나 워낙 사람이 다니지 않는 터이라 칡넝쿨·다래넝쿨이 뒤엉켜 숨이 막힐 지경이었다.

한 시간쯤 개울을 따라 내려오니 외딴 집이 하나 있었다.

고조부 때부터 여기서 살았다는 외딴집 주인 정씨는 골짜기 이름이 옛날에는 '마차(수레)골'이었는데, 요즈음은 모차골로 변해버렸다고 일러준다.

"요 다음 추원에 닿으면 양북에서 나오는 버스가 있니더."

돌담으로 둘러싸인 외딴집 주인의 전송을 받으며 일행은 참으로 오래만에 가슴 뿌듯한 인정을 느꼈다.

● 설총묘

좋은 옷감이 있더라도 질경이를 버리지 마라

설총薛聰의 아버지는 원효元曉대사, 할아버지는 나마 벼슬을 한 담날談捺이다.

어머니는 태종무열왕의 딸인 요석공주瑤石公主로 원효가 파계하여 요석궁에서 지낸 뒤 낳은 아이로 어릴 때 궁궐에서 자라났는데 천성이 명랑하고 총명하여 본이름 외에 총지聰智라고도 불렀다.

철이 들어서 아버지가 훌륭한 원효대사, 소성小姓거사(파계한 뒤 스스로 붙인 이름)임을 알고는 총도 승려가 되어 불경 공부를 깊이 하다가 중 옷을 벗고는 스스로 소성小性거사라 이름짓고(아버지와 같이 소성거사라 하였지만 한문으로 아버지는 小姓이고 아들은 小性이다), 한문으로 된 많은 책을 쉬운 이두吏讀로 읽도록 만들어 후배들을 가르쳤다.

무열왕(29대)이 그의 외할아버지고 문무왕(30대)은 외삼촌이니 신문왕(31대)은 외사촌이 된다.

신문왕으로서는 설총이 고종사촌이다. 백성으로는 가까운 사이지만 임금과 신하는 엄연한 신분차이가 있는 법.

신문왕이 어느 해 여름, 궁궐의 높다란 다락에 앉아 총을 향해 말씀하시기를

"오늘 지루하던 장마가 개이고 바람이 선선하게 부는데, 맛있는 음식과 듣기 좋은 음악도 있지만, 고상한 이야기와 품격 높은 웃음거리로 가슴 속을 확 트이게 하는 것보다 더 좋은 것이 어디 있겠소?"

하였다. 이에 답하여 총은

"그렇게 하겠나이다. 옛날 꽃 중의 왕인 목단牡丹이 있었습니다. 춘삼월 호시절에 향기로운 꽃동산의 중심에 자리잡아 품위있게 활짝 피니 온갖 꽃의 정령들이 다투어 와서 화왕花王에게 서로 잘 보이려고 문안하였습니다. 그러하온데 갑자기 한 미인이 붉은 얼굴에 이는 옥같이 곱고, 깨끗한 옷으로 단장하고 아장아장 가뿐히 걸어나와 아뢰되,
'저는 눈처럼 흰 모래밭을 밟고 거울같이 맑은 바다를 바라보며 봄비로 목욕하여 때를 씻고 맑은 바람을 쐬며 스스로 만족하게 살고 있는 장미라고 하옵니다. 왕의 어지신 덕을 듣고 향기로운 장막 속에서 임금님을 모시고자 하오니 저버리지 마시고 거두어 주옵소서'
라고 하였습니다. 곧 이어서 한 남자가 삼베옷을 걸치고 가죽 띠를 띠고 성성한 백발에 허리는 꼬부라져 지팡이를 짚고는 비틀거리는 걸음으로 들어와서 아뢰기를
'저는 한길 가에 사옵는데 아래로 아득한 들판을 내려보고 위로는 우뚝한 산 경치에 기대어 사는 할미꽃[백두옹白頭翁]이라 하옵니다. 저의 생각으로는 비록 옆에 물자가 풍족하여 배불리 먹을 수 있는 형편이라도 때로는 맑은 차를 마셔 정신을 맑게 해야하고 농 속에 의복을 수 없이 쌓아 두었더라도 기운을 보충하는 좋은 약으로 원기를 돋우고 병독을 없애는 독한 약도 필요한 법입니다. 그러므로 옛글에 무명과 삼실로 짠 좋은 옷감이 있더라도 갈이나 질경이도 버리지 말라는 말이 있습니다. 무릇 현명한 군자는 물자가 모자랄 때를 대비하여 풍족할 때 아끼는 법입니다. 왕께서도 그렇게 하실 의향이 있사옵니까?'
하니 옆에 있던 신하가 말하기를
'둘이 이렇게 왔는데 누구를 두고 누구를 보낼까요?'
하였습니다. 그러자 화왕이

'노인 말에 일리는 있지만 어여쁜 여자는 얻기가 어려우니 이 일을 어떻게 해야 할까?'

하였습니다. 영감이 다가서서 말하기를

'나는 대왕이 총명하여 의리를 아실 것으로 여기고 왔더니 지금 보니 글렀습니다. 무릇 임금이라 하는 이는 간사하고 아첨하는 자를 가까이하고, 바르고 곧은 자를 멀리하지 않는 이가 적사옵니다. 이런 까닭으로 훌륭한 안목을 지닌 맹자孟子가 불우한 처지로 일생을 마치고 풍당馮唐이 머리가 희도록 미관말직에 머물렀습니다. 예부터 이러하온데 전들 어찌 하오리까?'

하자 화왕은

'내가 잘못 했노라, 내가 잘못했노라.'"

하면서 이야기를 마치니 왕(신문왕)이 심각한 얼굴빛으로

"그대가 비유한 이야기에 진실로 깊은 뜻이 있으니 글월을 만들어 후대의 왕들에게 훈계로 삼게 하시오."

하고 드디어 총을 고관으로 뽑아 중책을 맡겼다.

《삼국사기》열전에는 설총의 후손이 일본에 사신으로 파견되어 갔을 때, 그 나라 도사 한 분이

"일찍이 원효거사가 지은 《금강삼매론》을 읽고서 그 분을 뵙지 못한 것을 매우 한스럽게 여겼더니 신라국 설薛사신이 바로 거사의 자손이라고 하니 그대를 만난 것이 기뻐서 시를 지어드립니다."

하고는 지어준 시가 있다고 한다.

그러나 설총의 부인이나 자손에 대한 기록이 다른 곳에는 전하지 않는다.

1022년(고려 현종 13)에 그 분의 학술적 공로와 업적을 기려 홍유후弘儒侯로

추증하였고, 그 후 경주 서악서원西嶽書院에 위패를 모셔 오늘에 이르고 있다.

신라 때 사람들 대부분의 무덤을 잘 알 수 없는 것은 공통된 현상인데, 설씨 문중에서도 확실한 무덤 위치를 몰라 애를 태우고 잇다가, 30여 년 전 후손 아무개의 꿈에 설총 할아버지가 현몽하여

"내가 보문리에 묻혀 있는데 그 마을 이아무댁에 가서 물어보라."

하므로 다음날 보문마을에 가서 이李씨 어른을 만나 인사를 드리니

"그렇지 않아도 '홍유후 설선생묘弘儒侯薛先生墓'라고 전해오는 무덤이 있는데 관심있는 후손을 못 만나 이러고 있었는데 무덤을 찾아 드리리다."

하면서 찾아내 묘가 바로 설총의 무덤이다.

무덤은 신라 진평왕릉에서 500m 정도 떨어져 있는데, 경주 시내에서 보문 저수지로 가는 4번국도와 경포산업우회도로가 만나는 네거리에서 동쪽으로 700m 가면 진입로임을 알리는 표석이 있다.

거기서 농로를 따라 1,400m더 가면 단기 4317년(1984)에 세운 비석과 상석이 있는 무덤이 있으니 곧 설총의 묘이다.

● 김흠돌의 반란

김흠돌 주동, 정권 교체기 이용, 귀족회의 강화 목적
진골 귀족에 대한 대대적인 정치적 숙청의 계기로 활용

681년 통일 후 전제왕권이 성립되어 나가는 것에 대해 심하게 반발해온 신라의 귀족층들이 결국 김흠돌을 중심으로 반란을 일으켰지만 실패했다.
진골 귀족들에 의해 발생한 최대 규모의 반역사건으로 기록될 이번 반란은 신라의 제31대 왕인 신문왕에 의해 진압됐는데 반란 주동자 및 직접 관련자뿐만 아니라, 사건과 관련이 없으나 평소 눈 밖에 난 진골 귀족들까지 연계 처형함으로써 향후 신라의 전제왕권은 더욱 강화될 전망이다.
신문왕의 장인 소판 김흠돌, 파진찬 흥원, 대아찬 진공 등 내로라하는 진골 귀족들은 681년 8월 8일 문무왕이 사망하고 그 아들 신문왕이 즉위한지 대략 한 달 정도 지난 시점에서 반란을 일으켰다.
이들 고위 귀족들은 권력의 교체기를 교묘히 이용, 신문왕을 몰아내고 귀족회의의 권능을 강화시키려는 목적에서 반란을 일으켰다.
반란을 완전 진압한 신문왕은 문무왕 때 상대등을 역임했고 현재 병부령 지위에 있는 이찬 군관을 역모 계획을 사전에 알고도 알리지 않았다는 죄목, 이른바 '불고지죄'를 적용하여 처형하는 등 이번 반란을 진골 귀족들을 정치적으로 거세해버리는 기회로 활용하고 있다.

이찬 '군관' 처형에 대한 신문왕 교서

임금을 섬기는 법은 충성을 다하는 것을 근본으로 삼고 궁ﾟ의 의리는 변하지 않음을 으뜸으로 삼는다.
그런데 병부령 이찬 군관은 높은 자리에 있으면서 본분을 다하지 못하고 역적 흠돌 등과 관계, 그 역모의 사실을 사전에 알고도 일찍 고하지 아니했다. 나라를 걱정하는 마음이 없으니 어찌 살려둘 수 있으랴!

뒷날 이런 일이 다시는 발생하지 않도록 하기 위해 그에게 사형을 내린다.

– 681년 8월 26일

◉ 행정구역 및 군사조직의 개편

전국, 9주 5소경으로 나눈다
군대는 중앙군 9서당과 지방군 10정으로

687년 신라 정부는 전국의 행정 구역과 군사조직을 재정비 발표했다.

발표에 따르면 전국 행정구역은 9주 5소경 체제로 운영된다. 전국을 9주로 나누었고 특수행정구역은 5개로 늘렸다. 통일 전 전국은 5주, 특수행정구역으로 2소경이 설치되어 있었다.

통일 이전 '주'는 군사적 기능이 강조되어 필요에 따라 주의 중심지가 자주 이동됐으나 이제는 고정된 지방행정구역으로 기능하게 된다. 주의 장관으로는 총관이, 주의 관할 하에 있는 군과 현에는 태수와 현령이 임명된다.

이번 개편 과정에서 통일 이후 3배나 넓어진 지역을 다스리기에는 수도의 위치가 너무 한 구석에 치우쳐 있어 수도 이전 문제도 검토됐던 것으로 알려졌다.

5소경의 위치를 과거 고구려 지역에 둘, 백제 지역에 둘 그리고 가야 지역에 하나씩 설치한 것은 수도의 편재성을 보완한 조치이다. 소백산맥 외곽지역과 낙동강 밖에 위치하고 있는 소경들이 중앙 정부와 멀리 떨어져 있는 지방을 통제하게 된다.

또 군대는 9서당 10정으로 개편됐다. 수도 및 왕궁을 담당하는 중앙군으로 9서당, 지방군으로 10정을 배치했다. 단 북쪽 국경에 위치한 한산주는 외적의 침입을 우려, 2정이 배치됐다. 군대 조직 개편에서 눈에 띄는 것은 중앙군에 백제·고구려 유민이 포함된 것이다. 이는 민족 융합의 배려가 작용한 것으로 보인다.

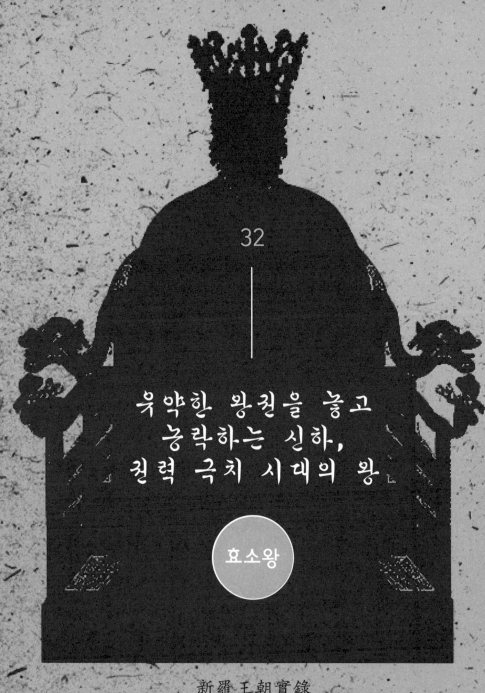

32

유약한 왕권을 놓고
농락하는 신하,
권력 극치 시대의 왕

효소왕

新羅王朝實錄

효소왕 孝昭王

김씨 왕 17대

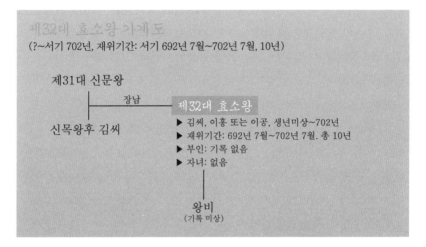

제32대 효소왕 가계도

(?~서기 702년, 재위기간: 서기 692년 7월~702년 7월, 10년)

제31대 신문왕

┌─ 장남 ─┐

신목왕후 김씨

제32대 효소왕

▶ 김씨, 이홍 또는 이공, 생년미상~702년
▶ 재위기간: 692년 7월~702년 7월. 총 10년
▶ 부인: 기록 없음
▶ 자녀: 없음

왕비
(기록 미상)

687(신문왕 7)~702(효소왕 11). 신라 제32대 왕. 재위 692~702. 성은 김씨金氏. 이름은 이홍理洪 또는 이공理恭. 신문왕의 태자이며, 어머니는 김흠운金欽運의 딸 신목왕후神穆王后 김씨金氏이다.

691년(신문왕 11)에 태자로 책봉되었다. 692년 즉위하여서는 좌우이방부左右理方府의 '이理'자가 왕의 이름과 같으므로 피휘避諱하여 좌우의방부左右義方府로 관부의 명칭을 고치기도 하였다. 또한 대아찬大阿飡 원선元宣을 집사부執事部 중시中侍에 임명하여 국정을 위임하였다.

같은 해에는 고승 도증道證이 당나라에서 귀국하여 천문도天文圖를 왕에게 바쳤다. 천문도는 고구려에 전래된 진탁陳卓의 성도星圖와 같은 것으로서 왕실권위의 상징으로 이용되었다.

또한 이 무렵에 의학교육기관인 의학醫學을 설립하여 의학박사를 두고 ≪본초경本草經≫·≪침경針經≫·≪맥경脈經≫ 등의 중국 의학서를 교수하게 하였다.

695년에 서시전西市典과 남시전南市典을 두었다. 이것은 지증왕대에 설치된 동시전東市典과 더불어 왕경王京의 3대 시전으로서 물화의 유통을 쉽게 하였다.

700년에 이찬伊湌 경영慶永 또는 慶玄의 반란이 있었으며 이 사건에 연좌되어 698년에 중시로 임명되었던 순원順元이 파면되었다. 반란의 구체적인 원인은 알 수 없다. 다만, 어려서 즉위한 효소왕의 유약함과 왕자가 없음을 이유로 다음의 왕위계승을 위해 일어난 것으로 짐작되며 쉽게 평정되었다.

702년 7월에 죽자 망덕사望德寺 동쪽에 장사지냈다. 능은 경주 낭산狼山 동남쪽에 있다.

692년(효소왕 원년) 8월에 대아찬 원선元宣을 중시로 삼았다. 또한 고승 도증道證이 당으로부터 돌아와서 천문도天文圖를 올렸다.

694년(효소왕 3) 정월에 왕은 친히 내을신궁에 제사하고 죄수를 대사하였으며 또한 문영文穎을 상대등으로 삼았다. 이때 김인문이 당에 있다가 죽었는데 그의 나이 66세였다. 송악성松嶽城(개성開城)과 우잠성牛岑城(황해도 우봉牛峰, 현 금산)의 두 성을 축조하였다.

695년(효소왕 4)에 입자월立子月(11월)을 정월로 하였다. 개원愷元을 상대등으로 삼았으며, 중시 원선은 늙어 퇴직하였다. 이때 서남西南에 시장市場 두 곳을 설치하였다.

이듬해 정월에는 이찬 당원幢元을 중시로 삼았다. 4월에 서쪽 지방에 한재가 들었다.

697년(효소왕 6) 7월에 완산주에서 상서로운 벼 이삭을 진납하였는데 다른 밭고랑에서 자라 줄기가 하나로 합해진 것이었다. 9월에는 군신들을 임해전臨海殿으로 모아 큰 잔치를 베풀었다.

698년(효소왕 7) 정월에 이찬 체원體元을 우두주 총관으로 삼았으며 2월, 중시 당원이 노쇠하여 퇴직하게 되자 대아찬 순원順元을 중시로 삼았다.

2월에 서울에 지진이 있었고, 큰 바람이 일어나서 나무가 부러졌다. 3월에는 일본의 국사國使가 내조하였으므로 왕은 숭례전崇禮殿에서 그들을 인견하였다. 7월에 서울에 홍수가 졌다.

699년(효소왕 8) 2월에 백기白氣가 하늘을 가로지르고 별이 동으로 떠갔다. 동월, 사신을 당으로 파견하여 토산물을 바쳤다. 7월에 동해의 물빛이 피같이 붉었는데 5일만에야 제대로 되었다. 9월에 동해의 물이 싸우는데 그 소리가 서울까지 들렸고 병고兵庫의 고각鼓角이 스스로 울었다. 이때 신촌新村 사람이 아름다운 황금 1매를 얻었는데 그 중량이 1백 분分이나 되는 것을 왕에게 헌납하였으므로, 왕은 남변南邊에서 제일가는 벼슬을 주고 조곡 1백 석을 하사하였다.

700년(효소왕 9)에 다시 입인월立寅月(1월)을 정월로 하였다.

695년에 입자월을 정월로 하였다가 이해에 다시 입인월을 정월 삼았다는 기록으로 미루어, 신라 시대에도 해가 가장 짧은 동지를 기준으로 1년을 확인했음을 알 수 있다. 5월에는 이찬 경영慶永(또는 경현慶玄)이 모반하다가 죽임을 당하였고, 중시 순원이 이에 연좌되어 파면되었다. 6월에 세성歲星(수성水星)이 달에 들어갔다.

701년(효소왕 10) 2월에 혜성이 달에 들어갔다. 5월에는 영암군靈巖郡 태수인 일길찬 제일諸逸이 공리公利를 생각하지 않고 사리私利를 도모하므로 100장杖으로 처형하고 섬으로 귀양 보냈다.

702년(효소왕 11) 7월, 왕이 서거하자 효소라 시호하고 망덕사의 동쪽에 장사하였다.

≪당서≫를 보면 말하기를 '장안 2년(702)에 이홍이 돌아갔다' 하였고, 모든 고기古記에는 말하기를 '임인壬寅(702) 7월 27일에 돌아갔다' 하였다. 그런데 ≪통감≫에서는 말하기를 '대족大足 3년(703)에 돌아갔다' 하였으니, 이는 곧 ≪통감≫의 오류이다.

● 효소왕대의 사람들

원선元宣

생몰년 미상. 신라 효소왕 때의 중시中侍. 692년(효소왕 1) 효소왕이 즉위하자, 대아찬大阿湌 원선이 아찬 선원仙元의 후임으로 집사성執事省 중시에 임명되었다. 695년 10월 늙어서 물러날 때까지 3년 2개월간 재임하였다. 후임에는 이찬伊湌 당원幢元이 임명되었다.

정공鄭恭

?~692(효소왕 1). 신라 신문왕 때의 관리. 당시 신라의 승려 혜통惠通이 당나라에 유학하던 중 당나라 고종高宗의 공주를 병들게 한 독룡毒龍을 쫓아내자, 이에 혜통에게 앙심을 품은 독룡은 신라에 건너와서 크게 행패를 부렸다.

이때 당나라에 사신으로 갔던 정공은 혜통에게 독룡의 피해가 심함을 알리어 귀국하여 해를 막아줄 것을 청하고, 혜통과 더불어 665년(문무왕 5)에 귀국하였다. 그리고 혜통이 독룡을 문잉림文仍林에서 쫓아냈다.

그러나 이번에는 정공이 독룡의 원한을 사게 되어, 독룡이 정공의 집 앞에서 버드나무가 되어 보복의 기회를 기다리고 있었다.

그런 줄 모르는 정공은 버드나무를 매우 사랑하였는데, 692년 7월에 마침 신문왕이 죽자 장지에 이르는 길을 만들기 위하여 집앞의 버드나무를 유사有司에서 베려고 하였다. 그러나 독룡이 씌어서

"내 목을 벨 수는 있을지언정 이 나무는 베지 못한다."

고 왕명에 항거하다가 죄를 입어 죽임을 당하고, 집은 흙으로 파묻히게 되었으며, 처와 가속들도 죄를 받았다.

뒤에 효소왕이 혜통으로부터 그 항명이 본심이 아니라 독룡의 소행임을 듣고 알게 되어, 그 처와 가속들은 면죄되었다.

체원 體元

생몰년 미상. 신라 효소왕 때의 지방관. 관등은 이찬伊湌에 이르렀다. 698년(효소왕 7) 정월 우두주牛頭州의 총관總管이 되었다.

진재 眞才

신라新羅 효소왕孝昭王 때의 화랑花郞. 준영랑俊永郞의 무리徒. 삼국유사三國遺事에 영랑永郞의 무리徒에는 오직 진재眞才와 번안繁安 등만이 이름이 알려졌지만 이들도 역시 알 수 없는 사람들이다 라고 되어 있다.

경영 慶永 (또는 경현慶玄)

신라新羅 700년(효소왕 9) 벼슬은 이찬伊湌으로 모반하다가 사형되고, 시중侍中 순원順元도 이에 연좌되어 파면되었다.

관원진 郭元振

신라新羅의 시인詩人. 693년(효소왕 2) 당나라에 건너가 좌무장군左武將軍이 된 승충承沖의 딸인 여류시인女流詩人 설요薛瑤(15세 때 아버지가 죽자 중이 되었다가 6년 만에 환속還俗 함)를 첩妾으로 삼았다.

김인문金仁問

629(진평왕 51)~694(효소왕 3). 신라 삼국통일기의 장군·외교관. 자는 인수仁壽. 무열왕의 둘째 아들로, 문무왕의 친동생이다.

어려서부터 학문을 좋아하여 유가서儒家書를 많이 읽고, 또 장자·노자·부도浮屠: 불교의 책도 섭렵하였다. 특히 예서를 잘 썼고 활쏘기와 말타기에 능하였으며, 향악鄕樂을 잘하여 넓은 식견과 훌륭한 기예로 많은 사람들로부터 존경을 받았다.

김춘추金春秋와 김유신金庾信을 도와 백제·고구려 정벌에 힘썼고, 여생을 당나라에서 보내면서 양국간 정치적 분규의 해결과 중재에 많은 공을 세웠다.

그가 태어난 7세기 전반기에 신라는 안으로는 진평왕이 정치제도를 정비하는 과정에서 신라왕권이 안정의 길을 걸어가고 있었으나, 밖으로는 신라의 팽창에 대항하여 백제·고구려의 결속이 촉진되면서 이들의 신라 공격이 적극화되고 있어 신라는 국가적 어려움을 받고 있었다. 그때 김춘추는 김유신계열과의 결속으로 신흥세력을 이끌면서 선덕왕·진덕왕을 세워 구귀족의 반발을 무마시켜갔다.

특히, 642년(선덕여왕 11)의 대야성大耶城(지금의 합천) 함락은 김춘추·김유신 가문의 결속을 촉진시키는 계기가 되었고, 이를 전기로 김춘추는 정치·외교 활동에 새로운 방향을 맞게 되었다. 특히, 김춘추는 고구려원병에 실패하고 또 일본방문에서도 아무런 결실이 없자, 적극적인 친당정책을 꾀하게 되었다.

먼저 648년(진덕여왕 2)에 아들 김문왕金文王을 대동하고 당나라에 들어가 군사원조의 약속을 얻어냄으로써 김문왕을 숙위宿衛로 머물게 하였다. 그 뒤 신라와 당나라의 원활한 관계와 군사적 협조 등 여러 가지 문제해결에 주역을 맡기도 하였다.

651년에 김문왕과 교대하여 숙위로 파견되어 당나라 조정에 머물면서 양국간의 현안문제에 있어 중개 임무를 맡게 되었다. 23세에 당나라에 가서 좌령군위장군左領軍衛將軍이라는 직함으로 5년간 머물면서 백제정벌에 따른 구체적 문제를 협의하였다.

656년(무열왕 3)에는 그에 대한 준비를 명목으로 한 번 귀국했으나, 실제로는 아버지 태종무열왕의 즉위에 따른 인사와 아울러 국내의 전략 점검을 위한 태종무열왕의 요청에 따른 것이었다. 이에 따라 숙위는 다시 김문왕으로 교대되었고, 귀국과 동시에 압독주押督州의 군주軍主가 되어 장산성獐山城의 축조를 감독했는데, 이러한 군주생활은 유일한 국내 정치활동이었다. 따라서, 그의 군주 임명은 백제정벌의 군사작전 및 진격로의 최종 점검을 위한 것이라 할 수 있다.

658년 다시 당나라에 가서 660년 백제정벌의 당나라 측 부사령관인 신구도행군 부대총관神丘道行軍副大摠管으로서 사령관인 소정방蘇定方을 도와 수군과 육군 13만을 거느리고 백제정벌군을 지휘하였다. 백제의 지형을 어느 정도 아는 작전수행상의 이점이 있어 당군의 선봉을 이끌고 덕물도德勿島(지금의 덕적도)에 도착하였다. 이어 기벌포伎伐浦(지금의 장항)에서 백제군을 무찌른 뒤, 7월에 김유신군과 연합하여 백제를 정벌하였다.

이후 소정방이 의자왕, 태자 융隆 및 고관 93인과 1만 2,000여 명의 포로를 데리고 당나라로 돌아가자, 김인문도 사찬沙飡 유돈儒敦·대나마大奈麻 중지中知 등과 함께 숙위를 계속하였다.

661년(문무왕 1) 6월에 귀국하여 고구려 정벌의 시기와 방법 등을 통고하였고, 이어 7월에는 고구려 정벌을 위한 임시군을 편성하여 김진주金眞珠·김흠돌金欽突과 함께 대당장군大幢將軍이 되었다.

8월에 김유신의 진두지휘하에 고구려 정벌을 떠나 평양 근교까지 이르렀으나 일기의 불순과 고구려군의 저항으로 당군이 퇴각하였고, 신라군도 후퇴하였다. 그때 추격하는 고구려군을 격파하여 1만여 급을 목 베는 대전과를 올려, 본피궁本彼宮의 재화·전장田庄·노복을 김유신과 더불어 받게 되었다.

662년 7월 제4차로 입당하여 고구려 정벌의 실패를 검토하고, 먼저 시급한 백제 잔적의 토벌에 대한 구체적인 계획을 수립하였다.

664년에는 납치해 갔던 백제의 왕자 융과 함께 귀국하여 백제 구귀족의 회유 및 포섭에 나서게 되었다. 또한 웅진도독熊津都督으로 임명된 융과 웅진에서 만나 천존天存·유인원劉仁願과 함께 화친의 맹약을 맺음으로써 백제부흥운동을 저지하고자 하였다.

이 사건은 신라의 고구려정벌을 보다 쉽게 하여, 그 해 7월 군관軍官 품일品日과 함께 일선一善과 한산漢山의 군대와 웅진성의 병마를 이끌고 고구려 정벌을 꾀했을 때 그 첫 번째 전과로서 돌사성突沙城을 함락시킬 수 있었다.

665년에 숙위하던 김문왕이 죽자, 제5차로 당나라에 가서 이듬 해 당나라 고종高宗을 따라 태산에 가서 봉선을 하였으며, 그 때 우요위 대장군이 되었다.

666년에는 삼광三光·한림漢林과 숙위를 교체하고 귀국하여 이적李勣의 고구려 정벌을 위해 신라측이 협조할 사항을 전달하였다.

668년 6월 당나라 고종의 칙지를 가지고 당항진에 닿은 유인궤劉仁軌와 삼광을 맞아들여 최종적인 고구려 정벌 작전을 수립하였다. 그때 김흠순·김천존 등과 함께 대당총관大幢摠管이 되어 김유신을 도와 북진을 시작했으며, 김유신이 풍병風病으로 출정하지 못하자 신라군 사령관으로서 이적의 당군과 함께 9월에 평양성을 함락시켰다.

이적의 당군이 고구려의 왕과 왕자 복남福男·덕남德男 및 대신 등 20여만 명과 함께 귀환할 때, 대아찬大阿湌 조주助州와 함께 다시 당나라에 갔다. 그 때 문무왕에게서 대각간大角干의 벼슬을 받고, 계속 숙위로 당나라에 머물면서 양국간 분쟁을 조정하였다.

특히, 당나라의 영토적 야욕을 목도한 신라는 백제·고구려 잔민을 앞세워 당군을 공격하는 등 대대적인 배당운동排唐運動을 전개했는데, 이러한 양국간의 대립은 671년의 설인귀薛仁貴의 항의문과 왕의 답서에 잘 나타나 있다.

674년 신라가 고구려의 반란민을 받아들이고 백제의 고토를 잠식하면서 노골적인 대당항쟁을 계속하자, 당나라는 왕의 관작을 삭탈하고 김인문을 신라왕으로 세우고 유인궤를 계림도대총관鷄林道大摠管으로, 이필李弼과 이근행李謹行을 부관으로 하여 쳐들어 왔다. 이에 왕이 형식상 사죄사를 보내어 김인문도 도중에서 돌아가 임해군臨海君으로 봉해졌다.

그 뒤 여생을 그 곳에서 보냈으며, 양국간의 정치적 분쟁도 거의 없어져 대우를 받았다.

679년 진군대장군행우무위위대장군鎭軍大將軍行右武威衛大將軍에 전임되고, 690년(신문왕 10) 보국대장군상주국임해군개국공좌우림군장군輔國大將軍上柱國臨海郡開國公左羽林軍將軍을 제수받았다.

그는 694년(효소왕 3) 4월 당나라 수도에서 죽었다. 당나라에서는 그의 유해를 사례시 대의서령司禮寺大醫署令 육원경陸元景의 호송으로 본국으로 옮겼으며, 효소왕은 그에게 태대각간을 추증하고 다음 해 서악西岳에서 장례를 치렀다. 무덤은 경상북도 경주시 서악동에 있다.

대현大玄

생몰년 미상. 신라 효소왕 때의 귀족. 국선國仙 부례랑大禮郎의 아버지이다. 관등은 살찬薩湌이었다.

693년(효소왕 2) 3월 부례랑이 그를 따르는 많은 문객門客과 함께 지금의 강원도 통천通川 근처인 금란金蘭에 놀러갔다가 원산만 근처에서 말갈족계통인 적적狄賊에게 잡혀갔다. 부례랑이 잡혀가던 같은 시각에 내고內庫에 깊이 간직하였던 보물인 현금玄琴과 신적神笛도 함께 없어졌다.

그 뒤 대현과 그의 아내가 백률사柏栗寺 대비상大悲像 앞에서 여러 날 기도를 드리니, 마침내 잃어버렸던 현금과 신적을 가지고 부례랑이 돌아왔다. 이 소식을 들은 왕은 매우 기뻐하며 부례랑을 불러 대각간大角干의 벼슬을 주었다. 그리고 아찬阿湌 대현은 태대각간의 벼슬을 받고, 어머니 용보부인龍寶夫人은 사량부沙梁部 경정궁주鏡井宮主가 되었다.

당원幢元

생몰년 미상. 신라 효소왕 때의 대신. 이찬伊飡으로 696년(효소왕 5) 1월 부터 698년 2월까지 2년 1개월간 중시로서 재임하였다. 그의 취임 무렵 신라는 서시西市와 남시南市가 설치되어 이미 설치된 동시東市와 함께 신라 수도의 3대시를 이루었는데, 신라 중대의 발전상을 보여주는 일면을 나타내고 있다. 그의 재임기간 중 상서로운 곡물인 가화嘉禾가 진상되는 등 대체로 평안을 유지하였으나, 698년 2월 수도인 경주에 지진이 일어나고 대풍大風으로 나무가 꺾이는 변고가 일어나자 늙음을 이유로 사직하였다.

설요薛瑤

?~693(효소왕 2). 신라사람으로서 당唐 고종 때 당나라에 건너가서 좌무장군左武將軍을 지낸 설승충薛承沖의 딸이다. 어려서부터 얼굴이 고와서 소호小號를 선자仙子라 하였다. 15세 때 아버지를 여의고 낙망한 나머지 불교에 귀의하려고 출가하였으나 6년이 지나도록 뜻을 이루지 못하고, 마침내 고시체古詩體로 <반속요返俗謠>를 지어 불계를 버리고 환속하였다. 그 뒤 시인인 곽진郭震의 첩이 되어서 여생을 보내다가 당나라 통천현通泉縣 관사에서 죽었다.

원측圓測

613(진평왕 35)~696(효소왕 5). 신라시대의 고승高僧. 이름은 문아文雅, 경주 모량牟梁 출신. 왕족이었다고 하나 확실하지 않다. 3세에 출가하여 15세에 당나라로 가서 유식학唯識學 연구의 개척자인 법상法常과 승변僧辯으로부터 유식학을 배웠다. 특히, 어학에 천부적인 소질을 가지고 있어서 중국어뿐만 아니라 범어에도 능통하였다고 한다. 당나라 태종太宗은 그의 명성을 흠모하여 친히 도첩度牒을 내리고 원법사元法寺에 머무르도록 하였다. 그곳에

서 비담毘曇, 성실成實, 구사俱舍 등 유식학 연구의 기본이 되는 소승경론小乘經論을 연구하는 한편, 대승경론에 관해서도 폭넓게 연구하였다. 이 무렵 인도에서 오랫동안 유식학을 연구하였던 현장玄奘이 귀국하였는데, 현장의 제자 규기窺基와 그는 유식학에 있어 대립적 견해를 보였고, 규기 등에게 부당한 시기를 받았다. 그 뒤 서명사西明寺로 거처를 옮겨 <유식론소唯識論疏> 10권, <해심밀경소解深密經疏> 10권, <인왕경소仁王經疏> 3권, <반야심경찬般若心經贊> 1권, <무량의경소無量義經疏> 등의 방대한 저술을 통하여 중국불교 학계에 명성을 떨쳤다.

676년 인도의 고승 지바하라地婆訶羅가 인도의 여러 불경을 가지고 와서 중국어로 번역하기를 당 고종에게 청하였다. 이때 원측은 박진薄塵, 영변靈辨, 가상嘉尙 등과 함께 <대승밀엄경大乘密嚴經> 등 18부 34권을 번역하였는데, <대승현식경大乘顯識經>을 옮길 무렵 고증자考證者로서 번역의 우두머리를 맡았다. 그 뒤 종남산終南山 운제사雲際寺에 암자를 짓고 8년 동안 바깥출입을 하지 않은 채 선정禪定을 닦았으며, 만년에 다시 번역 사업에 종사하였다.

693년 인도승 보리유지菩提流志가 가져온 범본 <보우경寶雨經>을 번역하였고, 695년 실차난타實叉難陀가 우전국于闐國으로부터 와서 <화엄경>을 번역할 때 역시 그 번역사업에 참여하였으나 완성을 보지 못하고 불수기사佛授記寺에서 입적하였다. 제자들이 다비를 마치고 사리 49과를 얻어 용문산龍門山 향산사香山寺에 안치하였다. 그 뒤 제자 자선慈善과 승장勝莊 등이 사리를 나누어서 종남산 풍덕사豊德寺에 사리탑을 세웠다. 지금 중국 서안부 함녕현西安府咸寧縣의 번천樊川에 흥교사興敎寺라는 절이 있고, 그곳에는 현장, 규기, 원측 등 중국 법상종法相宗의 탑묘塔廟가 있다.

현장을 비롯한 중국의 법상종은 그의 제자 규기 때에 이르러 종파로서 확립되기에 이르렀고, 특히 원측의 유식학과는 견해를 달리하였기 때문에 원측을 이단시하는 경향이 있었다. 그 대표적인 견해 차이는 제8알라야(Ālaya)식의 위에 제9식을 인정하느냐 하는 문제와 오성각별설五性恪別說, 즉 성불成佛을 하는 중생의 근기根機를 따지는 문제로 집약될 수 있다.

자은학파慈恩學派에서는 원측의 도청설盜聽說을 날조하여 유포하였다.

<송고승전宋高僧傳>에 의하면 유식학의 소의경전所依經典이라 볼 수 있는 <성유식론>을 번역할 때 현장은 규기와 그 밖의 몇몇 제자들에게 윤색潤色, 집필, 검문檢文, 편찬 등의 일을 담당하도록 하였다. 그런데 규기가 <성유식론> 강의를 듣고 있을 때 원측은 몰래 문지기에게 돈을 주고 마루 밑에 들어와 도청하고 규기보다 먼저 서명사에서 유식론을 강의했다고 하였다. 규기는 자기보다 먼저 선배 원측이 강의를 해버린 것을 매우 못마땅하게 여겼으며, 현장은 원측 모르게 규기에게 <인명론因明論>을 강의하였고, 규기는 이것에 대한 해의解義를 써서 이름을 떨쳤다고 하였다. 오늘날 학자들은 이와 같은 중상적인 기록을 믿지 않고 있다. 그 도청설은 어떤 의미에서는 <송고승전> 찬자撰者의 편견이거나, 혹은 현장 자신의 인격적 결함을 드러내는 일이라고 볼 수 있다.

<송고승전>의 저자는 계속해서 원측이 측천무후則天武后로부터 생불生佛과 같은 예경禮敬을 받았다고 하였다. 아울러 측천무후의 후대를 받아 역경관譯經館에 머무르면서 <대승현식경> 등을 번역하고, 유식의 소초疏秒와 기타 경론의 상해詳解를 내어 천하에 유포시켰다고 하였다. 그리고 현장이 번역한 <해심밀경>에 대하여 소疏 10권을 지었고, <성유식론소成唯識論疏> 20권, <주별장周別章> 3권, <유식이십론소唯識二十論疏> 2권, <관소연연론소觀所緣緣論疏> 2권, <인명정리문론본소因明正理門論本疏> 2권 등 유식계통 문헌에 대하여 많은 주석서를 남겼다.

그러나 그는 유식계통의 문헌에만 관심을 돌렸던 것이 아니라, 반야계통의 문헌에도 깊은 관심을 기울여 <반야심경찬> 1권과 <인왕경소> 6권 등을 남겼다는 것은 그의 학문적 깊이와 넓이가 다른 법상종 학승學僧에 비하여 일층 진보적이었다고 말할 수 있다. 이러한 전체적 사정을 감안할 때 그의 유식학이나 인품 등을 현장이나 규기와 연관시켜보려고 하였던 종래의 주장은 시정되어야 한다.

즉, 원측은 현장을 만나기 이전부터 당당한 기성학승이었으며 신라인으로서 당토唐土에서 부당한 시기를 받았다는 사실, 그는 유식뿐 아니라 불교일

반에 관한 광범위한 이해가 있었던 회통적會通的인 인물이었다는 점 등이
원측연구에 기본적 입장이 되어야 한다.

◉ 효소왕 시대의 세계동향

▶ 동양

　　693년 9월 무씨武氏 금륜성 신황제라 자칭

　　695년 2월 중스님 회의 사형

　　696년 1월 토번吐蕃을 대파大破

　　　　　5월 거란의 입구를 부숨

　　697년 4월 주나라 구정(화폐) 주조

▶ 서양

　　694년 1월 웨섹스 켄트(Kent)를 정복

　　695년 2월 동로마 무정부상태 716년까지

　　697년 4월 사라센 사람, 칼타고를 빼앗음

　　　　　　지중해 남안의 로마 영토 완전히 없어짐

● 백률사

관세음보살상의 이적과 절경을 자랑하던 누대

《삼국유사》 제3권 <탑과 불상>조에 '백률사栢栗寺'가 나온다.

계림의 북쪽 산을 금강령金剛嶺이라 부르는데, 산 남쪽에는 백률사가 있고 이 절에는 관세음보살상이 한 구軀 있다. 언제 누가 만들었는지 알 수 없으나 그 영험이 꽤나 유명하다.

전해오는 말에 의하면, 중국의 뛰어난 조각쟁이가 중생사의 불상을 만들 때 함께 만든 것이라고도 한다.

세상 사람들이 말하기를 '이 보살님이 일찍이 도리천 하늘에 올라갔다가 돌아와 법당으로 들어갈 때에 밟은 발자국이 돌 위에 그대로 지금까지 남아 있다'고 하는데, 그 자취에 대해 혹은 말하기를 '관세음보살님이 부례랑을 구원해 돌아올 때의 발자국 흔적'이라고 한다.

효소왕이 즉위한 그해(692) 9월 7일, 대현大玄 아찬의 아들 부례랑大禮郎을 받들어 화랑으로 삼았는데 무리들 중에서도 안상安常과 가장 친한 사이였다. 부례랑은 화랑이 된 다음해(693) 늦봄에 화랑무리(화랑도花郎徒)들을 거느리고 금란지방(지금은 강원도 통천지방)으로 유람 길을 떠났다.

일행이 북쪽의 국경지역에 이르렀을 때, 갑자기 오랑캐족들이 습격하는 바람에 정신을 차리지 못하고 우왕좌왕하는 통에 부례랑은 오랑캐에게 붙잡혀 가고, 부하들은 모두 우두머리를 찾지 못하고 돌아왔으나, 안상만은 홀로 부례랑을 그림자처럼 따라 다니다가, 그가 붙잡혀 가는 뒤를 추격하였으니 이때가 3월 11일이었다.

얼마 지난 뒤에 왕은 이 소문을 듣고 깜짝 놀라서 말하기를

"선대 임금(신문왕)이 신령한 젓대(만파식적萬波息笛)을 얻어서 이 몸에게 전하여, 지금은 거문고(현금弦琴)와 함께 궁중 천존고 고방(광)에 간직하였는데,

국선(화랑의 다른 이름)이 어째서 도적에게 붙잡혀 갔는지 모르겠다. 이를 어찌하면 좋단 말인고?"

하였다. 이때 향기를 뿜는 상서로운 구름이 천존고 고방을 덮었다. 임금은 떨리고 두려운 마음이 들어 사람을 시켜 알아보았더니

"고방 속에 있던 만파식적과 거문고 두 보물이 없어졌습니다."

라고 보고하였다. 이에 왕이 탄식하기를

"내가 얼마나 덕이 없기에 지난번에는 국선을 잃었고 이번에는 또 만파식적과 거문고를 잃게 되었는고!"

하면서 고방 맡은 관리 김정고 등 다섯에게 책임을 물어 옥에 가두었다. 시름에 빠져있던 임금이 깊이 생각한 뒤에 4월에는 전국에 현상금을 걸어

"만파식적과 거문고를 찾아오는 사람에게 한 해 조세를 상으로 준다."

하였다.

한편 부례랑의 아버지와 어머니는 날마다 백률사 관세음보살상 앞에 불공을 드리면서 아들이 무사히 돌아오기를 빌었다. 기도를 계속하던 5월 보름날, 이상한 기미에 눈을 들어 보살님을 바라보니 향탁 위에 젓대와 가야금이 얹혀 있지 않은가!

거기다가 보살님 뒤에서 아들 부례랑과 안상이 걸어나오지 않나! 꿈인가 생신가 싶어 양친이 넘어질 듯이 기뻐하여 아들을 붙들고 물었다.

"네가 분명 내 아들이냐?"
"네, 아버지 어머니. 제가 오랑캐들에게 잡혀가 대도구라大都仇羅의 집에서 소와

말을 먹이는 목동이 되어, 대오라니大鳥羅尼 들판에서 짐승을 먹이는데, 갑자기 생김새와 행동이 정중한 스님이 나타나더니 '고향생각이 나지?'하고 묻길래 나도 모르게 절로 그 앞에 무릎을 꿇고 울먹이면서 '임금님과 부모님 그립기가 한량이 없습니다'라고 말했더니 스님이 말하기를 '그러면 나를 따라 오너라'하면서 데리고 해변으로 나갔는데 바닷가에서 안상을 만났습니다.

그는 젓대를 툭 치더니 두 쪽으로 갈라서 우리 두 사람에게 주면서 각기 한 짝씩 타라하고 자신은 거문고를 타더니 두둥실 떠서는 잠시 만에 여기까지 왔습니다."

기쁘고 반가워 얼싸안고, 사정을 궁궐에 계시는 임금님께 급히 보고 드렸더니, 왕이 깜짝 놀라 부례랑을 맞아 들였는데, 낭과 안상은 젓대와 가야금을 고이 모셔들고 들어갔다.

왕은 잃었던 화랑과 만파식적을 한꺼번에 찾게 되어 기쁘기 한량없었다. 50냥쯤이나 되는 금과 은을 부어 만든 그릇 두 벌과 누비가사 다섯 벌, 비단 3천 필, 밭 1만 경頃을 백률사에 시주하여 보살님의 자비로운 은혜에 보답하였다. 또한 나라 안에 죄 지은 이들을 크게 용서해 주고 벼슬아치들에게는 3급씩 계급을 올려주고 백성들에게는 3년간 납세를 면제하였으며 백률사 주지를 봉성사奉聖寺로 옮겨 살도록 하였다.

부례랑은 대각간으로 봉하고 그의 아버지 대현大玄 아찬을 태대각간으로 삼고 어머니 용보龍寶부인을 사량부의 경정궁주鏡井宮主로 삼고 안상법사를 대통大統으로 삼았으며 고방을 맡았던 관리 다섯 명을 모두 석방함과 동시에 벼슬 다섯 급씩을 올려주었다.

모두가 좋아하며 즐거워하였는데 불길한 징조가 나타났다. 다름이 아니라 6월 12일에 살별인 혜성이 동쪽 하늘에 나타나더니 17일에는 서쪽에 나타나므로 천문을 맡은 관리가 아뢰기를

"만파식적과 거문고가 이룬 공적에 대한 작위를 봉하지 않아 이런 불길한 변고가 나타난 것입니다."

하므로 이때서야 만파식적의 이름을 높여 '만만파파식적萬萬波波息笛'이라 하였더니 그제서야 혜성이 사라졌다.

그 뒤에도 백률사 관세음보살상으로 말미암은 이적이 많으나 사연이 너무 복잡하여 쓰지 않는다.

경주 벌판의 북쪽 야트막한 산이 금강산·금강령임은 신라 때부터 부른 이름이다. 국립지리원이 펴낸 지도(1994년 7월 인쇄, 2만5천분의 1)에 보면 '소금강산'은 높이 142.6m, 백률사 뒤 등성이는 178m로 표기되어 있다.

경주평지의 동·남·서쪽에는 비교적 높은 산이 솟아 있지만 북쪽은 가장 약하고 허한 편이다. 허약한 곳은 이름이라도 강하게 붙여야 다른 곳과 균형이 맞지 않겠는가!

그래서 강한 이름을 붙인 것이 금강金剛인 것이다. 백두대간의 중허리에 자리 잡은 강원도의 금강산이야 돌들이 뼈만 남은 것 같이 단단하게 얽힌 모습이라 생김새대로 표현하여 금강산이라 한 것과는 상반된다.

김사경金思敬의 백률사栢栗寺 서루기西樓記에는 백률사의 빼어난 풍광을 기록하고 세월 속에서 허물어져 있는 것을 중창하게 된 경위를 자세히 적었으니

경주의 누각 가운데 백률사 서루西樓가 가장 뛰어나다. 정지상鄭知常 선배가 시를 지어 그 아름다움을 극찬한 바 있다.

창건된 연도는 알 수 없지만 많이 허물어져 주위 경치와 어울리지 않더니, 연평군 윤승순尹承順이 부윤으로 온 다음 해(고려 우왕 3년, 1377년) 왜구는 이미 물러가고 우리 군사는 한가로운지라, 주지 견해見海와 부수 심우경沈于慶과 더불어 중창하기로 의논하고 김정미·안일·김군자에게 명하여 수졸을 거느리고 공사를 감독하여 일을 마쳤다.

지금 다시 올라 바라보니 전날보다 배나 좋아졌다. 이 절은 향촉을 받드는 곳이라 사대부가 항상 드나드는 곳이며, 더구나 신라 고도의 장관을 다

이 누에서 내려다 볼 수 있으니 옛을 좋아하는 사람치고 누가 이 새로운 누에 올라 함께 사방을 바라보지 않겠는가! 절집을 수축하는 일은 부처님에게서 복을 받는 일이지만 이는 윤 부윤의 본뜻이 아니다.

했으니 이 글은 고려 말인 1377년경의 백률사 서루 중창에 대해 적은 것이다.(<동경통지>, <경주시지> 참고)

정지상鄭知常(?~1135, 고려 인종 때의 시인, 문신)의 시에

새벽에 일어나 다락 밑 발을 걷고 하늘을 바라보니,
다락 밑이 곧 계림(경주의 다른 이름)이라. 기이하고 괴이함을 헤아릴 수 없구나.
싱싱한 나무 뿜은 기운 골마다 자욱하고 거리는 바둑판 같도다.
흰 구름 동산에 날고 푸른 물 서쪽 개(포구)로 달리도다.
우뚝 솟은 황금 절집 해돋는 아침에 서로 바라보며
월성 안채 삼삼히 벌려진 꽃들과 대나무 이제는 주인 없이,
속절없이 남은 옛 풍류 한 곡조 높은 소리로 춤출 뿐
우뚝한 최고운(최치원崔致遠) 문장으로 중국을 진동해,
실올같이 갔다가 비단 옷으로 고향에 돌아오니
나이 이십구도 못되어 임금께 바른 일 건의 했건만 당시에 취할 바 안되었다네.
또한 설총 선생이 있어 용과 범처럼 방언으로 오경을 강의하여, 학자들이 노나라로 겨루었네.
세속에서 부르기를 두 군자 이른을 같이 하기 이백과 두보에 견주었네.
맑은 바람결에 글 읊조리니 묵은 향 한 번 태우고,
머리 조아려 임금님 축수하니
만년토록 하느님 도움 받으소서.
상상하니 묘법은 밝은 거울 이내 마음 알으신지?

민자閩子 샘에 차 달이니

사발 위에 그름이 떠오르네.

옛 시 세 번을 거듭 외니, 온 벽에 구슬 뱉았는 듯

즐거운 손 근심할 바 없이, 이 즐거움 얼마나 태고스러운가?

일산을 날려 솔문을 내려오니, 솔문에 해가 한낮이네.

하고 하였으니 몽고병란(1238년)으로 잿더미가 되기 전의 경주 모습을 엿볼 수 있다.

석재石齋 박효수朴孝修의 시에도 백률사 서루에 대한 정경을 그리고 있으니 다음과 같다.

내 걸음이 좋을 때를 만나서

봄 산에 들리는 것 두견새 소리

푸른 솔 그늘에서 길 비켜라 외치고

종을 쳐서 구름 절문 열었네.

보탁락가산(관음보살이 거처한다는 산) 올랐는 듯, 보배 구슬이 은하수에 솟은 듯

갖가지 꽃 철마다 피어 향기롭기 언제나 화창한 봄,

있는 스님 오직 두 셋, 누구가 향화의 주인인고.

서루에 올라 바라보니 처마와 도리 날고 춤추는 듯

남으로 탁 트여 반듯한 거리마다 집들이 늘어섰네.

문물이 옛 신라 땅이라 황금 절집이 사람 집과 섞여, 세는 중 열에 아홉이네.

성스러운 자취 범상한 발좌취와 섞여, 길손이 다투어 구경하네.

제일가는 저택 구슬로 된 궁궐들, 난리(몽고병란) 뒤에 돌밭으로 되었네.

마루에 백의관음 있어 신묘한 조화 둘도 짝이 없어

거문고와 만파식적 구름에 떠온 지난 일이 벽 뒤에 벌렸도다.

병란에 겁내어 예 와서 빌자 전쟁이 곧 감추어져
예 와서 빌자 어리석고 노둔한데 총명을 주어 마음의 소원대로 응해.
넓은 문 막히지 않아 시원시원한 단 이승 많아
뿌려진 다음 번열의 고뇌 가시어.
내 피로서 기름지어 이 몸으로 믿음의 향불되어
다만 원하옵기 우리 임금 만복을 누리시어 삼한이 태평으로 향해 행운을 타고 비운을 털어.
만방에서 어린애처럼 연모해와 우러러 젖 빨 듯이
억세거나 약하거나 먹히고 뺄아짐이 없이 자연스레 좋은 시대 열려
세상이 복희씨 옛날로 돌아가도록 하소서...
이를 생각하며 밤 깊이 앉았으니 달이 마루 한가운데 오르도다.

이 글은 몽고병란으로 불탄 뒤의 형편을 읊은 것이다.

매월당梅月堂 김시습金時習이 경주의 남산인 금오산에 7년간(1465~1471) 거주하면서 경주에 대한 시를 지은 것이 많다.

그 가운데 백률사에 관한 것이 2편 있다.

<백률사 누각에 올라가 바라보면서>라는 제목의 시와 <백률사 옥판 스님>이라는 시가 그것인데, 전자를 먼저 살펴보면 다음과 같다.

느릅나무 높고 낮게 흰 안개를 뿜는데
인가와 절집이 이웃하여 잇대 있구나.
물소리 서쪽으로 거슬러 시조市朝가 변하였고
산 형세는 북쪽이 낮아 문물을 옮겼다네.
석탈해 사당 가에 속절없이 달만 있고
경애왕의 능 가에는 저절로 밭이 없다.
유유한 성패가 모두 이와 같으니

진秦나라 앞서 주周나라는 8백 년이었다네.

<백률사 옥판 스님>에서는 당시 이 절의 정경을 잡힐 듯이 그리고 있으니

내 들으니 옥판스님께서는
모든 불법 요체를 잘도 설법하시어
사람마다 참선의 희열을 느낀다더니
도는 과연 기약하기 멀지 않구나!
백률사는 성 북쪽에 있다 하지만
돌 길이 어찌나 멀기나 한지?
솔 문은 진실로 깨끗하여서
더운 번뇌 오자마자 사라지누나.
남쪽나라 여름철 오월 달,
무더운 땅기운도 타오르누나.
여남은 사람과 벗을 맺어서
청정함에 참여하여 시끄러움 벗어나네.
스님 말이 티끌세상 사람들은
색미色味를 향기로 삼는다 하네.
만약에 이 괴로움 떠나려 하면
먼저 우리 절집에 모여야 한다네.
만 가지로 그대 몸의 병을 찾아서
치료하는 방편을 나누어 준다네.
한 알이면 오랜 병을 났게 하구요.
두 알이면 가슴앓이 풀어준다네.
세 알은 다 먹을 수 없다 하지만
겨드랑이 바람 솔솔 일어남 깨달았네.
또 오래 단련하고 공 쌓은 어린애 있어

우리 스님 가슴 쓸쓸함을 도와주네.

관리가(스님의 도) 드높음을 표준으로 삼으니,

잿빛 옷자락에 누른 소리개가 도누나.

양념으로 음식을 조리한지 때가 이미 오래되어,

만물을 구성하는 법미法味가 향기롭고 넉넉하네.

여럿 모여 절하고 믿고 받아들인다면

지혜 칼로 슬픈 불타는 것을 끊어주리.

배불러 상방 풍죽루에 누웠으니

오경에 지는 달이 산허리로 가라앉네.

늙은 스님께옵서 방편 많음을 비로서 깨달으니

뒷날에 부름받기를 간절히 바람이라.

(≪매월당집≫ 참조)

◉ 효소왕릉

밭 갈던 농부 올라앉아 참 먹던 돌이 왕릉 상석

효소왕 때의 일이다. 죽지랑의 화랑무리 가운데 득오실得烏失이라는 청년이 있어 날마다 출근을 하더니 한 번은 열흘이 되도록 보이지 않았다.

죽지랑竹旨郎(혹은 죽만竹曼: 대마루)은 득오실의 어머니를 불러

"당신 아들이 어디 갔느냐?"

하고 물으니

"당전幢典(벼슬이름)인 모량牟梁사람 익선益宣 아간이 아들을 부산성富山城(서

라벌 서쪽의 성) 창고지기로 임명하여, 길이 바빠 서둘러 가느라고 미처 낭에게 하직 인사를 드릴 여가가 없었심더."

하니 죽지랑이 말하기를

"득오실이 사사私事 볼일로 거기 갔다면 모르되 공무公務로 갔다하니 찾아보고 음식 대접이라도 해야만 되겠다."

하고는 곧 떡 한 합合과 술 한 항아리를 가지고 하인(종: 당시는 '거러지'라 함)을 데리고 가는데 화랑무리 137인이 위의威儀를 갖추고 뒤를 따랐다.
 부산성에 이르러 문지기에게 득오실이 어디 있느냐고 물으니

"지금 익선益宣네 밭에서 전례대로 일을 하고 있습니다."

고 하였다.
 죽지랑이 밭으로 가서 가지고 간 떡과 술로 그를 대접하고 익선에게 휴가를 청하여 함께 돌아가려 하였으나 익선이 완강히 거절하고 승낙하지 않았다.
 때마침 추화군推火郡에서 출장왔던 관리 간진侃珍이 세금으로 능절조能節租 30석을 거두어 성 안으로 운반하다가, 죽지랑이 부하를 소중히 생각하는 마음씨를 아름답게 여기는 한편 익선의 벽창호 같이 꽉막힌 태도를 더럽게 여겨 가졌던 벼 30석을 선뜻 익선에게 주면서 청을 들어주라고 권했으나 그래도 승낙하지 않았다. 다시 애지중지하며 아끼는 말안장까지 주면서 간청하니깐 그제서야 익선이 득오실의 휴가를 허락하였다.
 조정에 있는 화랑을 관장하는 업무를 맡은 관리[화주花主] 가 이 말을 듣고 사람을 보내어 익선을 붙잡아다가 그 더러운 때를 씻기기로 하였더니 익선이 도망하여 숨어버렸기 때문에 대신 그의 큰아들을 붙잡아 갔다.
 때는 동짓달이고 날씨는 매섭게 추운 날이라 성 안 못에다 목욕을 시켰더

니 그만 얼어죽고 말았다.

왕(효소왕)이 이 말을 듣고, 모량리牟梁里 출신으로 벼슬하는 사람들을 모두 쫓아내고 다시 관리로 들지 못하게 하였다. 또한 이미 중이 된 사람들이라도 종을 치고 북을 울리는 큰 절에는 드나들지 못하게 하였고, 새로 중이 되지는 못하게 하였다.

이때 원측법사圓測法師는 해동海東의 고승이었지만 모량리 출신인 까닭에 승직을 주지 않았다.

그리고는 관리에게 명하여 간진이 한 일을 표창하였다.

이것은 ≪삼국유사≫에 실려있는 유명한 이야기다.

신라의 능묘로 어느 왕릉 또는 누구 묘라고 전해오는 무덤과 하계에서 사실史實을 들어 주장하는 무덤이 다른 것 가운데 하나가 효소왕릉孝昭王陵이다.

≪삼국사기≫에는 '7월에 왕이 돌아가시므로 시호(죽은 뒤에 붙이는 이름)를 효소孝昭라 하고 망덕사望德寺 동쪽에 장사하였다고 씌어 있고 ≪삼국유사≫ 왕력王曆편에는 '능이 망덕사 동쪽에 있다'고 했으니, 망덕사 동쪽에 있는 무덤이 효소왕릉임을 알 수 있다.

망덕사터는 경주역에서 울산가는 7번 국도를 따라 4km 쯤 되는 곳, 길 남쪽에 당간지주와 목탑터가 남아 있는 곳이다.

조선 중종 때(1530년) 편찬한 ≪신증동국여지승람≫에는 효소왕릉의 위치를 '부府의 동쪽 분남리芬南里에 있다' 고 했는데 지금 분남리는 알 수 없지만, 분황사 남쪽의 어느 마을이 아니겠는가 한다.

김종직金宗直(1431~1492)의 시에 효소왕릉을 두고 '오직 밭 갈던 농부 상석床石에서 밥 먹네'라고 했다.

지금 망덕사터 바로 동쪽 100m 거리에 왕릉급 무덤이 있다. 밑둘레가 92m이고, 1.2m 정도의 5단으로 돌을 다듬어 첨성대를 쌓은 것 같이 둥글게 쌓고, 6째 단은 바깥으로 조금 튀어 나오게 얇고 넓게 마감했다. 그 위에 4m 쯤의 봉토를 덮었다. 5단의 석단石段 둘레에는 44개의 큰 돌로 석단이 무너지지 않도록 기대어 놓았는데, 사다리꼴로 두껍게 다듬어 넓은 면은 바깥으로 45도 기울게 했고, 좁은 면은 무덤호석과 땅바닥이 만나는 모서리를 향하도록 했는데, 약간의 공간을 비워두었다. 받침돌 중 남쪽 돌에는 '門'자를 음각으로 새겨 놓았다.

무덤 동쪽에는 높이 1m, 가로 3m, 세로 3.9m 되는 상석床石을 길게 다듬은 네모난 여러 개의 돌을 짜서 만들어 놓았는데, 상석 동쪽에는 2단으로 된 계단 모양이 설치되어 있다.

이 상석은 다른데서 볼 수 없는 낮고 넓은 것이니, 바로 김종직의 시에 묘사된 '밭 갈던 농부들이 올라앉아 밥 먹던' 효소왕릉의 상석임이 틀림없다.

이런 엄연한 증거들이 있는데도, 망덕사터에서 5km나 떨어진 조양동, 상덕왕릉 옆의 작고, 초라한 무덤(밑둘레47m, 상석 높이 0.5m, 가로 0.8m, 세로 1.5m)을 '효소왕릉'이라 하니, 왕릉의 위치가 잘못 지정된 것이라는 거다.

이런 주장을 하는 사람은 신라문화동인회 윤경렬 고문, 경주박물관회 김원주 회장, 국립중앙박물관 강우방 학예연구실장 등 이 방면에 많은 연구를 한 분들이다.

지금 망덕사터 동쪽에 있는 이 무덤은 '신문왕릉'이라 지정되어 있다. 그 이유는 하나, ≪삼국사기≫에 '신문왕神文王은 낭산狼山 동쪽에 장사했다'는 기록에 따른 것인데, 이 능은 낭산의 동남쪽에 자리잡고 있다.

⊙ 효소왕의 정치와 백성들의 시각

발해 건국
고구려 유민들 새 나라 세우다
대조영, 말갈과 연대 당 격파, 동모산에 나라 세워

698년 고구려 멸망 이후 꾸준히 당의 지배에 저항해온 고구려 유민들은 거란인의 반발로 당의 지배가 약해진 틈을 이용해 말갈인과 연대, 당군을 격파하고 동모산에 정착하여 '발해'(처음의 국호는 '진震')를 세웠다.

발해를 세운 고구려 유민들은 요서지역의 영주 지방에 강제 이주되었던 사람들이다. 영주에는 고구려 유민뿐 아니라 거란 및 말갈 유민도 다수 살고 있는데 이들은 당의 가혹한 수탈에 늘 반발해왔다.

고구려 유민이 당의 지배로부터 벗어날 수 있는 기회가 생긴 것은 거란인 이진충이 당에 저항하여 영주성을 습격하고 함락시켰을 때로, 고구려 장수였던 대조영은 말갈족과 함께 영주로부터 탈출하여 당의 지배를 벗어날 수 있는 곳을 찾아 동쪽으로 이동했다.

거란인을 진압한 당은 곧바로 고구려 유민들을 추격했고, 중간에 당의 추격군 장수 이해고와의 싸움에서 말갈인 장수 걸사비우가 패배하는 등 대조영 일행은 건국에 큰 어려움을 겪기도 했다.

대조영이 이끄는 고구려 유민들은 '천문령 전투'에서 결정적인 승리를 거둬 당나라 군대의 추격을 뿌리치는데 성공, 드디어 동모산에서 발해를 건국할 수 있었다.

남북국 시대가 열리다
발해 건국의 의의와 과제

698년 발해가 건국됨으로써 '남북국 시대'가 개막되었다. 고구려를 멸망시킨 이후 당은 고구려의 부흥을 막기 위해 고구려인을 당의 내지로 강제 이

주시키는 등 온갖 노력을 기울였다. 이번에 발해를 세운 고구려 유민도 요에 강제로 끌려간 고구려인이라고 하니 그 실태를 알만도 하다. 그러나 고구려인은 이에 굴하지 않고 끊임없이 저항해왔으며 그 결과 패망 후 30년 만에 고구려를 계승한 새 국가 발해를 세운 것이다. 그리하여 남쪽의 신라와 더불어 남북국 시대가 열리게 되었다.

발해의 건국은 신라 삼국통일의 불완전성을 극복한 것으로 평가할 수 있다. 신라의 통일은 고구려 땅 대부분을 상실하고 고구려 유민을 제대로 흡수하지 못했다는 비판에 시달려온 것이 사실이다. 그러나 이제 고구려 유민을 중심으로 발해가 건국되고 고구려의 옛 영토의 대부분을 회복하여 만주 지역을 우리 역사의 영역 내에 다시 확보할 수 있게 된 것은 매우 다행스러운 일이 아닐 수 없다.

그런데 일부에서는 발해를 건국한 인물 대조영이 고구려인이 아니라 말갈인이기 때문에 발해의 건국을 고구려의 부흥으로 볼 수 없으며 따라서 남북국의 성립을 논하는 것은 어불성설이라고 말하고 있다. 그러나 핏줄이 어떻게 되었든지간에 대조영이 고구려인이라는 귀속 의식을 가지고 있는 한 발해는 고구려를 계승한 왕조로 보는 것이 타당하다 하겠다.

한편, 발해의 앞날에는 많은 장애 요소가 놓여 있다. 대외적으로 당나라의 위협이 걱정된다. 고구려를 대신하여 발해가 동북 지역에서 강자로 부상하고 이에 따라 이 지역에 대한 당나라의 지배권이 약화되고 국가 이익이 침해당하는 것을 당나라가 내버려두지 않을 것이기 때문이다. 당나라는 발해가 더 성장하기 전에 제거하는 것이 손쉬우리라는 판단에서 발해에 대한 군사적 침략을 할 가능성이 매우 크다. 따라서 발해는 당의 군사적인 침략에 대해 철저한 대비책을 세워야할 것이다. 이를 위해 군사적 대비뿐만 아니라 외교적 노력도 전개하는 등 다각적인 준비를 해야 하겠다.

그리고 내적으로 발해의 민족 구성이 갖는 특성 또한 발해의 발전에 장애가 될 수 있겠다. 소수의 고구려인이 피지배층인 다수의 말갈인을 다스리는 일 자체가 쉽지 않을 것이며, 이러한 주민 구성의 특성은 발해의 국가적 통합력에 한계가 될 수 있다고 본다. 따라서 발해의 지도층은 말갈인을 문화적으로 동화시켜 동족의식을 갖도록 해야 할 것이다.

발해 건국의 과정과 그 의의
30년 망국의 한 씻고 새로운 성장 위한 기틀 마련
당, 괴뢰국가 '소고구려국' 세워 고구려 유민들 회유 기도하기도

고구려 멸망 후 30년 만에 다시 나라를 세운 고구려 유민의 발해 건국 과정은 매우 험난한 것이었다. 특히 당의 통제를 받고 있었던 영주에서 출발하여 요하를 건너 동모산(길림성 돈화현)에 안착하기까지 당의 맹렬한 추격을 뿌리치고 탈출했던 2천리 '장정'은 숨막히고 손에 땀을 쥐게 하는 것이었다.

고구려 유민은 이전부터 새로운 국가 건설의 역량을 축적해왔다. 고구려 멸망 직후 유민들은 신라와 연합, 당군을 격퇴시켜 신라의 삼국통일을 도왔으며 점령지 고구려를 지배하려 설치하였던 평양의 안동 도호부를 일찌감치 요동 지방으로 몰아내기도 했었다.

당은 고구려 부흥운동을 사전 봉쇄하기 위해 고구려 유민을 당나라 내지로 강제 이주시켰으며, '소고구려국'이라는 친당 국가를 세워 저항하는 고구려 유민을 회유하기도 했다. 그러나 고구려 유민의 나라를 되찾으려는 의지를 꺾을 수는 없었으며 오히려 당의 탄압은 고구려인의 단결의지를 자극했을 뿐이라는 것이 일반적인 평가이다.

이제 고구려는 당나라의 억압에서 벗어나 새로운 국가 발해를 건국함으로써 30년 동안의 나라 잃은 설움을 씻을 수 있게 되었으며 새로운 성장의 기반을 마련하게 됐다.

왕권 강화, 6두품, 골품제의 상관관계
6두품, 정치적으로 두각 신분 차별 여전
골품제 개선 여부가 향후 신라 사회의 진로 가늠

국왕의 전제권 강화에 기여하는 정치세력이 있다. 새롭게 성장하고 있는 신분인 '6두품'이 바로 그들이다. 이들은 유교적 학식을 바탕으로 하여 전제왕권 강화의 핵심기구인 집사부 등 여러 관료기구에서 활약하고 있다.

이들 6두품들은 신분적 차별이 상대적으로 덜한 종교계 및 학계에서 이름을 떨쳐왔다. 승려 '원효'와 외교문서 작성에 능했던 '강수', 그리고 현재 활발한 활동을 펼치고 있는 '설총'이 대표적인 인물이다.

하지만 골품제의 장벽은 이들에게 아직 여전히 높기만 하다. "통일 이후 전제왕권이 강화되고 이를 뒷받침하기 위한 세력으로 6두품의 지위가 향상된 것은 부정할 수 없는 사실이다. 그러나 신라사회에서 최고 관직에 오를 수 있는 것은 여전히 진골층에 한정되어 있다. 예를 들어 집사부의 최고 지위인 '시중'에 오를 수 있는 것은 진골뿐이고 6두품은 아무리 재능이 뛰어나도 차관급인 '시랑'에 머물러야 한다"고 한 현직 6두품 관리는 말한다. 이들 6두품들이 피부로 느끼는 신분차별은 여전한 것이다.

강수의 사례는 대표적인 것이다. 당나라 황제가 당에 억류되어 있던 김인문에게 눈물을 흘리며 귀국조치를 내리게 할 정도로 뛰어난 외교 문서를 작성했던 강수는 그의 탁월한 재능과 업적에도 불구하고 8등급 사찬 관등에 머물러야 했다. 그는 부모의 반대를 무릅쓰고 자신보다 신분이 낮은 집안의 여성과 결혼을 했는데 이는 골품제에 대한 저항의 의미를 담은 것이라고 보는 이들이 많다.

신라 골품제의 폐쇄성은 능력 있는 사람들에게 좌절과 실망을 안겨주고 있다. 만일 6두품들에 대한 차별이 개선되지 않고 오히려 증대된다면 이는 커다란 사회문제가 될 것으로 예견된다. 신라의 지배층이 이 문제를 어떻게 풀어가느냐는 향후 신라의 정국운영에 커다란 변수가 될 것이다.

김흠돌 반란 전말
진골이 던진 마지막 악수惡手, 국왕의 전제 권력 강화는 이제 확고한 대세

이번 역모사건의 주동자들은 왕의 장인인 김흠돌을 비롯하여 모두 상층 진골 출신이다. 이들은 통일전쟁 기간과 그 후 전개된 신라의 경제·정치질

서가 국왕의 전제권력 강화의 방향을 잡혀가는데 대해 커다란 불만과 불안을 품어온 것으로 전해지고 있다. 삼국통일 이후 지배 영토가 세 배로 넓어지고 이에 따라 조세를 거둘 수 있는 기반도 증대됨에 따라 자신들의 몫도 늘어날 것을 기대했으나 결과는 그렇지 못한데 대한 불만과, 국왕의 지배권이 계속 강화되어 가고 귀족회의 기능이 약화되어 자신의 정치적 위상이 떨어지는데 따른 불안이 이들로 하여금 정변을 일으키게 했다는 것이다.

이번 반란이 성공하느냐 실패하느냐의 여부는 통일 이후 신라의 정치운영이 어떻게 전개되느냐와 밀접한 관련을 가지고 있었다. 그동안 신라의 정치운영은 국왕 권한 강화라는 일관된 방향으로 전개되어왔고, 삼국간의 전쟁은 일사불란한 집권체계를 요구했기에 이러한 경향은 보다 많은 정당성을 확보해왔다. 바로 이러한 시기에 귀족층의 반란이 일어나고 이 반란이 신문왕에 의해 진압됨으로써 국왕의 전제권력 강화는 확고한 시대의 대세가 되었다고 볼 수 있다.

신문왕은 반란의 가담자뿐만 아니라 사건을 사전에 알고 있으면서도 이를 알리지 않았다는 죄로 전임 상대등이었던 군관까지 처형하는 등 그동안 국왕의 전제권 강화에 장애가 된 인물들을 모두 처형하는 기회로 이번 반란을 활용하고 있다.

문답으로 알아보는 신라의 중앙정치체제 정비
국왕 직속 기구 집사부가 모든 관제 총괄토록
땅과 녹봉 지급으로 관료 장악, 감찰제도 강화

― 행정구역과 군사제도 개편과 함께 국왕의 직속기구인 집사부 아래에 모든 관서가 통할되게 됐다. 이 중앙관제 개편이 갖는 정치적 의미에 대해 말해달라.

신라는 법흥왕 때 병부 설치를 시작으로 여러 차례 중앙관제를 정비해왔는데 신문왕 때 예작부 설치를 마지막으로 관제 정비는 일단락됐다고 할 수 있다. 이러한 관제는 중국의 6전 제도와 유사한 기능을 가진 것이다.

그런데 중요한 것은 여러 기구들의 중심에 '집사부'가 있다는 것이다. 집사부는 국왕의 직속기구이다. 여러 기구들이 집사부 아래 소속되어 있고 집사부가 국왕의 직속기구인 까닭에 중앙관제 개편은 국왕 중심으로 정치체제가 정비된 것으로 평가할 수 있다.

– 관료제를 정비, 관료를 국가 운영에 본격 활용한다면 이들에 대한 보상, 보수는 어떻게 지급되는가.
관료제가 정비된 신문왕 때(687년) 문무 관료에게 토지를 차등있게 지급해주는 '관료전' 제도가 마련됐고, 689년에는 녹봉(일한 대가로 주는 곡식)을 차등있게 지급하는 제도가 마련됐다.

– 귀족이 아니라 관료에 의한 새로운 정치체제를 운영하기 위해서는 이전과는 달라진 상황에 맞는 정치이념의 확립이 필요하다고 보여진다.
그렇다 이렇듯 변화된 정치체제는 국왕에 대한 신하의 충성을 근간으로 하며 관료들이 실제적인 업무 능력을 가지고 있어야 유지될 수 있는 것이다. 이를 위해 군주는 덕으로 백성을 대하고 신하는 충성을 다해야 하는 이념을 요체로 하고 있는 유학이 더욱 강조되고 있다. 또한 유교사상에 입각하여 전문적 기능을 수행할 수 있는 관료를 체계적으로 양성하기 위해 682년에 나라에서 '국학'을 설립했다.

– 관료제를 운영하다 보면 충실하게 자신의 일을 하지 않고 사리사욕을 채우거나 부정을 저지르는 관료가 있을텐데 이에 대한 대비책은 무엇인가.
감찰제도의 강화이다. 중앙의 관리에 대한 감찰을 위해 '사정부'를 운영하고 있으며, 지방에 파견된 관리를 감찰하기 위해 '외사정'을 파견하고 있다.

신라의 정복민 융합 정책
당과 격전 치루며 민족의식 싹튼 듯

이제까지 전쟁의 패배자에게 주어지는 것은 죽음, 재산의 몰수, 예속민으로의 전락 등이었다. 백제의 장국 계백이 전쟁에 나가기 전에 패배할 것을 예상하고 처자식을 자신의 손으로 모두 죽인 것도 전쟁에 지고 살아남을 경우 죽음보다 못한 굴욕을 당하는 것이 예사였기 때문이다.

그러나 백제·고구려를 멸망시키고 두 나라 유민에 대해 신라는 이와는 다른 정책을 취하고 있다. 대다수의 지배층들이 당나라로 끌려가거나 일본 등으로 망명한 가운데 신라는 남아있는 백제·고구려 지배층을 그들이 지녔던 관등에 따라 차등있게 신라 관등 내에 편입시켜 주는 정책을 취하고 있다. 또한 군사제도에서도 중앙군인 9서당 중 6개 서당을 고구려·백제·말갈계 주민으로 편성하여 이들에 대한 차별을 줄여가고 있다.

신라가 취하고 있는 이러한 '민족융합정책'은 통일 제국을 안정적으로 이끌어가는 데 필요한 것으로 인식되고 있는데, 특히 당나라와의 투쟁 과정에서 백제·고구려 유이민과 함께 싸우면서 싹텄던 동질적인 민족의식은 이들 유민을 관대하게 맞아들일 수 있는 역사적 배경이 된 것으로 평가되고 있다.

동해바다의 큰 용龍이 되어 조국 지키리...
문무왕 서거, 유언에 따라 화장 후 동해 바다에 장사
신문왕, 부오아이 내세에 평안하기를 기원 '감은사' 창건

681년 삼국통일의 주역 문무왕이 향년 67세의 나이로 사망했다. 태종무열왕의 뒤를 이어 문무왕은 668년 고구려를 정복했으며, 당나라 군대를 축출, 삼국통일을 완수한 인물이다.

유언에 따라 장례는 불교식 화장으로 치룬 후 경주 동쪽 바다 2백여 미터 지점의 큰 바위에 장사지냈다. 전하는 바에 따르면 그는 평소에

"내가 죽은 후에 나라를 지키는 큰 용이 되어 동해바다에서 일본의 침략을 막겠다"

고 말했다. 많은 사람들은 죽어서도 변함없는 문무왕의 호국정신에 감탄하면서 신라 지배층의 강건한 기상을 칭찬하고 있다.

한편 문무왕의 뒤를 이어 즉위한 신문왕은 부친을 위해 동해 바닷가에 감은사感恩寺라는 절을 창건했다.

이 절은 금당 섬돌 아래 동쪽으로 구멍이 하나 나 있는데 이 구멍은 동해의 용이 된 아버지 문무왕이 절로 들어오도록 하기 위한 것이라는 이야기도 나돌고 있다. 문무왕을 보신 바위를 '대왕암', 이 절의 이름을 부왕의 은혜에 감사한다는 뜻의 '감은사' 그리고 용이 나타난 곳을 '이견대'라 부른다.

● 원효, 참된 구도자

"무릇 중생의 마음은 둥글어 걸림이 없는 것이나, 태연하기가 허공과 같고 잠잠하기가 오히려 바다와 같으므로 평등하여 차별성이 없다."

원효대사가 686년 세상을 떠났다. 그는 617년 6두품 가문에서 출생, 의상과 함께 불교 연구를 위해 당나라로 가려했으나 여행 도중 해골에 괸 물을 마시고

"진리는 결코 밖에서 찾을 것이 아니라 자기 자신에게서 찾아야 한다"

라는 깨달음을 얻고 의상과 헤어져 돌아왔다는 일화는 유명하다. 그의 연구와 저술 활동을 지원해준 사람은 요석공주라고 알려져 있으며, 원효와 요석공주 사이에 난 아들이 '설총'이다.

파격적인 삶 속에서 진리를 깨치다

그는 부처님의 가르침을 대중들에게 전하기 위해 광대 복장으로 불교의 이치를 노래로 지어 세상에 유포시켰다. 그 노래는 '모든 것에 거리낌이 없는 사람이라야 생사의 편안함을 얻나니라'라는 누구나 쉽게 알아들을 수 있는 가락인데 그 노래를 '아무것에도 거리낌이 없다'는 뜻의 <무애가無碍歌>라 부른다.

그는 가끔 미친 사람처럼 행동하거나 뭇사람들과 어울려 술집이나 기생집에도 드나들었고, 혹은 쇠칼과 쇠망치를 가지고 다니며 돌에 글을 새기기도 하고, 가야금과 악기를 들고 사당에 가서 음악을 즐기기도 했다. 여염집에서 유숙하기도 하고, 명산대천을 찾아 좌선하는 등 임의로 기회를 쫓아 생활하되 어떤 일정한 틀에 박힌 생활태도가 없었다. 또 사람들을 교화하는 방법도 일정하지 않았다. 한날한시에 여러 곳에서 똑같은 모습으로 나타나기도 하고, 또 어떤 때에는 온 천하를 다 찾아도 찾을 방법이 없었다고 한다.

그가 저술한 책은 1백여 부 2백40권이나 된다. 특히 《대승기신론소》는 중국 고승들이 해동소라 하며 즐겨 인용했고, 《금강삼매경론》은 인도의 유명한 고승이 아니고는 얻기 힘든 논論이라는 평가를 받았다. 그는 학승學僧으로 높이 평가될 뿐만 아니라 민중교화승으로서 당시의 귀족화된 불교를 민중불교로 바꾸는데 크게 공헌했다. 또 종파주의적인 방향으로 달리던 불교이론을 회통시키려 했다.

불교 대중화의 선구자

그의 사상은 크게 세 가지 주제로 정리해 볼 수 있다. 첫 번째는 일심사상이다. 마음을 깊이 통찰, 마음의 원천으로 돌아가는 것을 궁극의 목표로 정하고 육바라밀의 실천을 강조한다. 그는 만법귀일(모든 이치는 하나로 모아진다), 만법귀진(모든 이치는 진리로 모아진다)을 굳게 믿고 생활을 이끌어갔다.

다음은 화쟁사상이다. 원효는 어느 한 종파에 치우치지 않고 ≪화엄경≫, ≪반야경≫, ≪열반경≫ 등 대승불교 경전 전체를 섭렵하고 통효한 사람이다. 그래서 전체 불교를 하나의 진리에 귀납 정리해 자기 분열이 없는 불교의 사상체계를 세웠다. 이러한 그의 조화사상을 '화쟁사상'이라고 한다.

≪십문화쟁론十門和諍論≫은 이러한 화쟁사상을 단적으로 보여주는 그의 핵심적인 저술. 그는 여러 이설異說을 열 개의 글로 모아 정리하고 회통함으로써 일승불교一乘佛敎의 논리적인 근거를 제시했다. 핵심적인 화쟁의 논리는 다음과 같다.

'쟁론諍論은 집착에서 생긴다. 불도는 매우 넓어서 무애무방無碍無方하다. 그러므로 많은 사람들의 말이 모두 이치에 맞는 것이다. 그런데 견문이 적은 사람은 좁은 소견으로 자기의 견해에 찬동하는 자는 옳고 견해를 달리하는 자는 그르다 하니, 이것은 마치 갈대구멍으로 하늘을 본 사람이 그 갈대구멍으로 하늘을 보지 않은 사람들을 보고 모두 하늘을 보지 못한 자라함과 같다.'

원효사상의 핵심, 일심론·화쟁론·무애론

또 하나 원효의 무애사상은 그의 사생활에서 잘 나타난다. 그는 '어디에도 걸림이 없는 사람은 단번에 생사를 벗어난다'고 했다. 그는 부처와 중생을 둘로 보지 않았으며, 오히려 '무릇 중생의 마음은 둥글어 걸림이 없는 것이나, 태연하기가 허공과 같고 잠잠하기가 오히려 바다와 같으므로 평등하여 차별성이 없다' 고 했다. 그는 민중을 교화하는데 있어서 복잡하고 어려운 교리보다 신앙으로써 접근해야 한다고 생각하고 누구나 '나무아미타불'만 외우면 극락왕생할 수 있다는 정토신앙을 전파, 불교의 대중화에 앞장섰다.

● 만파식적 이야기

김춘추 · 김유신이 보낸 선물 이상한 대나무 피리로 만들어

민간에 돌고 있는 기이한 이야기. 신문왕이 김춘추·김유신으로부터 보배를 얻었다는 얘기로, 피리와 옥대가 그곳인데 특히 피리를 불면 쳐들어오던 적군이 달아나고 가뭄이 그치며 거센 파도가 잠잠해진다는 것.
때는 682년 5월 초하루. 관리가 대궐에 알리기를

"동해 가운데 조그만 산이 생겨 물결 따라 감은사를 왔다갔다 합니다."

하니 왕이 천문관에게 점을 쳐 보게 하였다. 첨문관이 답하길

"김유신·김춘추 두 성인께서 보배를 내려주시려 하니 폐하께서 해변으로 가시면 보물을 얻으실 것입니다."

라고 답했다.

대나무 합쳐지며 천지가 진동

거북이 머리모양의 산 위에는 대나무 한 구루가 서 있는데 낮에는 둘로 떨어졌다가 밤에는 하나가 됐다. 다음날 정오, 대나무가 하나로 합쳐지며 천지가 진동하고 비바람이 일며 사방이 캄캄해지기 시작했다.
일주일 후 날이 개고 물결이 잔잔해졌다. 왕이 산으로 나아가니 용 한 마리가 나타나 옥띠를 바쳤다. 천문관은 대나무 소리로 천하를 다스리게 될 좋은 징조이니, 대나무로 피리를 만들면 천하가 화평해질 것이라고 왕에게 간했다.

이튿날 왕의 옥띠를 살펴보던 태자는 띠에 달린 장식들은 모두 진짜 용이라며 감탄했다. 태자는 옥장식 한 개를 떼어내 시냇물에 담갔다. 그러자 장식은 곧 용으로 변해 하늘로 올라가고 시내는 못이 됐다. 신문왕은 그 대나무로 피리를 만들어 월성의 천존고에 간직했다.

거센 물결 잠재우는 마술피리

그 후 피리를 불면 적군이 물러나고 병이 나았다. 또 가뭄에는 비를 내리고 장마가 질 때는 비를 멈추게 했으며 바람을 가라앉히고 파도를 잠재웠다. 그래서 이름을 '거센 물결을 잠재우는 피리', 즉 만파식적萬波息笛이라 하고 국보로 삼았다.

● 설총, 이두 정리에 심혈

한자의 음과 뜻을 번갈아 차용, 생명력은 미지수

설총은 지명이나 향가 등을 기록하던 이두를 정리하고 있다. 현재 대부분의 사람들이 한자를 사용하고 있으나 한자는 우리말을 소리 나는 대로 적을 수 없는 한계를 지니고 있다. 이러한 이유로 삼국시대부터 사람들은 이두 문자를 사용해왔다. 이두는 한자의 음과 뜻을 이용, 우리말을 기록한 문자이다.

예를 들어 다음 노래 '善花公主主隱 他密只嫁良置古'를 한자식으로 읽으면 '선화공주주은 타밀지가량치고'이다. 도무지 무슨 뜻인지 알 수 없다. 그러나 이두식 표기대로 읽으면 '선화공주님은 남 그스지 얼어두고'로 읽혀진다.

많은 사람들이 설총의 노력을 치하하면서도 한자를 훈 또는 음으로 읽는 것의 구별이 복잡하고 용례 역시 익히기 매우 어렵다 평하고 있어, 이두의 생명력이 얼마나 이어질 지는 미지수이다.

33

나약해진 왕권의 수권과
백성 달래기 정책들, 그리고
천재지변을 맞은 수난의 왕

성덕왕

新羅王朝實錄

성덕왕 聖德王
김씨 왕 18대

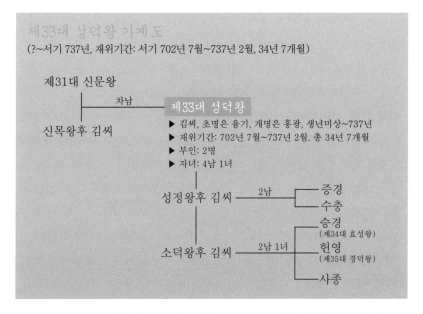

제33대 성덕왕 가계도

(?~서기 737년, 재위기간: 서기 702년 7월~737년 2월, 34년 7개월)

제31대 신문왕 ──차남── 제33대 성덕왕

신목왕후 김씨

제33대 성덕왕
▶ 김씨, 초명은 융기, 개명은 홍광, 생년미상~737년
▶ 재위기간: 702년 7월~737년 2월. 총 34년 7개월
▶ 부인: 2명
▶ 자녀: 4남 1녀

성정왕후 김씨 ──2남── ┬ 증경
                      └ 수충

소덕왕후 김씨 ──2남 1녀── ┬ 승경
                          │ (제34대 효성왕)
                          ├ 헌영
                          │ (제35대 경덕왕)
                          └ 사종

?~737(효성왕 1). 신라 제33대 왕. 재위 702~737. 성은 김씨金氏. 이름은 본래 융기隆基였으나 뒤에 홍광興光으로 고쳤다. 신문왕의 둘째 아들이며, 효소왕의 동모제同母弟이다. 효소왕이 아들이 없이 죽었으므로 화백회의에서 그를 왕으로 추대하였다. 왕비는 704년(성덕왕 3)에 승부령乘府令이던 소판蘇判 김원태金元太의 딸 성정왕후成貞王后(또는 엄정왕후嚴貞王后)를 맞아들였으나 성덕왕 15년에 왕궁에서 내보내고, 이찬伊湌 김순원金順元의 딸 소덕왕후昭德王后를 계비로 맞이하였다.

성덕왕대는 통일신라시대에 있어서의 정치적 안정을 바탕으로 사회 전반에 걸쳐 전성기를 구가했던 시기였다. 우선 정치적으로 국가 행정을 담당하는 집사부執事部의 중시中侍가 일체의 정치적 책임을 지게 됨에 따라 전제 왕권이 보다 강화될 수 있었다. 아찬阿飡 원훈元訓이 성덕왕이 즉위하던 702년에 중시에 임명된 이래로 원문元文·신정信貞·김문량金文良·김위문金魏文·효정孝貞·김사공金思恭·문림文林·선종宣宗·윤충允忠 등 10명의 인물이 성덕왕 대에 중시로 활동하였다. 특히 이들 중에서 원훈·사공·선종의 경우에는 천재지이天災地異에 따른 정치적 책임을 지고 물러남으로써 중시가 전제 왕권의 안정을 위한 방파제 역할을 하게 되었다.

이러한 정치적 분위기 속에서 711년에는 백관잠百官箴을 지어 군신群臣들에게 제시하였다. 백관잠의 구체적인 내용은 전하지 않고 있으나, 아마도 전제왕권하에서 신하가 지켜야 할 계명誡命을 적은 것으로서 유교적인 충군사상忠君思想애 주요 내용이었을 것으로 짐작된다.

이와 같이, 성덕왕대에 있어서 귀족세력의 약화는 귀족회의의 대표자였던 상대등의 위축된 활동에서도 잘 나타나고 있다. 성덕왕대에는 효소왕 때부터 활동하던 이찬 개원愷元을 비롯하여 인품仁品·배부裵賦·사공 등 4명이 상대등으로 재직하였으나 정치적으로는 아무런 영향력도 행사할 수 없는 존재들이었다.

성덕왕은 국내의 정치안정을 기반으로 활발한 외교활동을 추진하였다. 703년에 일본의 사신을 접견하는 등 일본과의 관계도 유지하였지만, 특히 당나라와의 관계는 더욱 밀접하여졌다. 703년에 아찬阿飡 김사양金思讓이 당나라에 조공한 이래 36년 동안 당에 파견된 신라의 사절횟수는 43회로서 신라 중대왕실의 다른 어느 왕 때보다도 많았으며 사절의 내용은 주로 조공과 숙위宿衛, 그리고 하정賀正이었다. 이러한 당나라와의 빈번한 외교적 교섭은 신라의 국제적 지위를 확고하게 하였을 뿐만 아니라 중국문물의 수입에도 적극적으로 기여하게 되었다.

704년에 입당사入唐使 김사양이 귀국하여 최승왕경最勝王經을 바쳤고, 717년에는 숙위 김수충金守忠이 귀국하여 문선왕 10철哲 및 72제자의 화상畵像을 바치므로 국학國學에 봉안하였다. 이는 전제왕권 안정에 필요한 정치이념으로서의 유교의 적극적 수용의지를 반영한 것이며, 728년에는 왕제인 김사종金嗣宗을 당나라에 파견하면서 신라 귀족자제들의 당나라 국학의 입학을 요청하였다. 717년에 의학박사와 산박사算博士를 각각 1명씩 두었고, 718년에는 누각漏刻을 처음으로 제작하였다. 이러한 기술관계의 관직 설치와 시설은 모두 유교적 이상정치인 위민 및 농본 정책과 연결지어 생각할 수 있다.

성덕왕의 위민 및 농본정책은 특히 705년에 동쪽 주군州郡의 백성들이 굶주려서 유망流亡하므로 관리를 파견하여 진휼하고, 706년에는 국내에 기근이 들자 창고를 열어 진휼하였으며, 707년에는 백성들에게 오곡의 종자를 나누어준 데서도 잘 나타나고 있다.

그리고 722년에는 모든 백성들에게 비로서 정전丁田을 지급하였는데, 정전은 정丁을 기준으로 하여 백성들에게 지급한 토지라는 뜻일 것이다. 그러나 이것은 국가가 실제적으로 백성에게 토지를 지급하였다는 의미가 아니라 자영농민自營農民이 본래 소유하고 있던 토지에 대한 국가적 인정을 뜻하는 것으로서 농업생산력의 증대를 가져왔으며, 그 결과 국가는 농민으로부터 많은 세를 거두어들여 재정적 기반을 튼튼히 할 수 있게 되었다.

국방시책으로는 721년에 하슬라도何瑟羅道(지금의 강릉)의 정부丁夫 2,000명을 징발하여 북경지방에 장성을 축조하는가 하면 722년에는 모벌군성毛伐郡城(지금의 경주시 외동면)을 축조하여 일본의 침입로를 차단하기도 하였다.

731년에 당나라의 요청을 받고 고구려의 고지에서 건국하여 신라와 사실상 국경을 접하고 있던 발해를 공격하였으나 실패하였다. 그러나 그 결과 735년에는 당나라와의 외교적 현안이었던 국경문제를 패강浿江(지금의 대동강大同江)으로 확정지었다. 이로써, 신라의 영토는 대동강에서 원산만에 이르는 이남지역으로 결정되었다.

성덕왕은 이 지역의 민심수습과 북방경영을 위하여 이찬 윤충允忠·사인思仁·영술英述 등을 파견하여 평양주와 우두주牛頭州(지금의 춘천)의 지세를 조사하게 하였다.

이거사移車寺 남쪽에 장사 지냈으며 왕릉은 현재 경주시 조양동에 있다. 시호는 성덕聖德이다.

702년(성덕왕 원년) 9월에 죄수를 대사하고 문무관의 관직을 한 급씩 높이고 다시 모든 주와 군에 1년 동안의 조세를 감하였다. 아찬 원훈元訓으로서 중시를 삼았다. 10월에 삽량주에서 역실櫟實(도토리)이 변하여 밤이 되었다.

703년(성덕왕 2) 정월에 성덕왕은 친히 신궁에 제사를 지내고, 사신을 당나라로 파견하여 토산물을 바쳤다. 7월에 영묘사가 화재를 입었고 서울에 홍수가 나서 익사한 사람들이 많았다. 같은 달, 중시 언훈이 퇴관하므로 아찬 원문元文을 중시로 삼았다. 이때 일본의 사신 204명이 이르렀으며, 아찬 김사양金思讓은 당으로 파견하였다.

704년(성덕왕 3) 정월에 웅천주에서 금지金芝를 진납하였다. 3월이 되자 당으로 들어갔던 김사양이 돌아와서 가장 뛰어난 경서經書를 왕에게 바쳤다. 봄이 되자 성덕왕은 승부령 소판乘府令蘇判 김원태金元泰의 딸을 맞아 왕비로 삼았다.

705년(성덕왕 4) 정월에 중시 원문이 죽었으므로 아찬 신정信貞으로서 중시를 삼았으며, 3월에는 당으로 사신을 파견하여 조공을 하였다. 5월에 한재가 들었다. 8월에는 노인들에게 주식酒食을 하사하였으며 9월에는 교서를 내려서 살생을 금하고, 당으로 사신을 보내었다. 10월에는 동쪽 지방에 기근이 심하여 사람들이 많이 유랑하므로 왕은 사자를 파견하여 이들을 구제하였다.

706년(성덕왕 5) 정월에는 이찬 인품仁品을 상대등으로 삼고 국내의 기근자들을 위해 창고를 풀어 구제하였다. 3월에 중성衆星이 서쪽으로 흘렀다. 4월에 사신을 당으로 파견하였으며 8월에 중시 신정信貞이 병으로 인하여 퇴직하므로 대아찬 문량文良을 중시로 삼았다. 또 사신을 당으로 파견하여 토산물을 바쳤다. 이해에 곡식이 잘 여물지 않았다. 10월에도 사신을 당으로 파견하였으며, 12월에 죄수들을 석방하였다.

707년(성덕왕 6) 전해의 흉년으로 백성들이 많이 굶어 죽으므로 사람들에게 하루에 요곡要穀 3승씩을 1월부터 7월에 이르기까지 배급하였으며, 2월에는 죄수를 대사하고 백성에게 오곡의 종자를 나누어 주었다. 12월에 사신을 당으로 파견하여 토산물을 바쳤다.

708년(성덕왕 7) 정월에 사벌주에서 서지瑞芝를 진상하였다. 2월에 지진이 일어나고 4월에는 진성이 달을 침범하자 죄수를 대사하였다.

709년(성덕왕 8) 3월에 청주에서 흰 매를 바쳤다. 5월에는 한재가 들었다. 성덕왕은 6월 사신을 당으로 파견하여 토산물을 바쳤다. 8월에 죄수를 대사하였다.

710년(성덕왕 9) 7월에 천구성天狗星이 삼랑사의 북쪽에 떨어졌다. 사신을 당으로 파견하여 토산물을 바쳤으며, 이때 지진이 일어났으므로 죄수를 대사하였다.

711년(성덕왕 10) 3월에 큰 눈이 내렸다. 5월에 도살을 금하였다. 성덕왕은 10월, 남방에 있는 주군을 순무하였는데 이 사이 중시 문량이 죽었다. 11월에 왕은 <백관잠百官箴>을 지어 군신들에게 보였다. 현재 그 내용이 전해지지는 않으나 신하들이 지켜야 할 도리를 적은 글로 보인다. 12월에는 사신을 당으로 파견하여 토산물을 바쳤으며 이듬해인 712년(성덕왕 11) 2월에도 사신을 당으로 파견하였다.

이렇듯 성덕왕은 수차례에 걸쳐 당나라에 사신을 파견하여 조공을 바치면서 앞선 문물을 접하거나, 학문을 수입하려는 노력을 하였다.

3월에는 이찬 위문魏文을 중시로 삼았다. 이달 당에서는 사신 노원민盧元敏을 파견하여 왕명을 고치라는 칙명을 하였다. 4월에 왕은 온수溫水에 행차하였다. 성덕왕은 8월에 김유신의 아내를 봉하여 부인으로 삼고 세곡 1천 석 씩을 주도록 하였다.

713년(성덕왕 12) 2월에 전사서典祀署를 설치하였다. 또 같은 달 당으로 사신을 파견하여 조공하였는데 이때 당의 현종은 누문樓門에 나와서 사신을 접견하였다. 10월이 되자 당에 들어갔던 사신 김정종金貞宗이 돌아왔는데, 칙서를 내려 왕을 봉하여 표기장군특진행좌위위대장군驃騎將軍特進行左威衛大將軍 사지절대도독계림주제군사使持節大都督雞林州諸軍事 계림주자사상주국낙랑군공신라왕雞林州刺史上柱國樂浪郡公新羅王으로 삼았다.

이달 중시 위문이 노쇠하여 퇴직할 것을 청하므로 성덕왕은 이를 허락하였다. 12월에는 죄수를 대사하고, 성문을 열어 축포하였다.

714년(성덕왕 13) 정월이 되자 이찬 효정孝貞을 중시로 삼고 2월에 상문사詳文司를 고쳐 통문박사通文博士로 하고 서표書表의 사교事敎를 맡아보게 하였다. 이때 왕자 김수충金守忠을 당으로 파견하여 숙위하게 하니 당의 현종은 주택과 의복을 주고 그를 총애하며 조당朝堂에서 대연을 베풀었다. 또 윤 2월에 이찬 박유朴裕를 당으로 파견하여 하정예賀正禮를 하니 현종은 그에게 조산대부원외봉어朝散大夫員外奉御의 직을 주어 돌려보냈다.

여름에는 한재가 들고 역질에 걸리는 사람들이 많았다. 성덕왕 재위시절에는 전제 정권의 강화로 왕권이 매우 안정된 시기였으나 이처럼 자연적인 재해로 백성들의 피해가 매우 컸다. 가을에 삽량주의 산에서 상수리 나무의 열매가 밤으로 되었다. 10월에 당의 현종이 신라의 사신들을 내전에 불러 잔치를 베풀었는데 재신 및 4품 이상의 관리들을 참여하게 하였다.

715년(성덕왕 14) 3월에는 김풍후金楓厚를 당으로 파견하여 조공하였다.

4월에는 청주에서 백작을 진상하였다. 왕은 5월 죄수를 대사하였다. 6월에는 다시 큰 한재가 들어 왕은 하서주 용명악龍鳴嶽의 거사居士 이효理曉를 불러서 임천사林泉寺의 연못 위에서 기우제를 지냈는데, 이후 비가 열흘 동안이나 내렸다고 한다.

9월에는 태백성이 북쪽 근처에 있는 서자성庶子星을 가리고 10월에는 유성이 자미紫微를 범하고 12월에는 유성이 천창天倉으로부터 태미太微로 들어가므로 불길함을 느낀 성덕왕은 죄수를 석방하였다. 이해 성덕왕은 왕자 중경重慶을 봉하여 태자로 삼았다.

716년(성덕왕 15) 정월에 유성이 달을 침범하여 달이 빛을 잃었으며, 3월에는 전해와 마찬가지로 사신을 당으로 파견하여 토산물을 바쳤다. 왕이 성정成貞(또는 엄정嚴貞) 왕후를 내보내는데 채단 5백 필과 전지田地 2백 결, 조곡 1만 석과 가택 1구區를 주었는데 가택은 강신공康申公의 구택舊宅을 사서준 것이다.

716년에도 대풍이 일어 나무가 뽑히고 기와장이 날리고 숭례전이 헐리는 재해가 발생하였다. 이때 당에 하정사로 들어갔던 김풍후가 귀국하고자 하니 현종은 그에게 원내랑員內郞의 벼슬을 주어 돌려보냈다. 6월에는 다시 한재가 들었으므로 왕은 거사 이효를 불러서 기우제를 지내니 곧 배가 내렸으며, 이를 기리기 위해 죄인들을 석방하였다.

717년(성덕왕 16) 2월에는 의박사醫博士 1명을 두었으며, 3월에는 새로 궁궐을 창건하였다. 4월에는 또다시 지진이 일어났다. 6월에 태자 중경이 죽으므로 효상孝殤이라 시호하였다. 9월에 당으로 들어갔던 대감 수충이 돌아왔는데 문선왕文宣王과 10철哲 72제자의 도상圖像을 헌납하므로 그것을 대학에 비치하였다.

718년(성덕왕 17) 정월에 중시 효정이 퇴직하므로 파진찬 사공思恭을 중시로 삼았으며 2월이 되자 왕은 서편의 주군을 순무하여 고령자 및 환과고독鰥寡孤獨들을 조사하고 물자를 하사하였다. 3월에는 전해에 이어 다시 지진이 일어났으며, 6월에는 황룡사 탑에 벼락이 치는 피해가 있었다.

이때에 처음으로 누각漏刻(물시계)을 창조하였다. 또한 성덕왕은 당으로 사신을 파견하여 조공을 하였는데 당에서는 사신에게 수중 낭장守中郞將의 벼슬을 주어 돌려보냈다. 10월에 유성이 묘昴로부터 규奎로 들어가니 뭇 소성小星이 이를 따랐고 천구성天狗星이 간방艮方에 떨어졌다. 이때 한산주 도독관 내의 모든 성을 쌓았다.

719년(성덕왕 18) 정월에 당으로 하정사를 파견하였다. 9월에 금마군의 미륵사에 벼락이 떨어졌으며 이듬해인 720년(성덕왕 19) 정월에도 지진이 일어났다. 같은 달, 상대등 인품이 죽으므로 대아찬 배부裵賦를 상대등으로 삼았다.

3월에는 이찬 순원의 딸을 맞아 왕비로 삼았다.

4월에는 큰비가 와서 산이 12개소나 무너졌고 우박이 내려 못자리가 상하였다.

5월에 왕은 유사에게 명하여 사람의 해골을 매장하게 하였다. 이때 완산주에서 백작을 진상하였다. 6월에는 왕비를 책봉하여 왕후로 삼았다. 7월에는 웅천주에서도 흰 까치를 바쳤다. 이때 메뚜기 떼가 곡식에 해를 입혀 백성들이 또다시 피해를 입었다. 중시 사공이 퇴직하므로 파진찬 문림文林을 중시로 삼았다.

721년(성덕왕 20) 7월에 하슬라도의 정부丁夫 2천 명을 징발하여 북경北境에 장성長成(대동강으로부터 덕원德源 부근)을 축조하였다. 이해 겨울에는 눈이 오지 아니하였다.

722년(성덕왕 21) 정월, 중시 문림이 죽었으므로 이찬 선종宣宗을 중시로 삼았다. 2월에는 경도京都에 지진이 일어났다. 8월에 처음으로 백성에게 정전丁田을 주었다. 10월에 대나마 김인일金仁壹을 당으로 파견하여 새해를 축하하고 아울러 토산물을 바쳤다. 이때 모벌군성毛伐郡城(울산蔚山 궐문성闕門城)을 축조함으로써 일본의 적선이 침입하는 길을 차단하였다.

723년(성덕왕 22) 3월에 성덕왕은 사신을 당으로 파견하여 미녀 2명을 바쳤는데, 1명은 포정抱貞으로 그 부친은 내마 벼슬로 있는 천승天承이고, 1명은 정울貞菀으로 그 부친은 대사 벼슬로 있는 충훈忠訓이었다. 왕은 그들이 떠날 때 의복과 기구器具와 노비와 차마車馬 등을 갖추어 주어 보냈는데, 당의 현종은 말하기를

"이 여자들은 모두 왕의 혈족으로서 본국을 이별하고 떠나온 터이므로 나는 차마 머물러두지 못하겠다."

하고 후한 물자를 주어 돌려보냈다. 그러나 정울의 비문에

<효성孝成 6년에(742) 당의 천보天寶 원년(742)에 귀당歸唐하였다.>

라고 기록되어 있어 어느 것이 맞는지 확실하지 않다. 4월에 사자를 당으로 파견하여 과하마果下馬 1필과 우황, 인삼, 미체美髢(머리에 덧 넣는 딴머리), 조하주朝霞紬(비단의 하나), 어아주魚牙紬(명주의 하나), 누응령鏤鷹鈴(매를 새긴 방울), 해표피海豹皮(바다표범 가죽), 금은 등을 바치고 글을 올려 말하기를

<우리나라는 바다 멀리 있는 땅으로 원래 빈객賓客의 진귀한 보배도 없고, 빈인賓人의 재화도 부족하므로, 감히 지방 산물을 내어 천관天官을 더럽히고

늙고 우둔한 말을 내어 황제의 마구간을 더럽게 함은 마치 연나라의 돼지와 초나라의 닭에 견주려 하니 깊이 부끄러움을 깨닫게 되고 두려움에 땀이 날 따름입니다.>

하였다. 이때에도 신라에 지진이 있었다.

724년(성덕왕 23) 봄에 왕자 승경承慶을 태자를 삼고 죄수를 대사하였다. 이때 웅천주에서 서지를 진상하였다. 2월에 김무훈金武勳을 당으로 파견하여 하정하였는데 그가 돌아올 때 당의 현종은 글을 보내

<경은 정삭正朔(정월 초하루)마다 궐정闕庭에 예물하고 소회所懷를 언넘言念하니 가히 가상히 생각되는 바이다. 또한 보내준 온갖 물자는 받으나 그것이 모두 큰 바다를 건너고 들판을 거쳐 건너온 것이고 모든 것이 정교하고 화려한 것으로 경의 마음을 깊이 나타냈으므로, 지금 경에게 금포錦袍(비단 도포)와 금대金帶, 채소綵素 2천 필을 주어서 성헌에 보답하니 이르는 대로 잘 받아 거두기를 바란다.>

하였다. 다시 12월에 사신을 당으로 파견하여 토산물을 마쳤다. 이때 소덕炤德 왕비가 죽었다.

725년(성덕왕 24) 정월에 흰 무지개가 나타났고 3월에 눈이 오고 4월에 우박이 내리는 등 기상 이변 현상이 있었다. 중시 선종이 퇴직하므로 이찬 윤충을 중시로 삼았다. 10월에 또 지진이 발생했다.

726년(성덕왕 25) 4월에 김충신金忠臣을 당으로 파견하여 하정하고 5월에 왕제 김근질金新質을 당으로 파견하여 조공하니 당에서는 낭장의 벼슬을 주어 돌려보냈다.

727년(성덕왕 26) 정월에 죄인을 석방하였고 사신을 당으로 파견하여 하정하였으며, 일길찬 위원魏元을 대아찬으로 삼고 급찬 대양大讓을 사오沙汚로 삼았다. 12월에는 영창궁永昌宮을 수리하였으며, 이때 상대등 배부裵賦가 노쇠하여 퇴직을 청원하였으나 성덕왕은 허락하지 않고 궤장을 하사하였다.

728년(성덕왕 27) 7월에 왕제 김사종金嗣宗을 당으로 파견하여 토산물을 바치고 겸하여 글을 보내어 자제들의 국학 입학에 대하여 말하니, 당 현종은 이를 허락하고 사종에게 과의果毅 벼슬을 주고 머물러 숙위하게 하였다. 상대등 배무가 다시 노쇠함을 이유로 퇴직을 청하므로 왕은 이를 윤허하고 이찬 사공으로서 상대등을 삼았다.

729년(성덕왕 28) 정월에 사신을 당으로 파견하여 하정하고 9월에 사신을 보내어 예물을 바쳤다.

730년(성덕왕 29) 2월에 왕족 지만志滿을 당으로 파견하여 소마小馬 5필, 개[狗] 1두, 금 2천 냥, 두발頭髮 80냥, 해표피 10장 등을 바치자 당 현종은 지만에게 대복경大僕卿의 벼슬을 주고 비단 1백 필과 자포紫袍, 금세대錦細帶를 주고 숙위로 머무르게 하였다. 10월에 사신을 당으로 파견하여 토산물을 바치니 현종은 물자를 내어 주었다.

731년(성덕왕 30) 2월에 김지량金志良을 당으로 파견하여 하정하니 현종은 대복소경원외치大僕少卿員外置의 벼슬을 주고 비단 60필을 주어서 돌려보내면서, 조서를 주며 격려하였다. 4월에 왕은 노인들에게 주식酒食을 내어 주었다. 이때 일본의 병선 3백 척이 바다를 건너 우리의 동쪽 변방을 침습하므로 성덕왕은 곧 군사를 내어 이를 대파하였다. 7월에는 백관들에게 명하여 적문的門에 모이게 하고 차노車弩의 사격을 관람하였다.

732년(성덕왕 31) 12월에 각간 사공과 이찬 정종, 윤충, 사인을 각각 장군으로 삼았다.

733년(성덕왕 32) 7월에 당 현종은 발해와 말갈이 군사를 일으켜 이끌고 바다를 건너 등주登州로 침구해 왔으므로 태복원외경太僕員外卿 김사란金思蘭을 귀국시켜 왕에게 개부의동삼사영해군사開府儀同三司寧海軍使의 벼슬을 더하여 주고 군사를 내어 말갈의 남변南邊을 공격하여 달라고 하였다. 이때 마침 대설大雪이 내려 한 길 이상이나 쌓이고 산길은 험하고 좁아 사졸들이 절반이 넘게 죽어 헛되이 돌아오고 말았다. 김사란은 본시 왕족으로서 먼저 입조하였을 때 그의 예의가 공손함이 있으므로 숙위로 머물러 있게 되었는데, 이때 출강出疆의 책임을 맡게 되었던 것이다. 12월에 성덕왕은 조카 지렴志

廉을 당으로 파견하여 사은하였는데, 먼저 당 현종이 왕에게 흰 앵무새 암수 한 쌍과 자라수포紫羅繡袍와 금은 전기물鈿器物과 서문금瑞紋錦과 오색 나채羅綵 등 3백여 단을 보내왔으므로, 이때 왕은 글로 감사의 마음을 전하였다.

이때 당 현종은 내전으로 지렴을 불러 향연을 베풀고 속백束帛을 하사하였다.

734년(성덕왕 33) 정월에 왕은 백관에게 분부하여 친히 북문으로 들어와서 상주하도록 하였다. 이때 당나라에 들어가 숙위하는 좌령군위원외장군左領軍衛員外將軍 김충신金忠臣이 당제에게 글을 올려 말하기를

<신이 받들고자 하는 진지進止는 신으로 하여금 옥절玉節을 가지고 본국으로 돌아가서 군사를 내어 말갈을 토벌하려고 하는 것이고, 또 사건이 있어 이어 알릴 것은 신이 스스로 성지聖旨를 받들고 장차 목숨을 바칠 것을 맹세한 것입니다.

그런데 이때를 당하여 후속으로 대신할 사람인 김효방金孝方이 죽었으므로 마침 신이 그대로 숙위로 머무르게 되었습니다. 신의 본국 왕은 신이 오래도록 천정天庭에 시류하게 됨을 염려하고 종질 지렴을 파견하여 신과 교체하도록 하여 지금 여기에 왔으므로 신은 곧 돌아가는 것이 합당할 것입니다.

전일에 받은 바의 말씀을 생각하여 밤낮 잊지 못하겠음은, 폐하가 먼저 마련한 바 본국(신라) 왕 흥광에게 영해군 대사寧海軍大使의 직을 더해 주고 정절旌節을 주어 흉잔凶殘를 토벌하게 한 것이니, 황위皇威가 재림하면 비록 먼 곳이라도 오히려 가까워지고 군명君命이 있으면 신이 감히 삼가 받들지 않으리오. 준동蠢動하는 이부夷俘들의 계모計謀는 이미 허물을 한탄하나 흉악한 근원을 제거함에 힘씀에는 오직 법헌法憲을 새롭게 바로잡음에 있다고 생각합니다.

그러므로 군사를 출동함에는 의리가 삼첩三捷보다 고귀하고 적의 우환을 놓아두면 그 영향이 후대에까지 미치게 되는 것이니, 바라건대 폐하는 신

이 환국함에 있어서 부사副使의 직을 신에게 주어서 장차 천의天意를 다시 수예殊裔에게 선포케 하오. 이는 다만 사노斯怒를 익진益振케 할 뿐만 아니라 또한 무부武夫의 사기를 굳세게 하여 반드시 그 소혈巢穴을 뒤집어 엎지르고 이에 황우荒隅를 안정하게 할 것이니, 이신夷臣의 소성小誠을 성취하게 하면 국가가 크게 이익이 될 것입니다.

　신등이 다시 배를 타고 창해를 건너 단위丹闈에 헌첩獻捷을 알려드리는 것이 모발毛髮과 같은 공을 이루어 우로雨露의 시혜施惠에 보답하고자 하는 소망인 것이오니, 폐하는 이 뜻을 헤아려서 도모하소서.>

하였는데, 당제는 이를 허락하였다. 4월에 대신 김단갈단金端竭丹을 당으로 파견하여 하정하니, 당제는 내전에서 잔치를 베풀고 그를 불러 위위소경衛尉少卿 벼슬을 주고 비란포緋襴袍와 평만은대平漫銀帶, 비단 60필을 하사하였다. 먼저 왕질 지렴을 파견하여 사은하고 소마小馬 2필과 개 3두와 금 5백 냥과 은 20냥과 베 60필과 우황 20냥과 인삼 2백 근과 두발頭髮 1백 냥과 해표피 16장을 바쳤는데, 이때 지렴에게도 홍려소경원외치鴻臚少卿員外置 벼슬을 주었다.

　735년(성덕왕 34) 정월에 형혹성이 달을 침범하였다. 김의충金義忠을 당으로 파견하여 하정하였다. 2월에 부사 김영金榮이 당에 있다가 병사하자 광록소경光綠少卿의 벼슬을 추증하였다. 사신 의충義忠이 돌아올 때에 당 현종은 패강 이남의 땅을 칙사하였다.

　736년(성덕왕 35) 6월에 사신을 당에 파견하여 하정하고 아울러 포문을 보내 진사하기를

　<패강 이남의 땅을 하사한다는 은칙을 받았습니다. 과인은 해우海隅에 거주하면서 성조聖朝의 덕화를 받게 되었고 비록 단성丹誠을 마음 바탕으로 하였으나 가히 공효를 이루지 못하고 충정으로써 일삼으나 그 노고를 가사嘉賜할 것은 못되었습니다.

　그런데 폐하는 우로雨露의 은혜를 베풀고 일월日月과 같은 조서를 내어 과

인에게 지경地境을 주어 우리의 살 곳을 넓혀 주고, 드디어 간벽墾闢으로 때를 찾게 하고 농상農桑으로 소망을 얻게 하였으므로, 과인은 사륜絲綸의 뜻을 받들고 영총榮寵을 깊게 입게 되니 분골미신粉骨糜身한다 하더라도 이를 보답하지 못할 것 같나이다.>

하였다.

11월에 종제인 대아찬 김상金相을 당으로 파견하였는데 중간에서 사망하였으므로, 당제는 이를 깊이 애도하고 그에게 위위경衛尉卿 벼슬을 추증하였다. 왕은 이찬 윤충, 사인, 영술英述을 파견하여 평양과 우두 두 주의 지세들 자세히 살피도록 하였다. 이때 개가 궁성의 고루鼓樓 위에 올라가서 3일 동안이나 짖었다.

737년(성덕왕 36) 2월에 사찬 김포질金抱質을 당으로 파견하여 하정하고 토산물을 바쳤다. 이해에 왕이 돌아가시므로 성덕이라 시호하고 이차사移車寺 (경주 불국사 부근)의 남쪽에 장사하였다.

● 성덕왕대의 사람들

정을貞菀 (또는 정원貞元)

신라新羅 대사大舍 충훈忠訓의 딸. 723년(성덕왕 22) 미녀美女 2명을 당나라에 바쳤는데 1명은 포정抱貞으로 내마奈麻 천승天承의 딸과 같이 당나라로 떠날 때 왕은 의복衣服과 기구器具 및 노비奴婢와 차마車馬 등을 갖추어 보냈는데 당나라 현종玄宗은 말하기를

"이 여자들은 모두 왕의 고자매姑姉妹로서 본국本國을 이별하고 떠나온 터이므로 나는 차마 머물러두지 못 하겠다"

하고 후한 예물을 주어 돌려보냈다. 정을貞菀의 비碑에 의하면 742년(효성왕 6) 당唐의 연호年號 천보天寶 1년(742)에 귀당歸唐하였다 하니 어느 것이 옳은 지 알 수가 없다.

김단金端

734년(성덕왕 33) 벼슬은 대신大臣, 당나라로 파견되어 하정賀正하니 당제唐帝는 내전內殿에 연회를 베풀고 위위소경衛尉少卿 벼슬을 내리고 비란포緋襴袍와 평만은대平漫銀帶 등을 하사下賜 받았다.

김달복金達福

신라新羅 내물왕奈勿王의 7세손으로 벼슬은 잡찬迊飡, 신라대감新羅大監 김흠운金歆運의 부친父親이다.

월장月藏

신라新羅 성덕왕聖德王 때 사람으로 노힐부득努肹夫得의 아버지이며, 부인은 미승味勝이다.

정원貞苑

생몰년 미상. 신라 성덕왕 때의 왕족. 대사大舍 충훈忠訓의 딸이다.
723년(성덕왕 22) 3월 나마奈麻 천승天承의 딸 포정抱貞과 함께 미녀로 뽑혀 당나라로 보내졌다. 그러나 당나라 현종이 두 사람 모두 왕의 고자매姑姉妹로 친족을 이별하고 본국을 떠나온 것이므로, 차마 그곳에 그대로 두고 싶지 않다고 하면서 후하게 물품을 주어 신라로 되돌려 보냈다.
그러나 ≪삼국사기三國史記≫편찬 당시에 있었던 정원비貞苑碑에는 742년(효성왕 6)에 당나라에 보냈다고 되어 있어 어떤 기록이 옳은지 알 수 없다고 ≪삼국사기三國史記≫에는 기록되어 있으나, 지금은 이 비가 전하지 않는다.
한편, ≪신증동국여지승람新增東國輿地勝覽≫ 권14 충주목의 고적조에는 포모대泡母臺 전설의 주인공 정완부인貞完夫人이 정원과 동일인이라고 하였다.

인품仁品

?~720(성덕왕 19). 신라 성덕왕 때의 상대등上大等. 706년(성덕왕 5) 1월에 이찬伊飡의 관등으로 상대등에 임명되어, 720년 1월에 죽을 때까지 14년이라는 장기간 동안 재임하였다. 그의 후임으로 대아찬大阿飡 배부裴賦가 임명되었다.

이효理曉

생몰년 미상. 신라 성덕왕 때의 음양가陰陽家. 하서주河西州(지금의 강릉) 사람이다. 용명악거사龍鳴嶽居士라고 칭하여졌다.

715년(성덕왕 4) 6월 큰 가뭄이 들자 왕명을 받고 임천사林泉寺 연못가에서 비를 빌어 열흘 동안이나 비가 오게 하였다. 또, 이듬해 6월의 가뭄 때에도 기도하여 비를 내리게 하였다.

정종貞宗

신라新羅. 벼슬은 대신大臣. 사신使臣으로 당나라에 갔다가 713년(성덕왕 12) 성덕왕을 신라왕으로 봉하는 당현종唐玄宗의 칙서를 가지고 귀국, 732년(효성왕 1) 상대등上大等에 오르고, 741년 왕명을 받아 대신大臣 사인思仁과 함께 노병弩兵을 검열했다.

김풍후金楓厚

신라新羅 715년(성덕왕 14) 하정사신賀正使臣. 당唐나라로 파견되어 예물을 전했다. 동왕同王 15년에 또 당唐나라에 파견되어 하정賀正하니 당나라 현종玄宗은 원내랑員內郎 벼슬을 제수除授했다.

진정眞定

신라新羅 중. 본래 병졸兵卒의 신분으로 집이 가난한 가운데 홀어머니를 모시고 살았다.

하루는 중이 와서 절을 지을 철물을 시주하라 하매 그 어머니가 집안의 유일한 재산인 솥 한 개를 바쳤다. 진정은 밖에서 돌아와 그 말을 듣고 기뻐하며 오지 그릇을 솥으로 하여 어머니를 봉양했다.

그 무렵 의상대사義湘大師가 태백산太白山에서 법法을 설說한다는 말이 있어 진정이 입산入山코자 하나 어머니에 대한 효성을 다하려고 출가치 못하니 어머니가

"나를 위하여 출가치 못함은 곧 나를 지옥에 빠뜨림이라"

하며 남은 쌀 7되를 모두 털어 밥을 지어 싸주며 떠나기를 재촉하여, 진정은 울음을 머금고 입산했다.

머리를 깎고 의상의 제자가 된지 3년 만에 어머니가 돌아간 기별이 오매 슬픔에 잠겨 7일을 가만히 앉아 선정禪定에 이르렀다. 그 후 의상의 강講을 듣고 나서 그 어머니가 하늘에 살아 있음을 보았다고 한다.

천승天承

신라新羅 723년(성덕왕 22) 벼슬은 내마奈麻. 당나라에 미녀美女 2명을 바쳤는데 그 중 1명은 그의 딸 포정抱貞과 또 1명은 내마奈麻 충훈忠訓의 딸 정울貞菀 등을 당나라로 보낼 때 왕은 두 미녀에게 의복과 노비奴婢와 마차馬車들을 갖추어 보냈다.

박문량朴文良

신라新羅 706년(성덕왕 5) 8월에 대아찬大阿湌을 거쳐 시중侍中이 되어 동왕同王 10년에 졸卒하였다.

원훈元訓

신라新羅 702년(성덕왕 원년) 9월에 아찬을 거쳐 중시中侍에 이르러 동왕同王 2년에 퇴직退職하였다.

김상金相

신라新羅 736년(성덕왕 35) 벼슬은 대신大臣, 문무왕文武王의 손자孫子로 위계

位階는 대아찬大阿飡, 736년(성덕왕 35)에 사신使臣으로 당나라에 들어가다가 죽었는데 당나라 현종玄宗으로부터 위위경尉衛卿에 추증追贈되었다.

김인일金仁壹

신라新羅 벼슬은 대신大臣. 722년(성덕왕 21) 대내마大奈麻로 당나라에 가서 하정賀正하고 방물方物을 바쳤다.

김포질金抱質

생몰년 미상. 신라 성덕왕 때 당나라에 파견된 사신. ≪삼국사기≫에 의하면 737년(성덕왕 36) 2월에 사찬沙飡인 그가 당나라에 들어가 신년을 하례하고 동시에 방물方物을 바쳤다고 한다. 곧이어 성덕왕이 죽고 효성왕이 즉위하였는데 그는 그해 10월에 귀국하였다.

신라에서 당나라에 하정사를 파견한 것은 714년(성덕왕 13)에 시작되어, 774년(혜공왕 10)까지 61년간 22차례의 하정사가 파견되었으며, 그가 하정사로 파견된 것도 연례적인 하정사 파견 이상의 정치성은 없는 듯하다.

김정종金貞宗

생몰년 미상. 신라 효성왕 때의 상대등. 가계와 경력에 대해서 자세히는 알 수 없다.

713년(성덕왕 12) 2월 견당사遣唐使로 당나라에 갔을 때, 현종玄宗이 누문까지 거둥하여 영접하였다. 그해 10월에 돌아오매 현종이 조서를 내려 성덕왕을 '표기장군 특진 행좌위위대장군 사지절대도독 계림주제군사 계림주자사 상주국 낙랑군공 신라왕驃騎將軍特進行左威衛大將軍使持節大都督鷄林州諸軍事鷄林州刺史上柱國樂浪郡公新羅王'으로 봉한다고 하였다.

732년에는 이찬伊飡의 관등으로서 장군에 임명되었으며, 737년(효성왕 1)에

는 상대등이 되었고 741년에는 왕이 참관한 노병 弩兵 검열을 맡아보기도
하였다. 그 이상의 자세한 경력에 대해서는 알 수 없으나, 그가 왕실의 지근
친 至近親 임에는 틀림없다.

문림 文林

?~722(성덕왕 21). 신라 성덕왕 때의 중시 中侍. 718년(성덕왕 17) 정월부터 중
시를 역임하던 파진찬 사공 思恭 이 천재지변의 책임을 지고 물러난 뒤, 720
년 7월 파진찬 波珍飡 의 관등으로 중시에 임명되어 722년 1월 사망할 때까
지 재직하였다.

원진 元眞

생몰년 미상. 신라 성덕왕 때의 대신. 722년(성덕왕 21)에 각간 角干 으로서
축성감독자가 되어 모화군 毛火郡 에 일본의 침략을 막기 위하여 주위 4,792
보 步 5자[尺]의 석성을 3만 9,262명의 인원을 동원하여 쌓았다.
그리하여 울산방면으로부터 침략하는 길목인 동경 東京 의 관문을 막았다.
이 성을 이름하여 관문성 關門城 이라 한다. 이는 신라 왕경 王京 부근 제 1의
웅장한 석성으로, ≪당서≫ 신라전에 '그 나라에는 산을 이어 수십 리에 걸
쳐 좁은 골짜기를 쇠문으로 잠갔으니, 이를 관문이라 하며, 항상 노 弩 의 군
사 수천 명이 지킨다.'고 쓰여 있는 유명한 성이다. 일명 만리성 萬里城 이다.
지금도 경상북도 경주시 외동면에 동해를 굽어보는 관문산 위와 협곡에
웅장한 석성이 남아 있다. 수십 년 전까지만 해도 원진의 축성비가 성 곁에
서 있었다.
원진의 축성 사실이 ≪삼국유사≫ 권2 기이 紀異 의 효성왕조에 실려 있는
데 이것은 성덕왕조에 실을 것을 잘못 실은 것이다.

수로부인 水路夫人

생몰년 미상. 신라 성덕왕 때의 미인. 순정공純貞公의 부인이다. 향가鄕歌인 <해가海歌>와 <헌화가獻花歌>의 주인공이다.

성덕왕 때 순정공이 강릉태수로 부임할 때 동행하다. 이때 바닷가에서 점심을 먹었다. 그 곁에 바위의 봉우리가 병풍처럼 둘러서서 바다를 굽어보고 있는데, 높이가 천 길이나 되는 바위 위에 철쭉꽃이 활짝 피어 있었다.

수로부인이 그것을 보고 사람들에게

"누가 저 꽃을 꺾어다 주겠소?"

하고 물었으나

"그 곳은 사람의 발자취가 이르지 못하는 곳입니다."

라고 대답하며 모두 안 되겠다고 하였다. 그런데 그 곁으로 한 늙은이가 암소를 끌고 지나가다가 부인의 말을 듣고 그 꽃을 꺾어 가지고 와서는 <헌화가>를 지어 바쳤다.

또 이틀이 지난 후 임해정臨海亭에서 점심을 먹고 있는데 문득 바다의 용이 부인을 끌고 바다 속으로 들어가 버렸다. 그러나 순정공은 아무런 계책이 없었다. 이 때 또 한 노인이 말하기를

"옛날 사람 말에 뭇 사람 말은 쇠 같은 물건도 녹인다 했는데 바다 속의 짐승龍이 어찌 뭇 사람의 입을 두려워하지 않겠습니까? 마땅히 경내境內의 백성을 모아야 합니다. 노래를 지어 부르고 막대기로 언덕을 치면 부인을 찾을 수 있을 것입니다."

라고 하였다. 그 말을 따라 했더니 용이 부인을 받들고 바다에서 나와 부인을 바쳤다. 순정공이 바닷속 일을 물으니 부인은

"일곱 가지 보물로 장식한 궁전에 음식은 달고 향기로운데 인간의 음식은 아닙니다."

라고 대답하였다. 이때 옷에서는 이상한 향기가 풍겨 나왔는데, 세간에서는 맡아 보지 못한 것이었다. 용모가 세상에 견줄 이가 없었으므로 깊은 산이나 못을 지날 때면 번번이 신물神物들에게 붙들림을 입었다.

배부裵賦

생몰년 미상. 신라 성덕왕 때의 상대등. 대아찬大阿湌의 관등으로서 720년(성덕왕 19) 1월에 인품仁品의 뒤를 이어 상대등에 임명되어 728년(성덕왕 28) 7월까지 8년 6개월간 재임하였다. 그의 재임기간 중 신라에서는 처음으로 백성에게 정전丁田의 분급이 있었고(722년), 시중이 세 번 바뀌었다.

727년 12월에 늙음을 이유로 관직에서 물러날 것을 청하였으나, 왕이 허락하지 않고 궤几(걸상)와 장杖(지팡이)을 하사하였다. 이듬해 7월에 이찬伊湌 사공思恭에게 물려주고 상대등에서 물러났다.

영술英述

생몰년 미상. 신라 성덕왕대에 활약한 관리. 관등은 이찬伊湌에 이르렀다.

736년(성덕왕 35)에 이찬 윤충允忠·사인思仁과 함께 평양平壤(북한산군北漢山郡)·우두牛頭(지금의 춘천)를 검찰檢察 하였다. 성덕왕대부터 적극적으로 시도되기 시작한 북방진출·변경개척사업은 발해의 남하정책에 대응, 당시 몰락해가던 농민층의 보호를 위한 사회경제적 시책의 일환이었다. 영술의 평양·우두의 검찰도 이러한 시책을 위한 작업이었다.

?~705(성덕왕 4). 신라 성덕왕 때의 중시中侍. 진골 출신. 703년 7월에 집사성 중시 원훈元訓이 물러남에 따라 원문이 아찬阿湌의 관등으로서 임명되었다. 성덕왕 때에는 중시가 자주 바뀌었다. 아찬 원훈이 성덕왕의 즉위 직후인 원년 9월에 임명되었으나 1년도 못 되어 이듬해 7월에 원문이 중시가 되었다. 그리고 중시는 대개 대아찬 이상의 관등을 가진 자가 임명되었으나, 성덕왕대에는 원훈·원문, 다음의 신정信貞 등이 거듭 아찬의 관등으로 임명된 것이 주목된다. 705년 정월에 죽을 때까지 1년 6개월간 재직하였다.

한편, ≪삼국유사≫ 왕력 성덕왕조의 '처음 비妃는 배소왕후陪昭王后로 시호는 엄정嚴貞이며 원대元大 아간阿干의 딸이다.'라는 기록에서 원대는 원문과 같은 사람으로 보아, 원문을 성덕왕의 장인으로 추정하기도 한다.

윤충允忠

생몰년 미상. 신라 성덕왕 때의 진골귀족. 725년(성덕왕 24) 3월 선종宣宗의 뒤를 이어 이찬伊湌으로서 집사부 중시가 되었다. 732년 12월 각간角干 사공思恭, 이찬 정종貞宗 및 사인思仁과 더불어 장군으로 임명되었다. 736년 11월에는 이찬 사인 및 영술英述과 함께 왕명으로 평양과 우두牛頭(지금의 춘천) 2주州의 지세를 살펴보았다.

효정孝貞

생몰년 미상. 신라 중대의 정치가. 진골귀족 출신이다. 714년(성덕왕 13) 정월 위문魏文에 이어 이찬伊湌으로서 중시中侍가 되어 718년 정월 퇴임할 때까지 4년간 역임하였다. 754년(경덕왕 13) 황룡사종을 주조할 때 삼모부인三毛夫人과 함께 시주가 되었다.

포정 抱貞

생몰년 미상. 신라 성덕왕 때의 귀족. 내마奈麻 천승天承의 딸이다.

대단한 미인으로 723년(성덕왕 22) 정원貞苑과 함께 당나라에 보내졌다.

그러나 얼마 뒤, '이들은 모두 왕의 고자매姑姉妹로 친족을 이별하고 본국을 떠나왔으므로 차마 머물러두게 할 수 없다.'고 여긴 당나라 현종으로부터 물품을 후하게 하사받고 되돌아왔다.

한편, 정원비貞苑碑에 의하면, 742년(효성왕 6) 당나라에 보내졌다고 하였는 바, 어느 기록이 옳은지 알 수 없다. 그런데 정원비는 현존하지 않는다.

김위문 金魏文

생몰년 미상. 신라 성덕왕 때의 진골귀족. 내물왕의 10세손으로 의관義寬의 아들이며, 원성왕의 할아버지이다. 이찬伊湌으로 712년(성덕왕 11) 중시中侍가 되었다가 이듬해 10월에 퇴임하였다. 그의 손자인 경신敬信이 즉위하여 원성왕이 됨으로써 흥평대왕興平大王으로 추봉追封되었다.

김윤중 金允中

생몰년 미상. 신라 성덕왕 때의 관리. 본관은 김해. 관등은 대아찬大阿湌으로 김윤충金允忠이라고도 한다. 유신庾信의 손자이며, 삼광三光의 아들이고, 아우는 윤문允文이다.

725년(성덕왕 24) 천재지변에 대한 책임을 지고 물러난 선종의 뒤를 이어 중시中侍에 임명되었다. 그리고 733년(성덕왕 32) 당나라에서 사신을 보내 이르기를 발해를 치고자 하니 신라도 군사를 보내어 치도록 하되, 김유신의 손자 윤중이 있다 하니 이 사람을 꼭 보내도록 하라 하였다. 성덕왕이 윤문 등 세 장군과 함께 군사를 거느리고 당병과 함께 발해를 치게 하였다. 그러나 큰 눈이 와서 길이 막혀 뜻을 이루지 못하였다.

한편, 성덕왕은 김유신이 통일에 기여한 공로를 감안하여 가까이 하였는데, 무열계 왕족으로부터 심한 견제와 반대에 부닥치게 되어, 그 뒤 가야계加耶系의 신김씨新金氏는 점차 정치적 지위를 잃게 되었다.

김의관金義寬

생몰년 미상. 신라의 진골귀족. 삼국통일 전쟁기에 활약한 장군으로서 '의관義官'으로도 쓴다. 내물마립간의 9세손으로, 아버지는 대아찬 법선法宣이며, 성덕왕 때 시중을 역임한 위문魏文은 그의 아들이고, 원성왕 경신敬信은 증손이다.

670년(문무왕 10) 7월 백제의 유민들이 반란을 일으키자, 왕명을 받아 품일品日·문충文忠·천관天官·중신衆臣 등의 장군들과 함께 출정하였다가, 아무런 공도 세우지 못하고 퇴각하였다는 죄목으로 면직되었다.

680년 신라에 귀복한 보덕국왕報德國王 안승安勝에게 둘째딸을 출가시켰다. 증손 경신이 즉위하여 '신영대왕神英大王'으로 추봉하였다.

김장청金長清

생몰년 미상. 신라 김유신金庾信의 현손. 증조부는 이찬伊湌 삼광三光, 할아버지는 성덕왕의 총신이었던 대아찬大阿湌 윤중允中이다. 둔갑입성법遁甲立成法으로 유명한 김암金巖과는 형제간이다.

그의 가문은 김유신의 증손 김융金融이 난을 일으킨 것을 계기로 몰락하여, 그는 집사부의 말단직 집사랑執事郎을 지냈을 뿐이다.

저서로는 김유신의 ≪행록行錄≫ 10권이 있는데, ≪삼국사기≫의 김유신전 3권은 이를 바탕으로 쓴 것이다.

달달박박 怛怛朴朴

생몰년 미상. 신라 성덕왕 때 아미타불로 화현한 염불승. 창원 출생. 아버지는 수범修梵이며, 어머니는 범마梵摩이다.

20세에 노힐부득努肹夫得과 함께 출가하여 법적방法積房에 머물렀으며, 그 뒤 치산촌雉山村 법종곡法宗谷 승도촌僧道村 유리광사琉璃光寺에서 수행하였다.

어느 날 밤 백호白毫의 빛이 서쪽에서부터 오더니 금색의 팔이 내려와 이마를 만지는 꿈을 꾸고, 백월산白月山으로 가서 사자암獅子巖에 판방板房을 짓고 아미타불을 염불하였다.

709년(성덕왕 8) 4월 8일 해질녘 쯤 아름다운 여인이 찾아와서 자고 가기를 간청하였으나 청정한 사찰에서 여자를 가까이 할 수 없다는 이유로 거절하자, 여인은 노힐부득이 있는 남암南庵으로 갔다.

이튿날 아침 남암에 갔을 때 노힐부득은 연화대蓮花臺에 앉은 채 미륵불이 되어서 광명을 발하고 있었다. 그 까닭을 물으니 관세음보살이 화현한 여인을 만나 이렇게 되었다 하고, 금빛 상으로 변하는 방법을 가르쳐 주었다.

이에 달달박박도 아미타불이 되었으며, 두 사람은 소식을 듣고 찾아온 마을사람들을 위하여 설법한 뒤 구름을 타고 가버렸다고 한다.

김충신 金忠信

생몰년 미상. 신라 성덕왕의 종제從弟. 726년(성덕왕 25) 당나라에 하정사賀正使로 가서 숙위宿衛로 머물면서 좌영군위원외장군左領軍衛員外將軍에 이르렀고, 734년에 귀국하였다.

귀국 당시 당의 현종에게 말하기를, 본국으로 돌아가 병마를 내어 말갈靺鞨(당시의 발해)을 토평하라는 부탁을 행하려 하니 환국을 기회로 부사副使의 직을 주면 기운을 내어 말갈의 근거지를 뒤엎고, 황우荒隅(동해)를 평안하게 하여 큰 이익이 되도록 하겠다고 하여 허락을 받았으나, 출사出師하지는 않았다. 성덕왕대는 당나라와 발해가 분쟁하던 시기로 732년 발해의 침공을 받은 당나라는 신라에 발해의 남쪽을 공격해줄 것을 요청하였으며, 신라도 이 듬해에 군사를 보냈으나 큰 눈과 험로險路로 인하여 회군하였다.

이런 상황에서 김충신은 표表를 올려 재차 발해를 토벌하게 해줄 것을 요청하였는데, 이는 성덕왕대에 신라가 발해와 당나라의 분쟁을 이용하여 북진정책을 적극적으로 추진시키려는 의도였던 것이다.

이 결과 신라는 735년에 정식으로 패강浿江 남쪽 영토의 영유권을 당나라로부터 인정받게 되었다.

노힐부득努肹夫得

생몰년 미상. 신라 성덕왕 때 미륵불彌勒佛로 화현한 염불승. 선천촌仙川村(지금의 창원) 출생. 아버지는 월장月藏이며, 어머니는 미승味勝이다.

달달박박怛怛朴朴과 함께 출가하여 법적방法積房에 머물렀으며, 그 뒤 치산촌雉山村의 법종곡法宗谷에 있는 회진암懷眞庵에서 수행하였다.

어느 날 밤 백호白毫의 빛이 서쪽으로부터 오더니 빛 가운데서 금색 팔이 내려와 이마를 만지는 꿈을 꾸고, 백월산 무등곡無等谷으로 들어가 동령東嶺 아래 뇌방磊房을 짓고 미륵불을 염불하였다.

그 뒤 3년이 채 못 된 709년(성덕왕 8) 4월 해질 무렵에 달달박박에게 아름다운 여인이 찾아와서 하룻밤 자고 가기를 간청하였으나 거절하였다. 그러나 여인은 또 그에게로 와서 자고 가기를 청하였다.

그는 자비심으로 여인을 맞아 쉬게 하고 염불을 계속하였으며, 새벽녘에 여인의 산고産故를 보살펴준 뒤 목욕물을 데워 더운 물로 목욕을 시켰다. 이 때 통 속의 물은 향기를 강하게 풍기면서 금액金液으로 변하였다. 그는 여인의 청에 따라 금액의 물에 목욕을 하였는데, 목욕을 하고나자 갑자기 정신이 상쾌해지고 살결이 금빛으로 변하면서 미륵불로 변신하였다. 이 여인은 관세음보살의 화신이었다고 한다.

뒤에 이 사연을 들은 경덕왕은 백월산에 남사南寺를 지어서 미륵불과 아미타불의 소상塑像을 안치하게 하였다. 그는 신라인의 현신성도現身成道를 상징하는 대표적인 인물이다.

김대문金大問

생몰년 미상. 신라 중대中代의 학자·문장가. 진골眞骨 출신의 귀족이었으며, 한산주도독漢山州都督을 지냈다.

≪삼국사기≫에 따르면, 704년(성덕왕 3)에 한산주도독에 임명되었다고 한다. 그런데 ≪삼국사기≫ 직관지職官志에 '도독은 주州의 장관으로 원성왕元聖王 원년(785)에 종래 총관摠管이라 부르던 것을 도독이라 고쳤다'라고 기록되어 있어서 704년 당시 김대문은 한산주총관이었다고 보는 것이 타당하다. 한산주총관이 그에게 최고 관직이었는지, 그 밖에 또 다른 관직 경력이 있었는지에 대해서는 알려진 것이 없다.

저술로는 ≪계림잡전鷄林雜傳≫·≪화랑세기花郎世記≫·≪고승전高僧傳≫·≪한산기漢山記≫·≪악본樂本≫등이 있었는데, 김부식金富軾이 ≪삼국사기≫를 편찬할 당시에도 남아 있었다고 한다.

≪계림잡전≫의 내용은 구체적으로 알 수 없지만 ≪삼국사기≫의 편찬자는 신라의 불교 수용에 관한 사실을 이 책에서 인용했으며, 신라 초기의 왕호王號에 대한 김부식의 설명도 역시 ≪계림잡전≫에서 인용했을 가능성이 있기 때문에, ≪계림잡전≫은 신라 역사상 중요한 사건들을 다룬 저술이었다고 볼 수 있다.

≪화랑세기≫는 화랑들의 전기서傳記書로서, ≪삼국사기≫에 기록된 화랑과 낭도郎徒의 전기는 이 책에 근거한 것이 확실하다고 볼 수 있다.

≪고승전≫은 서명으로 미루어 보아 고승들의 전기서로 보이지만 현재는 그 일문逸文마저도 남아 있지 않다.

≪한산기≫는 서명으로 보아 한산漢山 지방의 지리지地理志였을 것으로 짐작할 수 있다. 이것은 아마 김대문 자신이 한산주총관으로 있었던 것을 인연으로 해서 이루어진 책으로 생각된다.

≪악본≫도 책의 제목으로 보아 음악에 관한 책으로 짐작되나 자세한 내

용은 알 수 없다.

이 밖의 저술로서 ≪전기≫가 몇 권 더 있었다고 하는데, 앞의 ≪고승전≫ 이나 ≪화랑세기≫ 등을 가리키는 것인지 아니면 다른 전기서를 지칭하는지 알 수 없다.

이러한 저술들은 신라사新羅史에 특히 관심이 집중되어 있으며, 비교적 객관성을 띠고 사실의 단순한 서술에 그치는 것이 아니라 때로는 그것에 대한 자신의 해석이 포함되어 있다는 점 등에서 사학사적 의의를 찾을 수 있다.

생존 시기는 대체로 신문왕神文王·효소왕孝昭王·성덕왕聖德王 대에 걸쳐 있다. 이 시기는 신라 중대의 전제 왕권이 확립되어 그 절정에 있던 시대였다. 그는 이러한 시대적 상황 속에서 여러 저술을 통해 삼국시대 이후의 귀족적 전통을 계승·발전시키고자 노력한 인물이었다고 평가하는 학자도 있다.

김문량金文良

?~711(성덕왕 10). 신라 성덕왕 때의 중시中侍. ≪삼국사기≫에는 김문량金文亮으로 기록되어 있으며, 아들은 불국사와 석굴암을 창건한 김대성金大城이다. 706년(성덕왕 5)에 신정信貞의 뒤를 이어 아찬阿飡의 관등으로 중시中侍에 임명되어 711년 사망할 때까지 재직하였다.

김대비金大悲

생몰년 미상. 신라 성덕왕 때의 승려. 중국 선종禪宗의 육조六祖인 혜능慧能이 죽은 뒤 그의 목을 탈취하려 했던 인물이다.

이에 대해서는 중국측과 한국측의 기록이 각각 다르다. 중국측의 기록에 의하면, 혜능이 '내가 죽은 뒤 동방에서 온 인물이 내 목을 탈취하리라.'고 유언함에 따라, 제자들은 이 말을 기억하여 육조대사의 목부분을 쇠로 감아서 탑에 모셨다.

그 뒤 722년(성덕왕 21)에 괴한이 그 탑에 접근하자 붙잡아 문초하였는데, 그는 장정만張淨滿이라는 사람으로서

"홍주洪州 개원사開元寺에서 신라 승려 김대비에게 2만 냥을 받았는데, 육조대사의 목을 얻어 해동에서 공양하게 함이라."

고 대답하였다. 조정에서는 국법으로 다스리면 중죄가 되겠으나, 고승을 공양하려는 목적이었기 때문에 그 죄를 사면하였다고 한다.

이 기록에 의하면 육조대사의 머리는 중국에 있다. 그러나 우리나라의 기록에 따르면 김대비가 무사히 훔쳐서 신라로 귀국했고, 그것을 하동군 쌍계사에 봉안하였다고 한다.

최치원崔致遠의 비에 의하면 이곳에 육조영당六祖影堂이 있다고 하였으며, 김정희金正喜는 쌍계사의 탑전塔殿에 있는 육조정상탑六祖頂上塔이 바로 그 것이라고 하였다.

사학자 이능화李能和도 이 점을 중시하면서 그 법당을 해체하여 사실을 확인하는 것이 마땅하지만, 그로 말미암아 외도外道들의 표적이 되는 일은 막아야 한다고 말하고 있다.

김무훈金武勳

생몰년 미상. 신라 성덕왕 때 당나라에 파견된 사신. 724년(성덕왕 23) 2월에 당나라에 파견되어 하정賀正하였다. 돌아올 때 당나라 현종이 말하기를,

"경은 정삭正朔마다 우리 궐정闕庭에 조공을 보내고 소회를 말하니 깊이 가상하며, 또 보낸 바 여러 가지 물품을 받으니, 그것이 모두 창해를 거쳐온 것이므로, 물건이 정精하고 아름다워 깊이 경의 마음을 나타냈다. 그러므로 지금 경에게 금포금대錦袍金帶와 채견綵絹 2,000필을 주어서 보답하고자 하니, 받아 거두기를 바란다."

고 하여, 양국의 우호관계에 이바지한 공을 칭송하기도 하였다.

김사종金嗣宗

생몰년 미상. 통일신라의 가신. 아버지는 신문왕이고, 어머니는 일길찬 김흠운金欽運의 딸 신목왕후神穆王后이다. 효소왕은 맏형이며, 성덕왕은 둘째 형이다.

728년(성덕왕 27)에 당나라에 사신으로 가서 특산물을 전하고 신라 자제들의 국학國學 입학을 요청하였다. 당나라의 현종玄宗은 이를 허락하였을 뿐만 아니라, 그에게 과의果毅라는 관직을 제수하여 수도인 장안長安에서 숙위宿衛하게 하였다.

김윤문金允文

생몰년 미상. 신라 성덕왕 때의 장군. 유신庾信의 손자, 삼광三光의 아들, 윤중允中의 동생이다. 733년(성덕왕 32) 신라가 당나라의 요청으로 발해를 공격할 때, 형 윤중 등 장군들과 함께 군사를 거느리고 참가하였으나, 눈에 막혀 큰 성과를 거두지 못하였다.

김복호金福護

생몰년 미상. 신라 성덕왕 때 일본에 파견된 사신. ≪속일본기續日本紀≫에 의하면, 703년(성덕왕 2) 1월 9일에 '신라국에서 살찬薩飡 김복호, 급찬級飡 김효원金孝元 등을 보내와 효소왕의 상喪을 아뢰었다.'라고 되어 있다.

또, 같은 해 윤4월 1일에 '난파관難波館에서 향응하고, 조詔를 내려 효소왕의 돌아가심을 애도하여 사신을 보내어 조문하도록 하는 동시에, 김복호 등에게는 그 노고를 생각하여 포백布帛을 하사하였다.'고 하였으며, 5월 21일에 '김복호 등이 귀국길에 올랐는데, 다음날(3일) 신라인으로 왜국에 와서 머물고 있는 자들을 그에게 딸려서 본국으로 돌려보냈다.'고 하였다. 그러나 이때 누가 조위사吊慰使로 신라에 왔는지는 확실하지 않다.

그런데 같은 해인 ≪삼국사기≫ 성덕왕 2년 7월조에는 '일본국사日本國使가 왔는데 총 204인이었다.'라고 되어 있다. 이때 신라에 온 204인의 일본국사는 일단 김복호 등의 효소왕 부고사訃告使에 대하여 조詔하여 '사신을 보내서 조위하고 부의하도록 하라可差使發遣吊賻.' 한 그 조위사로 신라에 보내진 사람들이라고 봄이 타당할 듯하다.

그것은 김복호 등이 5월에 귀국길에 올랐는데 204인의 일본국사 등도 김복호와 같이 5월에 일본에서 출발하였든지, 아니면 김복호와는 따로 출발하였든지 하여 7월 신라에 당도한 것이라고 봄이 자연스러운 것이기 때문이다. 김복호는 ≪속일본기≫ 이외에는 보이지 않아 그가 어떤 사람인지는 잘 알 수 없고, 김씨라는 성으로 왕족출신인 것만을 알 수 있다.

김사인金思仁

생몰년 미상. 신라의 왕족. 732년(성덕왕 31) 이찬伊湌으로 장군이 되었고, 736년에 왕명으로 평양성과 우두성牛頭城(지금의 강원도 춘천)의 지세를 살폈으며, 741년(효성왕 5)에는 역시 왕명을 받들어 노병弩兵을 검열하는 등 국방력 강화에 노력하였다. 그리고 745년(경덕왕 4)에는 상대등으로 승진되었다. 756년에는 시정의 득실을 극론하는 상소를 올려 왕이 이를 채택하였고, 이 듬해에 병으로 상대등직을 사임함으로써 공직에서 물러났다.

김수충金守忠

생몰년 미상. 신라 중대의 왕족. 아버지는 성덕왕이며, 어머니는 승부령乘府令 소판蘇判 김원태金元泰의 딸인 성정왕후成貞王后이다.

714년(성덕왕 13)에 견당대감遣唐大監으로 당나라에 파견되어 숙위하였다. 이때 당나라의 현종은 집과 의복을 내리어 총애하였을 뿐만 아니라, 조당朝

堂에서 연회까지 베풀어주었다.

그 뒤 717년에 귀국하면서 공자와 10철 및 72제자의 도상圖像을 가지고 와 성덕왕에게 바쳤는데, 이것은 곧 국학에 안치되었다.

김영 金榮

?~735(성덕왕 34). 신라 성덕왕 때 사신. 735년 2월 김의충金義忠의 하정부 사賀正副使로서 당나라에 파견되었다가 돌아오지 못하고 그곳에서 죽었다. 당나라에서는 그에게 광록소경光祿少卿을 증직하였다.

김지렴 金志廉

생몰년 미상. 신라 성덕왕의 조카. 733년(성덕왕 32) 당나라에 사신으로 갔다. 이해에 발해가 산동山東의 등주登州를 침입하자, 당나라 현종玄宗은 숙위하고 있던 김사란金思蘭을 귀국시켜 신라 군사를 출동하여 발해를 치도록 요청하였다. 이에 응하여 출병하였으나 큰 공을 세우지 못하고 회군하였다. 그 뒤 현종은 많은 진귀한 물품을 보내왔다.

이에 대하여 신라에서는 김지렴을 보내어 사은하게 하자, 당나라는 김지렴을 내전內殿에서 향응하고 1속束의 견포絹布를 하사하여 우대하였다. 734년에 김지렴이 숙위를 하던 김충신金忠臣이 돌아오는 대신으로 숙위를 하게 되고, 현종은 그에게 홍려소경 원외치鴻臚少卿員外置를 제수하였다. 김지렴은 입당 조공하여 신라의 원료물과 중국의 제품을 교환하는 임무를 수행하였다.

김지만 金志滿

생몰년 미상. 신라 성덕왕 때의 왕족. 730년(성덕왕 29) 2월 당나라에 사신으로 가 조공하고, 작은 말 다섯 필, 개 한 마리, 금 2,000냥, 머리털 80냥, 해표피海豹皮 10장을 바쳤다. 당나라 현종玄宗으로부터 태복경太僕卿의 관직과 비단 1백 필, 자포紫袍와 비단 허리띠를 하사받고, 숙위宿衛로 머물렀다.

김지량金志良

생몰년 미상. 신라 성덕왕 때 하정사賀正使로 당나라에 간 사신. 731년(성덕왕 30) 2월에 왕은 그를 하정사로 당나라에 보냈고, 그는 당나라 현종으로부터 대복소경 원외치大僕少卿員外置의 벼슬과 비단[帛] 60필을 받아가지고 돌아왔다. 또, 성덕왕에게 능채 500필과 비단 2,500필을 보낸다는 조서도 함께 가져왔다.

김사공金思恭

벼슬은 대신大臣. 718년(성덕왕 17) 파진찬波珍湌으로 중시中侍가 되고, 728년(성덕왕 27) 상대등上大等에 승진, 732년(성덕왕 31) 각간角干으로서 장군將軍이 되었다.

김사양金思讓

703년(성덕왕 2) 아찬으로 사신이 되어 당나라에 갔다가 이듬해 귀국할 때 인도印度 의학의 대요大要를 설명한 대목이 있는 《금광명 최승왕경金光明最勝王經》을 가져다 왕에게 바쳤다. 이 속에는 인도 의술의 대요를 풀이한 부분이 있어 의학 발전에 큰 도움이 되었다.

의상義湘

625(진평왕 47)~702(성덕왕 1). 신라시대의 고승高僧. 우리나라 화엄종華嚴宗의 개조開祖. 성은 김씨. 한신韓信의 아들이다. 19세 때 경주 황복사皇福寺

로 출가하였다. 얼마 뒤 중국으로 가기 위하여 원효元曉와 함께 요동遼東으로 갔으나, 고구려의 순라군에게 잡혀 정탐자로 오인 받고 수십일 동안 잡혀 있다가 돌아왔다.

10년 뒤인 661년(문무왕 1) 당나라 사신의 배를 타고 중국으로 들어갔다. 처음 양주揚州에 머무를 때 주장州將 유지인劉至仁이 그를 관아에 머무르게 하고 성대히 대접하였다.

얼마 뒤 종남산 지상사至相寺로 지엄智儼을 찾아갔다. 지엄은 전날 밤 꿈에 해동海東에 큰 나무 한 그루가 나서 가지와 잎이 번성하더니 중국에 와서 덮었는데, 그 위에 봉鳳의 집이 있어 올라가 보니 한 개의 마니보주摩尼寶珠의 밝은 빛이 멀리까지 비치는 꿈을 꾸었다고 하면서, 의상을 특별한 예禮로 맞아 제자가 될 것을 허락하였다. 그곳에서 ≪화엄경≫의 미묘한 뜻을 은밀한 부분까지 분석하였다.

당나라에 머무르면서 지엄으로부터 화엄을 공부한 것은 8년 동안의 일이며, 나이 38세로부터 44세에 이르는 중요한 시기에 해당한다. 지엄은 중국 화엄종의 제2조第二祖로서 화엄학의 기초를 다진 인물이며, 그가 의상에게 기울인 정성은 지극하였다. 이것은 그가 남긴 ≪화엄일승법계도華嚴一乘法界圖≫를 통하여서도 충분히 입증되고 있다.

또, 당나라에 머무르는 동안 남산율종南山律宗의 개조開祖 도선율사道宣律師와 교유하였다. 특히 당시의 동문 현수賢首와의 교유는 신라로 돌아온 뒤에도 끊이지 않고 계속되어, 현수는 의상에게 그의 저술과 서신을 보냈고, 의상은 현수에게 금金을 선물하였다. 현수는 의상보다 19세 연하였는데, 지엄이 죽은 뒤 중국 화엄종의 제3조가 된 인물이다.

≪삼국유사≫의 기록에 따르면 의상의 귀국동기는 당나라 고종高宗의 신라 침략소식을 본국에 알리는데 있었다고 하며, ≪송고승전≫에는 화엄대교華嚴大敎를 펴기 위한 것이었다고 하였다. 신라로 돌아온 그 해에 낙산사洛山寺의 관음굴觀音窟에서 관세음보살에게 기도를 드렸다. 이때의 발원문인 ≪백화도량발원문白花道場發願文≫은 그의 관음신앙觀音信仰을 알게 하여 주는 261자의 간결한 명문이다.

그 뒤 676년 부석사浮石寺를 세우기까지 전국의 산천을 두루 편력하였는
데, 이는 화엄사상을 펼 터전을 마련하고자 함이었다. 그리고 귀국 후부터
제자들을 가르치는 일을 게을리 하지 않았다.

674년 경주의 황복사에서 표훈表訓·진정眞定 등의 제자들에게 ≪화엄일승
법계도≫를 가르쳤다는 것으로 보아, 부석사가 이룩되기 전부터 훌륭한 제
자들이 많았음을 알 수 있다.

의상 이전부터 이미 우리나라에 화엄사상이 전개되어 있었지만, 화엄사상
이 크게 유포되기 시작한 것은 의상으로부터 비롯되었다. 의상이 화엄대교
를 전하기 위하여 건립한 사찰은 부석사를 비롯하여 중악 팔공산 미리사美
里寺, 남악 지리산 화엄사華嚴寺, 강주 가야산 해인사海印寺, 웅주 가야현 보원
사普願寺, 계룡산 갑사甲寺, 삭주 화산사華山寺, 금정산 범어사梵魚寺, 비슬산
옥천사玉泉寺, 전주 무악산 국신사國神寺 등 화엄십찰華嚴十刹이다. 이밖에도
불영사佛影寺·삼막사三幕寺·초암사草庵寺·홍련암紅蓮庵 등을 창건한 것으로 전
해진다. 이 모든 사찰들이 모두 의상에 의하여 창건되었다고 믿기에는 문제
가 있으나, 의상과 그의 제자들에 의하여 건립되었음은 틀림없다.

또, 의상의 교화활동 중 가장 큰 업적은 많은 제자들의 양성이었다. 그에게
는 3,000명의 제자가 있었고, 또 당시에 아성亞聖으로 불린 오진悟眞, 지통智
通, 표훈表訓, 진정眞定, 진장眞藏, 도융道融, 양원良圓, 상원相源, 능인能仁, 의
적義寂 등 10명의 제자가 있었다. 이 밖에도 ≪송고승전≫에 이름을 보이는
범체梵體나 도신道身, 그리고 ≪법계도기총수록法界圖記叢隨錄≫에 나타나는
신림神琳 등이 의상의 훌륭한 제자들이었다. 이들은 항상 스승을 모시면서
화엄학을 수학하였다.

의상은 황복사에서 이들에게 ≪법계도≫를 가르쳤고, 부석사에서 40일
간의 법회를 열고 일승십지一乘十地에 대하여 문답하였으며, 소백산 추동錐
洞에서 ≪화엄경≫을 90일 간에 걸쳐 강의하였다. 제자들이 도움을 청하여
물어올 때에는 그들의 마음이 조용히 가라앉을 때를 기다려 의심나는 점을
풀어서 계발啓發해주었다. 지통의 ≪추동기錐洞記≫, 도신의 ≪도신장道身章
≫, 법융의 ≪법융기法融記≫, 진수의 ≪진수기眞秀記≫ 등은 모두 의상의 강

의를 기록한 문헌들이다.

≪법계도≫를 배울 때 '부동한 나의 몸이 곧 법신의 자체가 가지는 뜻이다(不動吾身卽是法身自體之義)'라는 데 대한 해석을 듣고 표훈과 진정은 각각 ≪오관석五觀釋≫과 ≪삼문석三門釋≫을 지었고, 지통의 경우 원효에게까지 영향력을 미쳤던 것으로 미루어 의상의 제자들이 매우 창의적으로 공부하였음을 알 수 있다.

의상이 제자들에게 화엄학을 가르치고 있을 때 이 소문은 전국에 퍼졌고, 중국에까지 전해졌다. 문무왕은 이에 감사하여 장전莊田과 노복奴僕을 베풀어준 일이 있었다. 그러나

"우리들의 법佛法은 지위의 높고 낮음을 평등히 보고, 신분의 귀하고 천함을 없이 하여 한가지로 합니다. ≪열반경≫에는 여덟가지 부정한 재물에 관하여 말하고 있습니다. 어찌 내가 장전과 노복을 소유하겠습니까? 빈도는 법계法界를 집으로 삼아 발우를 가지고 밭갈이를 하며 익기를 기다립니다. 법신法身의 혜명慧命, 즉 지혜로운 생명이 이 몸을 빌려서 살고 있는 것입니다."

라고 하였다. 이 이야기는 중국에까지 전하여져 ≪송고승전≫에 기록되어 있다. 또 ≪송고승전≫에는 그의 인품에 대하여 '의상은 설한바와 같이 행함을 귀하게 여겨 강의를 하는 일 외에는 수련을 부지런히 하였다. 세계와 국토를 장엄하여 조금도 두려워하거나 꺼리는 일이 없었다. 또 언제나 의정義淨의 세예법洗穢法(더러움을 씻는 법)을 좇아 실행하여 어떤 종류의 수건도 쓰지 않으면서, 시간이 되어 그냥 마르도록 내버려두었다. 또, 의복과 병甁과 발우의 세 가지 외에는 아무것도 몸에 간직하지 않았다.'라고 하였다.

또, 문무왕은 경주에 성곽을 쌓으려고 관리에게 명령한 일이 있었다. 이 소식을 들은 의상은

"왕의 정교政敎가 밝다면 비록 풀언덕 땅에 금을 그어서 성이라 하여도 백성이 감

히 넘지 못하고 재앙을 씻어 복이 될 것이오나, 정교가 밝지 못하다면 비록 장성長城이 있더라도 재해를 면하지 못할 것입니다."

라는 글을 올렸다. 이 글을 보고 문무왕은 역사役事를 중지하였다.

저술로는 ≪십문간법관十門看法觀≫ 1권, ≪입법계품초기入法界品鈔記≫ 1권, ≪소아미타의기小阿彌陀義記≫ 1권, ≪화엄일승법계도≫ 1권, ≪백화도량발원문≫ 1권 및 최근 발견된 ≪일승발원문一乘發願文≫ 등이 있다.

이는 당시 많은 고승들의 저술과 비교할 때 그리 많은 분량은 못 되나, ≪화엄일승법계도≫만으로도 깊이 있는 사상을 엿보기에 충분하다.

이 저술들은 ≪송고승전≫의 저자 찬녕贊寧이 지적한대로 ≪화엄경≫에 나타나는 법성法性의 바다를 천명한 것이며, 비로자나불의 한없이 깊은 의미를 밝히는데 그 뜻이 있었다.

◉ 성 덕 왕 시 대 의 세 계 동 향

▶ 동양

중국 당나라에서는 측천무후가 690년에 권력을 장악한 이래 15년간 통치를 이어갔고, 국호를 주周라고 하였다가 705년에 장동지에 의해 중종이 복원되어 국호를 당으로 되돌려놓았다. 하지만 곧 중무는 융기(현종)에게 살해되고 예종이 즉위, 712년에 현종이 즉위. 위씨의 잔여 세력을 제거, 한동안 안정을 구가한다.

▶ 서양

사라센은 아시아로 세력을 확대하는 한편, 서쪽으로는 이베리아반도로 진출, 에스파냐를 통치. 서고트를 공격 무너뜨렸으며, 소아시아를 공격. 717년에 동로마의 수도 콘스탄티노플을 포위하기에 이르렀다.

719년에 비잔틴 제국의 황제 레오 3세에게 크게 패했다.

레오 3세는 우상 숭배를 금지하고 성상을 파괴하라는 명령을 내렸는데, 이 일로 교황 그레고리우스 2세로부터 파문 당한다.

그 후 그레고리우스 3세가 즉위, 우상파괴파를 모두 파문해 버린다.

그러자 동로마에서는 736년에 전 제국의 우상을 모두 파괴하라는 명령을 내렸다.

● 성덕대왕신종

진리의 소리는 천지간에 울리므로 들을 수 없고

국립경주박물관 정문에 들어서면 맨 먼저 눈에 띄는 것이 에밀레종이다. 본 이름은 성덕대왕신종聖德大王神鍾이고, 봉덕사종奉德寺鍾이라고도 부르는데 별명이 에밀레종이다. 신라 35대 경덕왕이 아버지 성덕대왕을 위하여 큰 종을 만들다가 완성하지 못하고 돌아가시자 그의 아들 혜공왕(36대)이 아버지의 뜻을 이어받아 서기 771년 음력 12월 14일에 이 종을 완성한 것이다.

성덕왕이 태자로 삼았던 큰아들이 죽으매, 다시 둘째 아들로 태자를 삼아 대를 이었으니 34대 효성왕이다. 효성왕은 아버지를 위해 절을 지었는데 봉덕사였다. 효성왕이 아들 없이 죽자, 동생 헌영을 태자로 삼아 대를 잇게 하였으니 바로 경덕왕이다. 경덕왕은 형이 아버지의 명복을 빌기 위해 세운 봉덕사에 종을 만들어 달려다가 뜻을 이루지 못했지만, 아들 혜공왕이 종을 완성해 백부가 세운 절에 달았으니 그로 말미암아 봉덕사종이라 일컫은 것이다.

이 봉덕사가 북천 가에 있었는데 언젠가 큰물이 져서 절은 떠내려 가고 무거운 종만 절터에 남아 있었던 모양이다.

조선시대 매월당梅月堂 김시습金時習이 경주 남산인 금오산에 7년간(1465~

1471) 있을 때에 지은 시가 있다.

<복덕사 종>이라는 제목의 시로, 다음과 같은 구절이 있다.

> 절 무너져 돌자갈에 묻히게 되니
> 종 홀로 황량하게 버려졌었네.
> 주나라 돌북과 흡사하게도 생겨,
> 아이들은 두들기고 소는 뿔을 비볐다네.
> 이곳 부윤 김담金淡이 정사는 공평하고 소송은 없어,
> 여유로운 마음으로 영묘사 곁에다 걸어 놓아 두었네

≪신증동국여지승람≫에 따르면, 당시 경주부윤인 김담이 1460년(세조 6)에 이와 같은 사연으로 영묘사에 옮겨 달아 놓고 군사들을 모을 때 이 종을 쳤다고 했고, ≪동경잡기≫에 따르면, 1506년(중종 원년)에 부윤 예춘년芮椿年이 부의 남문 밖 봉황대 옆에 종각을 짓고 봉덕사 종을 매달아, 성문을 여닫을 때와 정오에 종을 쳐 시각을 알리는 역할을 하는데 썼다고 한다.

그러다가 일제 때인 1915년 경주고적보존회의 이름으로 이 종을 당시 경주부 관아 자리에 옮겼으니 이곳이 60년간이나 머무른 경주시 동부동 구박물관(오늘날의 경주문화원)이었다.

국립박물관 경주분관이 국립경주박물관으로 승격되면서 새로 인왕동에다가 신축건물을 지어 옮겼는데, 그때 1975년 5월 27일 지금 장소로 옮겨 온 것이다.

기구한 운명이랄까? 무거운 몸체를 네 번이나 옮기기 않을 수 없었으니 그러는 동안 몸에 상처가 생기지 않을 수가 있나?

그러나 원래 튼튼하게 만든 종인지라 종 입쪽에 굵고 둥근 나무막대기를 깔고, 밀고 당겨 운반하는데는 손상되지 않았지만 인위적으로 훼손시키는 데는 어쩔 수 없었다.

비천상 아래에 패어진 홈 자국이 그 좋은 예이다.

성덕대왕신종은 소리의 맥놀이로 말미암아 듣는 이에게 애처럽고 간절한

느낌을 주는지라 '봉덕이라는 아이를 종 만들 때 집어 넣었다'는 전설이 생겼다. 그 전설을 믿는 사람 가운데 아이를 낳지 못하는 여자들은 무지한 탓에 비천飛天을 봉덕이의 형상이라 잘못 알고 그 봉덕이가 꿇어앉은 아래쪽의 쇠를 갉아 삶아 먹으면 아기를 밴다고 믿고 일구월심 여물디 여문 청동벽을 열심히 문질러 쇠가루를 갉어 갔던 것이다.

지금이야 그렇게 믿는 사람도 없고 그렇게 할 사람도 없지만 조선시대만 해도 그런 사람들이 있었으니 사진에 보이는 것처럼 굵은 것은 연필 하나가 들어갈 만큼 홈이 패였다. 그 옆에도 길다란 홈을 판 흉터가 여남은 군데 남아 있다.

1975년 동부동 구박물관에 있을 때는 직원이라야 두 세 사람 밖에 되지 않아 종을 지키는 데만 눈 돌릴 새가 별로 없었지만 지금은 60여 명의 직원들이 수시로 번갈아가며 돌아보기 때문에 종을 보호하는 데는 안심해도 좋다. 그러나 그보다 근본적인 보호대책이 잘못 되었다.

인왕동에 새 종각을 지으면서 종이 잘 보이게 하는 데만 중점을 두고 종각 위치를 잡았을 뿐 아니라, 허허벌판에 철근 콘크리트 기둥 4개만 세우고 지붕을 얹은 보호각 속에 종을 매달았으니, 사방에서 몰아치는 비바람에 그대로 노출되어 종 수명에 지장을 초래한 것이다. 그래서 박물관 측에서는 여러 차례 새로운 보존 방법을 건의했지만 관시 부족과 예산 문제로 차일피일 미루어 왔다.

쇠붙이인 청동도 영원할 수는 없다. 자연적으로 노쇠하여 생명이 줄어드는 것은 어쩔 수 없지만 인위적인 훼손을 막아야 한다.

사람도 나이들면 기력이 떨어지고 신체 오장육부 기능이 저하되듯이, 이 종도 차츰차츰 생명이 줄어들고 있지만 최대한 그 생명을 연장시켜야 한다. 전문가들의 다각적인 조사를 토대로 성덕대왕신종을 오래오래 보존하도록 우리 모두 관심을 가지고 동참해야 할 것이다.

성덕대왕신종의 몸체에는 하늘이 사람 모습으로 내려와 찬미하는 비천飛天이 2쌍 도드라지게 새겨져 있다. 마주보고 있는 1쌍의 복판에는 종명鐘銘

이 새겨져 있고, 다른 1쌍의 중간에는 찬미하는 가사가 새겨져있다.

종명이란 종을 만든 내력을 적은 것으로, 어려운 한문으로 적혀있어 알아보기가 힘든 것을 신라문화동인회 윤경렬 명예회장과 경주박물관회 김원주 회장이 깊이 연구해 쉽게 번역한 것을 아래와 같이 옮겨 적는다.

조산대부 겸 태자 조의랑 한림강 김필해金弼奚는 임금님의 명을 받들어 이에 종명을 짓습니다.

지극히 완전한 진리는 온누리의 밖을 싸고 있으므로 보려 하여도 볼 수 없는 것이고 참된 진리의 소리는 천지간에 울리므로 들으려 하여도 들을 수 없는 것입니다. 그렇기 때문에 그 진리의 근원을 우리 중생들도 보고 들을 수 있게 하기 위하여 그 모양과 소리를 비유하여 방편으로 신종을 다는 것입니다.

진리를 찾는 길에는 성문승聲聞乘, 연각승緣覺乘, 보살승菩薩乘 등 세 가지 수레가 있다 하지만 이 신종의 소리는 한 번 들으면 곧바로 진리의 세계에 도달하는 신비의 둥근 소리 일승원음一乘圓音인 것입니다.

무릇 종이란 부처님이 나신 인도에서 살펴보면 카니시카왕 때에 시작 되었고 중국에서는 고연이 처음으로 만들었다 합니다. 안이 비어 있어 그 울림은 무한하고 몸체는 무거워서 굴릴 수도 없고 감아 올릴 수도 없으니 형상이 있어서나 소리에 있어서나 지극히 영원한 것입니다.

이렇게 영원한 신종 위에 삼가 임금님의 높으신 뜻을 새기옵니다. 임금님의 뜻을 이곳에 새김은 백성들이 괴로움 속에서 벗어나서 복을 받게 하려는 소원도 포함되어 있는 것입니다. 엎드려 생각하오면 성덕대왕의 크신 덕은 산보다 높으시고 물보다도 더 깊으시어 그 이름은 해와 달처럼 하늘 높게 빛나옵니다.

어질고 충성스러운 사람을 불러 신하로 쓰시고 예와 악을 높여 나라를 다스리시니 들에서는 백성들이 생업의 근본이 되는 농사에 힘쓰게 되고 저자에는 도둑 물건과 속여 파는 물건이 없게 되었습니다.

또 백성들은 돈은 많이 모아 사치와 허영에 사는 것을 싫어하고 글 잘하고

덕이 높은 것을 부러워하고 존경하게 되었습니다. 내 몸의 영화에는 아랑 곳하지 않고 늙어가며 생겨나는 노욕을 경계하시면서 40여 년 간 나라 다 스리는 동안 한 번도 전쟁으로써 백성들을 놀라게 한 일이 없었습니다.

이에 사방의 이웃나라들과 멀리 만 리 밖에서 온 사신들이 모두 공경하고 부러워하는 바가 되었습니다. 남의 나라에 화살을 겨누어 침략하고자 하신 일도 없으시니 중국의 연나라가 진나라에서 낙의나 고리해 같은 사람을 써 서 남의 나라를 괴롭힌 일이나 제나라가 진나라에서 남의 나라를 무찌르고 패권을 잡은 일들과 어찌 나란히 굴러가는 수레바퀴처럼 비교라고 할 수 있겠습니까? 그러나 사라쌍수 아래 인생의 지난날을 헤아리기 어려우니 대 왕님의 춘추도 빨리 흘러 세상을 떠나신지도 어느덧 34년이 지났습니다.

위를 이으신 경덕대왕께서 이 세상에 계실 때 아버님의 뜻을 이어 받으시 어 정치를 보살피시면서도 불행하게 일찍 돌아가신 어머님을 정성껏 모시 지 못한 안타까움과 거듭 세상을 떠나신 아버님께 충성을 다하지 못한 슬 픔으로 대궐에 드시어도 눈물로 정사를 살피시었습니다. 조상님을 그리는 정과 부모님을 그리는 정이 한데 뭉쳐 큰 종을 짓고자 구리 12만근을 들여 정성을 다했으나 뜻을 이루지 못하고 세상을 떠나시고 말았습니다.

이제 새로 위에 오르신 우리 임금(혜공왕)께서는 선대 대왕님들의 뜻을 이 어 받으시고 어지신 덕으로 나라를 보살피시니 성스러운 빛은 옛보다 더욱 나라 안에 빛나옵니다.

아름다운 덕은 서울 장안에 넘쳐 임금님의 뜰 안에 구슬 진주를 뿌린 듯 찬 란하옵고 임금님의 말씀은 나라 안에 우레와 같이 퍼지니 나라에 생명을 타고 난 초목들까지 은혜를 입어 나라 지경에 과실나무가 주렁주렁 풍성하 옵니다.

서울 장안에 서기가 어려 영롱하오니 이는 임금님께서 왕자로 탄생하신 책임을 다하시어 부모님의 은혜를 갚는 길이옵고 왕위에 오르신 책임을 다 하여 선대 여러 조상님들 뜻에 보답사시는 길이옵니다.

우러러 생각하오면 태후께서는 땅이 평평한 것처럼 성품이 고요하시어 백 생들을 어질게 보살피시고 하늘 거울과 같이 밝으신 마음으로 부자간에 있어 효도하시기를 권하시었습니다.

친정의 어진 혈통을 받으신 태후께서는 간실들을 멀리 하시고 충신들을 가까이 하시어, 옳은 말과 거짓말을 가려서 바르게 일하셨습니다. 이에 경덕대왕의 유언을 지키셔서 오랜 소원이 이루어졌습니다.

유사에게 공사를 명령하시고 공장이를 시켜서 그림을 새기시니 해는 신해년(771)이요, 달은 섣달입니다. 이때 해와 달은 빛을 더해 주셨고 음과 양이 조화되어 바람을 자고 날씨는 고요하였습니다. 신의 도움으로 신종이 이루어진 것입니다.

그 생김새는 묏 부리와 같고 그 소리는 용이 우는 소리와 같아서 위로는 산마루 하늘까지 울려 퍼지고 밑으로는 지옥을 지나 끝간 데를 알지 못합니다. 보는 이는 기이함을 칭송하고 듣는 이는 복을 받게 되었습니다.

원하옵니다. 이 묘한 인연으로서 성덕대왕의 높으신 영靈을 받들어 이 맑은 울림을 들으시게 하옵고 설명없는 법 자리에 오르게 하여 주시옵소서.

과거와 현세의 인연을 확실하게 알아 일승진경一乘眞境에 계시게 하여 주시옵소서.

구슬 떨기와 같은 임금님의 후손들도 금나무에 주렁주렁 열린 보배 열매와 같이 풍성하게 길이길이 번영케 하여 주시옵소서.

나라 울타리는 쇠울처럼 굳건하여 나라에서 생명을 타고난 사람들과 축생들에 이르기까지도, 바다에 이는 물결과 같이 고르게 깨달음의 길에 올라 괴로움 속에서 벗어나게 하여 주시옵소서.

신하 해奚는 배운 것도 없고 재주도 없습니다마는 임금님의 분부이신 까닭에 용기를 내어 반초의 붓을 빌리고 육좌의 말을 빌어 그 원하시는 뜻을 적어 종위에 새겼습니다.

한림대 서생 대나마 김○○ 씀

앞에서 종명을 소개한 데 이어 이번에는 윤경렬·김원주 선생이 같이 번역한 가사인 기사其詞를 소개한다.

하늘에는 해와 달이 걸려 있고 별들이 가득차 반짝이는데
땅에는 방향마다 길이 열려 사방이 트여 있네.

산들은 땅을 눌러 드높게 솟아 있고
강물은 길래갈래로 퍼져 흐르니
벌려진 지역들은 지경이 분명하구나

동해 위에 떠있다는 신선들의 나라도
땅 위에 숨어 있다는 무릉도원도
해뜨는 나라 부상扶桑까지도
이제 우리나라와 이웃하였네

흩어진 세 나라가 하나로 합쳤으니
역대 임금님들의 성덕은
대를 이으며 더욱 새로와졌네.

묘하고 맑은 다스림은 멀리까지 빛나고
크신 은혜 만물 위에 비 뿌리듯 고르게 입히시니
무성한 천대 자손들 길이길이 웃음짓누나.

근심 구름이 하늘을 가려 문득 슬프니
밝은 해는 빛을 거두고 따스한 봄은 가버리더라.
다스리는 그 풍습 예와 다름없으니
임금이 바뀐들 성스러운 그 풍속이야 어찌 어기리오.

날마다 아버님의 엄훈을 생각하옵고
항상 어머님의 크신 사랑 그리워함에
또다시 부모님 명복을 위해 하늘 종에 비옵니다.
거룩하시어라 우리 태후시여
그 성덕 감응하심이 가볍지 않아
보배로운 상서가 자주 비치고
성서로운 보람이 매양 일더라

임금이 어지시니 하늘이 도우시고
때가 태평하니 나라가 평안하더라.

선대를 사모하는 꾸준한 그 정성
그 마음 좋아서 소원이 이루어졌네.

남기시고 가신 말씀 돌보아 종 만들기 시작하니
신령이 도우고 사람들이 힘을 모아
보배그릇 모양이 이루어졌네.
능히 마귀들의 항복을 받고 어룡魚龍을 얻으리로다.
그 위엄은 누리의 북쪽 끝 북극에까지 울려 퍼지네.
듣는 이 보는 이 모두 부처님과 한 마음 되니
꽃다운 인연을 바르게 심어 놓았네.

둥글고 빈 몸은 바야흐로 부처님 몸이시라
크나큰 복 누리에 변치 말고 길이길이
무궁토록 이어져 가게 하시옵소서.

한림랑 급찬 김필해 봉조찬翰林郎 級湌 金弼奚 奉詔撰
대조 대나마 요단서待詔 大奈麻 姚湍書

검교사 병부령 겸 전주령 사어부령 수성부령감 사천왕사부령 배검교 진지
대 왕사사 상상 대각간 신 김옹
검교사 숙정대령겸 수성부령 검교 감은사사 각간 신 김양상
애력 6년 세차 신해 12월 14일

부사 집사부 시랑 이찬 김체신
판관 우사록관□ 급찬 김□득
판관 급찬 김충봉
판관 대나마 김□□
녹사 나마 김일진
녹사 나마 김□□
녹사 대사 김□□
주종대박사 대마마 박□□
차박사 나마 박□□
나마 박한미
대사 박□□
(□로 나타낸 것은 잘 읽을 수 없는 글자임)

이 글로 보아 신라 17관등의 제1위 각간보다 위인 특별관위 대각간 김옹이
총책임을 맡았다가 그 뒤 각간 김양상이 이어 맡아 신해년(771년으로 혜공왕 7
년) 섣달 열나흗날 만든 것임을 알 수 있다.
직접 종을 만든 기술자들은 박씨들 집단이고 행정업무를 맡은 사람들은
김씨집단이었음을 알 수 있는데, 이 종의 가치를 더해 주는 것 가운데 하나
가 박한미를 비롯한 기술자들의 명단과 주종대박사차박사 등의 직책을 기
록한 것이다. 그 분들이 계셨기에 우리는 세계에서 가장 우수한 종을 지닌
민족이 되었고, 또한 경주는 이 성덕대왕신종이 있는 곳이기에 뭇 사람들이
동경하는 신라 문화역사도시인 것이다.

● 수로부인과 참꽃

뭇사람의 입은 무쇠도 능히 녹인다

옛말에 꽃과 여자는 아름다울수록 좋다는 말이 있다. 여자는 아름답기를 원하고 아름답게 되려고 노력한다. 아름다운 여자를 뽑는 '미인선발대회'가 생기기도 하고, 세계적인 미인을 뽑는 미스월드, 미스유니버스 대회에 내보내기 위해 해마다 미스코리아를 선발한다.

아름다움을 느끼는 것은 주관적이기 때문에 많은 사람들의 공통점을 뽑고 모아 미인 선발규정을 마련해 여러 미녀들 가운데서 가장 아름다운 여자를 뽑는다.

키는 몇 cm 이상이어야 하고, 몸무게는 몇 kg 이하여야 하고, 엉덩이 둘레, 허리둘레, 가슴둘레는 각각 몇 인치여야 하며, 그 밖에 신체적인 조건이 갖추어져야 하고 교양 있고 품위 있는 행동거지며 말씨를 두루 갖춘 아가씨라야 선발대회에 나갈 수 있다.

미스코리아 선발규정에 맞는 여자는 우리 배달민족 여성으로는 좀 별나고 이질적인 느낌의 미인일 수밖에 없다. 그 선발규정이란 것이 서양인들의 눈에 드는 생김새이기 때문이다.

우리에게는 우리 눈에 맞는 미인이 있다. 키는 얼마, 몸무게는 어느 정도 따위 규정이 없어도 눈이 저울이라는 말에 맞는 미인.

신라 천 년 동안 많은 사람이 세상에 왔다 갔건만 미인 중에 미인으로 전해오는 이는 수로부인水路夫人이다.

33대 성덕왕 때, 수로부인은 남편인 순정공純貞公이 강릉태수江陵太守로 부임하게 되어 같이 가게 되었는데, 어느 날 동해의 바닷가 높이 솟은 바위 아래에서 점심을 먹게 되었다.

둘레는 천 길이나 되는 기암괴석이 병풍같이 둘렀는데 그 꼭대기에 척촉躑躅꽃이 활짝 피어 있었다.

수로부인이 옆에 있는 사람들에게

"누가 저 기 저 꽃을 좀 꺾어다 주겠능기요?"

하니 모두 쳐다보고는 한결같이

"사람이고는 올라갈 수 없는 곳입니다."

하며, 나서는 사람이 없었다. 마침 곁에 암소를 몰고 지나가던 할배가 그 꽃을 꺾어, 노랫말까지 지어서 바쳤는데 그 할배는 어떤 사람인지 알 수가 없었다.
 그 뒤 이틀을 더 가서 임해정임해정이란 데서 점심을 드는데 갑자기 바다용[해룡海龍]이 나타나 부인을 끌고 바다 속으로 들어가 버렸다. 남편은 기가 막혀 땅을 치며 어찌 할 바를 몰라했지만 뾰족한 수가 없었다.
 그때 어떤 노인이 지나가다 말하기를

"옛말에 뭇사람의 입(말)은 쇠도 녹인다 하니, 이제 바다 속의 용龍인들 우예(어찌) 뭇사람의 입을 두려워하지 않겠능기요? 사람들을 모이게 해서 노래를 지어 부르면서 작대기로 땅바닥을 치면 부인을 만나 볼 끼시더(볼 것입니다)."

라고 했다.
 그대로 따랐더니 과연 용이 부인을 모시고 나와 도로 바쳤다. 반갑고도 반가워 남편이 물었다.

"바다 속에 들어가 우예 됐능기요?"

부인이 말했다.

"칠보로 꾸며진 궁전에 음식은 달콤하고 입에 살살 녹는 것들이었고, 우리 사람들이 불을 때어 익힌 것이 아니었심더."

부인의 옷에는 이 세상에서 맡아보지 못한 향긋한 냄새가 풍겼다.

수로부인은 아름다운 용모가 세상에 뛰어나, 깊은 산과 큰 못을 지날 때마다 여러 번 신물神物에게 붙들림을 당하였다고 한다.

젊은이들이 엄두를 못내는 일에 가보 1호인 암소를 놓고 생명의 위태로움도 아랑곳하지 않고 험한 낭떠러지에 올라가 참꽃을 따오겠금 늙은이의 마음을 사로잡은 부인의 미모는 사람 눈에만 매력있는 아름다운 여자로 보인게 아니고, 용이나 신물神物까지도 흠모할 정도의 미인이었다. 사람의 잣대로 정한 규정에 따라 뽑은 미인과는 애당초 차원이 다른 미인이다.

그러니 용모가 어떻다느니 교양이 어떻다느니 하는 주접스런 묘사는 수로부인 이야기가 적힌 ≪삼국유사≫에는 한 자도 없다. 그냥 자용절대라고 만 씌어있다.

> 자주빛 바위 갓에(가에)
> 잡은 손 애미소 놓고,
> 나 아니 부끄러 하신다면
> 꽃을 꺾아(꺽어) 바치오리다.

는 노래에 담긴 마음처럼.

노래에 관한 것은 국문학 향가에 대한 연구가 많으니 참고하면 되겠지만 한 가지 짚고 넘어가야 할 것이 있다.

필자가 본 책마다 낭떠러지 끝에 핀 꽃을 철쭉꽃이라 했다. ≪삼국유사≫에 '척촉躑躅'이라 되어 있으니 국어사전에 보면 '척촉화=철쭉꽃'이다. 곧이 곧대로 번역하면 철쭉꽃이다.

그러나 참꽃인 진달래도 철쭉과에 속한다는 사실과 철쭉꽃은 독이있어 손에 대지 않는다는 것을 간과, 즉 지나쳤다는 것이다. 더 깊은 것은 두고 연구할 문제지만 우선 강조하고자 하는 바가 있다.

참꽃(진달래꽃)은 약용으로 효험이 있다. 조경調經, 활혈活血, 진해鎭咳에 효능이 있다고 하여 민간에서는 비상약제로 사용하였다.

예를 들면 고르지 못한 달거리(월경불순)에 효과가 있으니 혹시나 수로부인의 건강이 나빠져 높은 곳에만 철늦게 피어 있는 참꽃을 그것도 목숨을 걸고라도 따주십사 하고 간절히 부탁한 것은 아닐까?

세상 물미(이치)를 아는 노인이, 명경알(면경알) 같이 훤한 낭떠러지 길을 아는 노인이 부인의 애타는 마음을 꿰뚫어 보고 참꽃을 꺾어 바친 것이 아닐까?

'꽃을 꺾어 아름다운 여자에게 바친다'는 너무 낭만적이고 추상적인 면에만 눈높이를 맞추어 번역하니 참꽃은 간곳 없고 그냥 '철쭉꽃'이 되고 만 것이 아닐까 하는 의문이 남는다.

● 대종천과 동해천

왜인들의 강취행각은

"일본놈들이 경주 에밀레종을 이곳 바닷가까지 옮겨와서, 배에 싣고 일본으로 가져갈라 카다가(가려 하다가) 워낙 종이 무거워 그만 배 채(째)로 바닷속으로 가라앉아 뿌랫는기라(버렸는거라). 그래서 30, 40년 전까지만 해도 파도가 거세게 치거나 해일이 올 때는 바닷속에서 에밀레 종소리가 났단다."

"그뿐인가! 어떤 머구리(잠수부)는 물밑에서 종 같은 거 있는 거 봤다 카던데(하던데)."

"우리 할배는 한창 물질할 때 에밀레종이 몰개(모래)에 반쯤 묻힌 거를 봤다 카던데."

대밀[대본臺本] 사람들은 자기가 유식한 것을 자랑으로 삼았다.

이런 이야기를 들은 외지사람 가운데 어떤 이는

"에밀레종이 엄연히 그대로 있는데 무슨 쓸데없는 소리를..."

하면서 일소에 붙이고 마는 사람이 있는가 하면, 그 이야기를 깊이 음미하면서 관심을 쏟은 사람들도 있었다.

그 중에서 신라문화에 관심이 많은 사람으로 바다에 빠뜨린 종을 찾아 보려고 애쓴 이도 있다. 1980년대 초반에 국립경주박물관 한병삼 관장이 주축이 되어 조사단을 구성하여 봉길리 앞바다에 머구리(잠수부) 2, 3명을 동원하여 수중탐사를 시도한 적이 있으나, 물밑이 흐리고 장비에 한계를 느껴 며칠 작업을 하다가 포기하였다.

또한 1989년 5, 6월경 미군 F-16 비행기가 봉길리 앞바다에 추락하였을 당시, 문화재관리국 주관으로 수중 스쿠터 6대와 스쿠버 다이버 10여 명을 동원하여 탐사에 나선 일이 있으나 종 같은 물체를 찾지는 못했다.

그러나 지금도 가능성을 믿고 종찾기에 나서는 사람이 있으나 어찌보면 헛된 일 같아 경제적 후원을 하고 나서는 이가 없다.

이와 같이 어렵고 가능성도 희박한 종찾기 수중탐사에 나서는 까닭은 무엇일까?

바닷가 사람들은 직선적인 성격으로 솔직하기 때문에 '종을 봉길 앞바다에 빠뜨렸다'는 그들의 이야기는 믿을 만하다는 것이다.

그러나 바다에 빠진 종이 에밀레종은 아니다. 에밀레종은 성덕대왕 신종의 별명으로 엄연히 조선시대까지 봉황대 옆에 있었고 지금은 국보 29호로 지정되어 국립경주박물관에 있다. 그러나 워낙 에밀레종이 유명한지라 '종'의 대명사로 되어, 종이라면 에밀레종으로 와전되었으리라.

이렇게 볼 때 성덕대왕 신종이 아닌 어떤 큰 종이 빠졌을 것이다.

충분히 그럴 가능성이 있는 종이 있다. ≪삼국유사≫에 보면 황룡사에 대종大鐘을 만들었는데, 그 무게가 성덕대왕 신종 무게(12만 근)의 4배가 넘는 종(497,581근)이었다.

거대하던 황룡사의 9층목탑은 고려 고종 때(1238) 몽고군의 침입으로 불타 버렸다지만, 같은 절에 있던 대종은 어찌되었는지 기록도 없고 흔적도 없으니, 어쩌면 이 황룡사대종을 몽고군이 가져가려 했는데, 바다에 약한 그네들이 50만 근이나 되는 무거운 종을 배로 옮겨 가려다가 바다에 빠뜨렸을는지도 알 수 없는 일이다.

또 한 가지는 문무왕의 호국 염원이 깃들고, 그 아들 신문왕이 완성한 절, 감은사에도 기록에는 없지만 크고 좋은 종이 있었을 것이니, 이 감은사종을 왜구들, 혹은 임진왜란 대 왜군들이 가져가려다가 바다에 빠뜨린 것이 아닐까 하는 생각이다.

그럴 가능성은 있는데 머구리들이 봤다고 한다니 얼마나 솔깃한가?

누가 봤느냐 물어보면 ○○어른한테서 들었다 한다. 그래서 물어물어 찾아가 보면, 나 보았다고 큰소리치며 발설한 사람은 이미 이 세상 사람이 아니었다.

이런 내력으로 말미암아 토함산 동쪽 등성이를 타고 내린 물이 어일을 지나 갓밑들을 거쳐 대킨[대본臺本]과 무제[수제水祭]터, 즉 감포읍 대본리와 양북면 봉길리 사이에서는 대종천大鐘川이 된 것이다.

나는 이런 내력 이전에는 '이 물줄기에 이름이 없었겠냐?' 하는 의문을 가졌다.

그래서 여기저기 뒤져 보다가

"아! 있다, 있어. 대동여지도에 뚜렷이 적혀 있어! 동해천東海川이라고…"

하고 찾아 내었다.

경주의 동쪽 토함산吐含山과 추령楸嶺에서 내려오는 물줄기가 함월산含月山 등성이에서 흐르는 물과 합쳐지는 곳에 '동해천'이라고 적혀 있으니…

이 동해천東海川이 바다로 들어가는 해안선 남쪽에는 하서지하서지봉수가 표기되어 있는데, 이 하서지下西知봉수 자리는 지금도 그 흔적을 잘 남기고 있다.

동해천 북쪽 해안선 독산禿山(민둥산)봉수 자리는 군부대 막사를 지으면서 없어져 버렸는데, 대밑에서 헛골[회곡檜谷]로 넘어가는 등성이에 있었다.

또한 이견대利見臺 자리가 실제보다 북쪽에 표기돼 있는데, 이 자리는 신라 때 정자가 있던 자리라는 나정羅亭이다. 지금 이견대利見臺 자리는 고산자古山子 김정호金正浩가 대동여지도를 만들 때는 이미 밭으로 변한지가 오래 되었으니, 그래도 십리 정도 떨어진 곳에 표기한 것만 해도 감지덕지한 것이다.

추령과 관해동재에서 내려오는 물, 토함산 석굴암 골짜기에서 발원하여 노루목[장항獐項]을 거쳐 흐르는 물, 기림사 골짝 물과 야부내 골짝 물이 모여 안동을 거쳐 내려오는 물이 와읍에서 시무내[스무내: 이십천二十川]와 합쳐 어일을 지나면 큰거랑이 된다. 토박이들은 마을 앞으로 흐르면 앞거랑, 뒤로 흐르면 뒷거랑, 넓으면 큰거랑이라 부른다.

이렇던 이름을 일제日帝가 우리 땅을 짓밟으면서 1914년 행정구역개편(군면 폐합)을 실시한답시고 자기들 입맛에 맞게 고친 것이다.

그때 '큰거랑'은 대천大川으로 고치려다가, 이야기로 내려오는 종鐘자를 넣어, 자기네 선조의 문화재에 대한 애착심(?)과 우리들에 대한 수탈은 예부터 있어 온 것을 과시하기 위해 대종천大鐘天으로 했다.

그뿐인가? 우리의 '동해東海'를 '일본해日本海'로 굳어지게 하려고 획책하던 그들에게 동해천東海川은 어림없는 이름이었다.

그리고는 1920년대에 지도를 만들면서 대종천으로 박아 넣었으니, 그 뒤 널리 통용되면서 오늘에 이른 것이다.

● 성덕왕대의 신라정세

발해, 중국 중심의 동북아 세력 판도 깨다
흑수말갈 지배권 놓고 당나라와 격돌, 대승大勝
당과 함께 전쟁에 참여했던 신라, 대동강 이남 영유권 확보

8세기 전반 흑수말갈에 대한 지배권을 놓고 당과 대결을 벌인 발해의 정복 군주 무왕武王(719~737)은 신라까지 끌어들인 당나라의 공격을 격퇴시키는 데 성공했다. 이로써 발해는 동북아시아의 새로운 강국으로 확실히 자리잡게 됐다.

무력으로 발해를 제압하는데 실패한 당의 현종은 발해의 세력을 현실로 인정하고 대발해 외교정책을 화친책으로 전환했다. 한편 신라는 발해와의 전쟁에 참여한 공로로 대동강 이남에 대한 영유권을 당으로부터 공식적으로 인정받았다.

발해, 독자 연호 및 황제 칭호 사용

발해는 중국의 연호를 따르지 않고 독자적인 연호를 사용하고 있다. 무왕 (719~737) 때에는 '인안仁安'을 그리고 현재 문왕은 '대흥大興'이라는 연호를 사용하고 있는 중이다.

이와 같이 발해가 독자적인 연호를 사용하는 것은 대외적으로 중국의 지배하에 놓여 있는 나라가 아니라, 중국과 '대등한 국가'임을 강조한 것으로 해석할 수 있다.

이러한 발해의 입장은 왕을 부르는 칭호에서도 나타나고 있다. 발해는 자국의 왕을 황상皇上, 즉 황제라고 표현하고 있다. 잘 알려진 바와 같이 중국은 자국이 세계의 중심이라 자부하면서 황제는 중국에만 존재하는 것으로 여기고, 주변의 국가들은 자신의 속국 정도로 취급하여 그보다 한 단계 아래의 칭호를 사용하도록 하고 있는 실정이다.

그런데 발해는 스스로의 왕을 황제라 칭하면서 중국 중심의 질서에 편입되기를 거부하고 있는 것이다.

발해-당나라 전쟁 상보詳報
발해, 새로운 군사 대국으로 급부상… 흑수말갈 정복 후 산동반도 원정
당, 신라를 전쟁에 끌어들이는 등 안간힘… 결국 패배

대조영의 뒤를 이어 즉위한 무왕武王(719~737)이 활발한 대외 팽창 정책을 전개하여 영토를 확대해나가면서 중국 동북부 지역에 대한 지배권을 장악해가자, 당나라는 중국을 중심으로 하는 국제질서를 깨뜨리는 발해의 세력 강화를 못마땅하게 여기게 되었고 두 나라 사이에는 갈등이 증폭되어 왔다.

갈등 관계에 있었던 발해와 당나라가 무력대결로 치닫게 된 것은 726년 발해의 세력하게 있었던 흑수말갈이 발해와의 친선 관계를 깨고 당나라에 보호를 요청하면서부터이다. 흑수말갈은 발해가 하루가 다르게 팽창하자 이에 위협을 느끼고 당과 연합하게 된 것이다.

이에 무왕은 727년 일본과 공식 외교를 수립하여 대외정세를 자신에게 보다 유리하게 조성한 후, 흑수말갈을 문책하려고 동생 대문예를 총지휘관으로 삼아 흑수말갈을 공격하고자 했다.

그러나 대문예는

"지금 흑수가 당나라의 보호를 받고 있는데, 우리가 만일 흑수를 친다면 그것은 곧 당나라를 반대하는 것이 된다. 만일 당나라와의 사이가 틀어지면 큰 전쟁을 치러야 한다"

라고 말하면서 무왕의 명령에 복종하지 않았다. 이에 크게 노한 무왕은 사촌 형인 대일하를 대문예 대신 원정군의 총지휘관으로 삼고 명령을 따르지 않은 대문예를 처단하려 했다. 당황한 대문예는 이때 당나라로 도망쳤다.

대일하가 이끄는 발해군은 흑수말갈 군대와 싸워 크게 이겼다. 흑수말갈은 앞으로 발해를 적대하여 싸우지 않을 것을 다짐했다. 곧이어 무왕은 도망한 대문예를 죽이기 위해 당나라에 대문예를 보내달라고 요청했다.

그러나 당은 이에 응하지 않았고 그로 인해 두 나라 사이의 관계는 더욱 악화됐다.

마침내 732년 발해 무왕은 장문휴로 하여금 당의 산동반도에 대한 원정을 명령했다. 발해의 기습공격에 타격을 받은 당은, 이민족은 이민족을 이용하여 제압한다는 '이이제이以夷制夷' 전술을 구사했다.

당은 무왕의 동생 대문예를 선봉으로 삼아 발해를 공격하도록 하고, 733년 1월에는 신라까지 전쟁에 개입시켰다. 당시 신라는 721년에 발해의 영토가 남으로 대동강까지 확장되어 신라와 국경이 맞닿게 되자 방비책으로 북쪽 경계에 장성을 설치한 바 있었다.

전쟁의 결과는 당의 패배였다. 대문예의 군대는 굶주림과 추위에 퇴각하게 되고, 전쟁에 가담한 신라의 군대 역시 추위와 식량 부족으로 철수하고 말았다.

● 해외소식

중국 최초의 여황제, 측천무후 사망

703년 '개원의 치'로 불리는 번영의 기초를 쌓은 여걸. 중국 최초의 여황제 측천무후가 사망했다. 측천무후의 비석에는 비문이 적혀 있지 않은데 찬탈 경력을 넣지 않고는 비문을 지을 신하가 없기 때문이라는 설이 유력하다.

그녀는 구귀족을 과감히 숙청하고, 과거를 통해 능력있는 사람을 관리로 등용, 황제권을 강화하고 국력을 신장시켰다. 688년 고종을 밀어내고 황제의 지위에 오른 그녀는 나라 이름을 '주'로 정하고 아들 예종도 자신의 성 '무'씨를 따르게 했다. 이를 '무주'혁명이라고 일컫는다.

당시 고종과 권신들은 그녀를 내몰아내려고 했으나 그녀의 출중한 능력 앞에 속수무책으로 그녀가 노쇠하기만을 기다렸다.

모하메트의 '헤지라'

아라비아의 예언자로 자처하는 모하메트는 메카에서의 박해를 피해 타이프를 거쳐 메디나로 거처를 옮기면서 이 이민을 헤지라(Hijira)라 하여 화제. 모하메트는 신 앞에서의 만인의 평등을 주장하며 '이슬람'교를 창시, 메카의 부유하고 권력있는 자들의 박해를 받았다. 메디나로 옮긴 이후 모하메트는 움마(Umm-ah)라고 하는 정치·경제·신앙의 공동체의 지도자가 됐다.

34

왕권 회복은 물거품,
정척으로부터 몰락한 왕

효성왕

新羅王朝實錄

효성왕 孝成王
김씨 왕 19대

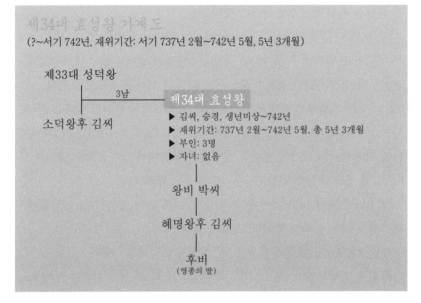

제34대 효성왕 가계도

(?~서기 742년, 재위기간: 서기 737년 2월~742년 5월, 5년 3개월)

제33대 성덕왕

ㅡ 3남 ㅡ 제34대 효성왕

소덕왕후 김씨

▶ 김씨, 승경, 생년미상~742년
▶ 재위기간: 737년 2월~742년 5월. 총 5년 3개월
▶ 부인: 3명
▶ 자녀: 없음

왕비 박씨

혜명왕후 김씨

후비
(영종의 딸)

?~742(효성왕 6). 신라 제34대 왕. 재위 737~742. 성은 김씨金氏. 이름은 승경承慶. 성덕왕의 둘째 아들로, 형인 태자 중경重慶이 717년(성덕왕 16)에 죽었으므로, 724년 태자로 책봉되었다가 성덕왕이 죽자 즉위하였다. 어머니는 성덕왕의 계비繼妃인 소덕왕후昭德王后이고, 비는 739년(효성왕 3)에 맞아들인 이찬伊飡 김순원金順元의 딸 혜명惠明이다.

효성왕은 즉위하면서 사정부司正府의 승丞과 좌우의방부左右議方府의 승을 모두 좌佐로 바꿨다. 이것은 '승承'자가 왕의 이름에 저촉되기 때문이다.

전 왕인 성덕왕 때에 정상화된 당나라와의 외교적 관계를 한층 강화하는 한편, 외교적 통로를 이용해 중국의 선진문물을 수입하였다. 특히, 738년에 당나라 사신 형숙邢璹이 신라에 올 때 당나라 현종玄宗이 그에게 '신라는 군자君子의 나라'라고 일러준 것을 보아도 당시 신라의 문화수준을 가늠할 수 있다. 이 때 형숙은 ≪노자도덕경老子道德經≫을 비롯한 서책을 왕에게 바쳤는데, 여기서 신라의 선진문물에 대한 수용자세를 엿볼 수 있다.

740년에는 파진찬 영종永宗의 모반사건이 있었으나 모두 평정되었다. 반란의 원인은 영종의 딸이 효성왕의 후궁이 되어 왕의 총애를 받는 것을 왕비가 시기하여 그의 족당族黨과 더불어 후궁을 모살하였다. 이에 영종이 왕비의 족당을 원망하여 반란을 일으켰다.

이를 보면 단순한 여인들의 투기가 정치적 반란을 유발한 것 같으나, 실제는 성덕왕대에 전성을 구가하던 중대中代 왕실의 전제왕권이 점차 약화되면서부터 축적되었던 정치적 모순이 드러나기 시작한 것으로 보인다.

즉, 이것은 전제왕권 하에서 억압되었던 귀족세력이 왕권의 약화를 틈타 다시 세력을 뻗치기 시작했음을 암시하는 것이다. 특히, 이러한 현상은 741년에 귀족세력의 대표인 상대등 정종과 경덕왕대에 상대등으로 활동한 사인思仁이 왕을 대신해 열병閱兵한 사실에서도 확인된다.

재위 6년째 되던 742년 5월에 죽자 유명遺命에 따라 법류사法流寺 남쪽에서 화장해 유골을 동해에 뿌렸다. 시호는 효성이다.

737년(효성왕 원년)에 즉위한 왕은 곧 죄수를 대사하고, 3월에는 사정승司正丞과 좌우 의방부승議方府丞을 개정하여 좌左로 하고, 이찬 정종을 상대등으로 삼고 아찬 의충을 중시로 삼았다. 5월에는 지진이 있었으며 9월에는 유성이 태미성太薇星으로 들어갔다. 10월에 당에 들어갔던 사찬 포질이 돌아왔으며 12월에는 사신을 당으로 파견하여 토산물을 바쳤다.

738년(효성왕 2) 2월에 당 현종은 성덕왕이 세상을 떠났다는 말을 듣고 오랫동안 애도하다가 좌찬선대부左贊善大夫 형숙邢璹을 파견하여 홍려소경鴻臚少卿의 자격으로 조제하게 하고 태자태보太子太保의 벼슬을 추증하였다. 또 사왕嗣王을 세워 개부의동삼사신라왕으로 삼았다. 그런데 형숙이 떠나려 할 때 당제는 시서時序를 짓고 태자 이하 백관들은 모두 시부를 지어 보내고 형숙에게 말하기를

"신라는 군자의 나라이므로 자못 서기書記를 아는 것이 중국과 유사하다. 경은 도타운 선비인 까닭으로 지절사로 가게 한 것이니 마땅히 경서의 뜻을 연술演述하여 대국大國과 유교가 성함을 알게 하라."

하고, 또한 신라 사람들은 바둑을 잘 두므로 율부병조참군率府兵曹參軍 양계응楊系膺을 부사副使로 삼았는데, 신라의 고수들은 모두 그에게 졌다. 이때에 왕은 당사唐使 형숙邢璹 등에게 금보약물金寶藥物을 후하게 주었다. 또한 당에서는 사신을 파견하여 왕비 박씨朴氏를 책봉하였다. 4월에 김원현金元玄을 당으로 파견하여 하례하였다. 4월에 당사 형숙이 ≪노자도덕경老子道德經≫ 등 문서를 원에게 헌상하였다.

이때 백홍(흰 무지개)이 해를 꿰고 소부리군의 물이 핏빛으로 변했다 한다.

739년(효성왕 3) 정월에 왕은 조고祖考의 묘를 참배하였다. 또 중시 의충이 죽었으므로 이찬 신충信忠을 중시로 삼았으며, 당사 형숙에게 황금 30냥과 베 50필과 인삼 1백 근을 하사하였고, 선천궁善天宮 건립이 마무리 되었다. 2월에는 왕제 헌영憲英을 파진찬으로 삼았다. 3월에는 이찬 순원順元의 딸 혜명惠明을 비로 삼았으며, 5월에는 파진찬 헌영을 봉하여 태자로 삼았다. 9월에 완산주에서 흰 까치를 바쳤으며, 여우가 경주 월성의 궁중에서 우는 것을 개가 물어 죽였다.

740년(효성왕 4) 3월에 당에서 사신을 파견하여 부인 김씨金氏를 왕비로 책봉하였다. 5월에 진성이 헌원대성軒轅大星을 범하였다. 7월에 비단 옷을 입은 한 여인이 예교隷橋 밑으로부터 나와 조정의 정치를 비방하면서 효신공孝信公의 문 앞을 지나다가 홀연 없어져 보이지 않았다. 8월에 파진찬 영종永宗이 모반하다가 복주되었다. 이 일은 먼저 후궁으로 들어왔던 딸이 왕의 지극한 지극한 총애를 받았는데 그 악행이 날로 심해지자, 이를 질투한 왕비가 족인族人들과 모의하여 영종의 딸을 죽여 버리니, 영종이 왕비에게 원한을 품고 무리를 모아 이와 같이 모반하다가 복주된 것이다.

741년(효성왕 5) 4월에 대신大臣 정종과 사인에게 명하여 노병弩兵을 검열하였다.

742년(효성왕 6) 2월에 동북 지방에 지진이 일어났는데 그 소리가 우레와 같았으며 5월에는 유성이 삼대성參大星을 침범하였다. 이 해에 왕이 돌아가시므로 효성이라 시호하고, 유명遺命에 의하여 법류사法流寺 남쪽에서 영구를 화장하고 그 뼈는 동해에 뿌렸다.

● 효성왕대의 사람들

김순원 金順元

 생몰년 미상. 신라 효성왕 때의 귀족. 성덕왕과 효성왕의 상인이며, 효성왕
에게는 외할아버지가 되기도 한다. 698년(효소왕 7)에 대아찬 大阿飡으로 시중
이 되었으나, 700년 3월에 이찬 伊飡 경영 慶永 등의 모반사건에 연좌되어 물
러나게 되었다. 720년(성덕왕 19)에는 딸 소덕 昭德을 성덕왕의 후비로 보냈으
며, 739년에는 딸 혜명 惠明을 외손자인 효성왕에게 시집보냈다. 이렇게 성
덕·효성 두 왕과 이중적 혼인관계를 맺어 큰 외척세력가로 성장하였다.

김의충 金義忠

 ?~739(효성왕 3). 신라의 귀족. 경덕왕의 후비인 만월부인 滿月夫人의 아버지
로 혜공왕의 외조부이다. 735년(성덕왕 34) 1월 하정사 賀正使로 당나라에 갔
으며, 같은 해 2월 당나라 현종 玄宗이 내린 조서를 휴대하고 귀국하였다. 그
내용은 패강 浿江 이남의 땅을 정식으로 신라의 영토로 인정한다는 것이었
다. 737년(효성왕 1) 3월 아찬 阿飡으로서 시중 侍中에 임명되었으며, 그 뒤 이
벌찬에까지 승진하였다.

영종 永宗

 ?~740년(효성왕 4). 8세기 전반기에 활약하였던 신라 관리. 진골 출신으로
관등은 파진찬 波珍飡에 이르렀다. 그의 딸은 효성왕의 후비로 들어가 왕의
총애를 받다가 효성왕비인 김순원 金順元의 딸 혜명 惠明이 질투하여 왕비의
족당에게 죽음을 당하였다. 이에 영종은 모반을 일으켰다가 740년에 복주
되었다.

심상審祥

?~742(경덕왕 1). 신라의 고승高僧. 일본에서 크게 화엄학華嚴學을 선양하였다. 시기는 알 수 없으나 관광차 일본으로 갔다가 스승을 찾아 법法을 구하였으며, 당나라로 가서 현수국사賢首國師로부터 화엄종華嚴宗을 전해받고 다시 일본으로 건너갔다. 와주和州의 다이안사大安寺에 머물면서 대중들 속에 섞여 살았다.

그때 도다이사東大寺의 양변良辨이 화엄종을 일으키고자 하였는데, 어느 날 꿈에 자줏빛 옷에 푸른 바지를 입은 승려가 나타나서 화엄종을 펴기 위해서는 엄지사嚴智師를 청해다가 불공견색관음不空羂索觀音 앞에서 개강하도록 하여야 한다고 하였다. 이에 원흥사의 엄지법사를 찾아가 청하였더니 엄지는 자기의 깨달음이 심상만 못하고, 그가 곧 엄지사라 하면서 청하기를 권하였다. 이에 양변은 다이안사로 가서 심상을 세 번이나 청하였으나 허락하지 않았다. 이 소문이 대궐에까지 들려 임금이 그를 불렀다.

740년(효성왕 4) 12월 18일에 금종도량金鐘道場에서 ≪화엄경≫을 강설하기 시작하였는데, 이때 서울의 이름 있는 스승 16명과 그 지역 일대의 많은 학자들이 가르침을 받기 위하여 참석하였다.

개제開題하는 날에는 임금이 신하를 거느리고 절로 행차하여 설법을 들었는데, 심상의 거리낌 없는 연설과 미묘한 해석은 신의 경지에 이르렀으며, 자줏빛 구름 한 조각이 가스가산春日山을 덮어 보는 이로 하여금 더욱 기이함과 탄복을 안겨주었다고 한다.

임금은 크게 기뻐하여 비단 1,000필을 내렸고, 태상왕의 왕후와 공경公卿 이하도 모두 보시하였다. 또한, 임금은 자훈慈訓·경인鏡忍·원증圓證 등 3대덕三大德을 복사覆師로 삼아서 그의 강설을 돕게 하였다.

심상은 한 해에 20권씩을 강설하여 60권 ≪화엄경≫을 3년 만에 모두 설법하였다. 이때 양변은 그의 수제자가 되었으며, 스승과 제자의 노력으로 일본에서 화엄종은 뿌리를 내리게 되었다. 저서로는 ≪화엄기신관행법문華嚴起信觀行法門≫ 1권이 있었다고 하나 현존하지 않는다.

김영종金永宗

740년(효성왕 4) 파진찬波珍湌. 모반하다가 복주伏誅되었다. 이보다 먼저 영종永宗의 딸이 후궁後宮으로 들어와서 왕의 지극한 총애를 받자 그 은악恩渥이 날로 심함으로 왕비王妃는 이를 질투하여 드디어는 이를 죽여 버리어 영종永宗은 왕비王妃에게 원한을 품고 무리를 모아 모반하다가 복주伏誅된 것이다.

김원현金元玄

738년(효성왕 2) 3월에 당唐나라로 파견노디어 하례賀禮하였다.

원종員宗

471년(효성왕 5) 신라대신新羅大臣. 사인思仁과 함께 노병弩兵을 검열하였다.

● 효성왕 시대의 세계동향

▶ 동양

737년 2월 진사시경법을 세움, 최희일 토번을 침

　　　10월 송경 죽음

740년 2월 장구령 죽음

▶ 서양

738년 8월 사라센군軍 동東로마에게 패하여 쇠약해짐

741년 8월 동로마 황제 콘스탄티 노스 5세 775년까지

35

전제정치와 제도개혁은
치국의 근본이 되고

경덕왕

경덕왕 景德王
김씨 왕 20대

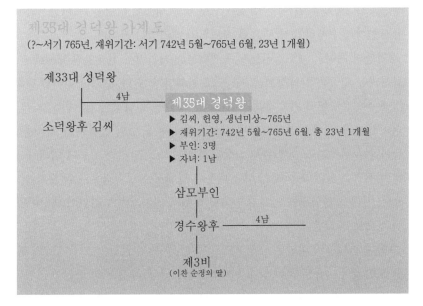

제35대 경덕왕 가계도

(?~서기 765년, 재위기간: 서기 742년 5월~765년 6월, 23년 1개월)

제33대 성덕왕 ──── 4남 ──── **제35대 경덕왕**

소덕왕후 김씨

▶ 김씨, 헌영, 생년미상~765년
▶ 재위기간: 742년 5월~765년 6월. 총 23년 1개월
▶ 부인: 3명
▶ 자녀: 1남

삼모부인

경수왕후 ──── 4남 ────

제3비
(이찬 순정의 딸)

?~765. 신라 제35대 왕. 재위 742~765. 성은 김씨이며 이름은 헌영憲英. 제33대 성덕왕의 셋째아들이며, 어머니는 소덕왕후炤德王后이다. 효성왕의 동모제同母弟이다. 효성왕이 아들이 없었기 때문에 태자로 책봉되었다가 왕위를 계승하였다. 왕비는 이찬伊湌 김순정金順貞의 딸이다. 743년(경덕왕 2) 다시 서불한舒弗邯 김의충金義忠의 딸을 왕비로 맞이하였다.

경덕왕 때에는 신라 중대 왕실의 전제왕권이 새로운 귀족세력의 부상으로 인해 흔들리기 시작하여, 경덕왕은 왕권의 재강화를 위한 일련의 관제정비와 개혁조치가 취해진 시기였다. 개혁정치의 주역은 경덕왕과 신라 중대에서 행정책임자였던 집사부의 중시였다.

744년 이찬 유정惟正이 중시에 임명된 이래, 대정大正·조량朝良·김기金耆·염상廉相·김옹金邕·김양상金良相 등 7명의 인물이 경덕왕 때에 중시를 역임하였다. 특히, 747년 중시의 명칭을 '시중侍中'으로 변경하였으며, 또 국학에 제업박사諸業博士와 조교를 두어 유학 교육을 진흥시키고, 748년에는 정찰貞察 1명을 두어 백관을 규찰하게 함으로써, 왕을 정점으로 하는 전제왕권 체제를 유지하려 하였다.

이 밖에도 749년에는 천문박사 1명과 누각박사漏刻博士 6명을, 758년에는 율령박사 2명을 두었는데, 이것은 모두 위민 의식에 바탕을 둔 이상적인 유교정치를 수행하는 데 필요한 제도적인 배려였던 것이다.

경덕왕의 개혁적 제도정비는 귀족세력을 제어하면서 전제왕권 체제를 강화하려는 일종의 한화정책漢化政策으로 이해할 수 있다. 그러나 이러한 한화정책 추진은 745년 귀족세력을 대표하는 상대등에 임명된 김사인金思仁에 의해 비판을 받게 되었다. 756년 상소를 통하여, 근년의 빈번한 천재지이를 들어 현실정치의 모순에 관해 신랄하게 비판하고, 당시의 시중에 대해서 정치적 책임을 물었다. 이때의 비판 내용에 관해서는 구체적으로 알 수가 없으나, 아마도 경덕왕에 의해 추진되던 한화적 개혁정치가 비판의 대상이었던 것으로 짐작된다.

그러나 김사인의 비판은 긍정적으로 받아들여지지 않았고, 그는 757년 병을 표면상의 이유로 하여 상대등직에서 물러났다. 대신 왕의 측근인 이찬 신충信忠이 상대등에 임명되었다. 그리고 755년 시중으로 임명되어 김사인의 비판을 받았던 김기가 오히려 757년부터는 적극적인 한화정책을 추진하였다. 즉, 757년에는 지방 9개주의 명칭을 비롯한 군현의 명칭을, 759년에는 중앙관부의 관직명을 모두 중국식으로 바꾸었던 것이다.

이러한 경덕왕과 집사부 중심의 한화적 개혁정치는 중대의 전제왕권 체제를 재강화해 연장시키려는 정치적 노력이었으나 다음의 혜공왕 때에 가서 모두 옛 명칭으로 환원됨으로써 완전히 실패하고 말았다. 이것은 혜공왕 때에 귀족세력의 정치적 비중이 전제왕권보다 높아지게 되었음을 의미하는 것이다. 그리고 전제왕권을 유지하려는 경덕왕의 노력은 전제왕권을 정착시킨 성덕왕의 위업을 기리기 위해 거대한 성덕대왕신종을 조성하기 시작한 데에서도 잘 나타난다.

경덕왕은 당나라와의 관계에 있어서는, 재위 동안 전통적인 방법인 조공과 하정賀正의 사신을 11회나 파견함으로써 우호적인 관계를 유지하였다. 한편, 일본과의 관계는 즉위하던 해에 일본의 사신이 왔으나 받아들이지 않았고, 또한 753년에 일본의 사신이 이르렀으나 오만하고 무례하므로 왕이 접견하지 않고 돌려보냈다는 것으로 보아, 양국의 관계는 원만하지 못하였던 것 같다.

757년 내외관리의 월봉을 혁파하고 다시 녹읍을 부활시켰다. 이것은 새로이 성장하는 귀족세력의 경제적인 욕구가 지금까지 세조歲租만 받던 월봉을 혁파하게 하고, 녹읍의 부활을 제도화시킨 것이라 하겠다.

경덕왕 말기에 정치적으로 성장한 귀족세력은 763년에 경덕왕의 측근세력이었던 상대등 신충과 시중 김옹을 면직시켰다. 왕당파인 이들의 면직에 관한 구체적인 내용은 기록상에 나타나지 않으나, 전제왕권에 대한 귀족세력의 반발의 결과로 보인다. 이러한 추측은 김옹이 물러난 뒤 약 4개월의 공백기를 거쳐, 764년 만종萬宗과 양상이 각각 상대등과 시중에 임명되었기 때문에 가능하다.

여기서 양상은 나중에 상대등으로서 혜공왕을 시해하고 신라 하대의 첫왕인 선덕왕으로 즉위하는 인물로서, 경덕왕 때에 이미 귀족세력을 대표하고 전제왕권에 도전하는 존재였다. 따라서 경덕왕 말년의 정치는 재강화에 실패한 전제왕권과 귀족세력의 정치적 타협으로 존립할 수 있었던 것이다. 모지사牟祇寺 서쪽 언덕에 장사 지냈다고 하는데, 왕릉은 경주시 내남면 부지리에 있다. 시호는 경덕景德이다.

742년(경덕왕 원년) 10월에 일본 국사가 이르렀으나 맞아들이지 아니하였다.

743년(경덕왕 2) 3월에 주력공택主力公宅의 소가 한 번에 송아지 3마리를 낳았다. 당의 현종이 찬선대부贊善大夫 위요魏曜를 파견하여 선왕을 조제하고, 왕을 책봉하여 신라 왕으로 삼고 선왕의 관작을 습승하게 하였는데, 그 조

서에 말하기를

<고故 개부의동삼사사지절대도독계림주제군사겸지절녕開府儀同三司使持節 大都督鷄林州諸軍事兼持節寧 해군사신라왕海軍使新羅王 김승경金承慶의 아우 헌영 은 대를 이어 인덕을 품고 상례常禮에 마음을 기울이니 대현 풍교大賢風敎의 조리條理는 더욱 밝아지고 중국의 의식 규범과 의관문물도 제대로 이어 미 치게 되었다.

사신을 파견하여 해동海東의 보화를 실어다 주고 운려雲呂에 준하여 조정과 문통文通하고 대대로 순신純臣이 되어 누차 충절을 나타내고 근경에 왕의 형 이 국가를 이었으나 돌아간 후에 사자嗣子가 없으므로 아우가 그 뒤를 계승 하게 되었으니, 문득 생각하면 이것도 상경常經일 것이다.

이에 빈례賓禮의 뜻으로 너그럽게 책명하는 것이니 마땅히 구업을 밟아 번 장藩長의 명예를 전승할 것이다. 인하여 특수한 예를 더하여 한관漢官의 호 를 그대로 주니 형 개부의동삼사사지절대도독계림주제군사겸지절녕해군 사開府儀同三司使持節大都督鷄林州諸軍事兼持節寧海軍使의 직을 습승하라.>

하고 아울러 당의 현종이 직접 주해한 ≪어주효경御註孝經≫ 1부를 하사하 였다. 4월에 서불감舒弗邯 김의충의 딸을 왕비로 삼았다. 8월에는 지진이 있 었다. 12월에 왕제를 당으로 파견하여 하정하니 당 현종은 그에게 좌청도 율부원외장사左淸道率府員外長史의 벼슬을 주고 녹포綠袍와 은대銀帶를 주어 돌려보냈다.

744년(경덕왕 3) 정월에 이찬 유정惟正을 중시를 삼았으며 윤2월에 사신을 당으로 파견하여 하정하고 이울러 토산물을 바쳤다. 4월에 왕은 친히 내을 신궁에 제사를 지내고, 사신을 당으로 파견하여 말을 바쳤다. 겨울에 요성妖 星이 중천에 나타났는데 크기가 다섯 말이 들어갈 그릇 크기만 하였는데 열 흘 만에 없어졌다.

745년(경덕왕 4) 정월에 이찬 김사인金思仁을 상대등으로 삼았다. 4월에 서 울에 우박이 왔는데 크기가 달걀과 같은 정도로 컸으며, 5월에는 한재가 들었다. 중시 유정이 퇴직하므로 이찬 대정人正을 중시로 삼았다. 7월에는 동궁을 수리하였고 사정부司正府, 소년감전少年監典, 예궁전穢宮典을 설치하였다.

746년(경덕왕 5) 2월에 사신을 당으로 파견하여 하정하고 아울러 토산물을 바쳤으며, 4월에는 죄수를 대사하고 백성들에게 대포大酺를 하사하고 150명을 절로 들여보냈다.

747년(경덕왕 6) 정월에 중시의 직명을 고쳐 시중이라 하였고, 국학에 제업박사諸業博士와 조교助教를 두었다. 또한 사자를 당으로 파견하여 하정하고 아울러 토산물을 바쳤다. 3월에 진평왕릉眞平王陵에 벼락이 떨어졌으며, 가을에는 한재가 들고 겨울에는 눈이 오지 않아 백성들의 기근이 심하고 또 역질로 신음하였으므로 왕은 사자를 10도道로 파견하여 이를 위안하였다.

748년(경덕왕 7) 정월에 천구성이 땅에 떨어졌다. 8월에 태후가 영명신궁永明新宮으로 이주하였는데, 이때 처음으로 정찰 인원을 두어 백관百官을 규정하였다. 한편 아찬 정절貞節 등을 파견하여 북변을 검찰하고 또한 처음으로 대곡성大谷城(현 황해도 평산平山) 등 14개 군현郡縣을 설치하였다.

749년(경덕왕 8) 3월에 폭풍이 불어 나무가 뽑혔으며, 같은 달 천문박사天文博士 1명과 누각박사漏刻博士 6명을 두었다.

750년(경덕왕 9) 정월에 시중 대정이 관직에서 물러나므로 이찬 조량朝良을 시중으로 삼았다. 2월에는 어룡성御龍城의 봉어奉御 2명을 두었다.

752년(경덕왕 11) 3월에는 급찬 원신原神과 용방龍方을 대아찬으로 삼았으며, 8월에 동궁 아관衙官을 두고 10월에는 창부사倉部史 3명을 두었다.

753년(경덕왕 12) 8월에 일본의 사신이 내조하였는데 오만 무례하므로 왕은 그들을 접견하지 않고 곧 돌려보냈다. 무진주에서 흰 꿩을 바쳤다.

754년(경덕왕 13) 4월에 서울에 우박이 왔는데 크기가 달걀과 같았다. 5월에는 성덕왕의 비碑를 세웠다. 우두주에서 서지를 바쳤다. 왕은 7월에 관리에게 명령하여 영흥사와 원연사元延寺 두 절을 수리하였다. 8월에 한재와 메뚜기로 인한 재해가 있었다. 또한 시중 조량이 퇴직하였다.

755년(경덕왕 14) 봄에 곡식이 귀하여 백성이 기근에 빠졌는데, 웅천주의 향덕向德이라는 사람은 빈한하여 어버이를 봉양할 수 없게 되자 자신의 넓적다리 살을 베어 내어 아버지를 먹여 살렸다. 왕은 이 말을 듣고 향덕에게 상을 주고 마을에 그 효행을 표창하였다.

이즈음 망덕사의 탑이 진동하는 일이 있었다고 한다. 4월에는 사신을 당으로 파견하여 하정하였으며 7월에 왕은 죄수를 석방하고 나이 든 환자와 환과고독을 위무하고 곡식을 하사하였다. 이찬 김기金耆를 시중으로 삼았다.

756년(경덕왕 15) 2월, 이상할 정도로 재해가 빈번이 일어나자 상대등 김사인은 상소하여 시정의 득실을 극론하였으므로 왕은 이를 기꺼이 수용하였다. 또한 왕은 당의 현종이 촉나라에 가 있다는 말을 듣고 사신을 당으로 파견하였는데, 사신이 소강沂江의 성도成都에 이르러 조공하니 현종은 오언십운시五言十韻詩를 친히 짓고 글을 써 왕에게 보내 주었다. 그 글에 말하기를

<신라 왕이 해마다 조공을 닦고 예악각의禮樂各義를 잘 실천하는 것을 기뻐하여 시 한 수를 준다.>

하였는데 시에는

<사유四維는 경위景緯를 나누었고, 만상萬象은 중추中樞를 머금었도다. 옥과 비단은 천하에 널리 퍼졌고 제항梯航은 상도上都로 모여들도다.

지난 일을 생각하니 청륙靑陸(동방)은 막혀 통하지 못하건만 해마다 황제의 뜻을 부지런히 섬겼도다. 만만漫漫히 대륙의 끝에 막히고 창창히 바다의 한 구석에 연하여, 명의名義의 나라라고 흔쾌히 말하건만 어찌 산천이야 다르다고 말하겠는가.

사신이 가면 풍교風敎를 전하고 사신이 오면 전모典謨를 익혀간다. 의관인衣冠人은 봉례奉禮함을 알고, 충신인忠信人은 존유尊儒함을 알았도다. 정성스럽도다. 하늘은 이를 밝혀 보고 어질도다. 덕은 외롭지 아니하도다. 옹정擁旌은 작목作牧과 같고 후황厚貺함은 성성한 꼴에 비하겠도다. 청청한 뜻을 더욱 중히 하여 풍상風霜에도 항상 변하지 않는도다.>

하였다. 황제가 촉나라로 행차하였을 때 신라는 능히 천리도 멀다 하지 않고 행재소까지 조빙한 까닭으로, 그 성의를 갸륵히 여겨 이 시를 하사하였는데 그 시에서 말한 '청청한 뜻을 더욱 중히 하여 풍상하지 않는다'는 것은 '거센 바람에 경장頸章을 알게 되고 세상이 어지러워 배반이 들끓는 속에서 어진 신하를 알 수 있다'는 뜻일까.

선화宣和(송宋 휘종徽宗 연호) 중에 입조사入朝使 김부의金富儀(김부식의 동생)가 당 현종이 지은 시의 판각본을 가지고 변경汴京(북송北宋의 서울)으로 들어가서 관반館伴 학사 이병李邴에게 보였더니 이병은 이것을 황제에게 올렸고 양부兩府 및 제학사諸學士들에게 널리 알리고 부선傅宣하기를

"진봉시랑進奉侍郎의 올린 시는 참말 영명한 황제의 글이다."

하고 상탄을 마지아니하였다.

4월에 큰 우박이 내렸으며 대영랑大永郎이 흰 여우를 바치므로 남변 제일의 벼슬을 주었다.

757년(경덕왕 16) 정월에 상대등 사인이 병으로 면직하므로 이찬 신충을 상대등으로 삼았다. 3월에는 내외 군관群官의 월봉月俸을 없애고 다시 녹읍(토지)을 주었다. 7월에는 영창궁을 수리하고, 8월에는 조부사調府史 2명을 더 두었다.

12월에는 사벌주를 고쳐 상주尙州라 하여 1주州, 10군郡, 30현縣을 거느리게 하고, 삽량주를 양주良州(또는 양주梁州)라 하여 1주, 1소경小京, 12군, 34현을 거느리게 하고 청주를 강주康州(현 진주)라 하여 1주, 11군, 27현을 거느리게 하고 한산주를 한주漢州라 하여 1주, 1소경, 27군, 46현을 거느리게 하고 수약주首若州를 삭주라 하여 1주, 1소경, 11군, 27현을 거느리게 하고 웅천주를 웅주熊州라 하여 1주, 1소경, 13군, 29현을 거느리게 하고 하서주를 명주라 하여 1주, 9군, 25현을 거느리게 하고 완산주를 전주全州라 하여 1주, 1소경, 10군, 31현을 거느리게 하고, 무진주를 무주武州라 하여 1주, 14군, 44현을 거느리게 하였다.

758년(경덕왕 17) 정월에 시중 김기가 죽으므로 이찬 염상廉相을 시중으로 삼았다. 2월에 왕은 하교하여 내외관을 대상으로 휴가를 청하여 만 60일이 된 사람의 벼슬자리를 내놓도록 하는 것에 동의하였다. 4월에 의관醫官 연구자를 뽑아 내공봉內供奉으로 충당하고 율령박사律令博士 72명을 두었다. 7월 23일에 왕자가 탄생하였다. 이후 큰 뇌전이 있어 불사佛寺 16개소에 벼락이 쳤다. 8월에는 사신을 당으로 파견하여 조공을 하였다.

759년(경덕왕 18) 정월에 병부兵部를 고치고 창부倉部 경감卿監을 시랑侍郎으로 삼고, 대사大舍를 낭중郎中으로 삼고, 집사執事 사지舍知를 집사 원랑員郎으로 삼고, 집사사執事史를 집사랑執事郎으로 삼고 조부調府, 예부禮府, 승부乘府, 선부船府, 영객부領客府, 좌우 의방부左右議方府, 사정부司正府, 위화부位和府, 예작전例作典, 태학감太學監, 대도서大道署, 영창궁永昌宮 등의 대사大舍를 고쳐 주부主簿로 삼고 상사서賞賜署, 전사서典祀署, 음성서音聲署, 공장부工匠府, 채전彩典 등의 대사大舍를 주서主書로 삼았다. 2월에는 예부사지禮部舍知를 사례司禮로 삼고, 조부調府 사지舍知를 사고司庫로 삼고, 영객領客 부사지府舍知를 사의司儀로 삼고, 승부乘府 사지舍知를 사목司牧으로 삼고, 선부船府 사지舍牧를 사주司舟로 삼고, 예작例作 부사지府舍知를 사례司例로 삼고, 병부兵部 노사지弩舍知를 사병司兵으로 삼고, 창부倉部 조사지租舍知를 사창司倉으로 삼았다.

3월에 혜성이 나타나 가을이 되어서야 없어졌다.

760년(경덕왕 19) 정월에 도성의 인방寅方(동방東方)에서 소리가 나는데 북을 치는 소리와 같았으며 뭇사람들이 말하기를 귀신의 북소리라 하였다. 2월에는 궁중에 큰 연못을 파고, 또 궁성의 남쪽 문천蚊川 위에는 월정교月淨橋, 춘양교春陽橋의 두 다리를 놓았다. 4월에 시중 염상이 퇴직하여 이찬 김옹金邕을 시중으로 삼았다. 7월에 왕자 건운乾運을 봉하여 태자로 삼았다.

761년(경덕왕 20) 정월 1일에 무지개가 해를 꿰었는데 해 꿰었는데 해 귀고리가 있었으며, 4월에는 혜성이 나타났다.

762년(경덕왕 21) 5월에 오곡성五谷城, 휴암성鵂巖城, 한성漢城, 장새성獐塞城, 지성池城, 덕곡성德谷城의 6개 성을 축조하고 각각 태수太守를 두었다.

9월에 사신을 당으로 파견하여 조공하였다.

763년(경덕왕 22) 4월에 사신을 당으로 파견하여 조공하였다. 7월에는 서울에 큰 바람이 불어 기왓장이 날리고 나무가 뽑혔으며 8월에는 복숭아와 자두의 꽃이 다시 피었다. 이달 상대등 신충과 시중 김옹이 면직되었고, 대내마 이순李純은 왕이 총애하는 신하가 되었음에도 홀연히 하루아침에 세상을 피하여 산으로 들어가 여러 번 불러도 나오지 아니하고 머리를 깎고 승려가 되었다.

이에 경덕왕은 단속사斷俗寺를 세워 이순이 그곳에서 살도록 하였다. 그런데 그는 뒤에 왕이 호락好樂한다는 말을 듣고 곧 궁문으로 찾아와 간하기를

"신이 들사오매 옛날에 하나라의 걸왕桀王과 은나라의 주왕紂王은 주색에 빠져 지나친 환락을 그치지 않았으므로 인하여 정사가 능지凌遲하고 드디어는 국가가 패멸하였습니다. 복철覆撤은 이와 같사오니 후사를 마땅히 경계할 바입니다. 원컨대 대왕께옵서는 개과자신改過自新하시어 영원히 국가의 수명을 누리게 하옵소서."

하니, 왕은 이 말을 듣고 감탄하여 곧 즐기기를 그만 두고 마침 그를 궁전으로 불러들여 왕도王道의 묘리妙理와 치세의 방법을 수일 동안 들었다.

764년(경덕왕 23) 정월에 이찬 만종萬宗을 상대등으로 삼고 아찬 양상良相을 시중으로 삼았다. 3월에 혜성이 동남 쪽으로 흘러가고 용이 양산 밑에 나났다가 갑자기 날아갔다고 하며, 12월 11일에는 크고 작은 유성이 나타났는데 보는 사람마다 능히 그 수효를 헤아릴 수 없었다.

765년(경덕왕 24) 4월에 지진이 있었다. 또한 이달, 사신을 당으로 파견하여 조공하였는데 당의 대종代宗은 사신에게 검교예부상서檢校禮部尚書의 벼슬을 주었다. 6월에 유성이 심성心星을 범하였으며, 이달에 왕이 돌아가시므로 경덕이라 시호하고 모기사毛祇寺(또는 모지사毛只寺)의 서쪽 산에 장사하였다. 고기古記에 말하기를 '영태永泰 원년(765) 을사乙巳에 돌아갔다'하고, ≪구당서舊唐書≫ 및 ≪자리통감資理通鑑≫에는 모두 말하기를 '대력大曆 2년(767) 신라 왕 헌영이 돌아갔다' 하였는데 이는 오류로 보인다.

● 경덕왕대의 사람들

진내말眞乃末

신라新羅 경덕왕景德王 때 고승高僧. 진표眞表의 부친父親이다.

원신原神

752년(경덕왕 11) 3월 급찬級湌을 거쳐 대아찬大阿湌에 이르렀다.

김무루金無漏

?~758년(경덕왕 17). 중. 일찍이 불도에 귀의, 당나라에 건너갔다가 인도印度로 가려고 우전국于闐國을 거쳐 총령蔥嶺의 한 절에 이르러 49일을 참선하고 도를 깨달은 뒤 다시 당나라로 돌아와 하란산賀蘭山 백초곡白草谷에 초암草庵을 짓고 살았다.

안녹산安祿山의 난 때 당나라 황제의 부름에 응하지 않다가 곽자의郭子儀의 말을 듣고 궁중의 내사內寺에 있으면서 공양에 힘썼다. 자주 표를 올려 귀국시켜 주기를 청했으나 뜻을 이루지 못했다.

희명希明

생몰년 미상. 신라 경덕왕 때의 여자. 경주 한기리漢岐里 사람이다. 그의 아이가 5세에 갑자기 눈이 멀자, 하루는 아이를 안고 분황사芬皇寺로 가서 왼편 전각 북쪽 벽에 그려진 천수대비千手大悲 앞에 가서 아이로 하여금 노래를 지어 빌게 하였더니 마침내 눈을 뜨게 되었다.

이때 부른 노래가 신라시대 향가鄕歌의 하나인 <천수대비가千手大悲歌>이다.

표훈表訓

생몰년 미상. 신라 경덕왕 때의 고승. 의상義湘의 10대 제자 중 1인이며, 신라10성新羅十聖 중 1인이다.

674년(문무왕 14)에 황복사皇福寺에서 의상으로부터 ≪화엄일승법계도華嚴一乘法界圖≫와 ≪화엄경≫을 배운 다음, 의상에게

"나는 여러 연緣으로 이루어진 존재, 여러 연은 나로써 연을 이루었네. 연으로 이루어진 나이기에 체體가 없고, 나를 이룬 연에도 성性이 없네(我是諸緣所成法 諸緣以我得成緣 以緣成我我無體 以我成緣緣無性)"

라는 시를 지어 바쳤다. 이 시를 <오관석五觀釋>이라고 하는데, 이로써 스승으로부터 법法을 인가認可받았다고 한다.

그 뒤 김대성金大城이 창건한 불국사佛國寺에 머무르면서 ≪화엄경≫을 강하였고, 동문인 능인能仁·신림神琳 등과 함께 금강산에 표훈사表訓寺를 창건하여 초대 주지가 되었다.

특히, 그는 천궁天宮을 자유롭게 내왕하였다고도 하는데, 경덕왕의 청을 받고 천제天帝에게 태자를 낳게 하여 달라고 부탁한 설화는 유명하다. 경덕왕은

"내가 복이 없어 아들이 없으니 천제에게 청하여 아들을 얻게 하라."

고 부탁하였다. 그가 천자에게 다녀와서 딸은 얻을 수 있지만 아들은 얻을 수 없다 하자, 왕은 아들을 만들어줄 것을 거듭 청하였으므로 표훈이 하늘에 올라가 다시 청하였다. 상제는 될 수 있지만 아들이 되면 나라가 위태로울 것이라고 한 뒤, 표훈이 하늘의 천기天機를 누설하였다 하여 이 후로는 다시 천궁으로 오지 말 것을 당부하였다고 한다.

표훈이 돌아와서 천제의 말을 왕에게 전하였으나 왕은 나라가 위태하더라

도 아들을 낳아 뒤를 잇게 하겠다고 하여 36대 혜공왕을 낳았다.

이 설화는 표훈의 높은 인격을 풍자적으로 묘사한 설화이지만 경덕왕의 사욕私慾, 인간계와 천상계의 관계에 대한 조상들의 사고 등에 대한 흥미로운 시사가 있다.

그의 저서는 전하여지지 않고 있지만 현재 만속장卍續藏 안에 표원表員의 저술로 되어 있는 ≪화엄경문의요결문답華嚴經文義要決問答≫을 표훈의 저술로 보는 설도 있다.

한서의 韓恕意

생몰년 미상. 신라 경덕왕 때의 전문직 관리. 747년(경덕왕 6) 신라는 국학國學을 세우고 여러 박사博士와 교수의 관직을 설치하였다. 이 때 지방의 각 주州에도 조교助敎를 두었는데, 한서의는 웅천주熊川州 조교로 부임하였다.

연기 緣起

생몰년 미상. 신라 경덕왕 때의 고승高僧. 지리산 화엄사華嚴寺의 중창주이다. 흥덕현興德縣(지금의 전라북도 고창) 출신.

출가하여 도학道學을 성취한 뒤 여러 명산을 편력하였다는 설과 인도에서 왔다는 설 등이 있다. 이름도 대체로 연기緣起라고 표기하고 있으나, 연기烟氣 또는 연기烟起로도 쓰고 있으며, 전하는 말로는 그가 연鳶을 타고 우리나라에 왔다고 해서 연기鳶起라고 불렀다고도 한다.

전설에 따르면 그는 어머니와 함께 처음 지리산에 와서 화엄사를 중창하고 화엄학華嚴學을 널리 드러내어 퍼뜨렸다.

고려의 대각국사大覺國師는 화엄사에 들러, '일생을 바쳐 노력하여 화엄의 종풍宗風을 해동에 드날렸네.'라는 글을 남겼다. 특히, 최근에 경덕왕 때 제작된 ≪신라화엄경사경新羅華嚴經寫經≫이 발견됨으로써 그의 사적이 확인되었다.

즉, 이 사경의 발문에 의하면, 그의 주재하에 754년(경덕왕 13) 8월에 사경을 조성하기 시작하여 그 이듬해 2월에 완성하였음을 알 수 있다.

그가 창건한 사찰로는 홍덕 연기사烟起寺, 나주 운흥사雲興寺, 지리산 천은 사泉隱寺와 연곡사鷰谷寺, 곤양 서봉사栖鳳寺, 산청 대원사大源寺 등이 있다. 저술로는 《대승기신론주망소大乘起信論珠網疏》 3권혹 4권과 《대승기신론사번취묘大乘起信論捨繁取妙》 1권, 《화엄경개종결의華嚴經開宗決疑》 30권, 《화엄경요결華嚴經要訣》 13권혹 6권, 《화엄진류환원락도華嚴眞流還源樂圖》 1권 등 5종이 있다. 이 저술들에 대해서 《신편제종교장총록新編諸宗敎藏總錄》에서도 《대승기신론주망소》를 제외한 나머지 넷을 연기의 저술이라고 기록하고 있으나, 현재에는 모두 전해지지 않고 있다.

용방龍方

생몰년 미상. 신라 경덕왕 때의 관리. 신라시대 17관등 가운데 제9위인 급찬級湌의 관등에서 752년(경덕왕 11) 급찬 원신原神과 함께 제5위인 대아찬大阿湌이 되었다. 이로 미루어 보아 아마 진골귀족 출신으로 보인다.

진해珍海

신라新羅 경덕왕景德王 때 고승高僧 진표율사眞表律師의 고제高弟로서 후에 산문山門의 개조開祖가 되었다.

진선眞善

신라新羅 경덕왕景德王 때 고승高僧 진표율사眞表律師의 제자弟子로 영심永深, 보종寶宗 등과 더불어 산문山門의 개조開祖가 되었다.

충담忠談

생몰년 미상. 신라 경덕왕 때의 승려. 향가에 능하였다.

특히 그가 지은 <찬기파랑가讚耆婆郎歌>와 경덕왕을 위하여 지은 <안민가安民歌> 등은 유명하다.

765년(경덕왕 24) 3월 3일 왕이 귀정문歸正門의 누상에 올라 신하들에게

"누가 길에서 위의 있는 승려를 데려올 수 있겠느냐."

하였다. 마침 어느 승려가 옷을 잘 차려입고 점잖게 지나가므로 왕에게 보였더니 왕은

"내가 말하는 위의 있는 승려가 아니다."

하고 돌려보냈다. 다시 승려 한 사람이 누더기를 입고 앵통櫻筒을 지고 남쪽에서 오므로, 왕이 기뻐하여 누상으로 청하였다. 벚나무 통에는 다구茶具만 있었다. 이 다구를 지고 온 사람이 충담이었다. 왕이 어디서 오는지를 묻자

"내가 매양 3월 3일과 9월 9일에는 차를 달여 남산 삼화령三花嶺의 미륵세존彌勒世尊에게 차공양을 드리는데 오늘도 드리고 오는 길입니다."

하였다. 이에 경덕왕이 차 한잔을 청하자 달여드리니 맛이 훌륭하였다. 왕이 말하기를

"스님이 지은 <찬기파랑가>의 뜻이 매우 높다더니 정말 그러하오."

하며, 왕을 위한 향가를 지어줄 것을 요청하였다. 이에 곧 <안민가>를 지어 바치니 왕이 보고 찬탄하여 왕사로 봉하려 하였으나 굳이 사양하였다.

조량 朝良

생몰년 미상. 신라 경덕왕 때의 대신. 750년(경덕왕 9) 정월 이찬伊湌의 관등으로서 시중侍中에 임명되어 754년 8월까지 4년 7개월 동안 재임하다가 당시 한발과 병충해 등의 천변지이를 책임지고 퇴임하였다.

그의 재임기간은 일반적으로 시중의 재임기간이 3년이었던 것에 비하여 상당히 길었던 편이다.

정절 貞節

생몰년 미상. 신라 경덕왕 때의 관리. 관등은 아찬阿湌이었다. 경덕왕 때에 내사정전內史正典을 설치하고 의사議史 1인과 정찰貞察 2인 및 사史 4인을 두어 관리들의 비위를 규정糾正하게 하였는데, 정절은 748년(경덕왕 7) 정찰에 임명되어 북방 변경지역을 시찰하고 대곡성大谷城(지금의 황해도 평산군) 등 14군현郡縣을 처음 설치하였다.

의충 義忠 (또는 依忠)

벼슬은 서불한舒弗邯. 그의 딸인 오월부인昨月夫人이 경덕왕景德王의 비妃가 되었다.

영여 迎如

생몰년 미상. 신라 경덕왕 때의 고승. 국사國師. 실제사實際寺의 승려로서 덕과 행실이 모두 높았다.

경덕왕이 그를 대접하려고 사람을 보내서 초빙하였다. 대궐 안에 들어가서 재齋를 마치고 돌아갈 때 왕이 사람을 시켜 절까지 모시도록 하였다. 그가 절 문에 들어가자 곧 숨어버려 간 곳을 알지 못하였다고 한다. 사자가 왕에게 이 사실을 보고하니 왕이 이상히 여겨 국사로 추봉하였다.

그 뒤 다시 세상에 나타나지 않았는데, 후인들은 그가 머물렀던 절을 국사방國師房이라 불렀다. 지금도 경주 남산南山의 동쪽에는 국사곡國師谷이 있는데, 이곳에는 현재 절터와 폐탑 초석 등이 남아 있다. 이곳이 영여가 숨었다는 국사방으로 추정된다.

월명 月明

생몰년 미상. 신라 경덕왕 때의 승려·향가작가. 그가 지은 향가 작품 <제망매가祭亡妹歌>와 <도솔가兜率歌>가 ≪삼국유사≫에 전한다.

<제망매가>는 죽은 누이를 위하여 지은 것으로, 누이의 재齋를 올릴 때이 향가를 지어 불렀더니, 돌연 바람이 일어 누이의 저승길 노자로 바친 지전紙錢을 날려 서쪽으로 사라지게 하였다고 한다.

또한, 760년(경덕왕 19) 4월에 두개의 해가 나타나 열흘 동안이나 계속되는 괴변이 일어났는데 왕은 그를 불러 산화공덕散花功德으로 그 변괴를 없애도록 청하였다. 이에 그가 <도솔가>를 지어 불렀더니 그 괴변은 곧 사라졌다고 한다.

그는 능준대사能俊大師의 문인이며, '국선國仙의 도徒'에 속하였다. 피리를 잘불어 달의 운행을 멈추게 하였다고도 한다.

유정 惟正

생몰년 미상. 신라 경덕왕 때의 중시中侍. 이찬伊飡의 관등으로서 744년(경덕왕 3) 1월부터 745년 5월까지 1년 4개월간 중시로서 재임하였다. 그의 재임기간 동안 당나라에 사신을 두 번 보냈다.

그는 744년 겨울에 큰 요성妖星이 하늘에 나타났다가 없어지고, 또 다음해 5월에 가뭄이 들자, 천재지이天災地異를 이유로 사직하였다. 그의 딸이 혜공왕의 비인 신보왕후新寶王后이다.

당시 신라의 중앙정치는 집사부執事部를 거점으로 하는 새로운 세력이 등장하고 있었다. 특히, 성덕왕·효성왕·경덕왕대·혜공왕대의 여러 중시들은 그들의 정치적 지위를 이용하여 그들의 딸들을 왕비로 들여보내 왕의 외척이라는 사회적 세력으로 등장한 것이다. 이들은 왕권과 결탁하여 새로운 관료적 세력의 귀족화를 가져왔는데, 유정도 혜공왕의 왕구로서 그 일익을 담당하였다.

진표眞表

생몰년 미상. 신라 경덕왕 때의 고승. 성은 정씨井氏. 완산주(지금의 전주) 출신. 아버지는 진내말眞乃末이며, 어머니는 길보랑古寶娘이다.

어려서부터 활을 잘 쏘았다. 11세 때 사냥을 나갔다가 밭둑에서 개구리를 잡아 버드나무가지에 꿰었고, 사냥이 끝난 뒤에 가져가기 위하여 물속에 담가 두었다. 그러나 집으로 갈 때에는 다른 길로 갔다. 이듬해 봄 다시 사냥을 갔다가 개구리가 우는 소리를 듣고 그 물속을 들여다보았다. 거기에는 30여 마리의 개구리가 꿰미에 꿰인 채 그때까지 살아서 울고 있었다. 지난해의 일을 생각해낸 그는 잘못을 뉘우치고 출가를 결심하였다.

12세에 출가하여 금산사金山寺 순제順濟에게 사미계법沙彌戒法을 받았다. 순제는 《공양차제법供養次第法》과 《점찰선악업보경占察善惡業報經》을 주면서, 계법戒法을 지니고 미륵과 지장 전에 참회하여 직접 계법을 받아 세상에 널리 전할 것을 부탁하였다.

760년(경덕왕 19) 변산의 부사의방不思議房에 들어갔다. 미륵상 앞에서 부지런히 계법을 구하였으나 3년이 되도록 수기授記를 받지 못하자, 바위 아래로 몸을 던졌다. 이때 청의동자靑衣童子가 나타나 손으로 받들어 바위 위에 올려놓았다. 다시 뜻을 발하여 3·7일을 기약하고 부지런히 참회하였다. 3일째가 되자 손과 발이 부러져 떨어졌고, 7일째 밤에 지장보살이 금장金杖을 흔들며 와서 손과 발을 고쳐주었고, 가사袈裟와 바리[鉢盂]를 주었으므로 더욱 수도에 정진하였다. 3·7일을 채우자 천안天眼을 얻어 도솔천중兜率天衆이 내려오는 모습을 볼 수 있었다. 이때 지장보살은 계본戒本을 주고 미륵보살은 제9간자簡子와 제8간자라고 쓰여 있는 목간木簡을 주었다. 미륵보살은

"이 두 간자는 내 손가락뼈로서 시각始覺과 본각本覺의 두 각을 비유한 것이다. 또, 제9간자는 법이法爾이고 제8간자는 신훈성불종자新熏成佛種子이니, 이것으로써 과보果報를 알 것이다."

라고 하였다. 이때가 762년 4월 27일이다. 지장과 미륵 두 보살로부터 교법敎法을 전하여 받고 산에서 내려오자 뭇 짐승들이 걸음 앞에 엎드렸고, 마을의 백성들이 정성을 다하여 그를 맞이하였다.

그리고 대연진大淵津에서 용왕으로부터 옥과 가사를 받았고 그 용왕의 권속들의 도움으로 금산사를 중창하였다. 이때부터 금산사에 머물면서 해마다 개단開壇하고 교화를 폈다.

그 뒤 금산사를 떠나 속리산을 거쳐 강릉으로, 다시 금강산으로 옮기면서 중생을 교화하였다. 금산사에서 속리산으로 가던 도중 수레를 끌던 소와 그 수레에 탔던 사람의 귀의歸依를 받고 계를 주었고, 속리산으로부터 명주 해변에 이르렀을 때 바다에서 몰려나온 고기 떼를 위하여 계법을 설하여 주었다고 한다.

명성을 들은 경덕왕은 궁중으로 맞아들여 보살계를 받고 조租 7만 7,000석을 내렸고, 또 왕실종친이 모두 계품戒品을 받고 명주 500단端과 황금 50냥兩을 보시하였다. 진표는 그 시주물을 여러 사찰에 나누어주어 많은 불사佛事를 일으켰다.

그 뒤 금강산에 들어가 발연사鉢淵寺를 창건하고 7년간 머물면서 점찰법회占察法會를 열었으며, 흉년으로 굶주리는 사람들을 구제하였다. 발연사에서 다시 부사의방에 들렀다가 고향으로 돌아가 아버지를 찾았다.

이 무렵 영심永深·융종融宗·불타佛陀 등이 속리산으로부터 찾아와 계법을 구하였다. 그들에게 의발과 ≪점찰선악업보경≫ 및 ≪공양차제법≫, 그리고 189개의 간자와 미륵보살이 준 두 간자를 전해 주면서 이 교법의 유포를

부탁하며

"제9간자는 법이이고, 제8간자는 신훈성불종자인데, 내가 이미 너희들에게 주었으니 이것을 가지고 속리산으로 돌아가라. 그 산에 길상초吉祥草가 난 곳이 있을 것이니 거기에 절을 세우고 이 교법에 따라 널리 인간계와 천상계의 중생을 제도하고 후세에까지 유포시키도록 하라"

고 하였다. 속리산으로 돌아간 영심 등은 스승이 일러준 곳을 찾아 길상 사吉祥寺를 세우고 점찰법회로써 진표의 법통을 계승하였다. 이들 외에도 보종寶宗·신방信芳·체진體珍·진해珍海·진선眞善·석충釋忠 등의 뛰어난 제자들이 있어 모두 산문의 개조가 되었다. 말년에 아버지를 모시고 발연사에서 함께 도를 닦았으며, 절의 동쪽 큰 바위 위에 앉아 입적하였다. 제자들은 시체를 옮기지 않은 채 공양하다가 해골이 흩어져 떨어지자 흙을 덮어 무덤으로 삼았다.

관기觀機

생몰년 미상. 통일신라 때의 승려. ≪삼국유사≫의 포산이성조包山二聖條에 '관기는 도성道成과 함께 포산의 남북에 은거하여 서로 왕래하면서 도를 구했다. 도성이 관기를 부르고자 하면 산속의 나무가 모두 관기 쪽을 향해 굽혔으므로 그것을 보고 도성이 관기를 찾았다.'고 하였다. 이 기사는 신라 아미타 신행의 일례를 보여주는 것으로 그 시기는 대략 경덕왕 이후로 추정된다.

그 뒤 982년(성종 9)에 승려 성범成梵이 두 고승이 거처했던 곳에 만일미타 도량萬日彌陀道場을 열고 50여 년 동안 정근하였으며, 그때 시주받은 향나무에서 빛이 발하는 등 여러 상서로운 일이 일어났다고 한다. 사람들은 이와 같은 상서가 관기와 도성, 포산의 산악신인 정성천왕靜聖天王의 영험 때문이라고 보았다.

산속에는 9인의 성인이 출현했다고 하는데, 관기는 그 중 한 사람이다. 대구광역시 달성군 비슬산에는 그가 머물렀다는 관기암 터가 남아 있다.

김기 金耆

?~758(경덕왕 17). 신라 경덕왕 때의 시중侍中. 천재지변의 책임을 지고 사퇴한 조량朝良의 뒤를 이어, 755년(경덕왕 14) 7월 이찬伊湌의 관등으로서 시중侍中이 되었다.

시중으로 재임하면서 경덕왕의 전제왕권과 중앙집권의 강화를 위한 제도적 장치 마련에 나서기 시작했다. 그 중 757년 3월에는 내외관료의 월봉을 없애는 대신 녹읍을 부활하였다.

한편, 8월에는 호구와 조세를 관장하는 부서인 조부調府의 관리 2인을 증원하여, 지방조직의 정비작업에 착수하였다. 그 결과 주·군·현의 전통적인 명칭이 중국식의 한자 이름으로 고쳐지게 되었다.

경덕왕의 한화정책漢化政策 추진에 주도적인 구실을 담당하였으나, 그가 죽은 이듬해인 759년 신라의 고유한 관부명을 중국의 방식으로 변경시킴에 따라 경덕왕의 한화정책은 일단락되었다.

당시 경덕왕이 귀족세력의 반발을 받아 한화정책을 통하여 전제왕권과 중앙집권을 강화할 때 크게 활약하였다.

만종 萬宗

생몰년 미상. 신라 경덕왕 때의 대신. 관등官等은 이찬伊湌. 764년(경덕왕 23) 정월에 상대등에 임명되어, 768년(혜공왕 4) 이찬 신유神猷가 상대등에 임명될 때까지 재직하였다.

김순정金順貞

?~725(성덕왕 24). 신라시대의 정치가. 경덕왕의 장인으로 이찬伊湌의 관등까지 올랐다. ≪삼국사기≫에는 그의 딸이 성덕왕의 아들 헌영憲英(뒤의 경덕왕)과 혼인하였다는 기록 이외에는 달리 기록된 바가 없으나, ≪속일본기續日本紀≫에는 두 곳에 그의 이름이 보인다.

즉, 726년(성덕왕 25) 5월 일본에 온 신라사신 사찬沙湌 김조근金造近 혹은 김주훈金奏勳이 두 달 간의 체류 끝에 귀국할 때 일본정부가 지난해 6월 30일에 죽은 그를 애도하는 국서와 아울러 황시黃絁와 면綿 등을 부의로 준 사실이 기록되어 있다.

그리고 774년(혜공왕 10) 3월 일본에 온 신라사신 사찬 김삼현金三玄이 일본조정의 구주九州출장소인 후쿠오카福岡 다자이부太宰府에서 일본관리들에게 옛날에 상재上宰 벼슬에 있던 김순정이 일본에 대하여 친선과 우호의 태도를 취한 것과 현재의 집정관인 김옹金邕이 그의 손자임을 말한 구절이 기록되어 있다.

이 같은 여러 기록을 통하여 볼 때 그가 성덕왕 때 정치적으로 중요한 지위에 있었으며, 또한 신라왕실과 혼인관계를 맺는 등 매우 유력한 가문이었음을 짐작할 수 있다.

욱면郁面

생몰년 미상. 신라 경덕왕 때의 불교신도. 아간阿干 귀진貴珍의 계집종이었으며, 후에 극락왕생極樂往生하였다.

강주康州의 거사居士 몇 십 명이 뜻을 극락에 두고 미타사彌陀寺를 세워 만일계회萬日契會를 만들었다. 욱면은 그때 주인을 따라 절에 가서 뜰에 서서 염불하였다. 주인은 그녀가 일하지 않음을 미워하여 곡식 두섬을 주어 하루저녁에 찧게 하였는데, 그녀는 초저녁에 다 찧고 절에 와서 부지런히 염불하였다. 하루는 뜰 좌우에 긴 말뚝을 세우고 두 손바닥을 뚫고 노끈으로

꿰어 말뚝에 매어 합장하고 좌우로 흔들면서 지극히 정진하고 있는데 공중에서

"욱면낭은 당에 들어가 염불하라."

는 소리가 들렸으며, 그 소리를 들은 승려들이 법당에서 함께 염불하게 하였다. 그 뒤 얼마 있지 않아 하늘의 음악이 서쪽에서 들려왔고, 그녀의 몸은 들보를 뚫고 서쪽으로 날아가다가 교외에서 육신을 버리고 부처의 몸으로 변하여 연화대蓮花臺에 앉아 대광명大光明을 발하면서 극락으로 갔으며, 음악소리는 공중에서 그치지 않았다고 한다.

≪승전僧傳≫에 의하면 그녀는 하가산下柯山에 갔다가 이상한 꿈을 꾼 뒤 발심發心하였으며, 9년 동안 부처님께 예배하였다고 전한다. 욱면의 왕생은 죽어서가 아니라 현신現身으로 극락에 간다는 신라 정토설화의 특징을 가장 극적으로 나타낸 것으로 평가되고 있다.

김옹金邕

생몰년 미상. 신라 경덕왕 때의 재상. 가계에 대해서는 성덕왕 때 상재上宰의 지위에 있던 김순정金順貞의 아들이라는 설과 손자라고 하는 두 가지 견해가 있다.

760년(경덕왕 19) 염상廉相의 뒤를 이어 이찬伊湌으로 시중이 되었으나 763년에 면직되었다. 그러나 그 뒤 상상上相으로서 검교사 병부령 전중령 사어부령 수성부령 감사천왕사부령檢校使兵部令殿中令司馭府令修城府令監四天王寺府令을 지냈으며, 또한 검교진지대왕시사檢校眞智大王寺使도 겸하여 경덕왕과 혜공왕 때의 최고의 정치적 실권을 장악했던 것으로 보인다.

정치적으로는 경덕왕을 지지하고 협력한 왕당파의 인물이었다는 견해와, 이와 반대로 경덕왕의 전제주의에 반대한 반왕당파의 인물이라고 보는 견해도 있다.

만월부인滿月夫人

생몰년 미상. 신라 제35대 경덕왕의 후비後妃이며 혜공왕의 어머니. 아버지는 서불한舒弗邯 의충義忠이다.

경덕왕의 선비先妃로 이찬 순정順貞의 딸인 삼모부인三毛夫人이 아들이 없어 궁에서 쫓겨난 뒤 차비次妃로 들어갔다. 비가 되고 나서 아들을 낳지 못하자, 경덕왕이 불국사의 승려 표훈表訓으로 하여금 하늘로 올라가 천제天帝에게 아들을 낳도록 간청하게 하였다. 표훈의 청을 받은 천제가 딸을 낳게 해준다는 것을, 다시 간청하여 아들을 낳게 되었는데 그가 제36대 혜공왕이 된 건운乾運이었다.

즉위 당시 혜공왕의 나이가 18세이므로 만월왕후가 태후太后로서 섭정하였으나 정사政事를 잘 다스리지 못하고 벌떼와 같이 일어난 도적을 막지 못하여 혜공왕은 시해당하였다.

법해法海

생몰년 미상. 경덕왕 때 화엄종華嚴宗의 고승. 자세한 행적은 미상이다. 754년(경덕왕 13) 왕이 황룡사皇龍寺로 그를 청하여 ≪화엄경華嚴經≫을 강하게 하고, 왕이 몸소 가서 향을 피웠다. 이때 왕은 지난해 여름 유가종瑜伽宗의 대덕 대현大賢이 ≪금광명경金光明經≫을 강하여 우물이 7장이나 솟았음을 말하고 법해의 도력을 시험하고자 하였다.

이에 그는 바다를 기울여 동악東岳을 잠기게 하고 서울을 떠내려가게 하는 것도 어렵지 않음을 밝혔다. 왕이 이를 믿지 않고 장난으로 여겼는데, 오시午時에 경을 강할 때 향로를 잡고 가만히 있는데 갑자기 내궁內宮에서 곡하는 소리가 들리면서 관리가 뛰어나와 동지東池가 이미 넘쳐 내전 50여 칸이 떠내려감을 왕에게 아뢰었다.

이에 왕이 연유를 묻자 그는 웃으면서 '동해를 기울임에 우선 물줄기가 흘러넘쳤을 뿐'이라고 하였다. 이튿날 감은사慈恩寺에서

"어제 오시에 바닷물이 넘쳐 불전 축대까지 잠기었다."

고 보고하였다. 그 뒤 그는 경덕왕의 지극한 존경을 받았다.

옥보고 玉寶高

생몰년 미상. 신라 경덕왕 때의 거문고의 대가. 통일신라사회의 귀족층인 육두품六頭品 출신이며, 시찬沙飡 공영恭永의 아들이다.

지리산地理山의 운상원雲上院에 들어가서 50년 동안 거문고를 배워 익히고 스스로 거문고를 위한 새로운 가락 30곡을 지었으며, 그의 금도琴道를 속명 득續命得에게 전해줌으로써 신라 땅에 거문고의 전통을 뿌리내리도록 큰 공헌을 하였다.

경상북도 금오산金鰲山에 있는 금송정琴松亭은 옥보고가 거문고를 타던 곳이라고 ≪세종실록≫ 지리지와 ≪신증동국여지승람≫에 전한다. 옥보고가 지은 30곡이 다음과 같이 ≪삼국사기≫에 전해오나 어떠한 음악인지는 알 수 없다. 상원곡上院曲, 중원곡中院曲, 하원곡下院曲, 남해곡南海曲, 기암곡倚嵒曲, 노인곡老人曲 7, 죽암곡竹庵曲 2, 현합곡玄合曲, 춘조곡春朝曲 2, 추석곡秋夕曲, 오사식곡吾沙息曲, 원앙곡鴛鴦曲, 원호곡遠岵曲 6, 비목곡比目曲, 입실상곡入實相曲, 유곡청성곡幽谷淸聲曲, 강천성곡降天聲曲이다.

대정 大正

생몰년 미상. 신라 경덕왕 때의 중시中侍. 관등은 이찬伊湌이다.

751년(경덕왕 10) 불국사를 창건한 김대성金大城과 같은 인물로 추정하기도 한다. 745년 5월 중시中侍 유정惟正이 물러난 뒤 중시에 임명되었으며, 750년 정월에 사임하였다. 감찰기구의 정비와 관제개편 등 경덕왕의 왕권강화 작업을 적극 추진한 듯하다.

속명득 續命得

생몰년 미상. 신라시대의 거문고 연주자. 자세한 활동내용은 알 수 없으나, 다만 신라 경덕왕 때 거문고 연주자인 옥보고玉寶高의 음악전통을 이어받아 귀금貴金에게 전수해주었다는 기록이 ≪삼국사기≫에 전할 뿐이다. 그의 활동시기는 대개 애장왕(800~808) 때로 추정된다.

◉경덕왕 시대의 세계동향

▶ 동양

중국의 당나라는 현종이 양태진을 귀비로 삼은 이래 안녹산의 힘이 강화되었고, 755년에 안녹산이 반란을 일으켰다.

756년엔 안녹산이 양귀비를 죽이고, 현종을 촉으로 내쫓았다.

그러나 이듬해 안녹산이 죽자, 곽자의에 의해 서경이 회복되어 수습 국면에 접어들었다.

▶ 서양

서양에서는 동로마 함대가 사라센 해군을 격파, 키프로스섬을 탈환. 사라센 제국은 내분을 겪으며 동서로 분열. 프랑크 왕국에서는 피핀이 쿠테타를 일으켜 메로빙거 왕조를 무너뜨리고 카롤링거 왕조를 일으킴. 또 랑고브르드족을 격퇴하여 라벤나와 중부 이탈리아를 교황에게 기증하여 교황령을 성립.

● 굴불사터

지혜 없는 사랑은 무모하고, 사랑 없는 지혜는 독선이다

신라 경덕왕이 백률사로 거동하시어 금강산 밑에 다다르니 땅 속에서 염
불소리가 났다. 왕은 괴이하게 여겨 땅을 파게 하였더니 밑에서 큰 돌이 나
왔는데, 사면에 모두 불·보살이 새겨져 있으므로 그곳에 절을 세우고 절 이
름을 굴불사掘佛寺라고 하였다. 지금(일연 스님이 ≪삼국유사≫를 쓸 당시, 1280년
대)은 잘못 불러 굴석사掘石寺라고 한다.

위와 같이 기록된(≪삼국유사≫ 제3권 탑과 불상) 불상 조각이 백률사 들머리 동
천동 군부대 자리 동쪽, 경포산업우회도로에서 100m 정도 떨어진 산자락
에 남아있다. 동서남북 4면에 모두 불·보살이 새겨져 있고 현재 보물 121호
로 지정, 보호되고 있다.
이 바위의 서쪽면에는 서방정토 극락세계의 부처님이신 아미타여래를 새
기고, 여래의 양편에 관세음보살과 대세지보살을 다른 돌로 두리새김하여
세웠다. 아미타여래의 몸체는 바위면에 새기고 머리는 다른 돌에 새겨 얹
었다.
동쪽면에는 동방유리광세계, 약사여래의 앉은 모습을 돋을새김하였다.
북면에는 좌우로 보살상이 새겨져 있는데, 오른쪽에는 선새김으로 11면관
세음보살상을 새겼다. 왼쪽에는 돋을새김으로 서 있는 보살상을 새겼는데
무슨 보살인지 알 수 없다.
남면에는 서 있는 여래상과 보살상을 돋을새김 하였는데, 많이 파손되어
있어 무슨 상인지 구분할 수 없다.
아미타여래는 극락세계의 부처님으로, 우리 인간세상에서 48가지 좋은 점
만 따서 서쪽에 극락세계를 이룩해 놓고 '나무아미타불'이라는 이름만 외워
도 죽은 사람의 영혼을 극락세계로 인도해 준다는 부처님이다.
'나무' 또는 '남무南無'는 인도 범어를 소리 나는 대로 한문으로 적은 말[음역

音譯]인데, 뜻으로 번역[의역意譯]하면 '귀의歸依한다'는 말이다. 쉽게 풀이하면 '내 몸과 마음을 모두 (부처님께)맡긴다', '모든 것을 믿고 드린다'는 뜻이다. 그러니 염불할 때의 '나무'는 땅에서 자라는 나무가 아니요, 남무南無는 '남쪽에 아무 것도 없다'는 뜻글로서의 의미는 더욱 아니다.

'나무관세음보살, 나무아미타불'이라고 연달아 염불하는 것은, 아미타불의 사랑을 실천하는 관세음보살에게 나를 의탁하다고 염불한 뒤, 그 윗분인 아미타여래에게 귀의한다는 염불이다.

불교에서는 사람의 몸을 빌어 이 세상에 모습을 드러낸 석가여래 외에도 많은 부처님이 계시는데, 부처는 인간과는 그 차원이 다르므로, 인간의 염원이 곧바로 부처에게 전달 될 수는 없다. 그래서 부처가 되려고 착한 일을 하는 보살이 중재 역할을 한다고 생각했다.

그렇기에 관세음보살을 먼저 부르고(나무관세음보살), 그를 통하여 아미타불에게 염불하는 사람의 뜻이 전달되기를 바라면서 '나무아미타불'이라고 염불하는 것이다.

아미타여래(여래如來와 불佛은 다 같이 부처를 나타내는 용어)의 왼편에 서 계신 관세음보살은 아미타여래의 사랑을 받들어 세상을 보살피는 보살이고, 오른쪽에 서 계신 대세지보살은 아미타여래의 지혜를 받들어 세상을 보살피는 보살이다.

형상으로 나타낼 때는 머리에 쓴 보관 앞면에 아미타여래상을 나타낸 모습이 관세음보살이고, 손에 정병을 들고 있는 모습이 대세지보살이다. 지혜가 없는 맹목적인 사랑은 독선적이어서 무모한 짓을 할 수도 있고, 사랑이 없는 지혜는 자기나 자기가 속한 집단만을 위하는 독불장군이 되어 이웃에게 피해를 입힐 수 있기에, 모든 종교에서는 '지혜로운 사랑'을 베푸는 것을 가장 궁극적인 목표로 삼는다. 그래야만 극락도 가고 천당도 가게 된다는 것이다.

그 때문에 아미타여래의 왼편에는 사랑인 관세음보살, 오른쪽에는 지혜인 대세지보살이 같이 있는 것이다. 방향을 나타낼 때, 왼쪽·오른쪽[좌左·우右]은 대상을 주체로 해서 말한다. 즉, 사진으로 볼 때 나한테서 오른쪽에 있는 것이 대상 자체를 주체로 삼았을 때는 왼쪽이 된다.

우리나라에서는 좌우로서 순위를 정할 때, 왼쪽이 먼저고 오른쪽이 나중이다. 조선시대 관직에서도 영의정 다음이 좌의정, 그 다음이 우의정이다. 그러나 서양식은 오른쪽 Right가 먼저고, 왼쪽 Left가 그 다음이다. '하느님 오른편[우편右便]에 앉아 계시는 주'에서 보이 듯, 예수님의 위치를 오른쪽으로 설정한 것이 그것이다.

약사여래藥師如來는 유리처럼 맑고 깨끗한 동쪽에 12가지 소원을 모아 유리광세계琉璃光世界를 이룩하셨는데, 그 중에는 사람들의 질병을 고쳐주신다는 소원이 있다. 동서고금을 막론하고 육체와 정신이 병들어 시달리지 않는 사람이 없기 때문에 종교에서 병의 치유는 차지하는 비중이 크다.

기독교의 신약성서 <마태복음>에는 '예수께서 나병환자를 낫게 하신 일을 비롯해, 중풍환자, 마귀 들린 사람, 눈먼 소경, 벙어리, 손이 오그라든 사람 등 온갖 병자들을 낫게 하셨다'고 기록한다.

천도교 교주 수운 최제우 대선사께서는 때때로 아픈 사람에게 창호지에 부적을 적어주면서 불에 태워 그 재를 마시도록 하여 병을 낫게 하였다 한다.

약사여래는 왼손에 약 그릇을 들고 오른손은 시무외인을 하고 있다.

부처님의 손 모양을 수인手印이라 하는데, 손도장과 같이 인간에 대한 분명한 약속을 표시한 것이다. 그 가운데 시무외인施無畏印은 두려움을 없애주겠다는 약속인데, 오른손을 들어 바닥을 앞으로 하고 손가락이 위로 올라간 형상이다.

북면에 있는 관세음보살상은 선새김인데, 머리 위에 작은 얼굴이 열하나 있으므로 11면관세음보살이라 부른다. 인간의 11가지 걱정거리를 없애고, 11가지 기쁨을 선사한다는 보살이다.

또한 팔[비臂]이 여섯이나 되는데, 이것은 인간을 구제하는데 많은 팔이 있어야 한다는 뜻이 있다. 우리나라에서는 단 하나 밖에 없는 상으로 '11면 6비 관세음보살상'이라고 부른다.

이 사면불은 두리새김·돋을새김·선새김으로 불·보살을 표현했는데, 이는 둘레를 한 바퀴 돌면서 염불하면 한꺼번에 여러 가지 과보를 받게 된다는 발상에서 나온 것이다.

제작시기는 8세기 중엽으로 신라 미술문화의 황금기였고, 조각이 아름답고 당당할뿐더러 유례가 드문 귀중한 유적·유물이다.

● 석굴암

과학의 극치

1995년 12월 8일 프랑스 파리에서 열린 유네스코 세계문화유산위원회에서는 대한민국에 있는 3가지 문화유산을 인류가 남긴 '세계문화유산'으로 등록하였다.

이는 경주의 석굴암과 불국사, 합천 해인사의 팔만대장경판과 경판고, 서울의 종묘 등이다. 우리나라 역사에 있어서는 신라, 고려, 조선시대의 유산 각각 하나씩이 100여 나라의 400여 문화유산 목록에 당당히 포함된 것이다.

이 숫자는 지금까지 노벨상을 수상한 사람 수보다 적은 것이다. 1901년에 제정되어 해마다 5명씩 수여한 노벨상 수상자는 줄잡아 500여 명이다.

위의 3가지 문화유산은 이전부터 있던 것이었지만 이제까지 정부 당국에서 관심이 소홀했던 탓도 있고, 우리 국민들의 문화인식이 선진화되지 못한 점도 있어서 등록신청이 늦어졌을 따름이다. 거기다가 까다롭기 그지없는 위원들인지라 이것저것 조사하고 판정하는데 오랜 시일이 걸린 것이다.

그러나 이제는 UN산하 유네스코가 인정했으니 우리들은 세계 인류가 남긴 귀중한 문화유산을 지닌 민족으로 자부심을 가져야 할뿐더러, 대상을 바로 알고 보존해야 할 의무도 있다.

경주로 여행 오거나 관광하는 사람들이라면 의례히 불국사, 석굴암을 들러본다. 그러나 보고 간다는 데만 주안점을 두지 말고, 그 우수함을 알고 진수를 느껴야 하지 않겠는가?

　경주 사람들이야 말로 소홀히 할 것이 아니라 자주 마주쳐 보고 참된 가치를 알아야 하지 않겠는가! 사람도 자주 만나야 정이 나듯이...

　차제에 불국사와 석굴암을 관리하는 조계종 종단에 부탁 드리고 싶은 것은 경주 시민들은 자주 드나들 수 있도록 어떤 조치를 취해 주십사 하는 것이다.

　경주 석굴암이 도대체 어떤 것이길래 우리나라 뿐 아니라 세계 인류가 남긴 위대한 문화유산이란 말인가?

　불교 사원(절)은 인도에서 시작되어 중국을 거쳐 우리나라에 전파되었다. 인도는 더운 지방이라서 스님들이 수도하는 도량(도장道場)으로 시원하고 조용한 곳을 택한 것이 석굴이고, 그 안에 불탑과 불상을 조각하여 모시고 예배하면서 다른 한쪽에는 수도자들이 기거하는 굴이 있었다.

　인도의 아잔타 석굴사원이나 중국 원강지방의 석굴들은 규모가 대단히 크고 많으며, 오랜 세월에 걸쳐 만들어진 것이다. 원강석굴의 어떤 불상은 높이가 15m를 넘는 것도 있고 10m가 넘는 것은 수두룩한데, 경주 석굴암의 본존불은 3.4m에 불과하다.

　석굴의 수량으로 비교하자면, 중국은 몇 백m에서 몇 km에 걸쳐 수십 개에서 수백 개의 석굴사원이 즐비한 것에 비하면 석굴암은 달랑 굴 하나뿐이다. 중국이나 인도를 다녀온 사람들 가운데 어떤 사람은

"인도, 중국의 석굴사원은 하루 종일 봐도 다 못 보겠던데 석굴암은 뭐 볼 게 있어야지."

하고 한다. 그러나 크고 작은 것이나 많고 적은 것으로 우열을 가릴 수 없는 것이 문화 현상이나 예술품이 아닌가.

　석굴암은 다른 나라 석굴사원과는 축조 방법이 다르다. 그저 다른게 아니라 독특한 방법으로 쌓았다.

　우선 돌의 성질이 다르다. 칼로 파고 새길 수 있는 사암砂岩을 깎아 만든 인

도나 중국의 석굴에 비해, 석굴암은 단단한 화강암花剛岩을 깨뜨려 정으로 쪼고 다듬어 쌓고 새겨서 남든 것이다. 얼마나 많은 정이 닳았겠으며, 정이라는 쇠를 다루는 기술 또한 얼마나 발달했을 것인가를 염두에 두고 본다면 크기로만 비교가 되겠는가?

조형 디자인을 보면 굴의 앞쪽은 네모났고, 본존불을 안치한 중심되는 굴은 둥글다. 무심히 본다면 그저 그러려니 하겠지만, 이것은 당시의 우주관을 표현한 것이다.

땅은 네모나고 하늘은 둥글다는 '천도지방天圖地方'을 시각화시킨 것이다. 현상은 작지만 얼마나 크고 넓은 것을 표현한 것인가? 이런 데도 작다고만 할 수 있겠는가?

지금의 석굴암은 유리로 된 칸막이 앞쪽에서만 관람할 수밖에 없어 한정된 일부분만 보는 것이니, 앞 못 보는 장님이 코끼리를 만져보고 이러쿵저러쿵 하는 것과 별반 다를게 없다.

숲을 보자면 바깥에서 총체적으로 봐야 하듯이 지금의 석굴암 모습으로 되기까지를 간략하게나마 살펴볼 필요가 있지 않을까.

신라 35대 경덕왕 때 김대성이 국왕의 명을 받들어 751년(경덕왕 10)에 불국사와 석불사(뒤에 석굴암) 창건을 담당하였으나 완성하지 못하고 774년(혜공왕 10)에 세상을 떠나자 나라에서 맡아 완성하였으니 25년 걸려 건립한 것이다. 그후에는 기록에 나타나는 곳이 없고 기림사의 말사末寺로 전락하고 있다.

조선 때 우담 정시한鄭時翰이 석굴암을 보고 쓴 글이 ≪산중일기≫에 남아 있으니 다음과 같다.

무진년(1688) 5월 15일. 뒤쪽 봉우리에 오르니 자못 험하고 가파르매 힘을 다해 십여 리를 가서 고개를 넘어 1리쯤 내려가니 석굴암에 이르렀다. 명해스님이 맞아들여 자리에 잠깐 앉았다.

석굴에 올라 보니 모두 사람이 공들여 만든 것이다. 돌문 밖 양쪽은 네다섯 개의 큰 바위에 불상을 남김없이 조각하였은데 그 기이하고 교묘함이 하늘을 이룬 듯하다. 돌문은 무지개 모양으로 돌을 다듬었다. 그 안에 거대한 돌부처님이 있으니 살아 있는 듯 엄연하다. 좌대석은 반듯하고 기괴하다. 굴 뒤에 뚜껑돌[개석蓋石]과 여러 돌들은 둥글고 반듯하게 켜 있어 하나도 기울어지거나 어긋난 것이 없다. 줄지어 서 있는 불상들은 마치 살아 있는 듯하지만, 기괴한 모습을 표현할 수 없다. 이러한 기이한 모습을 보기 드문 것이다. 완상阮賞을 하며 오랫동안 머물다가 내려와 암자에서 잤다.

17세기 말까지도 멀쩡하던 석굴암이 조선 말기에 오면서 피폐해지고 일본의 침략이 곳곳에 미치면서 석굴 안의 유물들도 도난을 당하였다.

1900년대 초 굴 속에 있던 대리석 5층 소형석탑을 일본 어느 고관이 가져간 것을 비롯해 굴 속의 또 작은 굴방인 감실龕室 안에 있던 2구의 불상도 도난을 당하고 말았는데 그 소재는 알 길이 없다.

그런 상황 아래 조선총독부는 우편배달부가 우연히 발견했다고 떠벌이고는 해체하여 경성京城으로 옮기려다가 제자리에 복원하였다.

1913~1915년까지 1차. 1917년의 2차 공사, 1920~1923년의 3차 공사로 겉모양은 산뜻하게 정리되었지만 내면은 돌이킬 수 없는 잘못을 저지르고 말았다. 한 가지 예를 들자면 굴 밑에 흐르는 지하수를 차단한 것과 궁륭형 돔의 둘레를 시멘트로 발라 한 덩어리로 만들어 버린 것이다. 여물게 만들어 허물어지지 않도록 한 것까지는 좋았으나...

그때까지는 굴 속에 들어온 수증기가 지하수의 낮은 온도로 말미암아 바닥에서 이슬방울이 되거나 돌 틈 사이로 빠져 석굴을 감싼 자갈과 흙 사이로 자연스레 스며들던 것을 콘크리트로 차단시켜 버렸으니 그 수증기가 어디로 가겠는가?

결국 화강암 표면에 이슬되어 맺힐 수밖에. 이것을 결로현상結露現狀이라고 하는데, 이런 현상이 반복되니 섬세하게 조각된 암석에 풍화작용이 가속화될 수 밖에 없지 않은가?

이런 상태로는 1200여 년간 끄떡없던 조각상이 수십년 만에 망가질 처지에 놓이게 되었으므로 1916년에서 1964년까지 대대적인 수리를 하게 된 것이 오늘 우리가 보는 바와 같은 모습이다.

1960년대 우리나라 여러 분야가 다 그랬듯이 석굴암 보수도 지금 보면 미흡한 점이 많지만 그런대로 최선을 다하여 보수를 한 탓에 더는 손상되지 않고 보존되고 있다.

궁륭형(공을 반 자른 둥근 모양)의 돌 바깥에 철벽같이 발라둔 시멘트를 제거하지 못하고 그 바깥에 1m 정도의 공간을 비우고 새로운 궁륭형 돔을 만들었다. 그 공간에다가는 석굴 속의 온도·습도를 조절하는 기구를 설치하였다.

네모난 전실에는 나무집을 지어 외부와 차단하여 일반 관람객의 출입을 통제한 것이다. 이래서 앞쪽에 대형 유리판을 통해서만 볼 수 있게 된 것이다. 그렇게 되다 보니 자연관선이 차단되어 어두워졌다.

어두운 것을 밝게 하려니 인공조명, 즉 전등불로 굴 내부를 비출 수밖에 없었다.

본래는 자연광선에 의한 경배의 대상이 인위적으로 설치된 조명으로 바뀌게 되었으니 창건 당시의 의도, 또는 아름다움과 거리가 멀어진 것을 보는 것이다. 그런 것 가운데 하나가 본존불 모습이다.

앞쪽은 밝고 뒤쪽은 어둡기 때문에 어두운 것은 실제보다 뒤로 물러나 보이고 밝은 것은 튀어나와 보이는 현상을 그대로 이 굴에 적용한 것이다. 자연광을 받았을 때의 모습을 소설사 현진건玄鎭健님은 이렇게 표현했다.

한 번 문 안으로 들어서매 석련대石連臺 위에 올라 앉으신 석가의 석상은 그 의젓하고도 봄바람 도는 듯한 화和한 얼굴이 저절로 보는 이의 불심을 불러 일으킨다. 한 군데 빈 곳 없고 빠진 데 없고 어디까지나 원만하고 수려한 얼굴, 알맞게 벌어진 어깨, 뚜렷이 내민 가슴, 통통하고 점잖은 두 팔의 곡선미, 장중한 그 모양은 정말 천추에 빼어난 걸작이라 하겠다.

석굴암 조형이 아름답게 느껴지는 이유 중 하나는 '비율'이다. 인간이 가장 아름답게 느낀다는 가로 : 세로의 비율이 황금분할黃金分割 1:1.618의 기본인 1 : √2의 비례를 석굴에 응용한 것이다.

석굴의 조형에 이용되었지만, 감추어져 있던 이 사실을 찾아낸 사람은 일본인 건축기사 요네다 미요지米田美代治였다.

조선총독부 박물관의 촉탁으로 있다가 1942년 39세의 젊은 나이에 타계하기까지 우리나라의 석굴암, 불국사를 비롯하여 많은 고대 건축에 대한 평면구성을 연구하였고 비례구성을 탐색한 사람이었다.

그 후 현 국립중앙박물관 학예연구실장인 강우방姜友邦이 요네다米田의 실측 조사를 바탕으로 더욱 깊은 연구한 바에 따르면, 석굴 조형계획의 기본은 다음과 같은 기초적인 평면기하학 위에서 이루어진 것이다.

㉮ 12당척唐尺을 기본 단위로 삼았다.
㉯ 정사각형과 그 대각선을 사용하였다.(1:√2)
㉰ 정3각형과 그 꼭지점에서 내린 수선垂線을 사용하였다.
㉱ 원圓으로 된 평면과 공 모양의 입체를 사용하였다.
㉲ 6각형과 8각형을 사용하였다.

위와 같은 기본 위에 석굴의 구성과 본존 대좌 평면의 구성이 다함께 정사각형의 한 변을 기본으로 하고 그 대각선을 전개하여 정팔각형, 원형을 만든 전체적인 비례 구성상 극히 미묘한 계획법임을 밝혔다.

① 본존불 대좌 좌우 중심(앞쪽)에서 12당척을 기본으로 즉 반지름으로 삼아 원을 그린 것이 주실主室의 밑바닥이다. 또한 굴 입구의 문 너비는 12당척의 기본으로 되어 있으니 12당척을 반지름으로 한 원에 내접하는 정육각형의 한 변이 된다.
② 굴 바닥에서 벽면의 천부상, 보살상, 나한상 등의 윗부분까지가 12당척이다.
③ 그러므로 ①과 ②의 길이는 1:1이고 그 정사각형의 대각선을 세운 길이

가 돔(dome)을 제외한 감실(작은 굴방) 윗부분까지의 길이에 합치하는 √2이
다. 이 길이는 또한 본존불의 전체 높이에 해당된다.

④ 원통형으로 된 위의 돔 중심은 바로 본존불의 머리 위에 해당된다. 머리
위의 기준점에서 반원을 그린 것이 바로 둥근 천장인 돔이다.

⑤ 벽면의 ③번 길이(굴 바닥에서 감실 윗부분까지의 높이)를 다시 1로 잡았을 때
그 √2가 바로 굴의 지름이 되는 기막히게 묘한 비례인 것이다.

⑥ 굴의 전체 높이는 1(12당척 기준)+√2(1.414)가 된다.

여러 가지로 머리를 써 생각해야 이해할 수 있도록 전개를 했는데, 실제로
는 더 깊고 복잡한 것으로 구성되어 있지만 필자도 여기에 대해 아는 것이
부족하기 때문에 이제까지의 이야기를 간추리면, 석굴암의 기본구조는 계
속하여 1:√2라는 순환성을 지닌다는 것이다.

1:1인 정사각형의 대각선(√2)으로 직사각형을 그린 다음 √2를 다시 1로
삼아 √2되게 그리면 처음 길이의 2배가 되는 순환이 계속 된다.

돌아가는 순환성은 바로 우주의 근본원리이자 불교의 연기사상緣起思想이
기도 하다. 이 불교의 연기사상을 형상으로 표현함에 있어서 기하학의 기본
인 √2의 원리를 이용하였음을 과연 뛰어난 착상이라 하지 않을 수 없으며
그러기 때문에 석굴암 석굴은 수학·기하학·건축·종교·예술 등이 총체적으로
어우러진 실현물이라 할 수 있다.

본존불 이마의 백호白毫에서부터 붉그레한 빛이 물들어 반이나 감은 눈자
위며 뺨과 콧등, 입술, 턱, 목으로 내려오다가 가슴팍이 붉어질 때는 심장이
뛰는 것 같다.

팔뚝에 핏기가 돌아 손가락 마디를 거쳐 손톱이 붉어질 때는 온 몸에 생
기生氣가 넘쳐 흐른다.

잠시동안 불교에서 말하는 찰나刹那에 생기는 시나브로 붉은 기氣가 가시며
차츰차츰 차가운 화강암花剛岩의 질감으로 되돌아간다.

이것은 동해에서 해가 뜰 때 석굴암 부처님에게서 일어나는 신비한 현상

이다.

지금은 굴 앞에 문을 달고 벽을 만들었으니 햇살이 바로 비치지 않아 이런 현상을 볼 수 없지만 30여 년 전까지는 아침마다 생기가 도는 부처님을 만날 수 있었다.

내가 처음 석굴암에 가 본 것은 단기 4288년, 이른바 쌍팔년도였다.

서기로는 1955년이었지만 당시는 단기를 공용公用 연호로 쓸 때였다.

휴전으로 6.25전쟁의 총소리는 멎었으나 경제적으로 무척 살기 어렵던 그때, 나는 초등학교 6학년이었고 석굴암으로 수학여행을 갔다.

전촌국민(초등)학교에 다니던 나는 쌀 한 되 자루에 넣어 메고, 삶은 달걀 밤찐쌀눈깔사탕(누깔사탕) 등을 보자기에 싸고 돈 몇 품 가지고 버스에 탔다.

웃범실 들머리 신작로에서 내린 우리는 뛰는 가슴만큼이나 우쭐거리며 산마루를 타고 올라 해거름에 도착한 곳은 기와집으로 된 상점 겸 여관이었는데 석굴암 바로 아래였다.

메고 온 자루의 쌀을 모아 상점 주인에게 건네 주고 그 쌀로 지은 밥을 먹고는 설레는 기분에 잠도 제대로 못잔 아침, 석굴 밑 축대 돌 홈에서 새어나오는 감로수를 마신 기억은 아직도 잊지 못하는 추억의 물맛이다.

이곳 돌 홈에는 날마다 중 혼자서 먹을 만치 쌀이 나왔는데 어떤 새로 온 중이, 좀 더 나오라고 꼬챙이로 쑤셨더니 나오라는 쌀은 안 나오고 물이 새 나오더라는 이야기는 아주 재미있는 것이었다.

또 가난한 김대성金大城이 어려서 죽었는데 다른 부자 귀족집에 다시 태어났고, 그는 청년시절에 곰을 사냥하였는데 꿈에 곰이 나타나는 바람에 혼겁魂怯을 하고는 새사람이 되어 착한 일을 많이 하였으며 신라의 재상이 되었고, 재상이 되어서는 불국사와 석굴암을 지었다니 참 재미있는 이야기였다.

그리고 떠오르는 타래 중에는 비록 조각이었지만, 굴 앞에는 머리에 괴상한 치장을 한 사람이 이상한 옷을 입고 손에는 무시무시한 무기를 들고 서

있는데, 특히 앞으로 툭 튀어 나온 두 장수는 몹시 무섭게 보였다. 웃통을 드러내고 가슴과 팔뚝에 알통이 밴 우락부락한 장수가 눈을 부릅뜨고 주먹을 쥔 손을 치켜들고 있는 모습! 배꼽과 성기만 달랑 가리고 정강이 밑은 들어내어 신도 안 신은 거 보면 잘 사는 양반은 아닌, 이웃집 아저씨 같구나 싶어 무섭다가도 마음은 놓였다. 아랫도리에 걸친 옷자락을 들어 올려 사타구니를 들여다 보면?

'우리 같은 고추자지는 아닐거고, 우예 생겼을꼬?'

'예 —이 놈!'

'아이고 겁나라! 부처님요. 잘못 했심더. 예? 예! 더러분(더러운) 마음 내뿌리고(내버리고) 부처님한데 가 볼께요' 하면서 굴 앞에 서보니 나한테 턱 와 닿던 돌부처!

사람이 만든 건 아니고 본디부토 이 자리에 있던 거다. 산에 나무가 있고 바위가 있듯이... 그야말로 숨도 크게 못 쉬고 굴 속을 돌아 나온 기분은 지금도 생생하다.

그 뒤 중고등학교에 다닐 때는 1년에 한두 번 멀리서 온 친척들과 같이 석굴암에 가곤 했다. 그래서 두 번, 세 번...

그러다가 1962년에는 월성군청에 근무하는 친구가 석굴암 수리공사 때문에 그곳에서 붙박이로 있게 되었는지라, 나도 자주 석굴암에 가서 먹고 자는 인연을 맺게 된 것이었으니, 이제 생각하면 다행하고도 감지덕지한 인연이었다.

그때 새벽 일찍 일어나 시원한 감로수 한 바가지 퍼마시고 산등성이 아래로 내려까린 범실, 노루미기, 시무내(스무내: 이십천二十川), 어일, 둘산, 갓밑들, 큰거랑, 용담, 탑, 대밑, 무제터, 동해바다를 바라보다가 바다 끝이 붉그레해지면 굴 앞쪽 본존불을 비스듬히 바라볼 만한 자리에 나 혼자 선다.

희끄무리하던 하늘빛이 주황색으로 되었다가 차츰 다홍빛으로 되어가는데 그 변하는 모습은 이루 다 표현을 할 수가 없다.

아침 햇빛을 받아 붉그레해지는 석굴암 부처님 모습은 생동하는 우주만물의 자태 바로 그것이다.

이 현상이 가장 두드러지게 나타나는 때는 동지를 전후한 12월인데 지금은 그런 감동을 어디서도 느낄 수 없집만, 이제는 유네스코가 인정하는 '세계문화유산'으로 등록되었으니 새로운 보존책과 함께 아름다움을 누릴 수 있는 방책이 모색되리라 믿는다.

● 경주남산

땅 위에 펼쳐진 부처님 세계

남산은 경주(서라벌) 남쪽에 솟아 있는 산으로 경주 서쪽의 선도산·벽도산·옥녀봉, 북쪽의 독산·금강산·금학산, 동쪽의 낭산·명활산과 함께 서라벌을 둘러싸고 있는 천연의 성벽이다. 가장 높은 봉우리는 높이 494m의 고위봉이며 지세가 가파르고 짧은 동남산과 경사가 완만하고 긴 서남산으로 구분된다.

박혁거세가 태어난 나정蘿井이 있어 일찍부터 신성시되어왔고 불교가 공인된 이후부터는 '천상에서 부처님이 내려와 머무는 영험한 산'으로 추앙받고 있다. 남산 곳곳에는 61개의 서탑, 80여개의 마애불과 석불, 112개의 절이 세워져 있는데 비교적 서남산 쪽에 많이 분포되어 있다.

서민의 모습으로 나타나는 부처

남산의 석불들은 의외로 시골사람처럼 생긴 얼굴이 많다. 넓적한 얼굴, 짧은 코와 도톰한 입술, 잘 보이겠다는 꾸밈새나 권위나 위엄도 없으며 금방이라도 농담을 걸어올 듯한 친근한 얼굴이다.

보통 절의 불상들은 윗입술이 아랫입술을 감싸듯하고 입언저리에 깊은 홈을 파서 이지적인 미소가 나타나는데 남산의 석불들은 윗입술보다 아랫입술이 더 크게 표현되어 누구에게나 정다움을 느끼게 하는 부담 없는 얼굴이다. 작은 발과 아기같이 천진스러운 웃음 역시 '거룩한' 자비와는 거리가 멀다.

서민들 사이에서는, '하늘에서 내려오신 부처님의 영이 바위 속에 머물러 계시다가 필요에 따라 사람의 형상으로 나타나는데 언제나 누추한 옷을 입고 서민의 모습으로 나타난다'는 믿음이 뿌리 깊다. 부처가 인간의 모습으로 나타날 때마다 어려운 불경을 설법하는 일이 없고 구수한 이야기로 농담을 한다는 이야기도 널리 퍼져 있다.

서민들과의 사이에 벽이 없는 얼굴, 꾸밈없는 얼굴로 남산 석불이 꾸준히 만들어지고 있는 배경에는 바로 부처에 대해 서민들이 갖는 친밀감이 깔려 있다. 부처 바위 남면의 여래입상은 왼손이 배에 닿아 있다는 이유로 아기를 무사히 낳게 하는 안산불安産佛로 모셔지고 있고, 여래와 보살들이 모두 앉은 자세로 화목하고 가정적인 분위기를 연출하고 있기도 하다. 신과 인간 사이에 벽이 없는 신라의 행복이 바로 여기에 있다.

하늘이 조성한 부처님 나라, 열반골

용장골 오른쪽 계곡인 '열반골'에는 기묘한 형상을 한 바위들이 많이 있는데 이 바위들에는 한 처녀가 열반의 경지에 이르는 이야기가 얽혀 전해온다.

서라벌의 한 각간에게 외동딸이 있었는데 이 처녀는 맵시와 마음씨가 고와 많은 젊은 사내들이 사랑을 호소해왔다. 처녀는 시끄럽고 더러운 속세를 떠나 부처님의 세계인 열반에서 살 것을 결심하고 열반골로 들어섰다. 십여 명이 앉아서 놀 만큼 넓은 바위(현재의 경의암更衣巖)에 이르러 처녀는 금빛의 화려한 옷을 먹물 옷으로 갈아입었다. 먹물 옷 속에서도 무르익은 처녀의 살내음이 짐승들의 코를 자극, 고양이·곰·여우·구렁이·사자·이무기가 차례로 나타났는데(현재의 고양이 바위, 큰곰바위, 맹호암 등 각종 동물 모양의 바위가 남아 있다), 처녀는 부처님의 이름을 부르며 정진을 계속했다.

마침내 산둥성이에 이르러서 지팡이를 짚고 오는 할머니(즉 깨우친 사람을 극락으로 안내하는 지장보살)의 안내로 열반의 세계에 들어가 보살이 되었다.

말없는 바위에 의미를 부여하여 열반에 도달하는 과정을 설명해낸다는 것은 풍부한 상상력과 신앙심의 결합이 아니고는 불가능한 일이다. 동시에, 신라에는 '하늘이 조성한 부처님 나라' 속에서 열반을 꿈꾸는 사람이 그만큼 많다는 이야기일 것이다.

약수골 산허리에서 서방 극락 정토를 바라보는 사람들

약수골 가파른 산둥성이에는 힘들여 세운 절이 하나 있다. 이곳에서 바라보는 발아래 속세에서 망산·벽도산·단석산의 봉우리들이 파도처럼 펼쳐져 있고 서쪽을 향해 있기 때문에 저녁 때는 금빛으로 물드는 하늘을 보며 서방정토 극락세계를 그려보는 것이 가능하다. 광덕의 처가 지은 원왕생가願往生歌에는 서쪽을 향한 그리움이 잘 나타나 있다.

> 달님이시여 이제
> 서빙까지 가시어서
> 무량수 부처님 앞에
> 말씀 이르시다가 사뢰어 주소서
> 다짐 깊으신 부처님께 우러러
> 두 손 모두옵고
> 원왕생 원왕생
> 그리워하는 사람이 있음을
> 사뢰어 주소서.
> 아으! 이몸 버려두고
> 사십팔 대원이 이룩될까 저어라

이 산허리에 힘들여 높은 축대를 쌓으며 부처님을 모신 것은 자로 찬란한 부처님 세계를 보기 위한 염원에 다름아니다.

남산신성

591년(진평왕 13)에 전국에서 차출된 기술자와 인부들이 '3년 안에 허물어지면 벌을 받겠다'고 맹세해가며 쌓은 성이다.

둘레는 11보 3척 8촌(약 4km)에 이르며 많은 석수·목공이 동원되어 바위를 벽돌처럼 곱게 다듬어 쌓았다. 문무왕은 663년에 신성 안에 3개의 창고를 지었는데 2개는 무기 창고(15x50m)이고 나머지 하나는 식량창고(50x100m)이다. 세 창고는 모두 다락식 건물이어서 밑으로 바람이 통하게 설계되었고 화려한 꽃무늬 기와를 올려서 미관에도 신경을 썼다. 식량 창고의 기단은 돌축대 사이에 띄엄띄엄 돌못을 박아 쌓은 튼튼한 축대를 사용해서 매우 견고하다.

신성 안에 있는 봉우리 해목령(일명 게눈바위)에 올라가면 경주 주위가 한 눈에 내려다보이는데, 해목령은 대궐인 반월성을 마주보고 있다. 서쪽 국경의 정보는 선도산성의 봉화를 통해, 동쪽 국경의 정보는 명활산성의 봉화를 통해 남산 신성에 전달되며 임금은 반월성에 앉아서 국경지방의 정보를 파악하는 것이 가능하다.

약수골 마애대불

눈병에 특효가 있는 약수가 있는 골짜기의 제일 큰 바위 남쪽 면에는 여래입상이 새겨져 있다. 10.4m나 되는 이 거대한 불상의 머리와 몸체는 지름 9cm의 철봉으로 연결되어 있다. 즉 몸체는 바위면을 그대로 이용해 조각했으며 머리는 다른 돌로 만들어 몸체 위에 얹는 방식이 사용되었다.

3cm 내외의 깊이로 손의 윤곽과 옷주름을 예리하게 파내어, 태양광선이 비칠 때 생기는 그림자로 옷주름이 더욱 선명하게 보이도록 한 착상이 단연 돋보인다.

절골 약사여래 좌상

절이 많이 분포되어 있는 '절골'에는 축대 밑으로 여울물이 폭포가 되어 흘러내리는 운치 있는 법당을 많이 발견할 수 있다.

이 법당 중에서 용장사에 들어서면 삼층석탑을 연상시키는 대좌(불상받침) 위에 앉아서 왼손에 약그릇을 든 약사 여래상을 볼 수 있다. 오른 손과 왼손을 각각 오른쪽·왼쪽의 무릎 위에 올려놓은 자연스러운 자세와 승려의 가사를 묶는 띠의 수술까지 표현하고 있다.

신앙의 대상, 상사바위

국사골 산정에 나란히 서있는 두 개의 큰 바위는 사랑에 병든 사람들의 소원을 들어주는 '상사바위'라는 이름이 붙어 있다. 상사바위에 얽힌 전설은 다음과 같다.

옛날 이 마을의 한 할아버지가 나이어린 처녀를 사랑하다가 고민 끝에 골짜기의 나무에 목을 매어 죽었다. 죽은 할아버지가 큰 바위가 되어 산 정상에 우뚝 솟은 뒤 그 어린 처녀는 큰 뱀이 나타나 몸을 감고 괴롭히는 악몽에 시달리게 되었다. 죽은 할아버지의 혼령이 상사뱀으로 변해 밤마다 나타나자, 처녀는 할아버지 바위에 올라가서

"나이 때문에 할아버지의 소원을 못 이루셨다면 나이를 먹지 않는 바위가 되어 할아버지의 소원을 들어 드리오리다"

라고 말하고 몸을 던져 죽으니 그 옆에 또 하나의 바위가 생겼다.

할아버지 바위 아래쪽에는 처녀의 핏자국이 남아 있으며, 사랑을 이루려는 사람들이 켜놓은 촛불이 상사바위 안의 감실을 항상 환히 밝히고 있다.

감실 여래 좌상

남산 동면 부처골의 아치형의 감실 속에는 여래 좌불이 안치되어 있다. 조용히 부풀어 오른 눈시울에 살며시 그늘을 지으면서 명상에 잠긴 고요한 두 눈은 분명 사색자의 모습이지만 둥글고 큰 머리, 두툼한 입술 가장자리에 떠올라 있는 미소는 감실을 찾아 소원을 비는 사람들에게 결코 거리감을 느끼게 하지 않는다. 민간전래의 토속적 바위 신앙과 새로운 불교신앙의 행복한 만남이 이곳에서 이루어지고 있는 것이다.

땅 위에 옮겨진 부처님 세계, 탑골 부처바위

남산의 복동쪽 계곡 탑골에서는 사면에 여래, 보살, 비천나한, 탑, 사자 등 많은 불교조각이 새겨져 있는 부처바위를 발견할 수 있다.불교에서는 한결같은 참된 세계를 '진여眞如'라고 부르며, 진여를 형상으로 나타낸 부처님을 비로자나불毘盧遮那佛('빛이 가득하다'는 뜻)이라고 한다. 이 '진여'의 빛이 분해되어 8방, 10방에 미치면 그 방향마다 부처님 나라가 이루어지게 된다. 부처님 나라마다 수많은 보살들이 있으니 온누리는 화려하고 장엄한 부처님 나라로 가득하게 되며 이렇게 화려 장엄한 부처님 세계를 화엄세계라 부른다. 이러한 화엄세계의 화려한 꿈들이 새겨져 있는 것이 바로 이 부처바위이다.

하늘에서 부처님의 영靈이 하강하여 바위 속에 있다는 신앙이 확고하게 자리 잡고 있기 때문에 부처님의 빛이 비치는 서쪽에는 아미타여래를, 동쪽에는 약사여래를 새기는 것이 일반적이다. 남쪽과 북쪽은 예외가 있는데 이 부처바위에는 남·북이 각각 석가여래와 삼존불이 새겨져 있다. 결국 이 바위를 한 바퀴 돌면 온누리의 부처를 예배하게 되는 셈이다.

수미산 세계의 환상, 용장사 탑

용장골 동북쪽 산봉우리 정상에는 자연암석 위에 직접 상층기단을 쌓은 특이한 석탑이 있다. 계곡에서 약 200m나 되는 바위산을 직접 하층 기단으로 삼아 그 위에 상층기단을 쌓고 옥신과 옥개를 얹어 삼층탑을 쌓은 것은 하층 기단이 바위산이 바로 수미산須彌山(세계의 중심에 있다는 상상의 산)이라는 것을 말해주는 것이다. 바위산 산정이 사왕천四王天이라면 상층기단은 도리천이다. 그 위층들은 구름 위에 뜬 여러 부처님 나라가 되는 것이다. 이 탑을 보는 사람은 누구나 '작은 탑 하나로 부처가 있다는 하늘세계에 연결'되는 크나큰 감격을 맛볼 수 있다.

통일 후 신라의 불교 미술과 신분제
누구를 위한 예술인가?
신앙의 표현인 동시에, 백성을 교화시키려는 욕구가 담겨 있다

통일 후 신라의 미술은 불국사, 석굴암 창건에서 최고 절정에 이른 듯하다. 불국사는 불교의 이상 사회가 경주 땅에 현실화 되어 있는 듯한 인상을 주며, 토함산에 위치한 석굴암의 예술성과 과학성은 보는 이로 하여금 신비감과 외경심에 젖게 만든다.

그러나 그러한 예술품들은 민중의 고통에 찬 노동 속에서 만들어진 것이다. 수십 년이 걸린 공사 기간 동안 민중은 힘든 노역에 동원되어야 했고, 자신의 재산을 절에 갖다 바쳐야 했다.

석가탑에 얽힌 한 여인의 죽음에서 그리고 성덕대왕 신종을 완성하기 위해 심지어 살아있는 갓난아이까지 재물로 바쳤다는 이야기에서 화려한 미술품의 이면에 놓여 있는 문중의 고통에 찬 신음소리를 들을 수 있다.

하지만 공교롭게도 이러한 미술품은 다시 민중들로 하여금 자신의 처지에 순종하게 만드는 교화의 수단으로 이용되고 있다.

경덕왕 시기 최고의 정치 실력자이며 불국사와 석굴암 공사 총 책임자인 김대성의 설화에서 이점을 분명히 발견할 수 있다. 이 설화에서 김대성은 어렵게 마련한 자신의 땅을 시주하면서 어머니에게 '생각해보니 우리는 전생에 아무 좋은 일도 한 것이 없기 때문에 이렇게 가난하게 되었다. 지금 보시해두지 않으면 다음 생에는 더욱 가난하게 될 것이다'라고 이야기한 후 죽었다.

그 후 그는 진골 가문에서 다시 태어나 최고 관직인 시중에 오르게 되어 불국사와 석굴암을 건립하게 되었다는 것이다.

이 설화에는 현재 비천한 신분의 사람들에게 그 원인을 전생에 공덕이 부족한 탓으로 돌리게 함으로써 현실의 불평등을 순종적으로 받아들이게 하려는 의도가 숨겨져 있다.

따라서 통일 신라 시기 불교가 일관되게 수행한 사회적인 역할은 신분제를 합리화시킴으로써 경주의 왕권과 귀족 세력의 지위를 옹호·강화시켜주는 것이라고 할 수 있다. 즉, 불교 미술품들은 신앙과 염원의 표현이면서 동시에, 백성을 교화시키려는 지배층의 욕구가 담겨 있는 이중성을 지니고 있는 것이다.

신라, 불국사 석굴암 창건
현세와 내세의 영화, 왕실의 안정 기원

751년 신라 불교 문화의 최고 걸작 불국사와 석굴암이 창건되었다. 신라 왕실은 현세의 김씨 왕가의 영화를 위해 불국사를, 내세의 김씨 왕가를 위해 석굴암을 창건하였다고 밝혔다. 석굴암의 본존불인 아미타여래가 역대 김씨 왕가의 해중릉이 있는 동해를 바라보도록 제작한 것도 다 이러한 이유 때문이다.

또 한편에서는 경덕왕 때 들어와 기울어져가는 전제왕권을 부처님의 힘을 빌어 다시 강화하려는 정치적 의도에서 두 절을 창건하게 되었다고 한다. 불국사 석가탑의 조화와 안정은 왕실의 권력 안정에 대한 염원이 담겨 있다는 것이다.

그러나 제작 동기가 어떠하든 간에 실제 제작을 담당한 사람은 일반 민중들이다. 이들 민중들이 작품의 제작을 자신의 신앙심으로 승화시킬 줄 알았기에 두 절의 뛰어난 조화미와 정제미가 탄생할 수 있었던 것이다.

● 경덕왕대의 신라정세

신라 왕실, 이제 그 힘을 다했는가
경덕왕 개혁 조치 잇달아 실패... 귀족의 대토지 소유, 대규모 사병 보유

경덕왕 시기에 들어와 신라 왕실의 힘이 그 한계점에 이른 것이 아닌가 하는 분석이 나오고 있다.

그동안 경덕왕은 국왕 권한의 약화를 극복하기 위한 방법으로 문무왕 대부터 귀족세력의 억제를 위한 여러 가지 개혁을 감행해왔다.

747년 국학 교육과 관리에 대한 감독을 강화하고, 759년에는 대대적인 관제개혁을 단행하여 왕은 귀족들의 세력을 벗어나서 전제적인 지배를 보다 쉽게 할 수 있는 새로운 체제를 만들었다. 또한 757년에는 전국의 지명을 한자식으로 고쳤으며, 아울러 주·군·현 간의 영속 관계를 체계적으로 정비했다.

그러나 경덕왕의 이와 같은 개혁도 귀족들의 반발로 제대로 시행되지 못하고 있다. 이들 귀족들은 대토지 소유·고리대업을 통해 자신의 경제력을 계속 증대시켜왔으며 많은 사병을 거느리고 있다. 귀족들은 이와 같은 자신의 세력을 바탕으로 국왕의 전제권력을 위협하고 있다.

이와 같이 귀족세력들의 권한이 강화되는 상황에서 경덕왕의 개혁 조치는 맥을 못추고 있는 상황이다.

귀족, 사원 경제의 확대
왕권 약화와 농민 몰락, 국가 기초 흔들린다

신라 귀족의 경제력 강화와 사원경제의 확대는 국왕의 정치력을 약화시키며 동시에 농민의 삶을 어려움에 빠뜨리고 있다. 그동안 귀족들은 왕실로부터 공을 세운 대가로 토지를 지급받거나, 개간 또는 매매로 토지를 확대했다. 그런데 토지를 사들이는 과정에서 농민이 몰락하고 있다는 사실이 문제가 되고 있다. 귀족들 대다수가 농민의 어려운 처지를 이용, 고리대를 주었다가 나중에 헐값에 그 땅을 사들이는 방법을 쓰고 있으며, 고리대를 갚지 못한 농민을 노비로 삼아버리는 등 농민 몰락을 조장하고 있다.

사원경제 비대화 역시 심각한 사회 문제를 낳고 있다. 사원은 개인의 복을 비는 왕실과 귀족들에 의해 새롭게 창건되고 있으며, 이들로부터 많은 금, 은과 막대한 토지를 공양 받아 거대한 부를 소유하고 있다.

왕실은 감은사, 불국사, 석굴암 등 대사찰을 건립했거나 건립하고 있으며, 귀족 중 누구는 해인사에 2천 5백 결의 토지를 납부했다고 한다. 그런데 사원의 재화를 기증하는 자들 중에는 국가에서 사원에 징세를 하지 않고 역을 거두지 않는다는 것을 이용, 재산을 은닉하려는 귀족들도 있다고 하니 문제가 아닐 수 없다. 사원경제의 비대화는 국가 재정 기반을 좀먹는 것으로 국가 경제를 위태롭게 하는 것이다.

또한 절에 시주를 하는 행위는 빈민이라고 다를 바 없는데, 현실에서 가장 고통 받고 있는 빈민들은 다음 생에서 다시 하층민으로 태어나지 않기 위해 자신의 전 재산인 쇠솥 한 개나 작은 땅뙈기마저 시주하고 있어 현세에서 이들의 고통은 더욱 커가고 있다.

나라의 경제력을 자신에게 집중시켜 거대한 사유지와 목장을 소유하며 수천의 노비와 사병을 소유하고 있는 귀족들은 이제 자신의 경제적, 군사적 힘을 바탕으로 왕권에 서서히 도전장을 내밀고 있다. 경덕왕은 여러 개혁 정책을 단행하여 전제 왕권을 유지시켜 보려고 안간힘을 쓰고 있으나, 귀족들의 반대로 개혁이 제대로 성사되지 못하는 실정이다.

촌락문서 작성, 조세 징수에 활용
뽕나무 숫자 · 소의 머리수까지 일일이 기록

756년 서원경 근처 지역 4개 촌에 대한 촌락문서 작성 작업이 완료되었다. 관례대로 3년 만에 이루어진 이번 조사는 이 지역에 대한 조세 및 공물 수취 그리고 노동력 동원의 책임을 지고 있던 촌주에 의해 이루어졌다. 이 문서의 조사 내용 역시 지난번과 마찬가지로 촌락 거주 인구가 남녀별·연령별로 세분되어 정리되어 있고 변동 상황이 기록되어 있다. 가축의 수도 마찬가지로 정리되어 있다. 또한 삼베밭, 뽕나무, 잣나무, 호두나무 등에 이르기까지 그 구체적인 수와 변동 상황이 기록되어 있다.

촌락의 생산 자원 및 노동력을 정확히 조사한 촌락문서는 국가가 조세·역·공물을 효율적으로 징수하는데 활용될 전망이다.

호구 파악, 소와 말의 숫자, 밭 크기, 종류별 나무 숫자 등 상세히 조사

중앙에서 파견한 관리가 아닌 '촌주'라 일컬어지는 토착 세력이 조사를 담당하는 것은, 다시말해 중앙에서 파견한 관리가 직접 조사를 담당시킬만큼 신라사회의 중앙 행정력이 발단한 단계에 도달하지는 못함을 반증한다.

조사 내용은 여러 항목으로 나뉠 수 있겠는데, 그 중 가장 중요한 것은 역시 노동력에 대한 파악이다. 여기서 노동력이란 성이나 다리를 건설하는 '부역'이나 왕궁을 지키고 외적을 방어하는데 필요한 '군역'으로 분류될 수 있겠다. 그런데 이 일은 여자에게 맡길 수는 없는 노릇이고 또 남자라 하더라도 어린아이나 노인들에게 돌아갈 수는 없는 일이기에 16세부터 57세까지의 남자 장정을 무엇보다 잘 파악하는 것이 중요하다. 인구를 조사하는데 남녀를 구분하고 연령별로 분류한 이유가 다 그 때문이다.

조사 과정에서 가장 어려운 점은 실제 나이가 얼마냐 하는 논란이었다. 주민들은 되도록 부역에 동원되는 것을 피하기 위해 실제보다 나이를 속이는 경우도 번번했다.

그러나 이 점은 촌주의 입장에서도 마찬가지이다. 괜히 인원수를 곧이곧대로 보고하면 그만큼 마을의 부담만 커지기 때문이다.

노동력 파악과 관련하여 소와 말을 빼놓을 수 없다. 이 둘은 농사와 교통, 전쟁에 매우 필요한 가축들이다.

다음으로 삼베밭의 크기, 뽕나무, 잣나무, 호두나무의 숫자도 파악하였다. 삼베는 베, 뽕나무는 비단을 만드는데 필요한 것이기에 철저한 관리가 필요하며 잣과 호두는 이 지역의 특산물로 국가에 공물로 바쳐야 하는 품목이다.

물론 논과 밭의 면적도 조사 항목에 포함되었다. 경작지에는 일반 가호의 땅 뿐만 아니라, 촌주나 관리 그리고 관청 관할의 땅이 포함되어 있다.

승려 충담사, 향가 '안민가' 저술
경덕왕 시기의 사치풍조 개탄

승려 충담사가 경덕왕을 위해 760년 '안민가安民歌'라는 향가를 지어 바쳤다. 노래의 제목은 백성을 편안하게 한다는 뜻을 가지고 있으나, 이러한 제목은 그렇지 못한 실제 현실상황에 대한 반의적 표현으로 볼 수 있다.

이 노래는 신라의 황금기인 경덕왕 때 호화와 사치가 극도에 달해 사리사욕에 물든 사회상을 개탄한 것으로, 애민·안민의 풍조를 부흥시키려는 뜻이 담겨져 있다.

하지만 노래 하나로 세상이 바뀌어질 수는 없는 노릇. 귀족들의 세력은 더욱 거세지기만 하고 백성들의 삶은 어려워지기만 하는 시대의 흐름은 노래의 내용과는 반대로 점점 심해져만 가고 있었다.

> 임금은 아비요, 신하는 사랑하는 어미시라
> 백성은 어리석은 아이라고 하시면, 백성이 사랑하리라
> 탄식하는 뭇 창생, 이를 먹도록 다스릴지어다
> 이 땅을 버리고 어디로 갈까 하면, 나라가 지녀지리라

아아, 임금은 임금같이, 신하는 신하답게, 백성은 백성같이 하면
나라 태평하리라
신하는 즐거운 아이로 여기시니, 백성이 은혜와 사랑으로 알지다
군답게 신하답게 할지면 나라는 태평하리라

신라, 당나라 황제에게 '만불상' 선물
"신라 사람의 재주는 하늘의 솜씨이지 사람의 것이 아니다"

오색 빛깔의 모직 담요 위에 나무, 구슬, 옥으로 한 길 높이의 산을 만들고
그 산에 바위, 개울, 동굴을 만들었다. 그 사이사이에 춤추고 노래하며 악
기를 연주하는 인형까지 들어있는데, 바람이 불면 벌과 나비가 날고 새들
이 춤을 춘다. 또 한 치 내지는 그보다 약간 작은 불상이 곳곳에 만들어져
있다. 불상의 머리는 콩 반쪽만한데, 눈, 눈썹까지 얼굴 모양이 다 갖추어져
있다.
앞에는 걸어서 산을 돌아다니는 스님 모양의 인형이 천 개가 있다. 아래에
는 자색 금으로 만든 종이 세 개가 있다. 바람이 불어 종이 울리면 스님 모
양의 인형들이 모두 바닥에 엎드려 절을 하면서 은은히 불경을 외는 소리
가 들린다.
당나라 황제 대종代宗은 이를 보고

"신라 사람의 재주는 하늘의 솜씨이지 사람의 것이 아니다"

라고 탄복했다고 한다.

발해와 신라, 문물 교류 재개
발해, 신라 간 총1천2백 리 육로인 신라도新羅道 활용

 발해가 건국되었을 때 신라와 당은 냉정관계에 있었고, 신라는 당을 견제하기 위해 발해와 가까이 하였다. 실제로 신라는 대조영에게 벼슬을 내려 주기도 하였다. 그 후 무왕(719~737) 시기 발해와 신라 사이에 직접적인 군사적 대결도 한 차례 있었으나 발해에서 신라로 한차례 있었으나 발해에서 신라로 연결되는 '신라도'가 개설되어 문왕과 경덕왕 시기에 두 나라간에는 교류가 재개되었다.

 발해에서 신라에 이르는 육로인 신라도는 발해의 동경 용원부(현 길림성 혼춘현 팔련성)에서 발해의 남경 남원부를 지나 신라 천정군(현 덕원)에 이르는 길로서 길이 1,170리(=531km)에 총 39개의 역이 세워져 있다. 발해를 출발한 사신은 천정군에 이르러 동해안을 따라 신라의 경주에 이르게 된다. 물론 이 길 외에 평안도 쪽을 지나오는 길과 동해 바다를 이용하는 길도 더러 이용되기도 한다.

발해, 상경 용천부로 천도

 756년 발해의 제3대 문왕文王(737~793)은 수도를 동모산에서 동북쪽 3백리 지점에 있는 상경 용천부로 옮겼다.

 새로 도읍한 상경 용천부는 땅이 기름지고 기후도 비교적 따뜻한 넓은 평야지대에 자리 잡고 있으며, 강과 호수가 있어 물을 이용하여 농사짓기가 좋고 물고기 잡이에도 유리한 지역이다. 더구나 교통도 편리하고, 주위가 강·호수·산줄기로 둘러싸인 요새지로서 침략군을 막는 데도 좋은 곳으로 평가받고 있다.

 문왕은 이전 국왕들이 확립해 놓은 국가기반을 바탕으로 내부체제를 정비하는데 힘을 기울이고 있는 것으로 평가받고 있다.

당나라 사신의 발해 견문
돼지고기 즐기며 여성의 지위 매우 높아

발해는 겨울은 춥고, 여름은 따뜻하고 습하며, 봄·가을은 메마르고 짧은 특성을 갖추고 있는데 대체로 추운 편이다. 발해 영토는 매우 넓은데 그 중 연해주 지역은 북쪽에 자리 잡고 있어 겨울이 다른 지역보다 길다. 한겨울에는 오전 9시가 되어야 날이 밝고 오후 4시면 어두워진다. 기온도 매우 낮아 겨울에는 영하 30도까지 내려간다고 한다. 삼림은 무성하여 침엽수와 활엽수의 혼합림이 울창하다. 또 초원과 크고 작은 연못이 광범위하게 분포하고 있다.

발해인들이 즐겨먹는 음식 중 첫 번째는 돼지고기이다. 대부분의 발해인들이 집집마다 돼지를 기르고 있었다. 아무래도 추위를 이겨내려면 지방 섭취가 많아야 하고 그래서 돼지고기를 선호하게 된 것 같다. 이들은 또한 쑥떡을 해 먹으며 바다고기도 즐겨 먹었다. 그리고 된장을 좋아했는데 중국 동북부 일대에서 일찍이 콩이 재배된 사실과 깊은 관련이 있어 보인다.

발해의 가족생활을 보면서 가장 눈에 띄는 특징은 일부일처제를 기본으로 하면서 여성의 지위가 만만치 않다는 것이다. 이곳 부인들은 모두 사납고 투기가 심하다. 결혼한 여자들은 다른 성씨와 연결을 맺어 10명의 의자매를 이루었는데, 번갈아가며 남편을 감시하고 남편이 첩을 두거나 다른 여자와 연애하는 것을 용납하지 않는다.

만일 이런 일이 알려지면 반드시 독을 넣어 자기가 사랑하는 사람을 독살하려 한다. 한 남편이 바람을 피우는데 그 아내가 알지 못하더라도, 아홉 사람이 모두 일어나 그를 꾸짖는 것을 서로 다투어 자랑으로 여기고 있어 남자들이 한눈파는 것은 상상도 못한다.

그러므로 거란·여진의 여러 나라에는 모두 창녀가 있고 남자들은 작은 부인이나 시중드는 계집종들을 거느리고 있으나, 오직 발해에만 이들이 없다.

– 754년 당나라 사신 한조빈

중국 상인, 발해 장사 실패담

중국인 장만재라는 사람이 발해란 나라가 상품이 풍부하고 경제가 발달했다는 소문을 듣고, 한 번 재미를 보려고 모든 재산을 털어 피륙·쇠그릇·약품과 같은 물건을 가지고 고생 끝에 발해의 서울에 도착하여, 인산인해를 이루고 있는 시장에서 자신의 물건을 내놓고 고래고래 고리를 쳤으나 장사가 되지 않아 이상하게 여겨 점쟁이에게 물어보았다. 그가 대답하기를

"자네는 발해에서 옥주의 면綿과 위성의 철鐵이 유명하다는 소리를 들어보지 못하였는가? 이런 물건들은 중원에서 나는 물건들과 차이가 없다네. 더구나 자네가 가져온 물건은 너무 조잡하여서 중원에서도 이미 사라져버린 것이고 약품도 가짜 아닌가? 눈이 밝은 발해 사람들이 진품과 가짜를 구분 못할 리가 없지"

하였다. 결국 그는 패가망신하여 문전걸식하다가 겨우 목숨을 부지하여 중국으로 되돌아갔다고 한다.

36

반란은 끝이 없고
정국은 안개 속으로 물하다

혜공왕

新羅王朝實錄

혜공왕 惠恭王
김씨 왕 21대

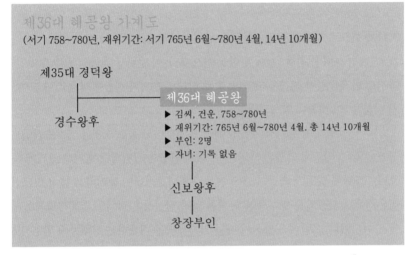

제36대 혜공왕 가계도

(서기 758~780년, 재위기간: 서기 765년 6월~780년 4월, 14년 10개월)

제35대 경덕왕
┬
경수왕후

제36대 혜공왕
▶ 김씨, 건운, 758~780년
▶ 재위기간: 765년 6월~780년 4월. 총 14년 10개월
▶ 부인: 2명
▶ 자녀: 기록 없음

신보왕후

창장부인

758(경덕왕 17)~780(혜공왕 16). 신라 제36대 왕. 재위 765~780. 성은 김씨金氏. 이름은 건운乾運. 경덕왕의 적자嫡子로서 760년(경덕왕 19)에 태자로 책봉되었다. 어머니는 서불한舒弗邯 의충義忠의 딸 만월부인滿月夫人 김씨이고, 이찬 유성維誠의 딸인 신보왕후新寶王后가 원비元妃, 이찬 김장金璋의 딸인 창창부인昌昌夫人이 차비次妃이다.

혜공왕은 태종무열왕의 직계손으로 계승된 신라 중대왕실中代王室의 마지막 왕이다. 즉위했던 때의 나이가 8세였으므로 왕태후가 섭정하였다. 혜공왕대에는 집사부執事部 중시中侍를 중심으로 강력한 전제왕권체제를 구축했던 신라 중대사회의 모순이 본격적으로 노정되었다.

즉, 전제왕권의 견제하에 있던 귀족세력들이 정치일선에 등장해 정권쟁탈전을 전개함으로써 정치적으로 불안정하였다. 따라서, 혜공왕의 재위 16년 동안에는

新羅王朝實錄

많은 정치적 반란사건이 있었다.

먼저 일길찬一吉湌 대공大恭과 그의 동생 아찬阿湌 대렴大廉이 768년(혜공왕 4)에 반란을 일으켰으나, 왕의 측근인 이찬伊湌 김은거金隱居를 비롯한 왕군王軍에 의해서 토멸되었다. 이 반란은 경덕왕에 이어서 중대의 전제왕권체제를 유지하려는 혜공왕 초년의 정치적 성격을 부인하려는 최초의 정치적 움직임이었다. 김은거는 이 반란의 진압에 대한 공로로 그 해에 시중에 임명되었으며, 이찬 신유神猷는 상대등에 임명되었다.

그리고 769년에 왕은 임해전臨海殿에서 조신들에게 연회를 베풀고, 인재를 천거하게 함으로써 새로운 인재들로써 전제왕권체제를 강화하려 하였다. 그러나 770년에는 대아찬 김융金融이 반란을 일으켰다. 이 반란도 대공의 반란과 마찬가지로 반혜공왕적 성격을 띠었다. 이로 인해 김은거가 시중에서 물러나고 이찬 정문正門이 시중에 임명되었다.

그러나 혜공왕대의 정치적 사건 중에서 무엇보다도 중요한 것은 774년 김양상金良相이 상대등에 임명된 사실이다. 즉, 김양상은 경덕왕대에 시중을 역임했으나, 778년에 있었던 대공의 난에 연루되어 시중직에서 물러나고 왕의 측근인 김은거에게 시중직을 물려주었다. 이를 보면 김양상은 적어도 친혜공왕적인 인물은 아니었다. 그런데 김양상이 다시 귀족세력을 대표하는 상대등에 임명되었다는 사실은 반혜공왕적인 귀족세력이 정권을 장악했음을 의미하며, 이것은 전제왕권 중심의 중대사회에서 귀족 중심의 사회로의 전환이 이루어지고 있었음을 시사하는 것이다.

이에 대해서 775년에는 김은거 및 이찬 염상廉相과 정문의 모반이 두 차례에 걸쳐 있었다. 이들은 모두 전제왕권 유지를 지지하는 세력으로서 귀족세력인 김양상의 대두에 반대해 반란을 일으켰으나 모두 진압됨으로써 김양상 중심의 정치세력은 더욱 공고해질 수 있었다. 이러한 과정에서 혜공왕 일파는 실질적인 정치권력은 상실하고 명목상의 왕위만을 보전하고 있는 상태가 되었다.

그러나 이들이 정권회복에 대한 노력을 포기한 것은 아니었다. 혜공왕은 재위 16년 동안 11회의 조공朝貢·하정賀正·사은謝恩의 사절을 중국 당나라에 파견하였다. 이 중에서 8회는 혜공왕 9년(773)에서 12년(776)에 이르는 4년 동안에 이루어졌다. 이것은 매년 2회씩 파견된 것으로서 774년에 있었던 김양상의 상대등 임명에 따른 신라내정에 있어서의 정권변동과 무관하지 않다. 즉, 보다 친당적親唐的인 혜공왕 일파가 정권회복을 위해 당나라를 정치적으로 이용하려했던 것이다.

그러나 혜공왕 일파의 이와 같은 외교적인 노력도 777년 상대등 김양상의 상소上疏에 의해 신랄한 비판을 받게 되었다. 상소를 통한 김양상의 혜공왕 일파에 대한 정치적 경고는 친혜공왕파를 자극하게 되어 780년에 김양상 일파를 제거하려는 이찬 김지정金志貞의 반란이 있었으나, 오히려 김양상과 이찬 김경신金敬信에 의해 진압되고 말았다.

이 반란의 와중에서 혜공왕과 왕비는 살해되었다. 그리고 경신의 추대에 의해 김양상 자신이 제37대 선덕왕으로 즉위하였다.

765년(혜공왕 원년) 죄수를 구제하고 대학에 행차하여 박사 등과 ≪상서의尚書義≫를 강론하였다.

766년(혜공왕 2) 정월에 해가 나타나 날씨가 좋아지므로 죄수를 대사하였다. 이는 아마도 해와 달이 동시에 보인 것을 해가 2개가 뜬 것으로 오인한 것으로 보인다. 2월에 왕은 친히 신궁神宮에 제사를 드렸다. 불길하게 느껴지는 사건은 또 이어져 양리공良里公 집의 암소가 송아지를 낳았는데 다리가 다섯이고 한 다리는 위로 솟아 나왔으며, 강주에서 땅이 갑자기 꺼져 연못이 되었는데 길어와 넓이가 50여 척이나 되고 물빛은 푸르고 검었고, 10월에는 하늘에서 북치는 것과 같은 소리가 들렸다고 한다.

767년(혜공왕 3) 6월에는 지진이 있었다. 7월에는 이찬 김은거金隱居를 당으로 파견하여 토산물을 바치고 왕의 책명을 더하여 달라 청하니, 당의 대종代宗은 자신전紫宸殿에서 연회를 베풀고 사신을 접견하였다. 이때 3개의 별이 떨어져 궁정을 쳤는데 그 빛이 불꽃같이 헤어졌다. 10월 김포현金浦縣의 벼가 모두 쌀이 되었다.

768년(혜공왕 4) 봄에 혜성이 동북에 나타났다. 이때 당의 대종은 창부倉部 낭중郎中 귀승경歸崇敬에게 어사중승지절御史中丞持節을 겸하게 하고 책서冊書를 보내어, 왕을 개부의동삼사신라왕으로 책봉하고 겸하여 왕모王母 김씨金氏를 책봉하여 대비로 삼았다. 5월에는 특별히 중죄를 제외하고는 모두 사면하였다. 6월에는 서울에 우박이 내려 초목이 상하였으며, 큰 별이 황룡사 남쪽에 떨어지고, 지진이 있었는데 소리가 우레와 같았고, 샘물이 모두 마르고 호랑이가 궁중으로 들어는 일이 연달아 일어났다. 7월에는 일길찬 대공大恭이 그 아우 아찬 대렴大廉과 더불어 모반하여 많은 무리들로 궁전을 30일 동안이나 포위하였으나, 왕군王軍은 이를 토평하고 그의 구족을 주살하였다. 9월에 사신을 당으로 파견하여 예물을 보냈으며 10월에는 이찬 신유神猷로서 상대등을 삼고 이찬 김은거를 시중으로 삼았다.

769년(혜공왕 5) 3월에 왕은 임해전臨海殿에 군신을 모아 잔치를 베풀었다. 5월에는 메뚜기 떼가 농작물을 해쳐 큰 재해를 입고 또한 한재가 들었으므로 왕은 백관에게 명하여 각각 방지책을 의논하였다. 11월에 치악현雉岳縣(현 원주)의 쥐 8천 마리 가량이 한데 몰려 평양으로 향하여 갔으며 겨울에는 눈이 오지 않았다.

770년(혜공왕 6) 정월에 왕은 서원경西原京(현 청주)에 행차하는 지나는 주와 현의 죄수를 사면하여 주었다. 3월에는 흙비가 내렸으며, 4월에 왕은 서원경으로부터 서울로 돌아왔다. 5월 11일에 혜성이 오차五車의 북쪽에서 나타났는데 6월 12일에야 없어졌다. 6월 29일에는 호랑이가 집사성執事省으로 들어와 이를 잡아 죽였다. 8월에는 대아찬 김융金融이 모반하므로 주살하였으며, 11월에는 서울에 지진이 일어나는 등 이해에도 좋지 않은 사건은 끊이지 않고 발생했다. 12월에 시중 김은거가 퇴직하므로 이찬 정문正門을 시중으로 삼았다.

772년(혜공왕 8) 정월에 이찬 김표석金標石을 당으로 파견하여 하정하니 당의 대종은 그에게 위위원외소경衛尉員外少卿의 벼슬을 주어 돌려보냈다.

773년(혜공왕 9) 4월에도 사신을 당으로 파견하여 하정하고 금은과 우황, 명주의 한 종류인 어아주魚牙紬 그리고 비단의 한 종류인 조하朝霞 등의 토산물을 바쳤다. 6월에도 사신을 당으로 파견하여 사은하니 당의 대종은 연영전延英殿에서 사신을 인견하였다.

이어 774년(혜공왕 10) 4월에도 사신을 당으로 파견하고 예물을 보냈다.

이해 9월에는 이찬 양상良相을 상대등으로 삼았으며 10월에는 사신을 당으로 파견하여 하정하니 당의 태종은 연영전에서 사신을 접견하고 그에게 원외위사경員外衛射卿의 벼슬을 주어 돌려보냈다.

775년(혜공왕 11) 정월에도 사신을 당으로 파견하여 예물하였다. 3월에 이찬 김순金順을 시중으로 삼았으며 6월에는 당으로 사신을 파견하였다. 이찬 김은거가 모반하다가 복주되었으며, 8월에 이찬 염상이 시중 정문과 더불어 모반하다가 복주되었다.

776년(혜공왕 12) 정월에 왕은 하교하여 백관의 호를 모두 복구시키고, 감은사感恩寺로 행차하여 바다를 살폈다. 2월에는 국학으로 행차하여 강론을 들었으며, 3월에는 창부사 8명을 더하였다. 7월에 사신을 당으로 파견하여 토산물을 보내고, 또 10월에 조공하였다.

777년(혜공왕 13) 3월과 4월, 서울에 지진이 발생하였다. 상대등 양상은 상소하여 시정을 극론하였고 10월, 혜공왕은 이찬 주원周元을 시중으로 삼았다.

779년(혜공왕 15) 3월에 또다시 서울에 지진이 일어나서 민가가 파괴되고 1백여 명이나 사망하였다. 또한 태백성이 달을 침범하므로 백좌법회百座法會를 베풀었다.

780년(혜공왕 16) 정월에 누런 안개가 끼고 2월에는 흙비가 내렸다. 왕은 매우 어린 나이에 즉위하여 장년이 될수록 음란함이 더하여 여색을 밝히고 음악에 빠져 살며 순유巡遊함이 절도가 없고 강기綱紀가 문란하며 재해 같은 이변이 번번이 일어나므로, 인심은 떠나고 사직은 위태하였다.

이에 이찬 지정志貞은 모반하여 무리를 모아 거느리고 궁궐을 침범하여 포위하였으나 4월, 상대등 김양상金良相은 이찬 경신과 더불어 군사를 일으켜 지정 등을 주살하였다.

이때 왕은 후비와 함께 반란군에게 해를 당하고 말았다. 양상 등은 왕을 혜공왕이라 시호하였다. 왕의 원비 신보新寶 왕후는 이찬 유성維誠의 딸이고 차비는 이찬 김장金璋의 딸인데 그가 입궁한 연월은 역사 기록에는 나와 있지 않다.

혜공왕대의 사람들

대렴大廉

생몰년 미상. 신라 혜공왕 때의 반란자. 관등은 아찬阿湌이었다. 768년(혜공왕 4) 7월 형인 일길찬一吉湌 대공大恭을 도와 반란을 일으켰다가 실패하여 죽임을 당하였다.

신유神猷

생몰년 미상. 신라 혜공왕 때의 귀족. 관직은 상대등上大等, 관등은 이찬伊湌이다. 768년(혜공왕 4) 상대등에 임명되어, 773년 이찬 김양상金良相이 상대등에 임명될 때까지 재직하였다.

신행神行

704(성덕왕 3)～779(혜공왕 15). 신라에 선禪을 전래한 고승高僧. 성은 김씨金氏. 경주 어리御里 출신.

장성한 나이에 출가하여 운정율사運精律師를 스승으로 삼아 2년 동안 수행하였고, 법랑法郎이 호거산瑚琚山에서 선지禪旨를 가르친다는 말을 듣고 찾아가서 3년 동안 선법禪法을 구하였다.

법랑이 죽자 구법求法을 위하여 당나라 창주滄州로 갔으나 흉년이 들어 도둑이 횡행하였으며, 그도 혐의를 받고 옥에 갇혔다가 40일 만에 석방되었다. 그때 지공志空에게 가서 3년 동안 공부하였고, 지공이 죽기 직전에 관정수기灌頂授記를 받았다. 그 뒤 귀국하여 많은 사람들을 제도하다가 지리산 단속사斷俗寺에서 입적하였다.

그는 우리나라에 중국의 북종선北宗禪을 전래한 인물이라고 한다. 813년(헌덕왕 5)에 비를 단속산 서쪽에 세웠는데, 비명은 신라의 병부시랑 김헌정金獻貞이 지었다. 제자로는 삼륜三輪이 있다.

염상廉相

?~775(혜공왕 11). 신라 경덕왕 때의 대신. 758년(경덕왕 17) 정월 이찬伊飡으로서 시중侍中 김기金耆의 뒤를 이어 시중이 되었으며, 2년 뒤인 760년 4월에 시중직에서 물러났다. 그 뒤 775년(혜공왕 11) 8월에 전임 시중 정문正門과 함께 모반하다가 복주伏誅되었다.

그가 시중직에서 물러난 이유는 구체적으로 확인할 수 없다. 그러나 경덕왕 때에 추진한 한화정책漢化政策의 주인공이라는 점을 상고할 수 있다. 이들 개혁의 주체세력은 763년 8월에 상대등 신충信忠과 시중 김옹金邕 및 대나마大奈麻 이순李純 등이 관직을 떠나 산 속에 묻혀 살았던 일과도 연관지을 수 있다. 특히, 776년(혜공왕 12)에는 경덕왕 때 개혁한 관제를 원래대로 복구하고 있는 점을 볼 때 염상의 모반사건은 개혁반대세력에 대한 저항이었다고 생각된다.

유성維誠

생몰년 미상. 신라 혜공왕 때의 귀족. 관등은 이찬伊飡에 이르렀다. 그의 딸은 혜공왕의 원비인 신보왕후新寶王后로 혜공왕의 국구國舅가 되었다.

그런데 《삼국유사》 왕력편에는 혜공왕의 선비先妃는 신파부인神巴夫人으로 각간 위정魏正의 딸이라고 하였다. 따라서 《삼국사기》와 《삼국유사》의 기록에는 혜공왕의 첫째 비의 이름과 그 아버지의 이름 및 관등이 서로 다르게 표기되어 있다.

신파부인과 신보부인은 동일인물에 대한 이기異記라 하겠으나 유성과 위정을 동일인물로 보기도 하나 정확하지는 않다.

이순李純

699년(효소왕 8)~767년(혜공왕3). 신라 경덕왕 때의 총신·승려. 일명 이준李俊. 법명은 공굉장로孔宏長老.

748년(경덕왕 7) 50세에 관직에서 물러났으며, 그 뒤 왕을 위하여 조연소사槽淵小寺를 고쳐 큰 절로 만들고 단속사斷俗寺라 하였다. 스스로 머리를 깎고 절에서 20년을 생활하였다.

단속사는 신충信忠이 창건한 절이라고도 하나 이는 잘못으로 보인다. 또한, 그의 직장直長이라는 벼슬이 어떠한 것인지 알 수 없으나 당나라 전중성殿中省 소속의 상륙국尙六局 관리인 점으로 미루어 왕을 가까이 모시는 관직으로 짐작된다.

왕의 측근자로 보이나 관등이 대나마大奈麻인 것으로 보아서는 신분이 높은 것은 아니었으며 육두품六頭品일 것으로 추정된다. 왕이 노는 것을 좋아한다는 말을 들은 그는 왕에게

"신이 듣건대, 옛날 걸桀·주紂가 주색에 빠져 음란하게 즐기기를 그치지 않다가, 그로 말미암아 정사가 쇠퇴하여 나라가 망하였다 합니다. 뒤집힌 수레가 앞에 있으니 뒷수레는 마땅히 경계하여야 할 것입니다. 삼가 바라옵건대, 대왕은 잘못을 뉘우치시고 스스로 새롭게 하시어 장구한 나라의 발전을 꾀하소서."

라고 간하였다. 왕은 그 간언에 감탄하여 놀기를 그만두고 그에게 도道를 묻고 치세의 방책을 구하였다 한다.

최혜소崔慧昭

신라新羅 774년(혜공왕 10)~850년(문성왕 12) 중. 본관은 전주全州. 804년(애장왕 5) 세공사歲貢使 배에 편승하여 당나라 창주滄洲에 가서 신감대사神鑒大師에게서 중이 되어 810년(헌덕왕 2) 당나라 숭산崇山 소림사小林寺에서 구족계具足戒를 받았다.

우리나라의 구법승求法僧 도의道義를 만나 각지를 편력한 후 종남산終南山에서 수도 3년 동안 보시布施 등 고행苦行을 쌓았고, 830년(흥덕왕 5) 귀국하여 상주尙州 장백사長栢寺에 있다가 지리산의 삼법화상三法和尙의 옛 절터에 절을 짓고 있었다.

838년(민애왕 1) 왕에게서 혜조慧照라는 호를 받았다가 후에 소성왕의 이름을 피하여 조를 소로 고쳐 혜소라 했다. 그 뒤에 남령南嶺 기슭에 옥천사玉泉寺를 짓고 조계曹溪 육조六祖의 영당影堂을 세웠다. 비가 경남 하동군河東郡 쌍계사雙溪寺에 있다.(국보 47호) 시호는 진감眞鑑, 탑호塔號는 대공령탑大空靈塔.

지정 志貞

?~780년(혜공왕 16). 벼슬은 이찬伊飡으로 왕이 음탕하여 절도節度가 없고 기강紀綱이 서지 않아 민심이 동요되고 사직社稷이 위태하므로 지정이 난을 일으켜 왕을 죽이려 하였다. 그러나 상대등上大等 김양상金良相(후의 선덕왕)·아찬阿飡 김경신金敬信(후의 원성왕)에게 패하고 주살誅殺되었다.

김지정 金志貞

?~780년(혜공왕 16). 벼슬은 대신大臣. 왕족으로 이찬伊飡에 있다가 반란을 기도, 780년(혜공왕 16) 궁궐을 포위하고 왕과 왕비를 죽였으나 상대등上大等 김양상金良相, 아찬阿飡 김경신金敬信등의 반격으로 주살誅殺당했다.

김대성 金大城

700(효소왕 9)~774(혜공왕 10). 신라 경덕왕 때의 정치가. 대정大正이라고도 한다. 아버지는 재상을 지낸 문량文亮이다. 745년(경덕왕 4) 이찬伊飡으로 중시中侍가 되었으며 750년에 물러났다.

그 뒤 삶을 마칠 때까지 불국사佛國寺의 창건 공사를 주관하였는데 이와 관련된 연기설화가 ≪삼국유사三國遺事≫에 실려 다음과 같이 전해오고 있다.

　모량리牟梁里(부운촌浮雲村이라고도 함)의 가난한 여인 경조慶祖에게 아들이 있었는데, 머리가 크고 이마가 아주 넓어 성城과 같으므로 이름을 대성大城이라 하였다. 집이 가난해 기르기가 힘들었으므로 어머니가 부잣집에 가서 품팔이를 했는데, 그 집에서 밭 몇 마지기를 주어 생활을 꾸려나갔다.

　하루는 점개漸開라는 중이 흥륜사興輪寺에 육륜회六輪會를 베풀고자 시주하기를 권해 베 50필을 시주하였다. 이에 점개가 축원하기를

"불교 신자로서 보시를 잘 하시니 천신天神이 항상 보호해 하나를 시주하면 만 배를 얻어 안락하고 장수할 것입니다."

라고 하였다. 대성이 이 말을 듣고 뛰어들어 와서 어머니에게

"제가 문간에서 축원하는 스님의 말을 들으니 하나를 시주하면 만 배를 얻는다고 하였습니다. 우리가 지금 이렇게 가난하게 사는 것을 생각할 때 전생에 착한 일을 하지 않았기 때문일 것입니다. 또 지금 시주하지 않으면 내세에는 더욱 어려워질 것입니다. 우리가 경작하는 밭을 법회法會에 시주해 후세의 복을 얻음이 어떻겠습니까?"

라고 말하자 어머니가 듣고 좋다고 하였다. 그리하여 밭을 점개에게 시주했는데 얼마 지나지 않아 대성이 죽었다. 그 날 밤 재상 김문량金文亮의 집에 하늘에서 부르짖음이 있기를

"모량리의 대성이 지금 너의 집에 환생하리라"

하였다. 집안 사람이 놀라 모량리에 사람을 보내 알아보니 과연 하늘에서 부르짖은 때 대성이 죽었다.

그러고 나서 김문량의 부인이 임신해 아들을 낳았는데, 아이가 왼손을 꽉 쥐고 펴지 않다가 7일 만에 손을 폈다. 그런데 손안에 '대성大城'이라는 두 글자를 새긴 금간자金簡子가 있어 이름을 대성이라 하였다. 또한 전생의 어머니를 집으로 데리고 와 함께 부양하였다.

 대성이 장성하자 사냥을 좋아해, 하루는 토함산吐含山에 올라가 곰 한 마리를 잡고 산 밑 마을에서 잠을 자는데, 꿈에 곰이 귀신으로 변해 말하기를

"네가 나를 죽였으니 나도 너를 잡아먹을 것이다"

하였다. 대성이 겁에 질려 용서하기를 빌었더니 귀신이

"네가 나를 위해 절을 지어주겠는가?"

하고 물어 대성이 그렇게 하겠다고 맹세하였다. 꿈을 깨니 온 몸에 땀이 흘러 자리를 적셨다. 그 뒤로는 일체 사냥을 금하고, 곰을 위해 사냥하던 자리에 장수사長壽寺를 세웠다. 그리고 현세의 부모를 위해 불국사를 창건하고, 전세의 부모를 위해 석불사石佛寺(지금의 석굴암石窟庵)를 창건했다고 한다.

김순 金順

 생몰년 미상. 신라 진골귀족. 이찬伊湌으로 775년(혜공왕 11)에 시중 정문正門이 모반을 꾀하다가 죽임을 당하여, 그 뒤를 이어 시중이 되었다.

시중이 된 뒤 혜공왕 10년을 전후로, 김은거金隱居를 대표로 하는 중대적中代的인 구세력과 김양상金良相을 대표로 하는 하대적下代的인 신세력이 교체되는 소용돌이 속에서, 행정의 최고책임자로 2년 7개월간 역임했다.

 또, 776년에 상대등 김양상과 함께 백관의 칭호를 경덕왕의 개혁 이전으로 다시 복고하는 대개혁을 단행하고, 777년에 시중직에서 물러났다.

김암金巖

생몰년 미상. 신라 중대의 관리·방술가方術家. 김유신金庾信의 적손嫡孫인 윤중允中의 서손이다. 어려서부터 천성이 총명하였으며 신선사상에 심취하였고, 방술을 배워 장생불사하는 방사方士가 되려고 노력하였다.

한때 이찬伊飡이 되어 당나라에 가서 숙위宿衛로 지냈는데, 그 때 중국의 음양술에 관심을 가지고 스승을 찾아가 인간의 길흉화복과 만물의 생멸변화를 미리 예측하기 위해 천문·지리·역수曆數 등을 배웠다. 스스로 '둔갑입성법遁甲立成法'을 창안하여 스승에게 보이자, 그의 술법이 높음에 감복하여 감히 제자로 대하지 못하였다고 한다.

그가 당나라에서 귀국하자마자 사천대박사司天大博士가 되었으며, 천문·역수 등을 맡아 보았다. 이어 양주良州·강주康州·한주漢州의 태수를 역임했고, 다시 집사시랑執事侍郎과 패강진浿江鎭의 두상頭上이 되었다. 그는 가는 곳마다 마음을 다해 백성들을 보살피고, 농사일이 한가할 때는 백성들에게 육진병법六陣兵法도 가르쳤다.

한편, 그는 술법으로 이적을 보이기도 하였는데, 한번은 황충蝗蟲(메뚜기와 비슷한 곤충으로 누리라고도 부름)이 서쪽에서 날아와 패강진 일대를 덮쳐 백성들이 농사를 근심하게 되자, 그가 산마루에 올라가 향을 피우고 주문을 외며 하늘에 기원하니 갑자기 비바람이 일어나 황충이 모두 죽었다고 한다.

779년(혜공왕 15)에는 왕명에 따라 일본에 사신으로 갔는데, 일본의 광인왕光仁王이 그의 도술이 높음을 알고 억지로 더 머무르게 하였다. 그 때 당나라 사신 고학림高鶴林도 일본에 건너와 김암과 만나게 되었는데 전부터 아는 사이라 서로 반기니, 이를 본 왜인들이 김암이 중국에도 널리 알려진 인물임을 알고 더욱 두려워하였다 한다.

김장金璋

생몰년 미상. 신라 중기의 진골. 김장金將으로도 쓴다. 혜공왕의 후비 창창부인昌昌夫人의 아버지이다. 관등은 각간角干에까지 이르렀다.

김은거 金隱居

?~775(혜공왕 11). 신라 혜공왕 때의 정치인·반란자.

≪삼국사기≫에 의하면, '767년(혜공왕 3) 7월에 이찬 김은거를 당나라에 보내 방물方物을 바치고 인하여 책명冊命을 가해줄 것을 청했다.'고 기록되어 있으며, ≪구당서≫ 신라전에는 '767년(대력大曆 2)에 헌영憲英(경덕왕)이 죽자 국인國人이 그 아들 건운乾運(혜공왕)을 세워 왕으로 삼고, 인하여 대신 김은거를 보내어 표문表文을 받들고 입조해 방물을 바치고 책명을 가해주기를 청했다.'고 되어 있고, ≪당서唐書≫ 신라전에는 '766년에는 헌영이 죽자 아들 건운이 즉위하였다. 김은거를 보내어 당나라에 와서 대명待命하게 하였다.'고 한 서로 상이한 내용이 담겨 있다. 물론 결과적으로 같은 일이지만, 미리 가서 대명하고 있었다는 것은 어떤 다른 의미로 해석할 수 있다.

혜공왕은 8세 때 즉위해 어머니 만월부인滿月夫人이 섭정하였다. 어떤 의미로는 혜공왕의 즉위 그 자체에 문제가 있었던 것이 아닌가 싶다. 왕과 모후를 당나라에서 봉책한 것은 768년의 일이다.

같은 해 7월에 30여 일 계속된 대공大恭의 난亂이 일어났다. 10월에는 이찬 신유神猷가 상대등이 되고, 그는 시중이 되었다. 이는 어린 왕의 보호역으로 생각된다.

그런데 770년에 대아찬 김융金融의 반란이 진압된 뒤, 그 해 12월에 시중직에서 물러나고 이찬 정문正門이 시중이 되었다. 또 774년 9월에 상대등 신유가 퇴직한 바 없이 이찬 양상良相(선덕왕)이 상대등이 된다.

그리고 775년 3월에는 시중 정문이 물러감 없이 이찬 김순金順이 시중이 되었다. 그 해 6월에 드디어 이찬으로 있던 그가 반란을 일으켰다가 복주伏誅되고, 8월에는 이찬 염상廉相이 시중 정문과 모반했다가 복주되었다.

777년 4월에 상대등 김양상이 소를 올려 시정時政을 극론하였다. 그리고 그 해 10월에 김주원金周元을 시중으로 삼았다.

혜공왕대의 이와 같은 인사난맥은 조정 중신들의 계속된 반란과 함께 정치적으로 상황이 극도로 불안했음을 말해 준다.

따라서 그는 혜공왕을 도와 국정을 바로잡아보려고 노력했으나 혜공왕의 어지러운 정사가 그로 하여금 반란으로까지 몰고 가게 한 것이 아닌가 생각된다.

대공大恭

?~768(혜공왕 4). 신라 혜공왕 때의 반란자. 768년(혜공왕 4) 일길찬一吉湌으로서 아우인 아찬 대렴大廉과 함께 모반하여 군사를 거느리고 왕궁을 30여일이나 에워쌌다. 그러나 결국 토평되어 구족九族이 멸하게 되고 아울러 재산과 보물들도 몰수당하여 왕궁으로 옮겨졌는데, 그의 재력은 반란을 일으킬 정도의 많은 사병을 양성할 수 있을 만큼 막대한 것이었다.

이 대공의 난을 시작으로 왕도王都와 5도주군五道州郡의 96각간의 상쟁이 벌어졌다. 이는 신라가 중대에서 하대로 전환되는 과정에서 나타난 귀족간의 정권쟁탈의 한 양상이었다.

김표석金標石

생몰년 미상. 신라 혜공왕 때 당나라에 다녀온 사신. 관등은 이찬伊湌이었다. 772년(혜공왕 8) 1월 당나라에 가서 신년하례를 하자, 당나라 대종代宗이 위위원외소경衛尉員外少卿의 벼슬을 주어 돌려보냈다.

관등이 이찬이고 당나라에 하정사로 간만큼 매우 비중이 있는 진골왕족출신이라고 생각되나, 다른 곳에는 기록이 보이지 않는다.

김주원 金周元

생몰년 미상. 신라 하대의 진골 귀족. 아버지는 각간角干 유정惟靖이다.

무열왕의 둘째아들인 김인문金仁問의 5세손으로 알려졌으나, 최근의 연구에 따르면 무열왕의 셋째아들인 문왕文王의 5세손이라고 한다.

777년(혜공왕 13) 이찬伊湌으로 시중侍中에 임명되었다. 시중 직에서 퇴임한 것은 혜공왕이 살해되고 선덕왕이 즉위한 780년으로 추정된다. 그러나 그 뒤에도 병부령兵部令을 지냈던 것으로 보아 그의 세력이 막강했던 것 같다.

785년 선덕왕이 죽자 왕위 계승을 놓고 다툼이 벌어졌는데, 그가 가장 유리한 위치에 있었다. ≪삼국사기≫에 '선덕왕이 아들이 없이 죽자, 군신들이 의논해 선덕왕의 족자族子인 김주원을 추대하려 하였다.'라는 기사가 있다. 그러나 귀족들이 그를 왕위에 추대한 배경은 선덕왕의 친족 관계라기보다는 실질적인 세력 관계였던 것 같다.

그는 당대의 실력자로서 여러 귀족들의 지지를 받고 있었던 것이다. 당시 그의 경쟁자인 김경신金敬信은 780년 선덕왕의 즉위와 더불어 세력을 잡아 상대등에 오른 인물이지만, 실제 세력 면에서는 시중 직에서 물러난 김주원에게 오히려 뒤지고 있었다. ≪삼국유사≫ 원성대왕조에 '이찬 김주원이 상재上宰이고, 각간 김경신은 이재二宰로 있었다.'라고 한 것도 당시 김주원이 세력 서열에서 제일인자였음을 나타낸 것이다.

이러한 까닭으로 그는 귀족회의에서 당연히 공식적인 왕위 계승자로 추대될 수 있었으나, 김경신의 정변으로 즉위는 실현되지 못하였다. 즉, 김경신은 왕위 계승의 원칙이 흔들리고 있던 당시의 상황에서 비상 수단을 써서 왕궁을 점거하고 왕위에 올랐다. 사태가 이렇게 되자 김주원을 지지하던 귀족들도 등을 돌리고 말았다. ≪삼국유사≫에는 '왕(김경신)이 먼저 왕궁에 들어가 즉위하니, 상재를 지지하던 무리들이 모두 왕에게 붙어 새로이 등극한 임금에게 배하拜賀하였다.'라고 하였다.

≪삼국사기≫와 ≪삼국유사≫에는 김경신이 왕위에 오를 것을 예고한 꿈과 북천신北川神의 비호에 대한 설화가 전하는데, 당시 김주원의 집이 북천北川(지금의 경주 명활산과 소금강산 사이에서 경주 북부를 관통해 형산강으로 흘러드는

냇물로 추정됨)의 북쪽에 있었다는 것은 사실에 근거한 것일 수도 있으나, 김경신의 즉위가 어떤 신성한 힘에 의해 결정되었다고 하는 것은 당시 원성왕계 왕실이 변칙적인 즉위를 합리화하기 위해 꾸며 낸 내용이다.

김주원은 왕위 계승전에서 패배한 뒤 원성왕 일파에게 위협을 느꼈던지 중앙에서 계속 거주하지 못하고 명주溟州(지금의 강릉江陵) 지방으로 물러나고 말았다. 이 지방에는 원래 김주원의 장원莊園이 있었고, 또 그와 연결된 친족 세력이 있던 곳이었다.

김주원은 이를 기반으로 지방 귀족화해 중앙과 대립하는 독자적인 세력을 형성하였다. 그리하여 '명주군왕溟州郡王'으로 칭해졌으며, 강릉김씨의 시조가 되었다. 그 뒤 명주도독은 대대로 그의 후손에게 세습되었는데, 이들은 신라 말까지 반독립적인 지방 호족 세력으로 남아 있었다.

후삼국시대 명주 지방의 대표적인 호족이었던 왕순식王順式(왕씨王氏 성은 고려 태조에게 귀순한 뒤 사성賜姓된 것임)도 그의 후손이다. 그러나 그의 자손들 가운데는 그가 강릉 지방으로 퇴거한 뒤에도 김헌창金憲昌·범문梵文 부자처럼 계속 중앙에 남아 활약한 사람들도 있었다. 이들은 강릉김씨의 가계를 이루어 굴산사崛山寺의 사굴산파闍崛山派를 적극적으로 지원하였다.

그의 가문은 고려 초 새로운 왕조에 귀의해 공을 세움으로써 강력한 호족 세력으로 등장하게 되었다.

◉혜공왕 시대의 세계동향

▶ 동양

    767년 2월 곽자의 입조

          4월 토번吐蕃과 동맹

          9월 토번土蕃 쳐들어옴

    770년 3월 어조은魚朝恩 사형됨

          3월 일본 쇼오또꾸 천황 죽음, 고오닌光仁 천왕 즉위

            일본 도모쯔오道鏡 좌천

    776년 5월 변송군下宋軍 난을 일으킴

▶ 서양

    768년 8월 교황 스테남누스 3세 즉위 772년까지

    771년 8월 카알만 죽고 카알대제 프랑크 왕국을 통일

    774년 9월 멜시아왕 오파 켄트를 정복

    777년 9월 멜시아오아 오파 웨섹스를 정복

김유신묘와 혜공왕

12지신상이 있으면 모두 왕릉인가

1996년 3월 4일, 음력 정월 대보름 낮에 경주 시가지 서쪽의 국립공원 송화산(일명 옥녀봉, 215m)에서 불이 났다. 산 서쪽에서 일어난 불길은 거센 바람을 타고 동쪽으로 번지더니 몇 십 분만에 사적 제 21호인 김유신장군묘 둘레에 둘러선 도래솔을 태우고는 급기야 봉분의 잔디에도 옮겨 붙어 무덤을 모두 태웠다.

이튿날 태대각간太大角干 김유신金庾信 공의 후손인 김해김씨 종친회에서 사죄하는 의식을 치우었다.

'못난 후손들이 할아버님의 안식처인 묘소 관리를 소홀히 하여 이런 변을 당했습니다. 너그러이 용서하여주십시오.'하고.

한때 국무총리를 지낸 후손을 비롯해 농사짓는 촌부에 이르기까지 수백 명이 모여, 감히 무덤의 정면에서는 사죄할 면목이 없어 묘 동편에 꿇어 엎드려 용서를 빌었다. 김씨 후예뿐만 아니라 많은 경주 시민들도 동참하였다.

신라시대에도 김공金公의묘에 크게 사죄한 일이 있었다.

779년(혜공왕 15년) 4월 갑자기 회오리바람이 유신공庾信公의 무덤으로부터 일어났다. 그 회오리바람 속에 웬 사람이 좋은 말을 타고 장군이 입는 옷을 입고 나타났고, 또한 40여 명의 군사들이 갑옷을 입고 병장기인 무기를 들고 뒤따랐다.

그들은 회오리바람과 함께 죽현릉竹現陵인 미추왕릉으로 들어갔다. 미추왕은 경주김씨 시조인 김알지金閼智의 7세손으로 김씨로서는 처음 임금이 되었고 제 16대 홀해이사금 이후 권력을 잡은 왕족의 직계조상이었다.

일행이 미추왕릉으로 들어간 뒤 조금 있다가 왕을 속에서 왁자지껄하고 울음소리 같은 소리가 들리더니 애원하는 소리도 들렸다. 그 소리 중에

"제가 살아 생전에는 나라에 환란이 있을 때는 앞장서서 헤쳐나갔고 바른 정치를 하도록 도왔으며, 또한 나라를 통일하는데 공로를 세웠습니다. 지금은 혼백이 되어서도 나라를 수호하고 재앙을 물리치며 환란을 구제하고자 하는 마음 옛날과 다름이 없사온대. 지난 경술년(770년: 각간의 반란이 있었음)에 제 자손이 죄 없이 사형을 당하였고, 지금의 임금이나 신하들은 나의 공적을 생각지도 않으니 이제 저는 멀리 다른 곳으로 떠나가서 다시는 이 나라의 백성을 위해 근심 걱정을 하지 않겠사오니 바라옵건대 임금님은 허락해 주소서."

하였다. (미추)왕이 대답하기를

"오직 나와 그대가 이 나라를 수호하자 않는다면 저 어리석고 불쌍한 백성들은 어찌할 것인가? 그대는 이전과 다름없이 이 나라와 백성을 위해 힘을 쓰소."

하며 세 번이나 만류하였으나 다 듣지도 않고 회오리바람은 돌아가 버렸다.

혜공왕惠恭王이 이 사실을 보고받고는 겁이 나서 즉시 공신口臣 김경신金敬信을 보내어 김공의 무덤에 가서 사과하고 그의 공덕을 비는 제사 밑천으로 밭 30결結(논밭의 넓이 단위로서 100짐 혹은 1만 발을 1결이라 일컬음. 한 발은 두 팔을 펴서 벌린 길이)을 취선사鷲仙寺에 시주하고 그의 명복을 빌었다. 이 절은 김유신 장군이 고구려를 평정하고 난 뒤 세운 절이다.

이와 같이 죽은 미추왕의 영혼이 김유신 장군 혼령의 노여움을 달랬었고 살아있는 혜공왕은 즉각 대신을 공의 묘소에 보내어 사과하였던 것이다.

여기에서 한 가지 짚고 넘어야 할 점이 있다.

김유신장군묘 둘레의 12지신상 호석이 둘러진 데 대해 종래에는 많은 학자들이 '12지신상이 새겨진 것은 왕릉이다'라는 고정관념에 얽매여 이 무덤을 '장군의 묘가 아닐 것이다'라고도 하였다. 혹은 태대각간이라는 벼슬에까지 올랐고 뒷날 흥무대왕興武大王으로 받들어 추봉되었으니, 호석 12지신상을 새기고 호석 둘레에 바닥돌을 깔고 난간돌을 둘린 것은 인정하지만 석물을 갖춘 시기는 흥무대왕으로 추봉된 42대 흥덕왕(826~836) 때였을 것이라는 주장이 있었다.

그러나 ≪삼국유사≫에 기록된 위의 이야기와 조각 솜씨로 보아 이 무덤은 김유신의 묘이며 12지신상을 새기고 석물을 배치한 것은 혜공왕 때일 것이라는 주장이 설득력 있게 대두되고 있다.

조각을 자세히 관찰해 보면, 12지신상은 갑옷이 아닌 평복을 입은 사람 몸통에 무기를 든 쥐[자子]·소[축丑]·범[인寅]·토끼[묘卯] 등의 얼굴을 표현한 것으로 방위에 따라 돋을새김 하였다.

만든 기법이나 풍기는 느낌으로 보아 이 조각은 도저히 흥덕왕 때의 작품으로 볼 수가 없다. 왜냐하면 흥덕왕 때는 신라의 쇠퇴기로서 조각에 힘이 없으니 안강에 있는 흥덕왕릉의 조각을 보면 알 수 있다. 그렇다면 공신을 보내어 장군의 무덤에 사과한 시대인 혜공왕 때일 것이다.

석굴암이나 불국사를 만들고, 성덕대왕 신종인 에밀레종을 만든 36대 혜공왕 때는 이만한 조각을 만들 수 있었던 시절이다. 약간의 입체감이 부족한 면도 없지 않지만 인체의 각 부분이 알맞게 표현되어 비례가 맞고, 몸을 비스듬히 옆으로 틀면서 양쪽 발을 벌려 굳건히 땅을 밟은 모습으로 보아 당시 불·보살상에서 보는 것과 비슷한 점이 있어, 미술 문화가 한창일 당시의 작품임을 느낄 수 있다.

김유신 장군이라면 우리나라 역사상 장군으로는 첫 손가락을 꼽는 인물이요, 할아버지부터 어린이에 이르기까지 입에 오르내리는 분이 아닌가.

봉분의 잔디야 봄이 되면 새싹이 돋아나지만 도래솔이 타버렸으니 애석하고 안타까운 일이다.

김해김씨를 비롯한 범김씨종친회에서 묘소 둘레의 조경에 대하여 관심을 가지고 주위 환경과 어울리는 나무들을 올봄에 옮겨 심으리라 믿는다. 또한 경주시의 관계자들과 문화과사적관리사무소에서도 좋은 계획을 세워 식목을 하리라 믿지만 우리 경주시민들도 같이 동참하여 위대한 조상의 유적을 잘 손질하고 가꾸어 후손들에게 넘겨주어야 하지 않겠는가?

부 록

1. 신라 56대 왕 계보

(?: 미확인 또는 연대 미상)

사기史記	유사遺事	대	왕 명	이 름	재위년	생몰년
상고上古	상대	1	혁거세 거서간赫居世居西干	혁거세赫居世, 불구내弗矩內	기원전 57~4	기원전 70~4
		2	남해 차차웅南解次次雄	?	4~24	?~24
		3	유리 이사금儒理尼師今	?	24~57	?~57
		4	탈해 이사금脫解尼師今	?	57~80	기원전 5~80
		5	파사 이사금破娑尼師今	?	80~112	?~112
		6	지마 이사금祇摩尼師今	지미祇味	112~134	?~134
		7	일성 이사금逸聖尼師今	?	134~154	?~154
		8	아달라 이사금阿達羅尼師今	?	154~184	?~184
		9	벌휴 이사금伐休尼師今	발휘發暉	184~196	?~196
		10	내해 이사금奈解尼師今	?	196~230	?~230
		11	조분 이사금助賁尼師今	제귀諸貴, 제분諸賁	230~247	?~247
		12	첨해 이사금沾解尼師今	이해理解, 점해詁解	247~261	?~261
		13	미추 이사금味鄒尼師今	미조味照, 미고未古, 미소未召	262~284	?~284
		14	유례 이사금儒禮尼師今	유리儒理, 유례儒禮	284~298	?~298
		15	기림 이사금基臨尼師今	?	298~310	?~310
		16	흘해 이사금訖解尼師今	?	310~356	?~356
		17	내물 마립간奈勿尼師今	?	356~402	?~402
		18	실성 마립간實聖尼師今	?	402~217	?~417
		19	눌지 마립간訥祇尼師今	?	417~458	?~458
		20	자비 마립간慈悲尼師今	?	458~479	?~479
		21	소지 마립간炤知尼師今	비처毗處	479~500	?~500
		22	지증 마립간智證尼師今	지대로智大路, 지철로智哲路, 지도로智度路	500~514	437~514
		23	법흥왕法興王	원종原宗, 모진慕秦	514~540	?~540
중고中古		24	진흥왕眞興王	삼맥종彡麥宗, 심맥부深麥夫	540~576	534~576
		25	진지왕眞智王	사륜舍輪, 금륜金輪	576~579	?~579
		26	진평왕眞平王	백정白淨	579~632	572~632
		27	선덕여왕善德女王	덕만德曼	632~647	?~647
		28	진덕여왕眞德女王	승만勝曼	647~654	?~654

사기史記	유사遺事	대	왕 명	이 름	재위년	생몰년
하고下古	중대	29	태종무열왕太宗武烈王	춘추春秋	654~661	602~661
		30	문무왕文武王	법민法敏	661~681	?~681
		31	신문왕神文王	정명政明, 명지明之	681~692	?~692
		32	효소왕孝昭王	이홍理洪, 이공理恭	692~702	643~702
		33	성덕왕聖德王	융기隆基, 흥광興光	702~737	?~737
		34	효성왕孝成王	승경承慶	737~742	?~742
		35	경덕왕景德王	헌영憲英	742~765	?~765
		36	혜공왕惠恭王	건운乾運	765~780	758~780
	하대	37	선덕왕宣德王	양상良相	780~785	?~785
		38	원성왕元聖王	경신敬信	785~798	?~798
		39	소성왕昭聖王	준옹俊邕	798~800	?~800
		40	애장왕哀莊王	청명淸明, 중희重熙	800~809	788~809
		41	헌덕왕憲德王	언승彦昇	809~826	?~826
		42	흥덕왕興德王	수종秀宗, 경휘景暉, 수승秀升	826~836	?~836
		43	희강왕僖康王	제융悌隆, 제옹悌顒	836~838	?~838
		44	민애왕閔哀王	명明	838~839	?~839
		45	신무왕神武王	우징祐徵	839~839	?~839
		46	문성왕文聖王	경응慶應	839~857	?~857
		47	헌안왕憲安王	의정誼靖, 우정祐靖	857~861	?~861
		48	경문왕景文王	응렴膺廉, 의렴疑廉	861~875	846~875
		49	헌강왕憲康王	정晸	875~886	?~886
		50	정강왕定康王	황晃	886~887	?~887
		51	진성여왕眞聖女王	만曼, 탄坦	887~897	?~897
		52	효공왕孝恭王	요嶢	897~912	?~912
		53	신덕왕神德王	경휘景暉, 수종秀宗	912~917	?~917
		54	경명왕景明王	승영昇英	917~924	?~924
		55	경애왕景哀王	위응魏膺	924~927	?~927
		56	경순왕敬順王	부傅	927~935	?~979

* 차차웅次次雄: 무당을 뜻하는 말로서 제사와 정치가 일치하던 시대의 수장임을 나타낸다.

* 이사금尼師今 / 마립간麻立干: 신라 때 임금을 이르던 칭호의 하나이다.

2. 신라 건국 계통 연표 新羅建國繼統年表

(?: 미확인 또는 연대 미상)

왕대	왕호	휘	재위 연수	연도	혈족 계통	비고
1	시조왕始祖王	박혁거세朴赫居世	60년	기원전 57년	신라 건국 시조	박씨 1대왕
2	남해왕南解王	박남해朴南解	20년 6개월	4년	혁거세의 아들	박씨 2대왕
3	유리왕儒理王	박유리朴儒理	33년 1개월	24년	남해왕의 아들	박씨 3대왕
4	탈해왕脫解王	석탈해昔脫解	약3년	43년	다파나국 왕의 아들/ 남해왕의 사위	석씨 1대왕
5	파사왕破娑王	박파사朴破娑	32년 2개월	80년	유리왕의 아들	박씨 4대왕
6	지마왕祗摩王	박지마朴祗摩	21년 10개월	112년	파사왕의 아들	박씨 5대왕
7	일성왕逸聖王	박일성朴逸聖	19년 6개월	134년	유리왕의 아들	박씨 6대왕
8	아달라왕 阿達羅王	박아달라朴阿達羅	30년 1개월	154년	일성왕의 아들	박씨 7대왕
9	벌휴왕伐休王	석벌휴昔伐休	12년 1개월	184년	탈해왕의 손자	석씨 2대왕
10	내해왕奈解王	석내해昔奈解	33년 11개월	196년	벌휴왕의 장손	석씨 3대왕
11	조분왕助賁王	석조분昔助賁	17년 2개월	230년	벌휴왕의 2손	석씨 4대왕
12	첨해왕沾解王	석첨해昔沾解	14년 7개월	247년	조분왕의 아들	석씨 5대왕
13	미추왕味鄒王	김미추金味鄒	22년 10개월	261년	대보공大輔公의 7세손 구도仇道의 아들 조분助賁의 사위	김씨 1대왕
14	유례왕儒禮王	석유례昔儒禮	14년 2개월	284년	조분왕의 아들	석씨 6대왕
15	기림왕基臨王	석기림昔基臨	11년 6개월	298년	조분왕의 손자	석씨 7대왕
16	흘해왕訖解王	석흘해昔訖解	45년 10개월	310년	내해왕의 손자	석씨 8대왕
17	내물왕奈勿王	김내물金奈勿	45년 10개월	356년	미추왕의 조카	김씨 2대왕
18	실성왕實聖王	김실성金實聖	15년 3개월	402년	미추왕의 조카	김씨 3대왕
19	눌지왕訥祗王	김눌지金訥祗	41년 3개월	417년	내물왕의 아들	김씨 4대왕
20	자비왕慈悲王	김자비金慈悲	20년 6개월	458년	눌지왕의 아들	김씨 5대왕
21	소지왕炤知王	김소지金炤知	21년 9개월	479년	자비왕의 아들	김씨 6대왕

왕대	왕호	휘	재위 연수	연도	혈족 계통	비고
22	지증왕智證王	김지대로 金智大路	13년 8개월	500년	내물왕의 아들	김씨 7대왕
23	법흥왕法興王	김원종金原宗	26년	514년	지증왕의 아들	김씨 8대왕
24	진흥왕眞興王	김삼맥종 金彡麥宗	36년 1개월	540년	법흥왕의 동생 갈문왕葛文王/ 입종立宗의 아들	김씨 9대왕
25	진지왕眞智王	김사륜金舍輪	2년 11개월	576년	진흥왕의 아들	김씨 10대왕
26	진평왕眞平王	김백정金白淨	52년 6개월	579년	진흥왕의 손자	김씨 11대왕
27	선덕여왕 善德女王	김덕만金德曼	15년	632년	진평왕의 장녀	김씨 12대왕
28	진덕여왕 眞德女王	김승만金勝曼	7년 2개월	647년	진평왕의 동생 갈문왕 국반國飯의 아들	김씨 13대왕
29	태종무열왕 太宗武烈王	김춘추金春秋	7년 3개월	654년	진지왕의 손자 추존 문흥왕의 아들	김씨 14대왕
30	문무왕文武王	김법민金法敏	20년 1개월	661년	태종무열왕의 아들	김씨 15대왕
31	신문왕神文王	김정명金政明	11년	681년	문무왕의 아들	김씨 16대왕
32	효소왕孝昭王	김이홍金理洪	10년	692년	신문왕의 아들	김씨 17대왕
33	성덕왕聖德王	김융기金隆基	34년 7개월	702년	신문왕의 둘째 아들	김씨 18대왕
34	효성왕孝成王	김승경金承慶	5년 3개월	737년	성덕왕의 아들	김씨 19대왕
35	경덕왕景德王	김헌영金憲英	23년 1개월	742년	효성왕의 아들	김씨 20대왕
36	혜공왕惠恭王	김건운金乾運	14년 10개월	765년	경덕왕의 아들	김씨 21대왕
37	선덕왕宣德王	김양상金良相	4년 9개월	780년	내물왕 10세손 해찬海飡 효방孝方의 아들	김씨 22대왕
38	원성왕元聖王	김경신金敬信	13년 11개월	785년	내물왕 12세손	김씨 23대왕
39	소성왕昭聖王	김준옹金俊邕	1년 5개월	799년	원성왕의 태자 인겸의 아들	김씨 24대왕
40	애장왕哀莊王	김청명金清明	9년 1개월	800년	소성왕의 아들	김씨 25대왕
41	헌덕왕憲德王	김언승金彦昇	17년 3개월	809년	소성왕의 동복동생	김씨 26대왕
42	흥덕왕興德王	김수종金秀宗	10년 2개월	826년	헌덕왕의 동복동생	김씨 27대왕
43	희강왕僖康王	김제륭金悌隆 김제옹金悌顒	1년 1개월	836년	원성왕의 손자 이창 헌정憲貞 의 아들	김씨 28대왕
44	민애왕閔哀王	김명金明	1년 1개월	838년	원성왕의 증손자 대아찬 충공의 아들	김씨 29대왕

왕대	왕호	휘	재위 연수	연도	혈족 계통	비고
45	신무왕神武王	김우징金祐徵	6개월	839년	원성왕의 손자 상대등 균정의 아들	김씨 30대왕
46	문성왕文聖王	김경응金慶膺	18년 2개월	839년	신무왕의 아들	김씨 31대왕
47	헌안왕憲安王	김의징金誼靖 김우정金祐靖	3년 4개월	857년	신무왕의 이복동생	김씨 32대왕
48	경문왕景文王	김응렴金膺廉	14년 6개월	861년	희강왕의 아들 아찬 계명啓明의 아들	김씨 33대왕
49	헌강왕憲康王	김정金晸	10년 10개월	875년	경문왕의 아들	김씨 34대왕
50	정강왕定康王	김황金晃	1년	886년	경문왕의 둘째 아들	김씨 35대왕
51	진성여왕 眞聖女王	김만金曼	9년 11개월	887년	헌강왕의 여동생	김씨 36대왕
52	효공왕孝恭王	김요金嶢	14년 10개월	897년	헌강왕의 서자	김씨 37대왕
53	신덕왕神德王	박경휘朴景暉	5년 5개월	912년	아달라 이사금의 후손	박씨 8대왕
54	경명왕景明王	박승영朴昇英	7년 1개월	917년	신덕왕의 아들	박씨 9대왕
55	경애왕景哀王	박위응朴魏膺	3년 3개월	924년	경명왕의 동복동생	박씨 10대왕
56	경순왕敬順王	김부金傅	7년	927년	문성왕의 현손 실홍實虹의 차자	김씨 38대왕
	마의태자麻衣太子	김부			이찬 효종孝宗의 아들 경순왕의 장자	

* 갈문왕葛文王: 신라 때에 왕의 아버지나 장인, 외조부, 형제 또는 여왕의 남편 등에게 내리던 칭호로서 왕에 버금갈 정도의 높은 지위였다.

3. 신라 건국 연원

<신라 건국의 시작>

옛날 진한辰韓에는 6촌村이 있었다.

첫 번째로 알천양산촌閼川楊山村은 경상북도 경주시 오릉五陵 남쪽에 있었던 담암사曇嚴寺 방면이다. 촌장은 알평謁平이라 하여 처음에 하늘에서 표암봉瓢嚴峯으로 내려오니 이가 급양부及梁部 이씨李氏의 조상이 되었다. 제3대 유리 이사금노례왕弩禮王 9년인 서기 32년에 부部를 두어 급양及梁이라 하였는데 고려 태조太祖 천복天福 5년 경자庚子에 중흥부中興部라 바꾸었다. 파잠波潛, 동산東山, 피상彼上, 동촌東村이 이에 속한다.

두 번째는 돌산고허촌突山高墟村으로 촌장은 소벌도리蘇伐都利라 하여 처음 형산兄山에 내려와 사량부沙梁部 최씨崔氏의 조상이 되었는데, 고려 태조 때에는 남산부南山部라 하여 구량벌仇良伐, 마등조麻等烏, 도북道北, 회덕廻德 등 남촌南村이 이에 속했다.

세 번째는 무산대수촌茂山大樹村으로서 촌장은 구례마俱禮馬(또는 仇禮馬)라 하여 처음에 이산伊山(또는 개비산皆比山)으로 내려와 점량부漸梁部(또는 점탁부漸涿部) 일운一云 모량부牟梁部 손씨孫氏의 조상이 되었는데, 고려 태조 때에는 장복부長福部라 하여 박곡촌朴谷村 등 서촌西村이 이에 속했다.

네 번째는 취산진지촌觜山珍支村(또는 보지賓之, 보자영지賓子永之)으로서 촌장은 지백호智伯虎라 하여 처음 화산花山에 내려와 본피부本彼部 정씨鄭氏의 조상이 되었는데, 고려 태조 때에는 통선부通仙部라 하여 시파柴巴 등 동남촌東南村이 이에 속했다.

다섯 번째는 경주 북천北川 북쪽 금강산의 백률사栢栗寺 부근에 있었던 금산가리촌金山加里村으로서 촌장은 지타祗沱(또는 只他)라 하여 처음 명활산明活山에 내려와 한지부漢歧部 일운一云 한지부韓歧部 배씨裵氏의 조상이 되었다. 고려 태조 때에는 가덕부加德部라 하여 상서지上西知, 하서지下西知, 내아乃兒 등 동촌東村이 이에 속했다.

여섯 번째는 명활산고야촌明活山高耶村으로서 촌장은 호진虎珍이라 하여

400

처음 금강산金剛山으로 내려와 습차부習比部 설씨薛氏의 조상이 되었다. 고려 태조 때에는 임천부臨川部로서 물이촌勿伊村, 잉구미촌仍仇彌村, 궐곡闕谷(또는 갈곡葛谷) 등 동북촌東北村이 이에 속했다.

이들 촌장이 진한의 여섯 촌장, 즉 신라의 개국 좌명공신인 것이다.

위의 글을 보면 이 6부部의 조상들이 모두 하늘에서 내려온 것으로 되어 있는데 이는 신라의 기원을 신격화하기 위한 상징으로 보인다. 32년(유리왕 9)에 왕은 6부의 이름을 고치고 또 여섯 촌장에게 각각의 성姓을 주었다. 양산부楊山部를 양부梁部라 하여 그 성을 이씨李氏라 하고, 고허부高墟部를 사량부沙梁部라 하여 그 성을 최씨崔氏라 하고, 대수부大樹部를 점량부漸梁部(또는 모량부牟梁部)라 하여 그 성을 손씨孫氏라 하고, 진지부珍支部를 본피부本彼部라 하여 그 성을 정씨鄭氏라 하고, 가리부加利部를 한지부漢祇部라 하여 그 성을 배씨裵氏라 하고, 명활부明活部를 습차부習比部라 하여 그 성을 설씨薛氏라 하였다. 6부, 곧 6촌은 신라 구성을 이루는 근본으로서 현재 경주慶州를 중심으로 한 경상북도 일대이다. 한편 그 당시 여섯 촌의 백성들은 나라의 왕이 없음을 항상 크게 근심한 나머지 6부 촌장들이 각기 자제들을 데리고 알천閼川에 모여

"우리가 위에 백성을 다스릴 군주가 없어, 백성들이 모두 방탕하여 제멋대로 하니, 어찌 덕이 있는 사람을 찾아 임금으로 삼아 나라를 세우고 도읍을 청하지 아니하겠는가."

하고는, 3일간 목욕재계한 후에

"우리들에게 거룩하신 임금님 한 분을 내려 보내 주시옵소서."

하며 천신께 경건한 마음으로 정성껏 기원하였다.

이윽고 기원전 69년(전한前漢 선제宣帝 지절地節 원년, 임자壬子) 3월 초 1일에 고허촌장 소벌공蘇伐公이 우연히 양산楊山 아래 나정蘿井(또는 계정鶴井)이란

우물이 있는 곳을 바라보니, 울창한 숲 사이에서 오색의 상서로운 기운이 번갯불과 같이 땅에 비치더니, 그 가운데에 한 마리 말이 크게 소리쳐 울며 그 옆에는 선인仙人 한 분이 재배하는 현상이 보였다. 소벌공은 이것을 보고 신기하게 여겨 곧 그곳으로 가서 보니 말과 신선은 없어지고 다만 큰 알 같기도 하고 큰 바가지 같기도 한 것이 있기에 깨어보니, 그 속으로부터 옥 같이 귀엽고 아름다우며 모습이 늠름한 아기가 탄생하였다. 이 어른이 곧 박씨朴氏의 시조이며 신라의 왕이 된다.

경이로운 일로 여긴 촌장들이 그 아이를 동천東泉에서 목욕시키니 몸에서 광채가 나고 새와 짐승이 따라 춤을 추며 하늘과 땅이 진동하고 해와 달이 청명하게 빛났다. 여섯 마을 촌장들은 그 출생을 신기하게 여겨 아기에게 하례를 올리고 받들어 기르게 되었는데. 그 당시 방언으로 바가지를 '박'이 라 하므로 '박朴' 자로 성을 삼고 그 빛남이 당대에 거하신다 하여 '혁거세赫居世' 세 자로써 휘를 삼았다. 이 일로 인하여 그 사내아이를 혁거세왕赫居世王이라 이름하였다. 또는 불구내왕佛矩內王이라고도 하니 이는 밝게 세상을 다스린다는 뜻이다. 위호位號를 거슬한居瑟邯 또는 거서간居西干이라고도 하는데, 이는 그가 처음 입을 열 때 스스로 말을 하되

"알지거서간閼智居西干이 한번 일어난다"

하였으므로 그 말로 인해서 일컫게 된 것이다. 이로부터 왕자의 존칭이 거슬한 또는 거서간이 되었다. 시인詩人이 서로 다투어 치하하기를 이제 천제天帝의 아들이 내려왔으니 마땅히 덕이 있는 황후를 찾아서 짝을 지어야 할 것이라 하였다.

이날에 사양리沙梁里 알영정閼英井 또는 아리영정娥利英井 가에 계룡鷄龍이 나타나 왼편 갈비에서 여자아이 하나를 낳았다. 또는 용이 나타나 죽으니, 그 배를 갈라 여자아이를 얻었다는 설도 있다. 여자아이의 자태와 얼굴은 유달리 고왔으나 입술이 닭의 부리와 같았는데, 월성月城 북천北川에 가서 목욕을 시키니 그 부리가 빠짐으로 그 내를 발천撥川이라 하고, 여자아이의

이름은 알영정에서 발견되었으므로 알영閼英이라고 하였다.

촌장들은 궁실宮室을 남산南山 서쪽 기슭에 세워서(창림사昌林寺가 있던 곳) 성스러운 두 아이를 받들어 극진히 부양하였다.

혁거세가 7세가 되었을 때, 하루는 성인이 나오는 꿈을 꾸었다. 신인神人이 금으로 된 자(금척金尺)를 주면서 말하기를

"이 자로 금구金甌를 정하라."

하였는데, 꿈을 깨어보니 혁거세의 손에 금척이 들려 있었다. 그 금척으로 사망한 사람과 병든 사람을 재어본 즉 죽은 자는 다시 살아나고 병든 자는 완쾌되어 사람들이 신의 공덕이 깃들었다고 하였다.

기원전 57년(전한 선제 오봉五鳳 원년, 갑자甲子) 그의 나이 열세 살에 벌써 늠름한 대장부와도 같으므로 6부의 백성들은 혁거세를 추존하였고, 그는 즉위하여 호를 거서간이라 하고 알영을 왕후로 삼았으며, 국호를 서라벌徐羅伐이라고 하였다. 또는 서벌徐伐, 사라斯羅, 사로斯盧라고도 하였다. 고려 때에 '서울 경京'자를 가르침에 있어 서벌이라 하던 것도 이 까닭이다.

시조왕 탄생에 대하여 말하기를 이는 서술성모西述聖母가 낳은 바이니, 중국 사람들이 선도성모仙挑聖母를 찬양한 말에 '현인을 낳아 나라를 창시한다'는 뜻의 신현조방娠賢肇邦이란 말이 있는 것도 이 까닭이다. 계통이 상서로움을 나타내고 박혁거세의 왕비인 알영을 낳았다는 이야기도 서술성모의 현신을 말한 것이 아닐까 싶다. 처음에 왕이 계정에서 태어난 까닭에 계림국鷄林國이라 하였는데 계룡이 상서로움을 나타낸 까닭이었다. 일설에는 제4대 탈해 이사금 즉위시 김알지金閼智를 얻을 때 닭이 숲 속에서 울었으므로 국호를 고쳐 계림鷄林이라 하였다고 한다.

혁거세 거서간은 그 뒤에 다시 국호를 고쳐서 신라新羅라고 하니 '신新'은 어진 업적을 날마다 새롭게 한다는 뜻이오, '나羅'는 사방을 망라한다는 큰 뜻을 갖고 있다.

혁거세가 나라를 다스린 지 60년 만에 하늘로 올라가더니 그 후 7일 만에

유체遺体가 흩어져 땅에 떨어지며 왕후도 따라 돌아갔다고 한다. 신라인들이 합장하고자 하니 큰 뱀이 쫓아와 방해하므로 몸 다섯 부분을 각각 장사지내어 5릉이라고 하였다. 또 사릉蛇陵이라고도 하는데 담암사曇嚴寺 북릉北陵이 이것이다.

<신라 개국 좌명공신>

≪삼국사기三國史記≫ <신라본기新羅本紀> 제1면에는 이李, 최崔, 정鄭, 손孫, 배裵, 설薛 등의 순서로 기록되어 있다. 경주 정씨慶州鄭氏 문중의 기록에는 ≪삼국사기≫와 같은 순서로 기록되어 있고, 손씨孫氏 문중의 기록에는 이, 최, 손, 정, 배, 설 등의 순서로 기록되어 있다.

여섯 촌장은 656년태종 3 제29대 태종 무열왕에 의해 왕으로 추봉되었다, 먼저 알천양산촌 촌장 알평은 은렬왕恩烈王으로 추봉되었으며, 돌산고허촌 촌장 소벌도리는 문열왕文烈王으로, 무산대수촌 촌장 구례마는 문의왕文義王으로, 취산진지촌 촌장 지백호는 감문왕甘文王으로, 금산가리촌 촌장 지타祗沱는 장렬왕壯烈王으로, 명활산고야촌 촌장 설호진은 장무왕壯武王으로 추봉되었다.

박씨 왕계편 朴氏王系篇

<시조 편>

5년(남해왕 2)에 시조 묘를 세워 사시四時로 제사 지내고 시조 혁거세 거서간의 딸이자 제2대 남해 차차웅의 친 여동생 아로阿老를 제주祭主로 삼았었다. 제3대 유리 이사금이 즉위 원년에 시조 묘를 배알하고 죄인들을 사면하여 주었으며, 이후부터는 새 왕이 즉위하면 종묘를 배알하고 죄수들을 사면해 주는 것이 상례로 되었다.

<신궁>

487년(소지왕 9)에 내을신궁奈乙神宮을 설치하였다. 내을奈乙은 시조 왕이 탄생한 곳으로서 나정蘿井 이후부터 새로 임금의 자리에 오르면 반드시 이 신궁에서 친히 제사하였다.

<추존왕>

* 이비伊非(일휘一諱 이칠伊漆)
   제6대 지마 이사금의 아들로서 갈문왕葛文王으로 추존되었다.
* 벽방碧芳
   제8대 아달라 이사금의 아들로서 갈문왕으로 추존되었다.
* 예겸乂謙
   성순成順의 아들이다. 제53대 신덕왕이 즉위하고 부친 예겸을 선성왕宣聖王으로 추존하였다.

박씨 왕계통표朴氏王系統表

(10명의 박씨 왕이 232년간 재위하였다.)

박씨 왕 대수	신라 조朝 대수	왕호	휘	아버지	어머니	비	재위 연수	즉위 원년	즉위 서기	왕릉 소재지
1	1	시조 왕 혁거세 거서간	박혁거세 朴赫居世	6촌 군장 軍長이 양육함			60	갑자 甲子	기원전 57년	경주시 탑동
2	2	남해 차차웅	박남해 朴南解 해자海字	혁거세 거서간	알영 閼英 부인	운제 雲帝 또는 아루 阿婁 부인	20	갑자 甲子	4년	경주시 탑동
3	3	유리 이사금	박유리 朴儒理 흡리洽理	남해 차차웅	운제 부인	일지日知 갈문왕의 딸 또는 허루왕 許婁王의 딸	33	갑신 甲申	24년	경주시 탑동
4	5	파사 이사금	박파사 朴破娑	유리 이사금		김씨 사성史省부인	32	경진 庚辰	80년	경주시 탑동
5	6	지마 이사금	박지마 朴祇摩	파사 이사금	김씨 사성 부인	김씨 애례愛禮부인	22	임자 壬子	112년	경주시
6	7	일성 이사금	박일성 朴逸聖	유리 이사금		박씨 지소례왕 支所禮王의 딸	20	갑술 甲戌	134년	경주시 장전동
7	8	아달라 이사금	박아달라 朴阿達羅	일성 이사금	박씨 소례왕의 딸	박씨 내례 內禮 부인 지마왕 祇摩王의 딸	30	갑오 甲午	154년	경주시 배일산
8	53	신덕왕	박경휘 朴景暉 겸兼 또는 예겸銳謙	예겸義 兼 또는 銳謙	정화 貞和 부인	김씨 헌강왕의 딸	5	임신 壬申	912년	경주시 배일산
9	54	경명왕	박승영 朴昇英	신덕왕	의성 義成 왕후		7	정축 丁丑	917년	경주시 배일산
10	55	경애왕	박위응 朴魏膺	신덕왕			3	갑신 甲申	924년	경주시 배일산

석씨 왕 계통표 昔氏王系統表

(8명의 석씨 왕이 174년간 재위하였다.)

석씨 왕 대수	신라 조 대수	왕호	휘	아버지	어머니	비	재위 연수	즉위 원년	즉위 서기	왕릉 소재지
1	4	탈해 이사금	석탈해 昔脫解 일작一作 토해吐解	완하국 玩夏國 함달파왕 含達婆王 일작一作: 화하국왕花 夏國王	여국왕 女國王의 딸	아로 부인 / 남해 이사금의 딸	23년	정사 丁巳	57년	경주시 동천동 산 17
2	9	벌휴 이사금	석벌휴 昔伐休	탈해 이사금의 아들	지진내례 只珍內 禮 부인 김씨		12년	갑자 甲子	184 년	실전
3	10	내해 이사금	석내해 昔奈解	벌휴 이사금의 장손	내례 內禮 부인	석씨 조분 이사금의 여동생	34년	병자 丙子	196 년	실전
4	11	조분 이사금	석조분 昔助賁	벌휴 이사금의 손자 / 골정骨 正의 아들	옥모玉帽 부인 김씨 / 구도 갈문왕의 딸		17년	경무 庚戊	230 년	실전
5	12	첨해 이사금	석첨해 昔沾解	조분 이사금의 친동생			15년	정묘 丁卯	247 년	실전
6	14	유례 이사금	석유례 昔儒禮	조분 이사금의 아들	○소○ 김 부인 박씨 / 갈문왕 내음奈 흡의 딸		15년	갑진 甲辰	284 년	실전
7	15	기림 이사금	석기림 昔基臨	조분 이사금의 손자 / 이찬 걸숙의 아들	아이 阿爾 부인		12년	무우 戊于	298 년	실전
8	16	흘해 이사금	석흘해 昔訖解	내해 이사금의 손자 / 각간 유노의 아들	명원 命元 부인		46년	경우 庚于	310 년	실전

석씨 왕릉 실전표

신라 조대 수	석씨 왕대 수	연수	왕호	휘	재위 연수
9	2	184년	벌휴 이사금	석벌휴昔伐休	12년
10	3	196년	내해 이사금	석내해昔奈解	34년
11	4	230년	조분 이사금	석조분昔助賁	17년
12	5	247년	첨해 이사금	석첨해昔沾解	15년
14	6	284년	유 례 이사금	석유례昔儒禮	14년
15	7	298년	기림 이사금	석기림昔基臨	12년
16	8	310년	흘해 이사금	석흘해昔訖解	46년

김씨 왕계편 金氏王系篇

<신라 김씨 선원 新羅金氏璿源>

신라 제4대 탈해 이사금 즉위 9년째인 65년 3월에 왕은 밤에 금성金城 서쪽 시림始林 사이에서 닭이 우는 소리를 듣고 날이 밝자 호공瓠公을 파견하여 살펴보게 하였는데 그가 시림에 이르러 보니 금색으로 된 조그만 궤짝이 나뭇가지에 달려 있고 흰 닭이 그 밑에서 울고 있었다. 그가 돌아와 이 사실을 알리니 왕은 사람들을 시켜 그 궤짝을 가져오게 한 다음 열어 보니 조그만 사내아이가 그 속에 들어 있는데 용모가 기이하게 뛰어났다. 왕은 크게 기뻐하며 군신들에게 이르기를

"이 어찌 하늘이 나에게 아들을 보내준 것이 아니겠는가."

하며 거두어 길렀다. 사내아이는 자람에 따라 아주 총명하고 지략이 많았는데 이름을 알지閼智라 하고 그가 금궤에서 나왔으므로 성을 김씨金氏라 하였고 또 시림을 고쳐 계림鷄林으로 이름하고 이로써 국호를 삼았다. 알지는 세한勢漢을 낳고, 세한은 아도阿道를 낳고 아도는 수류首留를 낳고, 수류는 욱보郁甫를 낳고 욱보는 구도仇道를 낳고 구도는 미추味鄒를 낳았는데 미추가 신라 제13대 왕위에 오르니 신라의 김씨는 대보공大輔公 김알지에서 시작되었다.

김씨 왕계통표金氏王系統表

(38명의 김씨 왕이 587년간 재위하였다.)

김씨 왕 대수	신라 조 대수	왕호	휘	아버지	어머니	비	재위 연수	즉위 원년	즉위 서기	왕릉 소재지
1	13	미추왕	미추味鄒	구도九道	박씨 갈문왕 이칠伊柒의 딸	광명光明 부인 석씨 / 제11 대왕 조분왕의 딸	2	임오壬午	262	부남府 南 황남리黃南里 죽엽릉竹葉陵 대릉大陵
2	17	내물왕	내물奈勿	말구末仇	휴례休禮 부인 김씨	희례希禮 부인 김씨	46	병진丙辰	356	첨성대瞻星臺 서남쪽 금성金城 남쪽 10리
3	18	실성왕	실성實聖	대서지大西知	이리伊利 부인 석씨 / 아간 등보登保의 딸	아류阿留부인 김씨	16	임인壬寅	402	
4	19	눌지왕	눌지訥祇	내물왕	희례希禮 부인 김씨	아노阿老부인 김씨	4	정사丁巳	417	부산 남산南山 아래
5	20	자비왕	자비慈悲	눌지왕	아노阿老 부인 김씨	희도希道 부인 김씨	21	무오戊午	458	
6	21	소지왕	소지炤知	자비왕	희도希道 부인 김씨	선혜善兮 부인 김씨 / 이찬 내숙乃宿의 딸	21	기미己未	479	
7	22	지증왕	지대로智大路	습보習寶	조생鳥生 부인 김씨	연례延禮 부인 박씨 / 등흔登欣의 딸	14	경진庚辰	500	
8	23	법흥왕	원종原宗	지증왕	연례延禮 부인 박씨	보도保刀 부인 박씨	26	갑오甲午	514	와와리臥瓦里 산 위 애공사哀公寺 북쪽 산
9	24	진흥왕	삼맥종三麥宗	입종立宗	식도息道 부인 박씨	사도思道 부인 박씨	36	경신庚申	540	서악리西岳里 애공사哀公寺 북쪽 산

김씨 왕 대수	신라 조 대수	왕호	휘	아버지	어머니	비	재위 연수	즉위 원년	서기	왕릉 소재지
10	25	진지왕	사륜 舍輪	진흥왕의 둘째 아들	사도思道 부인 박씨	지도知道 부인 박씨	3	병신 丙申	576	진문리 晉門里 영경사永敬寺 북쪽
11	26	진평왕	백정 白淨	동륜 銅輪	만호萬呼 부인 김씨	마야摩耶 부인 김씨 / 복승福 勝의 딸	53	기사 己巳	579	내동면 內東面 한지漢只
12	27	선덕 여왕	덕만 德曼	진평왕	마야摩耶 부인 김씨	*부夫 김인평 金仁平	15	임진 壬辰	632	부동府東 낭산狼山 남쪽 고개
13	28	진덕 여왕	승만 勝曼	국반 國飯	월명月明 부인 박씨	*부夫 김기안 金基安	7	정미 丁未	647	사양부 沙梁部 금견곡 今見谷
14	29	태종 무열왕	춘추 春秋	용춘 龍春	문명文明 왕후 김씨	문명文明 부인 김씨 / 서현舒 玄의 딸	7	갑인 甲寅	654	서악西岳 평야 영경사 북쪽
15	30	문무왕	법민 法敏	태종 무열왕	문명文明 왕후 김씨	자의慈儀 왕후 김씨	20	신유 辛酉	661	동해 대석암 大石岩 아래
16	31	신문왕	정명 政明	문무왕	자의慈儀 왕후 김씨	신목神穆 왕후 김씨 / 일길찬 흠운欽運의 딸	11	신사 辛巳	681	천왕사 天王寺 동쪽 금배반리 今排盤里
17	32	효소왕	이홍 理洪	신문왕	신목神穆 왕후 김씨	김씨	10	임진 壬辰	692	부동 방남리 方南里 도지道只
18	33	성덕왕	융기 隆基 흥광 興光	신문왕의 둘째 아들	신목神穆 왕후 김씨	소덕昭德 왕후 김씨 / 소판 원태元泰의 딸	35	임인 壬寅	702	부동 부지곡 部只谷
19	34	효성왕	승경 承慶	성덕왕의 둘째 아들	소덕昭德 왕후 김씨	혜명惠明 왕후 김씨 / 이찬 순원順元의 딸	5	정축 丁丑	737	화장 후 수장

김씨왕대수	신라조대수	왕호	휘	아버지	어머니	비	재위연수	즉위 원년	즉위 서기	왕릉소재지
20	35	경덕왕	헌영憲英	성덕왕의 셋째 아들	소덕昭德왕후 김씨	만월滿月부인 김씨 / 서불감 의충義忠의 딸	24	임오壬午	742	모지사毛祇寺 서쪽 봉우리
21	36	혜공왕	건운乾運	경덕왕	만월滿月부인 김씨	창화昌花부인 김씨 / 이찬 유성維誠의 딸	15	을사乙巳	765	천왕리天王里 금배반리
22	37	선덕왕	양상良相	효방孝方	사소四炤부인 김씨	구족具足부인 김씨 / 각간 양품良品의 딸	5	병신丙申	780	화장 후 동해에 수장
23	38	원성왕	경신敬信	효양孝讓	계오繼烏부인 박씨	숙정淑貞왕후 신씨 / 각간 신술神述의 딸	14	을축乙丑	785	봉덕사奉德寺 남동쪽 활성리活城里 곡칭谷稱 괘릉掛陵
24	39	소성왕	준옹俊邕	인겸仁謙	성목聖穆왕후 김씨 / 신미神迷의 딸	계화桂花부인 김씨 / 숙명叔明의 딸	2	기묘己卯	799	
25	40	애장왕	청명淸明	소성왕	계화桂花부인 김씨	정화貞和부인 박씨	9	경진庚辰	800	
26	41	헌덕왕	언승彦昇	인겸仁謙	성목聖穆왕후 김씨	귀승貴勝부인 김씨	17	기축己丑	809	부동 천림리泉林里
27	42	흥덕왕	수종秀宗	인겸仁謙	성목聖穆왕후 김씨	장화章和부인 김씨	10	병오丙午	826	안강安康 육통리六通里 북쪽 / 장화 부인 능에 합장
28	43	희강왕	제융悌隆	헌정憲貞	순성順成왕후 박씨	문목文穆왕후 김씨 / 충공忠恭의 딸	2	병진丙辰	836	소산蘇山 금청도군금淸道郡

김씨 왕 대수	신라 조 대수	왕호	휘	아버지	어머니	비	재위 연수	즉위 원년	즉위 서기	왕릉 소재지
29	44	민애왕	명明	충공忠恭	선의宣懿 태후 박씨	윤용允容 왕후 김씨 / 시중 영공永恭의 딸	1	무오戊午	838	부남사 府南祉 골짜기 북쪽 야산
30	45	신무왕	우징祐徵	균정均貞	헌목憲穆 태후 박씨	진종眞從 부인 박씨 / 명해明海의 딸	4 개월	기미己未	839	내동면 동방리 東方里 제형산 弟兄山
31	46	문성왕	경응慶應	신무왕	진종眞從 왕후 박씨	소성昭聖 태후 김씨 / 위흔魏欣의 딸	18	기미己未	839	서악 西岳 공작지 孔雀地
32	47	헌안왕	의정誼靖 우정祐靖	균정	조명照明 부인 김씨	안정安貞 왕후 김씨	4	정축丁丑	857	서악 공작지
33	48	경문왕	응렴膺廉	계명啓明	광의光義 왕후 박씨	문의文懿 왕후 김씨	14	신사辛巳	861	
34	49	헌강왕	정晸	경문왕	문의文懿 왕후 김씨	의명懿明 왕후 김씨	11	을미乙未	875	보제사 菩提寺 동남쪽 금남산 今南山 아래
35	50	정강왕	황晃	경문왕	문의文懿 왕후 김씨	문숙文淑 왕후 김씨	1	병오丙午	886	남유상 南由上
36	51	진성여왕	만曼	경문왕	문의文懿 왕후 김씨	*부夫 김필대 金必大	10	정미丁未	887	양산군 梁山郡 황산 黃山
37	52	효공왕	요嶢	헌강왕	의명懿明 부인 김씨	계아桂娥 부인 박씨 / 이찬 예겸乂謙의 딸	15	정사丁巳	897	사자곡 獅子谷 천왕 天旺 동랑산 東狼山
38	56	경순왕	부傅	효종孝宗	계아桂娥 부인 김씨	죽방竹房 부인 박씨 / 낙랑樂浪 공주 왕씨	9	정해丁亥	927	장단부 長湍府 남팔리 南八里 천향동 泉向洞

김씨 왕릉 실전표

신라 조대 수	김씨 왕대 수	연수	왕호	휘	재위 연수
18	3	402년	실성實聖	실성實聖	15년
19	4	417년	눌지訥祇	눌지訥祇	41년
20	5	458년	자비慈悲	자비慈悲	22년
21	6	479년	소지炤知	소지炤知	21년
22	7	500년	지증智證	지대로智大路	14년
34	19	737년	효성孝成	승경承慶	5년
36	21	765년	혜공惠恭	건운乾運	15년
37	22	780년	선덕宣德	양상良相	5년
39	24	799년	소성昭聖	준옹俊邕	1년
40	25	800년	애장哀莊	청명淸明	9년
48	33	861년	경문景文	응렴膺廉	14년
51	36	887년	진성眞聖	만曼	10년

추존왕追尊王

<시조 대보공大輔公 김알지金閼智>

공의 7세손 미추味鄒가 신라 제13대 왕위에 오른 다음 김알지를 세조 대왕으로 추존하였다.

<세한勢漢(일휘一諱 열한熱漢)>

시조 대보공 알지의 아들이다. 벼슬은 이찬으로 100년(파사왕 21)에 거서간(왕)의 호를 받았다.

<아도阿道(일휘 아도阿都)>

세한의 아들이다. 벼슬은 이찬으로 111년(파사왕 32)에 파진찬에 올랐다. 파진찬은 파미간波彌干으로서 '파미波彌'는 지명이며 군장君長의 칭호이다.

<수류首留(일휘 수류壽留)>

파진찬 아도의 아들이다. 벼슬은 이벌찬으로서 126년(지마왕 15)에 각간이 되었다.

<욱보郁甫(일휘 욱보郁甫)>

각간 수류의 아들이다. 벼슬은 이벌찬으로서 148년(일성왕 15)에 각간이 되었다.

<추존 갈문왕葛文王 구도仇道(일휘 구도俱道)>

각간 욱보의 아들이며 비는 술예述禮 부인 박씨로서 제6대 지마 이사금의 아들 이비伊非의 딸이다. 벼슬은 파진찬으로 185년(벌휴왕 2)에 좌 군주左軍主가 되어 우 군주友軍主인 구수혜仇須兮와 같이 소문국召文國을 평정하였다. 188년(벌휴왕 5) 2월에 모산성母山城을 침략한 백제의 군대를 격퇴하였고 이듬해 7월에 구양拘壤에서 다시 백제군과 교전하여 크게 승리하였다.

또 190년(벌휴왕 7) 8월에 백제군이 신라 국경 서쪽의 원산향圓山郷을 격파하고 악곡성岳谷城을 침공하자, 왕은 우수한 군사들을 거느리고 친히 싸움터로 나가 적을 격퇴한 후 적지인 주산柱山까지 추격하였으나 적의 반격으로 인하여 패전하고 말았다. 이에 좌 군주 구도는 전투의 실패에 대한 책임을 지고 악곡성주岳谷城主로 물러났으나, 아들 미추가 왕위에 오르고 갈문왕으로 추존하였다.

<추존 갈문왕 미구未仇(일휘 미글未屈)>

구도의 셋째 아들이자, 제13대 미추 이사금의 동생이며 비는 휴례休禮 부인 김씨이다. 미구는 천성이 충성스럽고 절개가 곧았으며 지략 또한 비범하여 유례 이사금은 매번 정사를 문의하였다. 356년(흘해왕 47)에 각간이 되었으며, 아들 내물奈勿이 왕위에 오른 다음 모문왕募文王으로 추존하였다.

<추존 갈문왕 복호卜好(일휘 보로寶露)>

제17대 내물 마립간의 둘째 아들이자 제19대 눌지 마립간의 동생이다. 412년(실성왕 11)에 볼모로 고구려에 가서 10년을 지내다 눌지訥祇가 실성 마립간의 뒤를 이어 즉위한 지 2년째에 박제상朴堤上으로 하여금 모셔 오게 하였다. 그 후 손 지증智證이 왕위에 오르고 갈문왕으로 추존하였다.

<추존 갈문왕 습보習寶(일휘 사보斯寶)>

복호의 아들이며 비는 조생鳥生 부인 김씨이다. 벼슬은 이찬으로 459년(자비왕 2)에 각간이 되었다. 아들 지증智證이 왕위에 오르고 나서 조부 복호와 부친을 갈문왕으로 추존하였다.

<추존 갈문왕 입종立宗>

제22대 지증 마립간의 둘째들이자 제23대 법흥왕의 동생이며 비는 식도息道 부인 김씨이다. 벼슬은 이찬이었으며, 아들 진흥眞興이 왕위에 오르고 갈문왕으로 추존하였다.

<추존 갈문왕 동륜銅輪>

제24대 진흥왕의 아들이며 비는 만호萬戶 부인 김씨이다. 불행하게도 세상을 빨리 떠났으며, 아들 진평眞平이 왕위에 오르고 갈문왕으로 추존하였다.

<추존 성덕왕聖德王 국반國飯>

갈문왕 동륜의 둘째아들이자 제26대 진평왕의 동생이며 비는 명월明月 부인 박씨이다. 벼슬은 이찬으로서 딸 진덕 여왕이 왕위에 오른 다음 갈문왕으로 추존하였다.

<추존 흥문왕興文王 용수龍樹(일휘 용수龍壽 또는 용춘龍春)>

제25대 진지왕의 아들이며 비는 천명天明 부인 김씨이다. 벼슬은 이찬으로서 622년(진평왕 44)에 내성內省 사신으로 628년(진평왕 50)에 대장이 되어 고구려 낭비성娘臂城을 정벌하였다. 그 후 아들 춘추春秋가 왕위에 오르자 문흥왕文興王으로 추존하고 비 천명 부인은 문정文貞 태후로 추봉되었다.

<추존 현성왕玄聖王 법선法宣>

서간 마차摩次의 아들이다. 벼슬은 대아찬으로 현손 원성元聖이 왕위에 오르고 현성왕玄聖王으로 추존하였다.

<의관義寬(일휘 의관義官)>

추존 현성왕 법선의 아들이다. 벼슬은 이찬으로 증손 원성元聖이 왕위에 오르고 신영왕神英王으로 추존하였다.

<추존 개성왕開聖王 효방孝芳>

아간 원훈元訓의 아들이며 비는 사소四召 부인 김씨이다. 벼슬은 각간으로 아들 선덕宣德이 왕위에 오른 다음 개성왕開聖王으로 추존되고 사소 부인은 정의貞懿 태후로 추봉하였다.

<추존 흥평왕興平王 위문魏文>

의관의 아들이다. 벼슬은 이찬을 거쳐 시중이 되었으며 손 원성元聖이 왕위에 오른 다음 흥평왕興平王으로 추존하였다.

<추존 명덕왕明德王 효양孝讓>

위문의 아들이며 비는 계오繼烏 부인 박씨로 창도昌道의 딸이다. 벼슬은 일길찬으로서 아들 원성元聖이 왕위에 오르고 명덕왕明德王으로 추존되었으며 계오 부인은 소문昭文 태후로 추봉되었다.

<추존 혜충왕惠忠王 인겸仁謙(일휘 인선仁譔)>

제38대 원성왕의 아들이며, 비는 신씨申氏로 신술神述의 딸이다. 처음 태자로 책봉되었으나 조졸하였으므로, 아들 소성昭聖이 왕위에 오른 다음 혜충왕惠忠王으로 추존하고 비는 성목聖穆 왕후로 추봉하였다.

<추존 혜강왕惠康王 예영豫英(일휘 효진孝眞)>

제38대 원성왕의 셋째 아들이자, 추존 혜충왕 인겸의 동생이다. 벼슬은 각간으로 손 희강僖康이 왕위에 오르고 혜강왕惠康王으로 추존하였다.

<추존 익성왕翼城王 헌정憲貞>

예영의 아들이며 비는 미도美道 부인 박씨이다. 벼슬은 이찬으로 아들 희강僖康이 왕위에 오른 후 익성왕翼城王으로 추존하고 미도 부인은 순성順成 왕후로 추봉하였다.

<추존 성덕왕成德王 균정均貞>

추존 혜강왕 예영의 둘째 아들로서 비는 박씨朴氏이다. 벼슬은 대아찬으로서 812년(헌덕왕 4)에 상대등 시중이 되었다가 같은 해 웅천 도독 김헌창金憲昌이 반란을 일으키자 군장軍將이 되어 이를 토평하였다.

이후 제42대 흥덕왕이 사망하였을 때 후손이 없으므로 종질 제륭悌隆과 왕위 계승을 위하여 서로 다투다가 김명金明, 이홍利弘 등에게 살해당하였다. 아들 신무神武가 왕위에 오른 다음 성덕왕成德王으로 추존되고 비는 헌목憲穆 태후로 추봉되었다.

<추존 선강왕宣康王 충공忠恭>

제39대 소성왕의 셋째 아들이고 비는 박씨朴氏이다. 벼슬은 시중으로 아들 민애閔哀가 왕위에 오른 다음 선강왕宣康王으로 추존하고 비는 의의宣懿로 추봉되었다.

4. 삼국시대 관등표 三國時代官等表

(≪삼국사기≫에 의함)

나라이름 / 출전出典 / 관등官等	백제 삼국사기	백제 수서隋書	신라 삼국사기 중앙	신라 삼국사기 지방	고구려 삼국지위지 三國志魏志	고구려 주서周書	고구려 수서隋書	고구려 통전通典		고구려 책부원구 冊府元龜	고구려 신당서 新唐書	고구려 한원翰苑	
1품	좌평 佐平	좌평 佐平	이벌찬 伊伐湌 (이벌간 伊罰干, 간벌찬 干罰湌, 각간 角干, 각찬 角粲, 서발한 舒發翰, 서불한 舒弗邯)		상가 相加	대대로 大對盧	태대형 太大兄	상가 相加	토졸 土拙 (대대로 大對盧)	대대로 大對盧	대대로 大對盧 (토졸 土拙)	대대로 大對盧	(토졸 土拙)
2품	달솔 達率	대솔 大率	이척찬 伊尺湌 (이찬 伊湌)		대로 對盧	태대형 太大兄	대형 大兄	대로 對盧	태대형 太大兄	태대형 太大兄	울절 鬱折	태대형 太大兄	(막하라지 莫何羅支)
3품	은솔 恩率	은솔 恩率	잡찬 迊湌 (잡판 迊判, 소판 蘇判)		패자 沛者	대형 大兄	소형 小兄	패자 沛者	울절 鬱折	대형 大兄	태대사자 太大使者	울절 鬱折	(주부 主簿)
4품	덕솔 德率	덕솔 德率	파진찬 波珍湌 (해간 海干, 파미간 破彌干)		고추가 古雛加	소형 小兄	대로 對盧	고추대가 古雛大加	태대부인사자 太大夫人使者	소형 小兄	조의두대형 皂衣頭大兄	대부사자 大夫使者	(알사 謁奢)
5품	한솔 扞率	간솔 杆率	대아찬 大阿湌		주부 主簿	의후사 意侯奢	의후사 意侯奢	주부 主簿	조의두대형 皂衣頭大兄	의후사 意侯奢	대사자 大使者	조의두대형 皂衣頭大兄	(중리조의 中裏皂衣)(두태형 頭太兄)
6품	나솔 奈率	나솔 奈率	아찬 阿湌 (아척간 阿尺干, 아찬 阿粲)(사중 四重)		우태 優台	오졸 烏拙	오졸 烏拙	우태 于台	대사자 大使者	오졸 烏拙	대형 大兄	대사자 大使者	(대사 大奢)

나라이름	백제		신라		고구려								
7품	장덕將德	장덕將德	일길찬日吉湌(을길간乙吉干)	악간嶽干	승丞	태대사자太大使者	태대사자太大使者	사자使者	대형大兄	태대사자太大使者	상위사자上位使者	대형가大兄加	(힐지纈支)
8품	시덕施德	시덕施德	사찬沙湌(살찬薩湌, 사돌간沙咄干)	술간述干	사자使者	대사자大使者	대사자大使者	조의皁衣	수위사자收位使者	대사자大使者	제형諸兄	발위사자拔位使者	(유사儒奢)
9품	고덕固德	고덕固德	급벌찬級伐湌(급찬級湌, 급복간及伏干)	고간高干	조의皁衣	소사자小使者	소사자小使者	선인先人	상위사자上位使者	소사자小使者	소사자小使者	상위사자上位使者	(을사乙奢)
10품	계덕季德	계덕季德	대나마大奈麻(대내말大奈末)[구중九重]	귀간貴干	선인先人	욕사褥奢	욕사褥奢		소형小兄	욕사褥奢	과절過節	소형小兄	(심원失元)
11품	대덕對德	대덕對德	나마奈麻(나말奈末)[칠중七重]	선간選干		예속翳屬	예속翳屬		제형諸兄	예속翳屬	선인先人	제형諸兄	(예속翳屬)
12품	문독文督	문독文督	대사大舍(한사韓舍)	상간上干		선인先人	선인先人		과절過節	선인先人	고추대가古雛大加	과절過節	
13품	무독武督	무독武督	사지舍知(소사小舍)	간干		욕살褥薩			불과절不過節	욕살褥薩		불절不節	
14품	좌군佐軍	좌군佐軍	길사吉士(계지稽知, 길차吉次)	일벌一伐					선인先人			선인先人	
15품	진무振武	진무振武	대오大烏(대오지大烏知)	일척一尺									
16품	극우剋虞	극우剋虞	소오小烏(소오지小烏知)	피일彼日									
17품			조위造位(선저지先沮知)	아척阿尺									

5. 통일신라 직관표 統一新羅職官表

(≪삼국사기≫에 의함)

<문관직>

관청	관직	관등	연혁
상대등上大等(상신上臣)			531년 설치
집사성 執事省	중시中侍(651)→시중侍中(747) 전대등典大等(565)→시랑侍郎(747) 대사大舍(685)→낭중郎中(759) 사지舍知(685)→원외랑員外郎(759) 　→사지舍知(776) 사史→낭郎(경景)→사史(혜惠)	2~5 6~11 11~13 12~13 12~17	본명은 품주稟主(조주祖主). 651년에 집사부執事部로, 829년에 집사성執事省으로 고침.
병부兵部	영令(516) 대감大監(623)→시랑侍郎(경)→대감大監(혜) 제감弟監(589)→대사大舍(658) 　→낭중郎中(경)→대사大舍(혜) 노사지弩舍知(672)→사병司兵(경) 　→노사지弩舍知(혜) 사史 노당弩幢(671)→소사병小司兵(경) 　→노당弩幢(혜)	태太~5 6~? 11~13 12~13 12~17 12~17	
조부調部	영令(651) 경卿 대사大舍(진眞)→주부主簿(경)→대사大舍(혜) 사지舍知(685)→사고(司庫(경)→사지舍知(혜) 사史	태太~금衿 6~? 11~13 12~13 12~17	584년에 설치, 제35대 경덕왕 때 대부大府로 개칭. 제38대 혜공왕 때 환원.
경성주 작전 京城周作典	영令(732) 경卿(733) 대사大舍→주부主簿(경)→대사大舍(혜) 사지舍知→사공司功(경)→사지舍知(혜) 사史	대大~5 6~11 10~13 12~13 12~17	경덕왕 때 수성부修城府로 개칭. 혜공왕 때 환원.
사천왕 사성전 四天王 寺成典	금하신衿荷臣→감령監令(경) 　→금하신衿荷臣(혜)→감령監令(애哀) 상당上堂→경卿(경)→상당上堂(혜) 　→경卿(애) 적위赤位→감監(경)→적위赤位(혜) 청위靑位→주부主簿(경)→청위靑位(혜) 　→대사大舍(애) 사史	1~5 6~11 11~13	경덕왕 때 감사천왕사부監 四天王寺府로 개칭. 혜공왕 때 환원.

* 통일 신라는 신라가 백제와 고구려를 멸망시키고 삼국을 통일한 676년 이후의 신라를 말한다.

관청	관직	관등	연혁
봉성사성전 奉聖寺成典	금하신衿荷臣→검교사檢校使(경) 　→금하신衿荷臣(혜)→영令(애) 상당上堂→부사副使(경)→상당上堂 적위赤位→판관判官(경)→적위赤位 청위靑位→녹사綠事(경)→청위靑位 사史→전典(경)→사史		경덕왕 때 수영봉성사사원修營奉 聖寺使院으로 개칭. 후에 환원.
감은사성전 感恩寺成典	금하신衿荷臣→검교사檢校使(경) 　→금하신衿荷臣(혜)→영令(애) 상당上堂→부사副使(경)→상당上堂(혜) 　→경卿(애) 적위赤位→판관判官(경)→적위赤位 청위靑位→녹사綠事(경)→청위靑位 사史→전典(경)→사史		경덕왕 때 수영감은사사원修營感 恩寺使院으로 개칭. 후에 환원.
봉덕사성전 奉德寺成典	금하신衿荷臣→검교사檢校使(경) 　→금하신衿荷臣(혜)→영令(애) 상당上堂→부사副使(경)→상당上堂(혜) 　→경卿(애) 적위赤位→판관判官(경)→적위赤位 청위靑位→녹사綠事(경)→청위靑位 사史→전典(경)→사史(혜)		759년 수영봉덕사사원修 營奉德寺使院으로 개칭. 후에 환원.
봉은사성전 奉恩寺成典	금하신衿荷臣(혜)→영令(애) 부사副使(혜)→상당上堂→경卿(애) 대사大舍 사史		
영묘사성전 靈廟寺成典	상당上堂→판관判官(경)→상당上堂 청위靑位→녹사綠事(경)→대사大舍 사史		759년 수영영묘사사원修 營靈廟寺使院으로 개칭. 후에 환원.
영흥사성전 永興寺成典	대사마大舍麻→감監(경) 사史		684년 설치. 759년 감영흥사관監永興寺使 館으로 개칭.
창부倉部	영令 경卿(651)→시랑侍郞(경)→경卿(혜) 대사大舍(진眞)→낭중郞中(경)→대사大舍(혜) 조사지租舍知(699)→사창司倉(경) 　→조사지租舍知(혜) 사史(진眞)	대大~5 6~? 11~13 12~13	651년 품주稟主에서 나뉨.

관청	관직	관등	연혁
예부禮部	영令(586) 경卿(648) 대사大舍(651)→낭중郎中(경)→대사大舍 사지舍知→사례司禮(경)→사지舍知 사史(651)	태太~5 6~? 6~13 12~13 12~17	
승부乘部	영令(584) 경卿 대사大舍→주부主簿(경)→대사大舍 사지舍知→사목司牧(경)→사지舍知 사史	1~5 6~? 11~13 12~13 12~17	경덕왕 때 사어부司馭府로 개칭. 혜공왕 때 환원.
사정부 司正部	영令 경卿(544) 좌佐→평사評事(경)→좌佐 대사大舍 사史	1~5 6~? 10~11 11~13	659년 설치. 경덕왕 때 숙정대肅正臺로 개칭. 혜공왕 때 환원
예작부 例作府 (예작전 例作典)	영令(686) 경卿(신神) 대사大舍(805)→주부主簿(경)→대사大舍 사지舍知→사례司禮(경)→사지舍知 사史	1~5 6~? 11~13 12~13	경덕왕 때 수례부修例府로 개칭. 혜공왕 때 환원.
선부船府	영令 경卿(663) 대사大舍→주부主簿(경)→대사大舍(혜) 사지舍知→사주司舟(경)→사지舍知(혜) 사史	1~5 6~? 11~13 12~13	678년 병부兵部에서 나뉨. 경덕왕 때 이제부利濟府로 개칭. 혜공왕 때 환원.
영객부 領客府	영令(651) 경卿 대사大舍→주부主簿(경)→대사大舍(혜) 사지舍知→사의司儀(경)→사지舍知(혜) 사史	1~5 6~? 11~13 12~13	본명은 왜전倭典. 621년 영객전領客典으로, 경덕왕 때 사빈부司賓府로 개칭. 혜공왕 때 영객전領客典으로 개칭.
위화부 位和府	금하산衿荷山→영令(805) 상당上堂(신)→경卿(애) 대사大舍→주부主簿(경)→대사大舍 사史	대大~2 6~9	581년 설치. 경덕왕 때 사위부位位府로 개칭. 혜공왕 때 환원.

관청	관직	관등	연혁
좌리방부 左理方府	영令 경卿(진) 좌佐(진)→평사評事(경)→좌佐(혜) 대사大舍 사史	3~9 6~? 10~11 11~13	651년 설치. 692년 의방부議方府로 개칭.
우리방부 右理方府	영令 경卿 좌佐 대사大舍 사史		667년 설치.
상사서 賞賜署	대정大正(624)→정정(경)→대정大正 좌佐 대사大舍(651)→주서主書(경)→대사大舍(혜) 사史	6~9 9~10 11~13	창부倉部에 속한 것을 경덕왕 때 사훈감思勳 監으로, 혜공왕 때 상사서(賞賜署)로 개칭.
대도서 大道署 (사전寺典, 내도감內 道監)	대정大正(624)→정정(경)→대정大正 주서主書→주사主事(경) 사(史)	6~9 11~13	예부(禮部) 소속.
전읍서 典邑署	경卿 감監 대사읍大司邑 중사읍中舍邑 소사읍小司邑 사史 목척木尺	8~11 10~11 11~13 12~13 12~13	경덕왕 때 전경부典京 府로 개칭. 혜공왕 때 환원.
영창궁성전 永昌宮成典	상당上堂(경)→경卿→상당上堂(혜) 　→경卿(805) 대사大舍→주부主簿(경)→대사大舍(혜) 사史	6~9 11~13	676년 설치
국학國學	경卿→사업司業(경)→경卿(혜) 박사博士 조교助教 대사大舍(651)→주부主簿(경)→대사大舍(혜) 사史	6~? 11~13	예부禮部 소속. 경덕왕 때 대학감大學監으로 개칭. 혜공왕 때 환원.

관청	관직	관등	연혁
음성서 音聲書	장長→경卿(687)→사락司樂(경)→경卿(혜) 대사大舍(651)→주부主簿(경)→대사大舍 사史	6~? 11~13	예부 소속. 경덕왕 때 대악감大樂監으로 개칭. 혜공왕 때 환원.
대일임전 大日任典	대도사大都司→대전의大典儀(경) 　　→대도사大都司 소도사少都司→소전의小典儀(경) 　　→소도사少都司 도사대사都事大舍→대전사大典事(경) 　　→도사대사都事大舍 도알사지都謁舍知→전알典謁(경) 　　→도알사지都謁舍知 도인사지都引舍知→전인典引(경) 　　→도인사지都引舍知 당幢→소전사小典事(경)→당幢 도사계지都事稽知 도알계지都謁稽知 도인계지都引稽知(도인당都引幢, 소전인小典引) 비벌수比伐首	11~13 12~13 11~13 12~13 12~13 12~17	657년 설치. 경덕왕 때 전경부典京府에 병합.
공장부 工匠府	감監(682) 주서主書(651, 또는 주사主事, 대사大舍) 사史	9~10 11~13	경덕왕 때 전사서典祀 書로 개칭. 후에 환원.
채전彩典	감監(682) 주서主書(651) 사史	10~11 11~13	경덕왕 때 전채서典彩 書로 개칭. 후에 환원.
좌사녹관 左司祿館	감監 주서主書(주사主事) 사史	10~11 11~13	677년 설치.
우사녹관 右司祿館	감監 주서主書 사史		681년 설치.
전사서 典祀署	감監 주서主書(651) 사史	10~11 11~13	예부에 소속. 713년 나뉨.
신궁新宮	감監 주서主書 사史	10~11 11~13	717년 설치. 경덕왕 때 전설관典設館으로 개칭. 후에 환원.

관청	관직	관등	연혁
동시전 東市典	감監 대사大舍→주사主事(경)→대사大舍 서생書生→사직司直(경)→서생書生 사史	10~11 11~13	508년 설치.
서시전 西市典	감監 대사大舍→주사主事(경)→대사大舍 서생書生→사직司直(경)→서생書生 사史		695년 설치.
남시전 南市典	감監 대사大舍→주사主事(경)→대사大舍 서생書生→사직司直(경)→서생書生 사史		695년 설치.
사범서 司範署	대사大舍(주서主書)→주사主事(경)→대사大事 사史	12~13	예부 소속.
경도역 京都驛	대사大舍 사史	11~13	경덕왕 때 도정역都亭 驛으로 개칭. 후에 환원.
누각전 漏刻典	박사博士 사史		718년 설치.
육부소감전六部小監典	양부 梁部 및 사양부 沙梁部	감랑監郎 대내마大奈麻 대사大舍 사지舍知 사史		
	본피부 本彼部	감랑監郎 감대사監大舍 사지舍知 감당監幢 사史		
	모량부 牟梁部	감신監臣 대사大舍 사지舍知 감당監幢 사史		
	한기부 漢祇部 및 습비부 習比部	감신監臣 대사大舍 사지舍知 감당監幢 사史		

427

관청	관직	관등	연혁
식척전 食尺典	대사大舍 사史		
직도전 直徒典	대사大舍 사지舍知 사史		
고관가전 古 官家典	당幢(계지稽知) 구척鉤尺 수주水主 화주禾主		
내성內省	사신私臣→전중령殿中令(경)→사신私臣 경卿 감監 대사大舍 사지舍知	금衿~태太 6~11 8~11	759년에 전중성殿中省으로 개칭. 후에 환원. 삼궁三宮(대궁大宮, 양궁梁宮, 소양궁少梁宮)을 관할.
내사정전 內 司正典	의결議決 정찰貞察 사史		746년에 설치. 759년 건평성建平省으로 개칭. 후에 환원.
전대사전 典大舍典	전대사典大舍 전옹典翁 사史		
상대사전 上大舍典	상대사上大舍 상옹上翁		
흑개감 黑鎧監	대사大舍 사史		경덕왕 때 위무감衛武監으로 개칭. 후에 환원.
본피궁 本彼宮	우虞 사모私母 공옹工翁 전옹典翁 사史		681년 설치.
인도전 人道典	상인도上引道 위인도位引道 궁인도宮引道		경덕왕 때 예성전禮成典으로 개칭. 후에 환원.

관청	관직	관등	연혁
촌도전 村徒典	간干 궁옹宮翁 대척大尺 사史		670년 설치.
고역전 尻驛典	간옹看翁 궁옹宮翁		
평진음전 平珍音典	간옹看翁 연옹筵翁 전옹典翁		경덕왕 때 소궁掃宮으로 개칭. 후에 환원.
연사전 煙舍典	간옹看翁		718년 설치.
상문사 詳文師			714년 통문박사通文博 士로, 경덕왕 때 한림翰 林으로 개칭. 뒤에 학사學 士를 둠.
소내학생 所內學生			721년 설치.
천문박사 天文博士			후에 사천박사四天博士로 개칭.
의학醫學	박사博士		691년 설치.
공봉승사 供奉乘師			
율령전 律令典	박사博士		
수궁전 藪宮典	대사大舍 사史		
청연궁전 靑淵宮典	대사大舍 사史 궁옹宮翁		경덕왕 때 조추정造秋 亭으로 개칭. 후에 환원.
부천궁전 夫泉宮典	대사大舍 사史 궁옹宮翁		

관청	관직	관등	연혁
차열음궁전 且熱音宮典	대사大舍 사史 궁옹宮翁		
좌산전 坐山典	대사大舍 사史 궁옹宮翁		
병촌궁전 屛村宮典	대사大舍 사史 궁옹宮翁		경덕왕 때 현룡정玄龍 亭으로 개칭. 후에 환원.
북토지궁전 北吐只宮典	대사大舍 사史		
홍현궁전 弘峴宮典	대사大舍 사史		
갈천궁전 葛川宮典	대사大舍 사史		
선평궁전 善坪宮典	대사大舍 사史		
이동궁전 伊同宮典	대사大舍 사史		
평립궁전 平立宮典	대사大舍 사史		
명활전 明活典	대사大舍 간옹看翁		913년 설치.
원곡양전 源谷羊典	대사大舍 간옹看翁		829년 설치.
염곡전 染谷典	간옹看翁		
벽전壁典	간옹看翁 하전下典		

관청	관직	관등	연혁
자원전 藉園典	간옹看翁 하전下典		
두화탄전 豆吿炭典	옹看翁		
소년감전 少年監典	대사大舍 사史		경덕왕 때 조천성釣天 省으로 개칭. 후에 환원.
회궁전 會宮典	궁옹宮翁 조사지助舍知		경덕왕 때 북사설北司 設으로 개칭. 후에 환원.
상신모전 上新謨典	대사大舍 사史		
하신모전 下新謨典	대사大舍 사史		
좌신모전 左新謨典	대사大舍 사史		
우신모전 右新謨典	대사大舍 사史		
조전租典	대사大舍 사史		
신원전 新園典	대사大舍 사史		
빙고전 氷庫典	대사大舍 사史		
백천목숙전 白川苜宿典	대사大舍 사史		
한지목숙전 漢祇苜宿典	대사大舍 사史		

관청	관직	관등	연혁
문천목숙전 蚊川苜宿典	대사大舍 사史		
본피목숙전 本彼苜宿典	대사大舍 사史		
능색전 陵色典	대사大舍 사史		
예궁전 穢宮典	치성雉省 궁옹宮翁 조사지助舍知 종사지從舍知		경덕왕 때 진각성珍閣 省으로 개칭. 후에 환원.
조하방 朝霞房	모母		
염궁染宮	모母		
소전疏典	모母		
홍전弘典	모母		
소방전 蘇芳典	모母		
찬염전 攢染典	모母		
표전 漂典	모母		
왜전倭典			
금전錦典			경덕왕 때 직금방織錦 房으로 개칭. 후에 환원.

관청	관직	관등	연혁
철유전 鐵鍮典			경덕왕 때 축야방築冶 房으로 개칭. 후에 환원.
사전寺典			
칠전漆典			경덕왕 때 식기방飾器 房으로 개칭. 후에 환원.
모전毛典			경덕왕 때 취췌방聚氈 房으로 개칭. 후에 환원.
피전皮典			경덕왕 때 포인방鞄人 房으로 개칭. 후에 환원.
추전鞦典			
피타전 皮打典			경덕왕 때 운공방韗工 房으로 개칭. 후에 환원.
마전磨典			경덕왕 때 재인방梓人 房으로 개칭. 후에 환원.
탑전鞜典			
화전靴典			
타전打典			
마이전 麻履典			
어용성 御龍省	사신私臣(801) 어백랑御伯郎(780)→봉어奉御→경卿(750) 　　　→감監 치성雉省		

관청	관직	관등	연혁
세택洗宅	대사大舍 종사지從舍知		경덕왕 때 중서성中書 省으로 개칭. 후에 환원.
숭문대 崇文臺	낭郎 사史 종사지從舍知		
악전嶽典	대사大舍 사史 종사지從舍知		
감전監典	대사大舍 사지舍知 사史 도관都官 종사지從舍知 악자樂子		
능전廩典	대사大舍 사지舍知 사史 능옹廩翁 종사지從舍知		경덕왕 때 천녹사天綠司로 개칭. 후에 환원.
춘전春典	사지舍知 사史		
제전祭典	사지舍知 사史		
약전藥典	사지舍知 사史 종사지從舍知		경덕왕 때 보명사保命司로 개칭. 후에 환원.
공봉의사 供奉醫師			
공봉복사 供奉卜師			

관청	관직	관등	연혁
마전麻典	간干 사史 종사지從舍知		759년 직방국織紡局으로 개칭. 후에 환원
폭전曝典			
육전肉典	간干		경덕왕 때 상선국尙膳 局으로 개칭. 후에 환원.
재전滓典	간干 사史		
아니전 阿尼典	모母		
기전綺典	모母		경덕왕 때 별금방別錦 房으로 개칭. 후에 환원.
석전席典	모母		경덕왕 때 봉좌국奉坐 局으로 개칭. 후에 환원.
궤개전 机槪典	간干 사史		경덕왕 때 궤반국机盤 局으로 개칭. 후에 환원.
양전楊典	간干 사史		경덕왕 때 사비국司匪 局으로 개칭. 후에 환원.
와기전 瓦器典	간干 사史		경덕왕 때 도등국陶登 局으로 개칭. 후에 환원.
감부대전 監夫大典	대사大舍 사史 종사지從舍知		

관청	관직	관등	연혁
대전전 大傳典	대사大舍 사史 종사지從舍知		
행군전 行軍典	대사大舍 사史 종사지從舍知		
영창전 永昌典	대사大舍 사史		
고창전 古昌典	대사大舍 사史		
번감番監	대사大舍 사史		
원당전 願堂典	대사大舍 종사지從舍知		
물장전 物藏典	대사大舍 사史		
북상전 北廂典	대사大舍 사史		
남하소궁 南下所宮	옹翁 조助		경덕왕 때 잡공국雜工 局으로 개칭. 후에 환원.
남도원궁 南桃園宮	옹翁		
북원궁 北園宮	옹翁		
신청연궁 新青淵宮	옹翁		
침방針房	여자女子		

436

관청	관직	관등	연혁
동궁관 東宮官			
동궁아 東宮衙	상대사上大舍 차대사次大舍		752년 설치.
어용성 御龍省	대사大舍 치성稚省		
세택洗宅	대사大舍 종사지從舍知		
급장전 給帳典	전典 치稚		
월지전 月池典			
승방전 僧房典	대사大舍 종사지從舍知		
포전包典	대사大舍 사史 종사지從舍知		
월지악전 月池嶽典	대사大舍 수주水主		
용왕전 龍王典	대사大舍 사舍		

<문관직>

관청	관직	관등	연혁
시위부 侍衛府	삼도三徒(651) 장군將軍(681) 대감大監 대두隊頭 항項 졸卒	 6~9 9~11 8~13 10~13 12~17	
제군관 諸軍官	장군將軍 대관대감大官大監(549) 대대감隊大監 ┬ 영마병領馬兵 └ 영보병領步兵 제감弟監(562) 감사지監舍知(523) 소감少監(562) 대척大尺 군사당주軍師幢主(524) 대장척당주大匠尺幢主 보기당주步騎幢主 삼천당주三千幢主 착금기당주着衿騎幢主 비금당주緋衿幢主 사자금당주師子衿幢主 법당주法幢主(백관당주百官幢主) 흑의장창말보당주黑衣長槍末步幢主 삼무당주三武幢主 만보당주萬步幢主 군사감軍師監 대장대감大匠大監 보기감步騎監 삼천감三千監	1~9 6~13 6~11 10~13 12~13 12~17 12~17 7~11 7~11 8~11 8~13 8~13 8~13 7~13 9~13 10~13 10~13 11~13 10~13 11~13 10~13	
	사자금당주師子衿幢主 법당감法幢監 비금감緋衿監 착금감着衿監 개지극당감皆知戟幢監	11~? 11~13 11~? 11~13	
	법당두상法幢頭上 법당화척法幢火尺 법당벽주法幢辟主 삼천졸三千卒	 10~17	
정관政官 (정법전 政法典)	대사大舍 사史　　　→승관僧官(785)		

438

관청	관직	관등	연혁
국통國統 (사주寺主)	도유나랑都唯那郎 아니대도나阿尼大都那 대서성大書省 소년서성少年書省 주통州統 군통郡統		551년 설치.

<외관직>

관청	관직	관등	연혁
	도독都督→군주軍主(508)→총관摠官(661) →도독都督(785)	2~9	
	사신仕臣(사대등仕大等, 564) 주조州助(주보州輔) 군태수郡太守 장사長史(사마司馬) 사대사仕大舍(소윤小尹) 외사정外司正(673) 소수少守(제수制守) 현령縣令	4~9 6~11 6~13 10~13 10~13 10~? 8~17	
패강진전 浿江鎭典	두상대감頭上大監(782) 대감大監 두상제감頭上弟監 제감弟監 보감步監 소감少監	6~9 6~13 10~13 11~? 8~17 12~17	

<주註>

(1) - 관직 부분에서 ( ) 안의 한자는 왕을 표시한다.

　　(경景) = 경덕왕景德王　　(진眞) = 진덕왕眞德王　　(애哀) = 애장왕哀莊王

　　(신神) = 신문왕神文王　　(혜惠) = 혜공왕惠恭王

　　- ( ) 안의 숫자는 서기를 표시한다.

(2) 관등 부분의 숫자는 신라 16관등의 순위를, 또 태太는 태대각간太大角干, 대大는
　　대각간大角干, 금衿은 금하신衿荷臣을 표시한다.

(3) 무관은 관청별로 정리가 되어 있지 않으므로 군관의 명칭관 관등만 밝혔다.

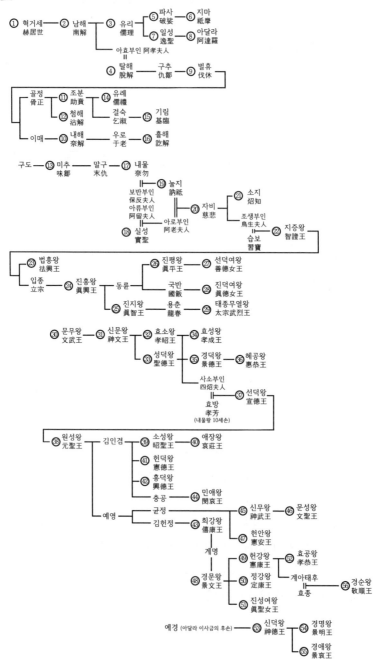

7. 신라의 속국屬國

─ 가락국駕洛國은 일명 가야국伽倻國(또는 가락국駕洛國)이니 후에 금관국金官國(지금의 김해부金海府)이라 했다. 동東은 황산강黃山江에 이르고, 서남은 바다에 닿았으며, 서북은 진주晉州 지리산智異山에 이르렀고, 동북은 합천陜川 가야산伽倻山에 이르렀다.

─ 신라 유리왕 19년 임인(한漢 광무제光武帝 건무建武 18년)에 구간九干 추장 아도我刀·여도汝刀·피도彼刀·오도五刀·유수留水·유천留天·신천神天·오천五天·신귀神鬼 등이 물가에서 계禊하고 술을 마시다가 귀지봉龜旨峯에 이상한 기운이 있음을 바라보고, 가서 보니 자주빛 새끼 중에 금합金合이 매달려 내려와 있었다.

열어보니 금빛 나는 알이 여섯 개 있었는데 둥글기가 해[日]와 같았다. 아도我刀의 집으로 가져가 모셔두니, 다음 날에 껍질이 깨어지면서 여섯 동자童子가 나왔는데, 용모가 매우 잘났으며 날로 무럭무럭 자라나 10여 일만에 신장身長이 구척九尺이나 되었다.

여러 사람이 맨 먼저 나온 사람을 추대하여 임금으로 삼고, 성을 김씨, 이름은 수로首露(최치원崔致遠의 글에는 책예責裔라 하였다)라 하고 국호를 가락駕洛이라 하였다. 나머지 다섯 사람은 각각 5가야로 돌아갔다. <여지승람> 5가야조에 있다.

─ 무신년(건무建武 24년) 7월에 허왕후許王后가 아유타국阿踰陁國으로부터 바다를 건너 왔는데, 배에는 붉은 비단돛과 붉은 비단기를 달고 있었다. 왕이 만전幔殿(장막으로 만든 임시 궁전)을 배설하고 기다리니, 왕후가 배를 매고 높은 둥성이에서 쉬면서 비단바지를 벗어 산령山靈에게 예물로 드리니 왕이 만전으로 맞아들여 왕후로 삼았다.

혹은 말하기를, 왕후는 남천축국南天竺國의 왕녀인데, 성은 허씨이고 이름은 황옥黃玉이며 보주태후普州太后라고 불렀다고 한다. <여지승람>에는 허후許后의 능이 귀지산에 있으며, 나이는 157세라고 한다.

─ 건안建安 4년 기묘에 돌아가니 재위 158년이다.(위와 같다)

- 아들 거등居登에게 전위하였는데, 그 아들이 마품麻品이며, 그 아들이 거질미居叱彌, 그 아들이 이시품伊尸品, 그 아들이 좌지坐知, 그 아들이 취희吹希, 그 아들이 질지銍知, 그 아들이 겸화鉗和, 그 아들이 구해仇亥로서 서로 이어 왕이 되니 10세世 491년이었다.(여지승람)

- 신라 법흥왕 19년 임장에 가락왕 김구형金仇衡(혹은 구해仇亥라고도 한다.)이 항복해 왔으므로 금관군金官郡을 설치하여 구형을 상등上等에 임명하고, 그의 나라를 식읍으로 주었다.(동문광고)

- 수로왕의 사당은 수릉首陵 옆에 있다. 신라 말기에 영규英規라는 자가 사당의 음식을 훔쳐, 사신邪神의 제사에 썼는데, 뒤에 사당으로 들어갈 때 대들보[楔]가 부러져 압사壓死했다.

또 도적이 떼를 지어 사당으로 들어가서 제기祭器를 훔쳐 내니, 홀연히 갑옷 입은 용사勇士가 활을 가지고 나타나서 도적들을 쏘므로, 도적들이 흩어졌다가 며칠 뒤에 다시 가 보니, 크기가 삼장三丈이나 되고, 눈이 번개 같은 큰 구렁이가 나와 아홉 사람을 물어 죽였다.

임진왜란 때 왜구들이 그 무덤을 파 보니 관 속에 금과 옥이 들어 있었으며, 두골頭骨의 크기는 구리 동이[銅盆]만했고, 관 밖에 두 미인美人이 있었는데 얼굴빛이 산 사람 같았으나 무덤 밖에 내어 놓으니, 햇빛을 보자 곧 녹아 버렸다. 이는 대개 그 당시 순장殉葬한 사람인 것이다.(동문광고)

- 대가야국大伽倻國(지금의 고령高靈)의 시조는 이진아시왕伊珍阿豉王(혹은 내진주지內珍朱智)이며 신라 유리왕 20년 계묘에 건국했다.

- 최치원의 <석리정전釋利貞傳>에, '가야산신伽倻山神 왕현모주王見母主가 천신天神 이비가夷毗訶에게 감응이 되어, 대가야왕 뇌질주일惱窒朱日과 금관국왕 뇌질청예惱窒靑裔 두 사람을 낳았다'고 하였는데, 주일은 곧 아시왕의 별칭이요, 청예는 곧 수로왕의 별칭이다. 그러나 <가락고기駕洛古記>의 육란설六卵說과 더불어 모두 허탄虛誕해서 믿을 수가 없다.(여지승람)

- 주일朱日의 8세손 이뇌왕異腦王이 신라에 구혼求婚하여 이찬夷粲 비지배比枝輩의 딸을 맞아들여, 월광태자月光太子를 낳았다.(최치원崔致遠의 석순응전釋順應傳)

- 16세世 520년을 전하다가 진흥왕 23년 임오에 도설지왕道設智王이 신라에게 멸망당하고 대가야군大伽倻郡이 설치되었다.

- 소가야국小伽倻國(지금의 고성固城)은 신라가 멸망시키고, 고자군古自郡을 설치했는데 연조年條는 상세하지 않다.

- 고령가야국古寧伽倻國(지금의 함창咸昌)은 신라가 멸망시키고, 고동람군古冬攬郡을 설치했는데 연조는 알 수 없다.

- 아나가야국阿那伽倻國(지금의 함안咸安)은 아라가야阿羅伽倻라고도 하고, 아시량국阿尸良國이라고도 하는데, 신라 법흥왕이 멸망시키고 아시량군을 설치했다.

- 벽진가야국碧珍伽倻國(지금의 성주星州)은 성산가야星山伽倻라고도 하며, 신라가 멸망시키고 본피현本彼縣을 설치했는데, 연조는 상세하지 않다.

이서국伊西國(지금의 청도淸道)은 신라 유리왕이 정벌하여 빼앗았는데, 후에 구도성仇刀城(다시 악현岳縣으로 고쳤다)과 경내솔이산境內率伊山(소산현蘇山縣으로 고쳤다)·경산驚山(형산현刑山縣)·오도산烏刀山 등 3성城과 합쳐 대성군大城郡을 설치했다.

- 우시산국于尸山國(지금의 영해寧海)은 신라 탈해왕이 멸망시켰다.

- 거칠산국居漆山國(지금의 동래東萊)은 탈해왕이 멸망시켰다.

- 장산국萇山國(지금의 동래) <여지승람>에는 신라가 장산국을 빼앗아 거칠산군을 두었다고 했고, <문헌비고>에는 두 나라를 함께 열거했다.

- 음즙벌국音汁伐國(지금의 경주 소속 안강현安康縣)은 신라 파사왕破娑王이 멸망시켰다.

- 보라국保羅國(지금은 어느 땅인지 상세하지 않다)은 신라 내해왕奈解王 기축년에 가라伽羅에 침입했다가 신라新羅에게 패하였다. 포상팔국浦上八國의 하나이다.

- 고자국古自國(지금의 사천泗川)은 내해왕 기축년에 가라에 침입했다. 포상팔국의 하나이다.

- 압독국押犢國(지금의 경산慶山)은 압량국押梁國이라고도 하는데, 신라 파사왕 때에 항복해 왔다. <여지승람>에는 지마왕祇摩王이 빼앗았다고 하였다.

– 비지국比只國(지금은 어느 곳인지 알 수 없다)은 파사왕이 멸망시켰다.

– 다벌국多伐國(지금은 어느 곳인지 알 수 없다)은 파사왕이 멸망시켰다.

– 초팔국草八國(지금의 초계草溪)은 파사왕이 멸망시켰다.

– 소문국召文國(지금의 의성義成)은 신라 벌휴왕이 멸망시켰으며, 경덕왕이 문소군聞韶郡으로 고쳤다.

– 감문국甘文國(지금의 개령開寧)은 신라 조분왕이 빼앗었다.

– 유산柳山 북쪽에 궁궐터가 있고, 현의 북쪽 20리 되는 곳에 대총大冢이 있는데 민간에서 전하기를, 감문국 금효왕金孝王의 능이라고 하며, 현의 서쪽 웅현리熊峴里에는 장부인獐夫人의 능이 있다.(여지승람)

– 골벌국骨伐國(지금의 영천永川) 소속 임천현臨川縣은 골화국骨火國이라고도 하는데, 조분왕이 정벌하여 빼앗아 임천현臨川縣을 설치했다.

– 사벌국沙伐國(지금의 상주尙州)은 사량벌沙梁伐이라고도 하고, 또 사불국沙弗國이라고도 하는데, 신라 첨해왕沾解王이 장수 우로于老를 보내어 쳐서 멸하여 주로 설치했으니 은밀히 백제와 통한 까닭이다.

– 골포국骨浦國(지금의 창원昌原 소속 합포현合浦縣)

– 칠포국漆浦國(지금의 어느 곳인지 상세하지 않다. <여지승람>에는 흥해興海에 칠포영漆浦營이 있다고 하였다)

– 고포국古浦國(지금의 어느 곳인지 알 수 없다. <여지승람>에는 경산慶山에 고포성古浦城이 있다고 하였다)

– 가라국伽羅國(지금의 어느 곳인지 상세하지 않다) 신라 진평왕眞平王이 멸망시켰다. <여지승람>에는 거제巨濟 남쪽 30리에 가라산加羅山이 있어 대마도對馬島를 가장 가깝게 바라볼 수 있다고 하였다.

– 임라국任羅國(지금의 어느 곳인지 상세하지 않다)은 혹 임나국任那國이라고도 하며 진평왕이 멸망시켰다.

– 창녕국昌寧國(지금의 안동安東)

– 구령국駒令國(지금의 안동)

– 소라국召羅國(지금의 안동)

– 대방국帶方國(지금의 남원南原)은 신라 기림왕 때에 항복해 왔다.

- 실직국悉直國(지금의 삼척三陟)은 파사왕 때에 항복해 왔다.
- 우산국于山國(지금의 울진蔚珍 동해東海의 섬)은 우릉羽陵(지금의 울릉도)이라고
도 하며, 신라 지증왕智證王 때에 험준한 것만 믿고 완강하게 버티었는데,
하슬라주何瑟羅州의 군주軍主 이사부異斯夫가 그들이 미련하나 사나워서 힘
으로 굴복시키기 어려울 것을 알고 나무사자[木獅子]를 많이 만들어, 그 형
태를 아주 이상스럽게 하여 전함戰艦에 나누어 싣고 들어가서 속여 말하기
를, '너희들이 만약 항복하지 않으면 곧 이 짐승을 놓아 짓밟아 죽이게 하리
라'하니, 우산국 사람들이 겁을 내어 항복했다.(여지승람)
- 신라에서 그들이 왜구倭寇를 인도하여 올까 두려워하여 거주민들을 모
두 데리고 나와 섬을 비웠다.(동문광고)
- 후에 고려에 속했다. 조선에 이르러 태종·세종 때에 유민流民으로 도망
해 들어간 자를 데리고 나왔다.(모두 제도諸島조에 상세하다)

8. 시대별 지명 변화

도명道名	연혁	현대	조선	고려	통일신라	삼국	비고
서울 특별시	1948년 특별시로 승격	서울 특별시	한성군 漢城郡	양주 楊州	한양군 漢陽郡	북한성 남평양성	조선 및 현 수도
경기도 京畿道	**- 삼국시대三國時代** 경기도 일원은 본래 마한의 영토로서 뒤에 백제의 영토가 됨 서기 497년 고구려 장수왕이 한강 유역을 점거하자 고구려에 소속, 뒤에 신라 진흥왕이 임진강 이남을 확보하면서 신라의 영토가 됨 후삼국 때 궁예가 철원에 도읍하자 그 중심지역이 되었다 **- 고려高麗** 왕건의 건국으로 고려의 영토가 되었고 서기 995년(성종 14) 관제 제정으로 전국이 10도로 분할될 때 현 황해도를 포함하여 관내도로 호칭함 뒤에 양광도楊廣道에 소속되었으나 이후 부府, 목牧 중심의 통치 형식에 따라 명확한 도道 구분이 없이 이 지역 일대에 대한 통칭이었음. 공양왕 때 좌·우도로 분할 **- 조선朝鮮** 태조 초에 경이도京異道라 호칭하고 좌우도로 분할 태종 때 다시 양도를 병합하여 경기도로 호칭 1896년(건양) 한성부가 그 관할로부터 독립 경기를 경절京折로도 표기했음	양주시 楊州市	양주군 楊州郡	견주 見州	내소현 來蘇縣	매성군 買省郡 (창화昌化)	고려 현종 때 견주라 개칭하고 양주에 편입
		파주시 적성면	적성군 積城郡	적성현 積城縣	중성현 重城縣	칠중현 七重縣 난은별 難隱別	현 파주시 속면
		광주시 廣州市	광주군郡 광주부府 광주목牧	광주 廣州	한주황 漢州黃	한산군 漢山郡	백제의 수도首都 (남한산성)
		이천시 利川市	이천군, 현	이천군 利川郡	무현 武縣	남천현 南川縣 남매南買	현 이천시 전역 (천녕 포함)
		용인시 龍仁市	용인군, 현	용구현 龍駒縣	거서현 巨黍縣	구성현 駒城縣 멸조滅鳥	현 용인시 전역
		교하읍	교오라군 交汚羅郡	교하군 交河郡	교하군 交河郡	천정구현 泉井口縣 굴화군 屈火郡 어을매곶 於乙買串	현 파주시 속읍
		파주시 坡州市	파주군 坡州郡 (원평부 原平府)	서원군 瑞原郡	봉파현 峰坡縣		현 파주시 일부
		파평면 坡平面	파주에 속함	파평현 坡平縣	파평현 坡平縣	파해해 坡害害 평사현 平史縣 (액달額達)	현 파주시 속면
		고양시 高陽市	고양경, 군 高陽經, 郡	고봉현 高烽縣	고봉高烽 고봉현縣	달을성현 達乙省縣	현 고양시 일부
		행주 幸州		행주幸州 덕양군 德陽郡	우왕遇王 왕봉현 王逢縣	개백현 皆伯縣	현 고양시 속지
		포천시 抱川市	포천현縣 포천군郡	포천군	견성군 堅城郡	마홀군 馬忽郡 (명지命旨)	현 포천시 속지
		영평 永平	영평현縣 영평군郡	동음현 洞陰縣	동음현 洞陰縣	양골현 梁骨縣	현 포천시 속지

도명道名	연혁	현대	조선	고려	통일신라	삼국	비고
경기도 京畿道		부평富平	부평군郡	수주樹州 부평부府	장제군 長堤郡	주부토군 主夫吐郡	인천시 속지
		김포시 金浦市	김포현縣 김포군郡	김포金浦 금양현 金陽縣	금진현 金津縣	유포현 黝浦縣	일부 서울시에 편입
		통진通津	통진현縣 통진군郡	통진현 通津縣	분진현 分津縣	평유압현 平淮押縣 북사성 北史城 별사파아 別史坡兒	김포시 속면
		과천시 果川市	과천현縣 과천군郡	과천果川	율진군 栗津郡	율진군 석사혜 夕斯肹	서울시에 일부 편입
		시흥시 始興市		금주衿州	곡양현	내벌로현	현 김포시 속면
		양천陽川	양천현縣 양천군郡	공암현 孔巖縣	공암현	제차거의현	백제 때 이양홀
		인천시 仁川市	인천부府 인천군郡	인주仁州	소성군 邵城郡	매소홀현	
		남양南陽	남양현縣	당성군 唐城郡	당은현 唐恩縣	당성군 唐城郡	현 평택시 속면
		진위振威	진위군郡	진위라 振威羅	진위현縣	부산라 釜山羅 (금산金山)	
		수원시 水原市	수원부府	수주水州	수성군 水城郡	매홀군 買忽郡 (성수城水)	
				광덕현 廣德縣			조선 때 수원에 소속
		안산시 安山市	안군산 安郡山	안산현縣	장구군 獐口郡	장항구현 獐項口縣 사야홀차 斯也忽次	현 시흥시 속지
		강화군 江華郡	강화부府 강화군郡	강화현縣	혈구군 穴口郡 감비고차해도		
		교동喬桐	교동현縣 교동군郡	교동현	교동현	고목근현 高木根縣 대운도 戴雲島 고림高林 달을신 達乙新	현 강화군 속면
		개성시 開城市	개성부府	송악군 松嶽郡	개성부	부산갑 扶山甲	고려 수도
		풍덕豊德	풍덕부府 풍덕군郡	정주貞州		정주貞州	현 개풍군 속지

도명道名	연혁	현대	조선	고려	통일신라	삼국	비고
경기도 京畿道		장단군 長湍郡	장단현縣 장단군郡 장임長臨 임단臨湍	단주 湍州	장단현縣	장천성현 長淺城縣 야야耶耶 야아夜牙	
			임진현 臨津縣	임진현	진임성현 津臨城縣 도아홀 島阿忽	
		여주시 驪州市	여주부, 군 여흥부 驪興府	황효黃驍 황리黃利 영의永義	황효현 黃驍縣	골단근현 骨丹斤縣	
		죽(결) 竹缺	양근군 楊根郡	양(결)근	빈양현 濱陽縣	양근군 楊根郡 항양恒陽 사참斯斬	현 양평군 속면
		근산根山	죽산현, 군 竹山縣, 郡	죽주군 竹州郡	개산군 介山郡	개차산군 皆次山郡	현 안성시 속면
		안성군 安城郡	안성현縣 안성군郡	안성군	백성군 白城郡	내혜홀 奈兮忽	
		음죽陰竹	음죽현縣 음죽군郡	음죽현	음죽현	노음죽현 奴陰竹縣	현 이천시 속면
		양성陽城		양성현縣	적성현 赤城縣	사복현 沙伏縣	현 안성시 속면
		연천군 連川郡	연천현縣 연천군郡	장주현 漳(獐)州縣	공성현 功城縣	공목달현 功木達縣 웅섬산 熊閃山 공목달 工木達	
		삭녕朔寧	삭녕군 朔寧郡	삭녕현 朔寧縣	삭읍현 朔邑縣	소읍두현 所邑豆縣	현 연천군 속면
		지평砥平	지평현縣 지평군郡	지평현	지평현	지현현 砥峴縣	현 양평군 속면
		가평군 加平郡	가평현縣 가평군郡	가평군, 현 嘉平郡, 縣 加平郡, 縣	근평현 斤平縣	근평현 斤平縣 (병평並平)	
		마전麻田	마전현縣 마전군郡	마전현	임단현 臨湍縣	마전천현 麻田淺縣 니사파홀 泥沙彼忽	현 연천군 속면
		평택시 平澤市	평택현縣 평택군郡	평택현		하팔현 河八縣	본래 충청도 소속

도명道名	연혁	현대	조선	고려	통일신라	삼국	비고
충청도 忠淸道	**- 삼국시대三國時代** 고대 마한의 영토로서 뒤에 백제의 영토가 됨 75년 백제의 수도가 웅자(충남공주 근처)으로 천도하자 그 중심지가 됨 **- 고려高麗** 왕건의 건국으로 고려의 영토가 되었고 995년(성조 14) 관제 제정으로 전국이 10도로 분할될 때 충청도忠淸道, 하남도河南道로 분할됨 1106년(목종 9) 양광도楊廣道, 충청도忠淸道 뒤에 또 다시 양광도라 했으나 부府, 목牧 중심의 통합 형식에 따라 명확한 도道 구분이 없이 이 지역 일대에 대한 통칭이었음 **- 조선朝鮮** 태조 초에 충청도라 호칭하다가 좌左, 우右도로 분할 인조 때 공청도公淸道로, 이어서 공홍도公洪道, 충청도忠淸道로 각각 개칭, 후에 충청도로 복칭復稱함 1777(정조 1) 공청도公淸道로 하다가 1825년(순조 25) 공청도公淸道로 개칭改稱 1834년 충청도로 복칭 1896년(건양 1) 다시 좌우도로 분할했다가 남북도로 분도分道	공주시 公州市	공주군郡	공주公州	웅주熊州	웅주	한때 백제의 수도
		노성魯城	노성군郡	니산현 尼山縣	니산현	열야산현 熱也山縣	현 논산시 속면
		회덕懷德	회덕현縣 회덕군郡	회덕현	비풍군 比豊郡	우술현 雨述縣 (후천朽淺)	현 대전시 대덕구 소속
		부여군 扶餘郡	부여현縣 부여군郡	부여군	부여군	소부리군 所扶里郡 (사비泗沘)	한때 백제의 수도
		석성石城	석성현縣 석성군郡	석성현	석성현	진악산군 珍樂山郡	현 논산시 속면
		정산定山	정산현縣 정산군郡	정산현	열성현 悅城縣	열기현 悅己縣	현 청양군 속면
		연산連山	연산현縣 연산군郡	연산군	황산군 黃山郡	황등야산군 黃等也山郡	현 논산시 속면 황산 전투지
		홍성洪城	홍주군 洪州郡	홍주洪州 (연주連州)			현 홍성군
		면천沔川	면천군 沔川郡	혜성군 槥成郡	혜성군	혜성槥成	현 당진시 속면
		당진시 唐津市	당진군郡	당진현縣	당진현	복수지현 伏首只縣 (부지夫只)	
		서천군 舒川郡	서천군	서림군 舒林郡	서림군	설림군 舌林郡	
		남포南浦	남포현縣 남포군郡	남포현	남포현	사포현 寺浦縣	현 보령시 속면
		비인庇仁	비인현縣 비인군郡	비인현	비인현	비중현 比衆縣	현 서천군 속면
		서산시 瑞山市	서산군郡	부성현 富城縣	부성군郡	기부基部	
		진잠鎭岑	진잠현縣 진잠군郡	진잠현	진잠현	진현현 眞峴縣	현 대덕구
		청원군 淸原郡	청주군 淸州郡	청주淸州	서원경 西原京	상당현 上黨縣 낭비성 娘臂城 낭자곡 娘子谷	현 청주시
		청주시 淸州市	청주군 淸州郡				
		문의文義	문의현縣 문의군郡	연산군 燕山郡	연산군	일모산현 一牟山縣	현 청주시 소속
		연기군 燕岐郡	연기군	연기현縣	연기현	두내지현 豆仍只縣	현 세종시
		회인 懷仁	회인현 懷仁縣	회인현	미곡현 昧谷縣	미곡현 未谷縣	현 보은군 속면
			결성현 結城縣	결성현	결성현	결기현 結己縣	현 홍성군 속면

449

도명道名	연혁	현대	조선	고려	통일신라	삼국	비고
충청도 忠淸道		보령시 保寧市	결성현 結城縣	보령현 保寧縣	신읍현 新邑縣	신촌현 新村縣	
		덕산德山	덕산현縣 덕산군郡	이산현 伊山縣	이산현	마시산군 馬尸山郡	현 예산군 속면
		해미海美	해미현縣 해미군郡	정해현 貞海縣			현 예산군 속면
		대흥大興	대흥현縣 대흥군郡	대흥군	임성군 任城郡	임존성 任存城 (금주今州)	
		청양군 淸陽郡	청양현縣 청양군郡	청양현	청정현 靑正縣	고양부리현 古良夫里縣	
		예산군 禮山郡	예산현縣 예산군郡	예산현	고산현 孤山縣	조산현 烏山縣	
		임천林川	임천현縣 임천군郡	가림현 嘉林縣	가림군 嘉林郡	가림군 加林郡	현 부여군 속면
		한산韓山	한산군郡	한산현縣	마산현 馬山縣	마산현	현 서천 속면
		홍산鴻山	홍산현縣 홍산군郡	홍산현	한산현 翰山縣	대산현 大山縣	현 부여군
		목천木川	목천현縣 목천군郡	목주군 木州郡	대록군 大麓郡	대목악군 大木岳郡	현 천원군 속면
		전의全義	전의현縣 전의군郡	전의현	금지金地 금지현 金池縣	구지현 仇知縣	현 더덕군 속면
		천안시 天安市	선안군 宣安郡	천안부 天安府			
		천원군 天原郡	천안군 天安郡				
		남양濫陽	남수군 濫水郡	도수군 渡水郡	탕정군 湯井郡	탕정군	현 아산시 속면
		아산시 牙山市	아산군郡	아주현縣	음봉陰峰 음잠陰岑	아술현 我述縣	
		평택시 平澤市	평택현縣 평택군郡	평택현		하팔현 河八縣	현 경기도로 편입
		태안泰安	태안군郡	소태현 蘇泰縣	성태현 省泰縣	성대호현 省大號縣 성대기 省大肌	현 서산시 속면
		은안恩安	은진현, 군 恩津縣, 郡	덕은군 德恩郡	덕은군 德殷郡	덕근군 德近郡	
		충원군 忠原郡 충주시 忠州市	충주군 忠州郡	충주忠州 중원경 中原京	탁장성 託長城	국원國原 (성말을성 城末乙省)	현 논산시 속면
		괴산군 槐山郡	괴산현縣 괴산군郡	괴주군 槐州郡	괴양군 槐壤郡	내근내군 乃斤內郡	
		연풍延豊	연풍현縣 연풍군郡	장연현 長延縣		상모현 上芼縣	현 괴산군 속면
		진천군 鎭川郡	진천군	진주鎭州	흑양黑壤 (황양黃壤)	금물노군 今勿奴郡 (만노萬弩)	

도명道名	연혁	현대	조선	고려	통일신라	삼국	비고
충청도 忠淸道		음성군 陰城郡	음성현縣 음성군郡	음성현	음성현	내홀현 仍忽縣	
		직산稷山	직산현縣 직산군郡	직산현	사산현 蛇山縣	부산현 芙山縣	현 천원군
		제천시 堤川市	제산현, 군 堤山縣, 郡	제주군 堤州郡	내제군 奈堤郡	내규군 奈吀郡 (대제大堤)	
		단양군 丹陽郡	단양현縣 단양군郡	단양현	적산현 赤山縣	적산(성)현 赤山(城)縣	
		청풍淸風	청풍현縣 청풍군郡	청풍군	청풍현	사열이현 沙熱伊縣	현 제천시 속면
		보은군 報恩郡	보은현縣	보령현 保齡縣	삼년군 三年郡	삼년산군 三年山郡	
		청산靑山	청산현縣 청산군郡	청산현	기산현 耆山縣	굴산현 屈山縣	현 옥천군 속면
		영동군 永同郡	영동군	영동현縣	연동군	길동군 吉同郡	
		황간黃澗	황간군郡	황간현	황간현	소라현 召羅縣	현 영동군 속면
		옥천군 沃川郡	옥천군	관성군 管城郡	관성군	고호산 古戶山	
		영춘永春	영춘군郡	영춘군	사춘현 士春縣	을아단현 乙阿旦縣	현 단양군 속면
				안읍현 安邑縣	안정현 安貞縣	아다호현 阿多號縣 아동기 阿冬肌	현 옥천군 속면
		금산군 錦山郡	금산군	계례현 繼禮縣	진례군 進禮郡	진내군 進乃郡	전라도 소속이었음
				이산현 利山縣	이산현	소리산현 所利山縣	현 옥천군 소속
				시진현 市津縣	시진현	가지내현 加知奈縣 가을내 加乙乃	현 논산시 소속
				지곡현 地谷縣	지육현 地育縣	지육현 知六縣	현 서산군 소속

도명道名	연혁	현대	조선	고려	통일신라	삼국	비고
전라도 全羅道	- 삼국시대三國時代 변한弁韓의 중심지로서 뒤에 백제百濟의 영토가 되었으며, 660년(의자왕 20) 백제의 멸망으로 한때 웅진도독부熊津都督府가 설치되어 당唐의 속령이 되었고, 676년(문무왕 16)에 당唐을 축출逐出한 신라新羅의 영토가 됨 - 후삼국시대 　後三國時代 891년(진성왕 5) 견훤의 건국으로 후백제의 영토가 됨 당시 궁예의 장수로 있던 왕건의 활약으로 서남해안과 현 신라 영광 일원이 태봉泰封의 관할이 됨 뒤에 왕건王建이 건국하자 고려의 영토가 되었고 995년(성종 14) 관재 재정으로 건국이 10도로 분할되어 강남도江南道, 해양도海陽道로 분할 그 뒤에 전라도全羅道라 했으나 부府, 목牧 중심의 통치형식에 따라 명확한 도道 구분이 없이 지역 일대에 대한 통칭이었음	전주全州	전주부府 전주군郡	전주	전주	완산주 完山州	후백제의 수도
		익산군 益山郡	익산현縣 익산군郡	금마군 金馬郡	금마군	금마저군 金馬渚郡	
		여산礪山	여산현縣 여산군郡	여량현 礪良縣	여량(양)현 礪良(陽)縣	지량초현 只良肖縣	현 익산시 속면
		남원시 南原市	남원부府 남원군郡	남원부 대방군 帶方郡	남원소경 南原小京	대방군 고룡군 古龍郡	
		임실군 任實郡	임실현縣 임실군郡	임실현	임실군	임실군	
		순창군 淳昌郡	순창현縣 순창군郡	순창군	순화군 淳化郡	도실군 道實郡	
		장수군 長水郡	장수현縣 장수군郡	장수현	우평현 雨坪縣		
		진안군 鎭安郡	진안현縣 진안군郡	진안현	진안현	탄진아현 灘珍阿縣 (월량月良)	
		고안古安	고부현, 군 古阜縣, 郡	구부군	고부군	고사부리군 古沙夫里郡	현 정읍시 속면
		부안군 扶安郡	부안현縣 부안군郡	부령현 扶寧縣	부령현	개화현 皆火縣	
		흥덕興德	흥덕현縣 흥덕군郡	상질현 尙質縣	상질현	상미현 上未縣	현 정읍시 속면
		태인泰仁	태인현縣 태인군郡	태산군 泰山郡	대(태)산군 大(泰)山郡	상호산군 上戶山郡	현 정읍시 속면
		정읍시 井邑市	정읍군郡	정읍현縣	정읍현	정촌현 井村縣	
		임피臨陂	임피현縣 임피군郡	임피현	임피군	시산군 屎山郡 소조실조줄피산 所鳥失鳥出陂山	현 군산시 소속
		옥구沃溝	옥구현縣 옥구군郡	옥구현	옥구현	마서량현 馬西良縣	
		함열咸悅		함열현縣	함열현	감물아현 甘勿阿縣	익산시 속면
		용안龍安	용안현縣 용안군郡	용안현			현 익산시 속면
		김제시 金堤市	김제군郡	김제군	김제군	벽골군 碧骨郡	
		만경萬頃	만경군郡	만경현縣	만경현	두내산현 豆乃山縣	김제시 속면
		금산군 錦山郡	금산군	진례현 進禮縣	진례군郡	진내군 進乃郡	현 충남에 편입

452

도명道名	연혁	현대	조선	고려	통일신라	삼국	비고
전라도 全羅道	- **조선朝鮮** 태조太祖 초初에 전라도라 칭하고 좌·우도로 분할 인조仁祖 때 금라도金羅道라 개칭 되었다가 다시 전라도로 복칭復稱 그 후 한때 광남도光南道 개칭改稱 1728년(영조 4) 전광도全光道로 개칭 1738년(영조 14) 전라도로 복칭되고, 1896년(고종 33, 건양 1) 다시 좌우도로 좌합座合된 뒤 남북도南北道로 분할 됨	용담龍潭	용담현縣	청거현 淸渠縣	청성현 淸城縣	물거현 勿渠(居)縣	현 진안군 속면
		무주군 茂州郡	무주현縣	무계현 茂溪縣	단천현 丹川縣	적천현 赤川縣	
		광주시 光州市	무진군, 목 武珍郡, 牧 광주군 光州郡	해양현 海陽縣	무주武州	무진주 武珍州	
		광산군 光山郡	광주군 光州郡	해양현 海陽縣			
		남평南平	남평현縣 남평군郡	영평永平 南平縣	현웅현 玄雄玄	미다부리현 未多夫里縣	현 나주시 속면
		창평昌平	창평현縣 창평군郡	창평현	기양현 祈陽縣	굴지현 屈支縣	현 삼양군 속면
		나주군 羅州郡	나주군郡 나주목牧	나주羅州	금성군 錦城郡	발라군 發羅郡 (통의通義)	
				흑산현 黑山縣			현 무안군 속면 흑산도
				반남현 潘南縣			
		담양군 潭陽郡	담양부府 (군郡)	담양군	추성군 秋城郡	추자혜군 秋子兮郡	현 나주시 속면
		옥과玉果	옥과현縣 옥과군郡	옥과현	옥과현	과지현 菓支縣	현 곡성군 속면
		영광군 靈光郡	영광군	영광군 (정주靜州)	무령군 武靈郡	무호이군 武戶伊郡	
		무장茂長	무장현縣 무장군郡	장사현 長沙縣	장사현	상노현 上老縣	현 고창군 속면
		고창군 高敞郡	고창현縣 고창군郡	고창현	고창현	모량부리현 毛良夫里縣	
		무안군 務安郡	무안현縣 무안군郡	무안현	무안군	물내혜군 勿柰兮郡 (수입水入)	
		함평군 咸平郡	함평현縣 함평군郡	함풍현 咸豊縣	함풍현	굴내현 屈乃縣	
		진도군 珍島郡	진도군	이도현 里島縣	진도군	인진도군 因珍島郡	
		장성군 長城郡	장성군	장성군	갑군岬郡	고호이현 古戶伊縣	
		영암군 靈巖郡	영암해 靈巖海	영암군	영암군	월내현 月柰縣	
		해남현 海南縣	해남현	해남군郡	침군浸郡 기연현 技演縣	새금현 塞琴縣	
		강진군 康津郡	강진군	강진현縣	탐진현 耽津縣	다음현 多音縣	
		보성군 寶城郡	보성군	보성군	보성군	복물군 伏勿郡	
		장흥군 長興郡	장흥현縣 장흥군郡	장흥부府 장흥군郡	조아현 鳥兒縣	조차현 鳥次縣	
		능주綾州	능성현, 군 綾城縣, 郡	능성현	능성군	현릉부리군 縣綾夫里郡 인부리 仁夫里	현 화순군 속면

도명道名	연혁	현대	조선	고려	통일신라	삼국	비고
전라도 全羅道		화순군 和順郡	화순군	화순현縣	여위汝渭 해연여연현 海演汝演縣	내리아현 仍利阿縣	
		업안業安	낙안군 樂安郡	낙안군	분령군 分嶺郡	분차군 分嵯郡	현 승주군 소속
		곡성군 谷城郡	곡성군	곡성군	곡성군	욕내군 欲乃郡	
		동복同福	동복현縣 동복군郡	동복현	동례현 同禮縣	두부현 豆夫縣	현 화순군 속면
		영예군 永禮郡			수례현 水禮縣	구차지현 仇次知縣 구차례현 仇次禮縣	
		순천시 順天市	순천부府 순천군郡	순천부府	승평군 昇平郡	감평군 敢平郡 사평沙平	
		승주군 昇州郡	순천부, 군 順天府, 郡	순천부	승평현 昇平縣		
		여수시 麗水市	여수군郡	여수현縣	해읍현縣	원촌현 援村縣 원평援平	
		돌산突山	돌산현縣 돌산군郡	돌산현	노산현 盧山縣	돌산현	현 여수시 속면
		광양군 光陽郡	광양군	광양현縣	희양현 晞陽縣	마로현 馬老縣	
		제주濟州	제주목 濟州牧	탐라현 耽羅縣	탐라국 耽羅國	탐라국	1945년 도道로 승격 현 북제주 속면
		대정大靜	대정현縣 대정군郡				
		진산珍山	진산군郡	진동현 珍洞縣	진동현 珍同縣		현 남원시 소속
		운봉雲峰	운봉군郡	운봉현縣	모산현 母山縣 아영성현 阿英城縣		현 남원시 속면
		정의旌義	정의군郡				현 고창군 소속
		흥양興陽	흥양현縣	고흥현 高興縣			현 완주군 속면
		고산高山	고산군郡	고산현縣	고산현	종산현 宗山縣	
		완주군 完州郡	전주군 全州郡				전주시 참조
				거령현 居寧縣	거사물현 居斯勿縣		조선조 남원군 속면
				마령현 馬靈縣	마령현	마돌현 馬突縣 마진馬珍 마등량 馬等良	현 진안군 소속
				적성현 赤城縣	적성현	역평현 礫平縣	현 순창군 속면

도명道名	연혁	현대	조선	고려	통일신라	삼국	비고
경상도 慶尙道	**- 삼국시대三國時代** 부족국가 형태의 상대 신라가 경주 일대를 중심으로 웅거함 서남쪽 낙동강에서 이 산異山에 이르는 지역 은 가야제국이 할거하 다가 뒤에 신라의 영 토領土로 병합 **- 고려高麗** 왕건王建의 건국으로 고려의 영토가 되었고 995년(성종 14) 관제 정정으로 전국이 10 도로 분할할 때 영남 도 嶺南道 (상 주 를 중심한 경상북도와 충 북 일부), 영동도嶺東 道(경주를 중심한 경 상남도 동남부 일대), 산남도山南道(진주를 중신한 낙동강 이서 일대)로 분할 뒤에 경 남진주도慶南晉州道, 진창주도晉悵州道, 경상慶尙, 진안晉安, 상진尙晉, 안도安道 등으로 불렀으나 명확 한 도 구분 없이 이 지 역 일대에 대한 통칭 이었음 1332년(충숙왕 1) 경 상도慶尙道라 호칭함	경주시 慶州市	경주부府 경주군郡	경주慶州 동경東京 계림鷄林	서라벌 徐耶伐	서라벌 徐耶伐 徐羅伐	신라의 수도
		월성군 月城郡	경주군 慶州郡				
				촌계현 村溪縣	기계현 杞溪縣	모혜현 芼兮縣 (화계化溪)	
		양산시 梁山市	양산군郡	양주梁州	양주良州	삽라군 歃羅郡 삽량주 歃良州	
		흥해興海	흥해군郡	흥해군	의창군 義昌郡	퇴화군 退火郡	현 포항시 소속
		영일군 迎日郡	연일현縣 연일군郡	연일군·현	임정현 臨汀縣	근조지현 斤鳥支縣 조량우 鳥良友	
		포항시 浦項市	연일군 延日郡	장산군 章山郡	장산군	압양국 押梁國	
		경산시 慶山市	경산현縣 경산군郡	장기현 長鬐縣	기립군 鬐立郡	지답현 只沓縣	영일군 속면
		장기長鬐	장기현縣 장기군郡	자인현 慈仁縣	자인현	노기화현 奴斯火縣	현 경산시 속면
		자인慈仁	자인현縣 자인군郡				
		영천시 永川市	영천군郡	영천永川	임부군 臨阜郡	공야화군 功也火郡	
		신령新寧	신령현縣 신령군郡	신령현	신령 화산花山	사정화현 史丁火縣	현 영천시 속면
		울산시 蔚山市	울산군郡	울주蔚州	하곡河曲 하서河西	굴아화현 屈阿火縣	
		동래東萊	동래부府 동래군郡 동래현縣	동래현	동래군	거칠산군 居漆山郡 장산국 萇山國 내산국 萊山國	
		기장機張	기장현縣 기장군郡	기장현	기장현	갑화량곡현 甲火良谷縣	
		김해시 金海市	김해군郡	금주장 金州獐	김해소경 金海小京	금관국 金官國	
		웅천熊川	웅천군郡	웅신현 熊神縣	웅신울 熊神蔚	웅지현 熊只縣	현 창원시 속면
		진해鎭海	진해현縣 진해군郡	진해현			

도명道名	연혁	현대	조선	고려	통일신라	삼국	비고
경상도 慶尙道	**- 조선朝鮮** 조선 태조 초에 경상도로 호칭되고 좌·우도로 분할 1519년(중종 14) 다시 좌·우도로 분할(낙동강 동쪽을 우右, 좌左로 되었으나 다시 폐합廢合) 1592년(선조 25) 임진왜란으로 도로道路가 불통不通하자 좌·우도를 분할, 이듬해에 속합됨 1896(건양 1) 좌·우도가 복설復設되었다가 남북도南北道도로 분할分割 됨	창원시 昌原市	창원군郡	의안군 義安郡	의안군 義安郡	굴자군 屈自郡	
				의창현 義昌縣			
		칠원漆原	칠원현縣 칠원군郡	칠원현	칠원현	칠토현 漆吐縣	현 창녕군 속면
		밀양시 密陽市	밀양군郡	밀성군 密城郡	밀성군	추화군 推火郡	
		영산靈山	영산현縣 영산군郡	영산현	상약현 尙藥縣	서화현 西火縣	현 창녕군 속면
		청도군 淸道郡	청남군 淸南郡	청도군 淸道郡	조악현 鳥嶽縣 추량실현 推良失縣 삼량화 三良火	조야현 鳥也縣 구도仇道 조례산 鳥禮山 조도산성 鳥刀山城	
		창녕군 昌寧郡	창녕현縣 창녕군郡	창녕군	화왕군 火王郡	비자화군 比自火郡 비사벌 比斯伐	
		현풍玄風	현풍군郡	현풍현縣	현효현 玄曉縣	추량화현 推良火縣 삼량화 三良火	
		대구시 大邱市	대구부府 대구군郡	대구현縣	대구현	달구화현 達句花縣 달불성 達弗城	
		칠곡군 漆谷郡	칠곡현縣 칠곡군郡	팔거현 八莒縣	팔리현 八里縣	팔거리현 八居里縣	
		거제시 巨濟市	거제군郡	거제현縣	거제군	상군해도 裳郡海島	현 통영시
		통영統營	거제군 巨濟郡				
		상주시 尙州市	상주군郡		상주尙州	사벌국 沙伐國 상주上州 상락上洛 사벌주 沙伐州	
		개령開寧	개령현縣 개령군郡		개령군	감문국 甘文國 청주靑州	현 김천시 속면
		금릉金陵	금산군 金山郡	금산현縣	금산현		
		지례知禮	지례	지례현縣	지례현	지품천현 知品川縣	
		선산군 善山郡	선산군	일선현 一善縣	일선군郡	일선군	
		군위군 軍威郡	군위軍威	군위현縣	군위칠 軍威七	노동멱혜현 奴同覓兮縣	

456

도명道名	연혁	현대	조선	고려	통일신라	삼국	비고
경상도 慶尙道		함창咸昌	함창현縣 함창군郡	함창현	고령군 古寧郡		
		문경시 聞慶市	문경군郡	문경聞慶 문희군 聞喜郡	관산군 冠山郡	고동람군 古冬攬郡 고령가현국 古寧伽縣國 관문현 冠文縣 관현고사갈이성 冠縣高思葛伊城	
		용궁龍宮	용궁현縣 용궁군郡	용군군	능산稜山 원산園山		현 예천군 속면
		안동시 安東市	안동부府 안동현縣 안동군郡	안동부	고창군 古昌郡	고타야군 古陀耶郡	
		예천군 醴泉郡	예천부府 예천현縣 예천군郡	기양현 基陽縣	예천군	수주현 水酒縣	
		풍기豊基	풍기현縣 풍기군郡	기양현 基陽縣	기본진 基本鎭		
		함안군 咸安郡	함안군	함안군	함안군	아시량국 阿尸良國	
		의성군 義城郡	의성군	의성군	개소군 開韶郡	소문국 召文國	
		비안比安	비안현縣 비안군郡	비옥현 比屋縣	비옥현	음화옥현 陰火屋縣	현 의성군 속면
		의흥義興	의흥현縣 의흥군郡	의흥현			현 군위군 속면
		진주시 晉州市	진주군郡	진주晉州	강주康州	거열주 居烈州 (거타居陀)	
		진양군 晉陽郡	진주군 晉州郡	함양현 含陽縣	천령군 天嶺郡	속함현 速含縣 (함성含城)	
		함양군 咸陽郡	함양군	사천泗川	사수현 泗水縣	사물현 史勿縣	
		사천시 泗川市	사천현縣 사천군郡				
		삼천포시 三千浦市	삼가현, 군 三嘉縣, 郡	가수현 嘉壽縣	가수현	가주화현 加主火縣	
		삼가三嘉					합천군 속면
		하동군 河東郡	하동현縣 하동군郡	하동군	하동군	한다사군 韓多沙郡	
				악양현 嶽陽縣	악양현	다소사현 多小沙縣	현 사천시 속면

도명道名	연혁	현대	조선	고려	통일신라	삼국	비고
경상도慶尙道		곤양昆陽	곤양 곤남군 昆南郡	곤명현 昆明縣			
		합천군 陜川郡	합천군	합천	강진군 江鎭郡	대량주군 大良州郡 대야주 大耶(野)州	
		초계草溪	초계군郡	초계현縣	팔계현 八谿縣	초팔혜거 草八兮居	현 합천군 속면
		거창군 居昌郡	거창군	거창군	거창군	거열군 居烈郡	
		의령군 宜寧郡	의령현縣 의령군郡	의령군	의령군	장함군 獐含郡	
		고성군 固城郡	고성현縣 고성군郡	고성군	고성군	고자군 古自郡	
		안의安義	안의安義 안음현 安陰縣	의안군 義安郡	의안현	마리현 馬利縣	현 함양군 속면
		고령군 高靈郡	고령현縣 고령군郡	고령군	고령군	대가야국 大伽倻國	
		성주군 星州郡	성주군	경산부 京山府	신안군 新安郡 벽진군 碧珍郡	본피현 本彼縣	
		인동仁同	인동현縣 인동군郡		수동현 壽同縣	기동화현 其同火縣	현 칠곡군 속면
		하양河陽	하양현縣 하양군郡	하양군			현 경산시 속면
		남해군 南海郡	남해군	남해현縣	남해군	전야산군 轉也山郡	
		순흥順興	순흥군郡	흥주興州	급산군 岌山郡	급벌산 及伐山	현 영주시 속면
		영주시 榮州市	영천榮川	순안현 順安縣	내령군 柰靈郡	내사군 柰巳郡	
		예안禮安	예안현縣 예안군郡	예안군	선곡현 善谷縣	매곡현 買谷縣	현 안동군 속면
		봉화군 奉化郡	봉화현縣 봉화군郡	봉화현	옥마현 玉馬縣	고사마현 古斯馬縣	
		영덕군 盈德郡	영덕현縣 영덕군郡	영덕현	야성군 野城郡	야시홀군 也尸忽郡	
		청송군 靑松郡	청송군	청송현縣	적선군 積善郡	청기현 靑己縣	
		진보眞寶	진보현縣	보성부 甫城府	진보현	칠파화현 漆巴火縣	현 청송군 속면
		영해寧海	영해군郡	예주禮州	유린군 有麟郡	우시군 于尸郡	현 영덕군 속면
		영양군 英陽郡	영양군	영양英陽 연양延陽 익양군 益陽郡			
		청하淸河	청하군郡	청하현縣	해하현 海河縣	아혜현 阿兮縣	

458

도명道名	연혁	현대	조선	고려	통일신라	삼국	비고
강원도 江原道	**- 삼국시대三國時代** 본래 예국, 맥국의 본거지로 고구려와 신라에 각각 딸렸음 뒤에 각지에서 초적草賊들이 일어나 신라의 국력이 미치지 못함 **- 고려高麗** 왕건의 건국으로 고려에 복속됨 995년(성종 14) 관제 개혁 육로 전국이 10도로 분할될 때 삭방도朔方道로 호칭됨 이듬해에 명주도溟州道로 개칭 후에 춘주도春州道,동주도東州道, 교주도交州道, 강릉도江陵道, 교주강릉도交州江陵道 등으로 불렸으나 명확한 도道 구분없이 이 일대에 대한 통칭이었음 **- 조선朝鮮** 태조 초에 강원도江原道로 호칭	명주溟州	강릉군 江陵郡	명주	명주	하서량 河西良 하슬라 河瑟羅	
		강릉시 江陵市	강릉군郡				
		정선군 旌善郡	정선군	정선군	정선군	내치(원)현 仍置(員)縣	
		삼척시 三陟市	삼척부府 삼척군郡	삼척군	삼척군	실직군 悉直郡	현 경상북도 소속
		울진군 蔚珍郡	울진현縣 울진군郡	울진현	울진군	우진야현 于珍也縣	
		고성군 高城郡	고성현縣 고성군郡	고성현	고성군	달홀達忽	
		간성杆城	간성현縣 간성군郡	간성군	수성군 守城郡	가성군 加城郡 가라홀 加羅忽	
		양양군 襄陽郡	양양부府 양양군郡	익령군 翼嶺郡	익령현縣	익령현 (이문伊文)	
		통천군 通川郡	통천현縣 통천군郡	금양현 金壤縣	금양군郡	금양군 휴양군 休壤郡 금뇌金惱	
		흡곡歙谷	흡곡현縣 흡곡군郡	흡곡현	습계현 習谿縣	습비곡현 習比谷縣	현 통천군 속면
		영월군 寧越郡	영월부府 영월군郡	영월군	내성군 奈城郡	내생군 奈生郡	
		평창군 平昌郡	평창군	평창현縣	백조현 白鳥縣	욱조현 郁烏縣	
		평해平海	평해군郡	평해군		근을어 斤乙於	현 울진군 속읍
		횡성군 橫城郡	횡성현縣 횡성군郡	횡성현	횡천현 橫川縣	횡천현	어사매 於斯買
		화천군 華川郡	화천현縣 화천군郡	양천현 良川縣	양천군郡	성생군 狌生郡 야시매 也尸買	
		양구군 楊口郡	양구현縣 양구군郡	양구현 楊構縣	양록군 楊麓郡	양구군 楊口郡 요은홀차 要隱忽次	
		인제군 麟蹄郡	인제현縣 인제군郡	인제현	희제현 稀蹄縣	저족현 猪足縣	
		회양군 淮陽郡	회양부府 회양군郡	교주交州	연성군 連城郡	각연성군 各連城郡	
		철원군 鐵原郡	철원부府 철원군郡	동주東州	철성군 鐵城郡	철원군 모을동비 毛乙冬非	태봉국의 수도
		안협安峽	안협현縣 안협군郡	안협현	안협현	아진압현 阿珍押縣	현 이천군
		이천군 伊川郡	이천부府 이천군郡	이천현縣	이천현	이진매현 伊珍買縣	
		김화군 金化郡	김화현縣 김화군郡	김화현	부평군 富平郡	부여군 夫如郡	

도명道名	연혁	현대	조선	고려	통일신라	삼국	비고
강원도 江原道		평강군 平康郡	평강현縣 평강군郡	평강현	광평현 廣平縣	부양현 斧壤縣	
		춘성군 春城郡	춘천부, 군 春川府, 郡	춘주春州	삭주朔州	어사내 於斯內	
		춘천시 春川市	춘천부府 춘천군郡	춘주春州	삭주朔州	벌력천현 伐力川縣	
		홍천군 洪川郡	홍천현縣 홍천군郡	홍천현	녹효현 綠驍縣	단성현 丹城縣 야차홀 也次忽	
		금성金城	금성현縣 금성군郡	금성군	익성군 益城郡		
		원주시 原州市	원주현縣 원주군郡	원주原州	북원北原 소경小京	평원군 平原郡 북원北原	
황해도 黃海道	**- 삼국시대三國時代** 고대 마한馬韓의 영토로서 확보되고 후삼국시대에 고구려의 영토가 됨 한때 고구려를 정벌한 당唐의 속령으로 되었다가 신라의 영토이었으며, 후삼국시대에는 태봉泰封의 대요지가 됨 **- 고려高麗** 왕건의 건국으로 고려의 영토가 되고 995년(성종 14) 관제개혁으로 전국이 10도로 분할될 때 개성부開城府 일대를 제외한 경기도와 통합되어 개내도開內道라 호칭됨 뒤에 해서도海西道로 불렸으나 명확한 도 구분 없이 이 지역에 대한 통칭이었음 **- 조선朝鮮** 태조 초 풍해도豊海道로 불렸다가 태종 때 곤제를 제정을 하게 되자 황해도黃海道라 호칭됨 광해군 때 황연도黃延道라 했다가 다시 황해도黃海道라 개칭됨	황주군 黃州郡	황주군	황주黃州	취성군 取城郡	동홀冬忽 우동어홀 于冬於忽	
		신계군 新溪郡	신계군	신은현 新恩縣			
		곡산군 谷山郡	곡산군	곡천谷川	진서현 鎭瑞縣	십곡성현 十谷城縣 덕둔홀현 德頓忽縣 고곡군 古谷郡	
		평산군 平山郡	평산부府 평산군郡	평주平州	영풍군 永豊郡	대곡군 大谷郡	
		수안군 遂安郡	서흥군 瑞興郡	동주洞州	오관군 五關郡	오곡군 五谷郡 공화弓火 우차탄홀 于次呑忽	
		서흥군 瑞興郡	금천군, 현 金川郡, 縣	강음현 江陰縣	강음현	강서江西	
		금천군 金川郡	수안부, 군 遂安府, 郡	수안현縣	장새獐塞	장새현 獐塞縣	
		토산兎山	토산군郡 토산현縣	토산현	토산군	조사사달현 鳥斯舍達縣	
		해주군 海州郡	해주현縣 해주군郡	해주海州	폭지군 瀑池郡	내미홀군 內未忽郡 지성장지 池城長池	
		해주시 海州市	해주군郡				
		재령군 載寧郡	재령현縣 재령군郡	안주安州	중반군 重盤郡	식성홀 息城忽 한성漢城 한홀漢忽 내홀乃忽	
		연백군 延白郡	연안부, 군 延安府, 郡	남주濫州	해고군 海皐郡	동의홀 冬意忽 동삼군 冬三郡	

도명道名	연혁	현대	조선	고려	통일신라	삼국	비고
황해도 黃海道		백천白川	백천군郡	백주현 白州縣	택현澤縣	도○현 刀○縣	
		봉산군 鳳山郡	봉산군	봉주鳳州	루군樓郡		
		장연군 長淵郡	장연부府 장연군郡	장연현縣	장연長淵 장담長潭		
		장연長連	장연현縣 장연군郡	장명현 長命縣			
		안악군 安岳郡	안악군	안악현縣		양악楊岳	현 은률군 속면
		은률군 殷栗郡	은률현縣 은률군郡	은률현		율구栗口 율천栗川	
		문화文化	문화현縣 문화군郡	유주군 儒州郡		궐구현 闕口縣	현 신천군 속면
		신천군 信川郡	신천현縣 신천군郡	신천현		승산군 升山郡	
		송화군 松禾郡	송화현縣 송화군郡	청송현 靑松縣		마경리 麻耕伊	
		옹진군 甕津郡	옹진현縣 옹진군郡	옹진현		옹천甕遷	
		백령도 白翎島		백령진 白翎鎭		곡조鵠鳥	
평안도 平安道	- **삼국시대三國時代** 본래 단군이 평양성에 도읍을 정하고 고조선을 건국한 옛터로서 위씨 조선이 차지하였다가 뒤에 한서군이 되어 한漢의 속령이 됨 313년 고구려의 영토가 되고 이후 그 중심지로서 등장함 그 뒤 나당羅唐연합군에 의해 고구려가 망하자 한때 당唐의 속령으로 되었다가 신라에 의해 수복되었으나 평안북도平安北道는 대부분 야인野人들이 점거함 후 삼 국 시 대 에 는 태봉泰封의 영토가 됨	평양시 平壤市	평양부府 평양시市	평양부		평양성 平壤城 (고구려수도)	고조시대: 왕검성 王儉城
		강동군 江東郡	강동군	강동현縣			
		강서군 江西郡	강서군郡 강서현縣	강서현			
		증산甑山	진산군 鎭山郡	향화현 響和縣			
		대동군 大同郡	평양부 平壤府	향화현 響和縣			현 평원군 속면
		순안順安	순안현縣 순안군郡				
		삼화三和	삼화현縣 삼화군郡	이화현 二和縣			현 용강군 속면
		삼등三登	삼등현縣 삼등군郡	이등현 二登縣			현 강동군 속면
		안주군 安州郡	안주목牧 안주군郡	안북부 安北府			
		성천군 成川郡	성천부府 성천군郡	강덕진 剛德鎭			현 평원군 속면
		숙군肅郡	숙천부府 숙천군郡	통덕진 通德鎭			현 향천군 속면
		자산군 慈山郡	자산부府 자산군郡	태안주 太安州			
		개천군 价川郡	개천군	안수진 安水鎭			
		양덕군 陽德郡	양덕현縣 양덕군郡	양암진 陽岩鎭			
		선천군 宣川郡	선천부府 선천군郡	선주宣州			
			운산군 雲山郡	위화진 威化鎭			

도명道名	연혁	현대	조선	고려	통일신라	삼국	비고
평안도 平安道	**- 고려高麗** 왕건의 건국으로 고려의 영토領土가 되었으나 평안북도의 대부분을 잃었다 995년(성종 14) 관제 제정시 패서浿西로 호칭됨 말기에 점차 잃었던 땅을 수복함 **- 조선朝鮮** 태종 때 평안도平安道로 호칭 건양 1년에 남·북도로 분할	가산嘉山	가산군郡	가주嘉州			현 박주군 속면
		순천군 順川郡	순천군	향주響州			현 향천군 소속
		은산殷山	은산군郡	은주殷州			
		맹산군 孟山郡	맹산현縣	맹주孟州			
		덕천군 德川郡	덕천군	덕주德州			
		용천군 龍川郡	용천부府 용천군郡	용주龍州			
		삭주군 朔州郡	삭주부府 삭주군郡	삭주朔州			
		진산군 鎭山郡	진산부府 진산군郡	철주鐵州			
		영원군 寧遠郡	영원현縣 영원군郡	영원주 寧遠州			
		창성군 昌城郡	창성군	창주昌州			
		희천군 熙川郡	희천군	청새진 淸塞鎭			
		정주군 定州郡	정주부府 정주군郡	수주隨州			
		영변군 寧邊郡	영변부府 영변군郡	위주渭州			
		영유永柔	영유현縣 영유군郡	영청현 永淸縣			
		함종咸從	함종현縣 함종군郡	함종현			
		여강군 麗岡郡	용강현, 군 龍岡縣, 郡	용강현			
		의주군 義州郡	의주목牧 의주군郡	의주義州			
		강계군 江界郡	강계부府 강계군郡	강계부			
		자성군 慈城郡	자성군				
		벽동군 碧潼郡	벽동부府 벽동군郡	음동陰潼			
		초산군 楚山郡	초산군				
		위원군 渭原郡	위원군				
		상원祥原	상원군郡	토산현 土山縣	토산현	식달현 息達縣	현 중화군 속면
		중화군 中和郡	중화군	중화현縣	당악현 唐岳縣	가화압 加火押	

도명道名	연혁	현대	조선	고려	통일신라	삼국	비고
함경도 咸鏡道	**- 삼국시대三國時代** 고대 동부여東夫餘의 요지要地로서 후에 고구려의 영토가 됨	안변군 安邊郡	안변부府 안변군郡	등주登州	삭정군 朔庭郡	비열군 比列郡 한성군 漢城郡	
		덕원군 德源郡	덕원부府 덕원군郡	의주宜州	정천군 井川郡	천정군 泉井郡 어을매 於乙買	
	- 고려高麗 1107년(예종 2) 윤관이 여진토벌로 6성六城이 설치되고 야인을 추방한 뒤 성城을 찾아오면서 말기末期까지 원元의 쌍성총관부가 설치되어 그 속령이 됨 공민왕恭愍王 때 온전히 수복됨	고원군 高原郡	고원군	고주高州			
		영흥군 永興郡	영흥부府 영흥군郡	화주和州		장령진 長嶺鎭	
		문천군 文川郡	문천군	문주文州			
		함흥시 咸興市	함주咸州				
		함주군 咸州郡	함주咸州	함주			
	- 조선朝鮮 1413년(태종 13) 영길도永吉道로 호칭하다가 1416년(태종 16) 함길도咸吉道, 1470년(성종 1) 영안도永安道로 개칭 1509년(중종 4) 함경도咸鏡道가 되고 고종高宗 때 남·북도로 분할 확정됨 군사상 두만강 일대 등 북방 경계의 방비를 전담하는 북도병마절도사北道兵馬節度使, 그 이남의 관할구역을 맡은 남도병마절도사南道兵馬節度使가 있었으나 행정상 구획과는 무관하였음	단천군 端川郡	단천부府 단천군郡	복주福州			
		길주군 吉州郡	길주현縣 길주군郡	길주吉州			
		북청군 北靑郡	북청군	북청주州			
		이원군 利原郡	이원군	이성현 利城縣			
		갑산군 甲山郡	갑산부府 갑산군郡	갑주甲州			
		삼수군 三水郡	이수부, 군 二水府, 郡				
		홍원군 洪原郡	홍원부府	홍원현縣			
		장진군 長津郡	장진부府 장진군郡				
		경원군 慶源郡	경원군	경원군			
			경흥부, 군 慶興府, 郡	경흥군			
		경성군 鏡城郡	경성부, 군 慶城府, 郡	경성군			
		회령군 會寧郡	회령부府 회령군郡				
		종성군 鐘城郡	종성부府 종성군郡	종성군			
		무산군 茂山郡	무산군	무산군			
		성진군 城津郡	성진부府 성진군郡				
		부령군 富寧郡	부령군	부령군			
		신흥군 新興郡	신흥군				
		풍산군 豊山郡	풍산군				

※註

1. 증보문헌비고 여지고를 중심으로 함(삼국사기三國史記, 고려사高麗史, 신증동국

   여지승람新增東國輿地勝覽 자료를 종합 정리 하였음)

2. 별칭으로 사용된 명칭은 괄호로 처리하였음

3. 현대에 신설된 도시都市는 넣은 것과 넣지 않은 것도 있음

기생, 작품으로 말하다 이은식 저 / 14,500원
기생은 몸을 파는 노리개가 아니었다. 기생의 연원을
통해 그들의 역사를 돌아보고, 예술성 풍부한 기생들이
남긴 작품을 통해 인간 본연의 삶을 들여다본다.

여인, 시대를 품다 이은식 저 / 13,000원
제한된 시대 환경 속에서도 자신들의 재능과 삶의 열정을
포기하거나 방관하지 않던 여인들. 조선의 한비야 김금원과 조선의
힐러리 클린턴 동정월을 비롯한 여인들이 우리들의 삶을 북돋아 줄
것이다.

미친 나비 날아가다 이은식 저 / 13,000원
정의를 꿈꾼 혁명가 홍경래와 방랑 시인 김삿갓 탄생기.
시대마다 반복되는 위정자들의 부패, 그 결과로 폭발하는
민중의 울분, 역사 속 수많은 인간 군상들이 현재의
우리를 되돌아보게 한다.

지명이 품은 한국사 -1,2,3,4,5,6
이은식 저 / 15,000원~19,800원
지명의 정의와 변천 과정, 지명의 소재 등 지명의 기본을 확실히 정리하고, 1천여 년 역사의
현장이 도처에 남긴 독특한 고유 지명을 알아보자.

핏빛 조선 4대 사화 첫 번째 무오사화 한국인물사연구원 저 / 19,800원
사림파와 훈구파의 대립은 부조리한 연산군 통치와 맞물리면서 수많은
희생자를 만들게 된다. 사회, 경제적 변동기의 상세한 일화를 수록함으로써
혼란한 시대를 구체적으로 그려냈다.

핏빛 조선 4대 사화 두 번째 갑자사화 한국인물사연구원 저 / 19,800원
임사홍의 밀고로 어머니가 사사된 배경을 알게 된 연산군의 잔인한 살상.
그리고 왕의 분노를 이용해 자신들의 세력을 확고히 하려던 왕실 세력과 훈구
사림파의 암투!

핏빛 조선 4대 사화 세 번째 기묘사화 한국인물사연구원 저 / 17,000원
조광조를 선두로 한 사림파가 급진적 왕도 정치를 추구하면서 중종과
소외받던 훈구파는 반발하게 되고, 또 한 번의 개혁은 멀어져 간다.

핏빛 조선 4대 사화 네 번째 을사사화 한국인물사연구원 저 / 19,000원
왕실의 외척 대윤과 소윤은 권력을 차지하기 위해 극렬한 투쟁을 벌였다.
이때 그간 정권에 참여하지 못했던 사림들도 대윤과 소윤으로 갈리면서, 조선
시대 붕당 정치의 시작을 예고한다.

계유년의 역신들 한국인물사연구원 편저 / 23,000원
세조의 왕위 찬탈 배경과 숙청되는 단종, 왕권의 정통성을 보전하려던
사육신과 생육신 사건부터 김문기가 정사의 사육신인 이유를 분명히 밝힌
역사서!

한국사의 희망 부모와 청소년 이야기
이은식 저 / 19,800원
우리는 인간됨의 씨앗을 줄기차게 뿌려야 합니다

문제 청소년 뒤에는 반드시 문제의 가정과 부모가 있다는 사실을
우리 모두 자각해야 할 것이다. 따라서 전인적 교육의 필요성은
매우 시급하다. 전인적 교육의 장으로 가정만한 곳은 없다고 본다.
…… 누가 이 세상에서 제일 어려운 것이 무어냐고 묻는다면
본인은 단연코 자녀 교육이라 답하고 싶다.

피바람 인수대비 (상), (하)
이은식 저 / 각권 19,800원

세상의 모든 원리는 질서와 양보와 용서를 요구하고있다.
오직 자기 중심으로 되어주길 바라는 것은 결코 그 열매가
달지 못하듯, 정해진 선을 넘나드는 사람은 참인격자라
평가하지 않는다
장독안에든 쥐를 잡기위해 그독을 깨었다면 무엇이 남았겠는가
한사람의 지나친 욕망으로 인하여 피바람의 역사는
기록되고있다. 이는 바람직한 역사도 유산도 될수없다.

신라왕조실록 - 1, 2, 3, 4권
한국인물사연구원 편저 / 각권 19,800원
신라사의 모든 것을 한눈에 살펴볼 수 있는 최고의 역사 해설서! 다양하고 풍부한 문헌 자료를
바탕으로 재미있고 쉽게 읽히는 신라 왕조의 역사가 펼쳐진다.